U0152479

一带一路双向投资丛书

"一带一路"与国际产能合作 国别合作指南

徐绍史　主编

何立峰　宁吉喆　王晓涛　副主编

景朝阳　敖万忠　胡乔叶　等编著

机械工业出版社

CHINA MACHINE PRESS

图书在版编目（CIP）数据

"一带一路"与国际产能合作.国别合作指南 / 徐绍史主编 . —北京：机械工业出版社，2017.4

（一带一路双向投资丛书）

ISBN 978-7-111-56592-5

Ⅰ.①一… Ⅱ.①徐… Ⅲ.①企业—对外投资—研究—中国 ②外资利用—研究—中国 Ⅳ.① F279.247 ② F832.6

中国版本图书馆 CIP 数据核字（2017）第 067980 号

机械工业出版社（北京市百万庄大街 22 号 邮政编码 100037）
责任编辑：徐明煜 间洪庆 责任校对：黄兴伟
封面设计：饶 薇 责任印制：李 飞
北京新华印刷有限公司印刷
2017 年 4 月第 1 版第 1 次印刷
170mm×242mm · 31.75 印张 · 479 千字
标准书号：ISBN 978-7-111-56592-5
定价：180.00 元

编委会

序言

对外开放是我国的基本国策。开放是国家繁荣的必由之路。开放带来进步，封闭导致落后，这已为世界和我国发展实践所证明。党的十八届五中全会公报把开放作为五大发展理念的重要内容之一，指出"坚持开放发展，必须顺应我国经济深度融入世界经济的趋势，奉行互利共赢的开放战略，发展更高层次的开放型经济"。《中华人民共和国国民经济和社会发展第十三个五年规划纲要》提出，"十三五"时期要"全面推进双向开放，促进国内国际要素有序流动、资源高效配置、市场深度融合，加快培育国际竞争新优势"。推进双向开放，特别是加快促进双向投资，不断提升利用外资和对外投资，是新时期构建全方位开放新格局的重要内容。

2015年，在世界经济普遍不景气的大环境下，中国经济仍保持了6.9%的中高速增长，对世界经济增长做出了应有的贡献。其中，中国的双向投资不仅交上了一份令人满意的答卷，而且呈现出六大新的发展格局。

新格局之一：中国双向投资总规模都位居全球第二，对外直接投资规模首次超过实际使用外资规模，并保持了快速增长势头。

2015年，中国实际使用外资金额为1355.77亿美元，同比2014年增长5.51%，比2014年增速快1.8

个百分点；与此同时，中国对外直接投资为 1456.7 亿美元，同比 2014 年增长 18.3%，比 2014 年增速快 4.1 个百分点，投资额是 2002 年的 54 倍，不仅实现连续 13 年的增长，而且年均增速高达 35.9%。2015 年，中国对外直接投资规模仅次于美国，实际使用外资规模位列全球第三，且"走出去"比"引进来"多 100.7 亿美元，首次成为资本的净输出国。

"十二五"时期，中国利用外资与对外直接投资总规模分别是"十一五"时期的 1.5 倍和 2.4 倍，这表明中国的开放程度与国际化发展能力水平都进入了一个新阶段。

新格局之二：在服务业已成为中国双向投资的重点领域的同时，出现了利用外资产业结构中第三产业持续增加，对外直接投资产业结构中第二产业比重增加的新特点。

2015 年，中国利用外资的三个产业构成比为 1.13∶32.16∶66.71。与 2014 年相比，第一、第二产业分别下降 0.05、2.04 个百分点，第三产业相应增加 2.09 个百分点。投资金额最多的主要产业领域依次排名是制造业、房地产业、金融业及批发零售业，共计占利用外资金额总量的 77.34%。国内产业结构变动与利用外资产业结构变动的吻合，充分表明利用外资对推动中国产业结构升级起了重要的积极作用。

2015 年中国对外直接投资已涵盖了国民经济的 18 个大类，对外直接投资金额的三个产业构成比为 1.74∶27.5∶70.76。与 2014 年相比，第一、第二产业分别提升了 0.44 和 2.2 个百分点，相应第三产业下降了 2.64 个百分点。投资金额最多的主要产业领域依次排名是制造业 199.9 亿美元，同比增长 108.5%，其中流向装备制造业 100.5 亿美元，占制造业的 50.3%；金融业 242.5 亿美元，同比增长 52.3%；信息传输软件和信息服务业 68.2 亿美元，同比增长 115.2%。

新格局之三：香港仍是内地双向投资最大和最稳定的来源地与投资目的地，发达经济体在中国双向投资中出现了分化的新特点。

2015 年，中国境内利用外资的来源地与对外直接投资地仍主要是亚洲，实际使用外资金额与对外直接投资流量都占七成以上（分别为 82.32% 和 74.4%），其中来自香港的投资与内地对香港的投资都高达六成以上（分别为

63.7% 和 61.7%），基本与 2014 年持平，保持了稳定的态势。

2015 年，在外商投资来源地中，来自美国与欧盟 15 国的企业数量分别增长 5.53% 和 11.9%，但来自美国的实际投资金额同比下降了 11.8%，欧盟则增长了 3.55%。2015 年，在中国对外直接投资中，对美国的投资仅增长 5.7%，对欧盟、澳大利亚的投资则分别下降了 44% 和 16%，都大大低于去年同期增长两位数以上的水平。这表明，尽管随着中国经济综合实力的不断增强，以及中国企业发展经营实力的不断壮大，中国参与高端产业国际分工合作与竞争的能力正在大大提高，但对外投资的政治风险、市场风险、环境风险等也在逐步加大，成为影响着中国对外投资稳定发展的重要因素。

新格局之四：在中国双向投资的国内区域分布中，"东重中西轻"的格局没有根本变化，但中西部地区的作用正在逐步增强。

2015 年，东部地区仍是中国双向投资的主要地区，外商投资企业数量与投资金额占总量之比分别约为 88.41% 和 78.09%。相比之下，中部分别约为 7.04% 和 7.7%，西部分别约为 4.52% 和 7.34%，比重都仍较低，但一些中西部省份已经出现了较快发展的好势头。如中部的安徽省和湖南省，实际使用外资分别为 136.2 亿美元和 115.6 亿美元，分别增长 10.4% 和 12.7%；对外直接投资分别为 9.7 亿美元和 14.8 亿美元，分别增长 1.1 倍和 55.9%，均大大高于全国平均增速。又如西部的云南省和新疆维吾尔自治区，实际使用外资分别为 29.9 亿美元和 4.5 亿美元，分别增长 10.6% 和 8.5%；对外直接投资分别为 13.44 亿美元和 11.02 亿美元，分别增长 30.4% 和 37%，也均大大高于全国平均增速。这表明"一带一路"倡议带动的中西部大开发正在逐步形成中国新的经济增长极。

新格局之五：投资主体与投资方式的多元化已经成为中国双向投资的主要发展格局。

2015 年，外商独资、中外合资、中外合作及股份制等已成为中国利用外资的主要企业类型，但其中外商独资和中外合资占有九成，已成为主导。2015 年，在对外投资中，已形成了以有限责任公司为主导的，包括民营、股份制、个体、集体等多元化的投资主体。中国国有企业在对外直接投资中占比为 50.4%，较 2014 年同期下降了 3.2 个百分点，与此同时，非国有企业的比重持续上升为 49.6%，表明非国有企业在"走出去"方面已成为重要的生力军。同时，中国对外投资已形成了并购投资、股权投资、收益再投资、债务工具投资等多种投资方式并存的多元化格局。

新格局之六：中国与"一带一路"沿线国家的双向投资跨入新阶段，国际产能与装备制造合作已成为中国对外投资的新亮点。

2015 年，我国企业共对"一带一路"相关的 49 个国家进行了直接投资，投资额合计 189.3 亿美元，同比增长 38.6%，投资主要流向新加坡、俄罗斯、印度尼西亚、阿联酋、印度、土耳其、越南、老挝、马来西亚、柬埔寨等国家。我国企业在"一带一路"相关的 60 个国家新签对外承包工程项目合同 3987 份，新签合同额 926.4 亿美元，占同期我国对外承包工程新签合同额的 44.1%，同比增长 7.4%；完成营业额 692.6 亿美元，占同期总额的 45%，同比增长 7.6%。2015 年，"一带一路"沿线国家在华设立外商企业 2164 家，比 2014 年同期增长 18.32%；实际使用外资金额 77.89 亿美元，比 2014 年同期增长 25.34%，均大大高于同期全国的水平。这充分表明在全面推进建设"一带一路"的带动下，中国对"一带一路"沿线国家的投资正显示出强劲的发展势头与广阔的发展空间。

2015 年中国企业在交通运输、电力、通信等优势产业的对外直接投资累计约 116.6 亿美元，同比增长 80.2%。截至 2015 年年底，我国企业正在推进的境外经济合作区共计 75 个，其中一半以上是与产能合作密切相关的加工制造类园区，建区企业累计投资 70.5 亿美元；入区企业 1209 家；合作区累计总产值 420.9 亿美元，上缴东道国税费 14.2 亿美元，带动了纺织、服装、轻工、家电等优势传统行业优势富余产能向境外转移。境外投资、工程承包带动装备出口快速增长，大型成套设备出口额同比增长超过 10%。中资企业通过国际产能合作优化全球布局，带动国内装备、技术、服务、标准和品牌走出去，促进了我国经济结构调整优化。这充分表明，中国积极推进国际产能和装备制造业合作的成效正在持续显现，国际产能与装备制造业合作正成为我国对外投资的新亮点。

在取得成绩的同时也应清醒看到，中国的双向投资仍存在诸多问题。就"引进来"方面，要进一步改善国内投资环境，提升外资的质量与水平，吸引与指导外资更好地为促进中国经济增长方式转变、产业结构转型升级服务。就"走出去"方面，由于中国企业"走出去"的时间相对较短，发展经验还有待进一步积累。特别是由于对外投资面临的国家多、领域宽，情况复杂多变，政治、经济、市场、文化、外交及人才等风险因素交错，更增加了中国企业对外投资的不确定性与难度。同时，在今后的对外投资发展中中国企业也还将要面临许多新形势、新问题，因此，特别需要加强对投资国国情、法律、市场等方面的深入了解与认识，不断积累经验，增强国际化运营能力，才能更好适应对外投资发展的新形势。

由国家发展和改革委员会国际合作中心组织编写的"一带一路双向投资丛书"，是一套为推动中国"引进来"与"走出去"双向投资良好发展，以信息服务指导为主要内容的工具书。丛书的主要特点：一是收集了2015年中国国家与各地方双向投资的发展情况，为全面了解中国双向投资发展情况提供了大量信息；二是汇集了最新推进国际产能和装备制造合作的相关政策，向境内外投资者展示中国开放的新政策及投资导向；三是提供了国际产能和装备制造合作重点国别研究报告，对境内外投资者深入了解投资国国情，把握市场动向，进行投资决策提供一定的帮助；四是收集了推进国际产能和装备制造合作的典型案例，包括地方案例和企业案例，以及重点行业研究报告，对境内外投资者进一步系统了解相关情况提供了多层面的大量信息。

我相信，丛书的出版将对各方面更加全面完整了解中国的双向投资提供有益的信息与情况，有助于更好推进"一带一路"建设，有助于推进国际产能和装备制造合作健康有序发展，促进中国企业的国际化进程和与世界各国的经贸合作交流。

徐绍史

（时任国家发展和改革委员会主任）

前言

为抓住有利时机，推进国际产能和装备制造合作，实现我国经济提质增效升级，国务院发布《国务院关于推进国际产能和装备制造合作的指导意见》（以下简称《意见》），包括提高中国企业"走出去"能力和水平、加强政府引导和推动、加大政策支持力度、强化服务保障和风险防控等。

《意见》提出，力争到2020年，与重点国家产能合作机制基本建立，一批重点产能合作项目取得明显进展，形成若干境外产能合作示范基地。推进国际产能和装备制造合作的体制机制进一步完善，支持政策更加有效，服务保障能力全面提升。形成一批有国际竞争力和市场开拓能力的骨干企业。国际产能和装备制造合作的经济和社会效益进一步提升，对国内经济发展和产业转型升级的促进作用明显增强。

《意见》提出总体任务为：将与我国装备和产能契合度高、合作愿望强烈、合作条件和基础好的发展中国家作为重点国别，并积极开拓发达国家市场，以点带面，逐步扩展。将钢铁、有色、建材、铁路、电力、化工、轻纺、汽车、通信、工程机械、航空航天、船舶和海洋工程等作为重点行业，分类实施，有序推进。

为使我国企业及时把握对外投资合作国家和地区环境及变化，科学进行境外投资合作决策，有效防范外部风险并根据未来合作空间，本书覆盖了世界31个国家和地区，向企业提供了包括"一带一路"在内的世界主要国家和地区投资环境的全面、及时的信息服务，这将有助于提高我国企业"走出去"能力和水平，引导企业在当地守法经营，承担必要的社会责任，构建和谐的当地关系，实现海外可持续发展。

目录

编委会

序言

前言

第一篇
以周边国家为『主轴』，快速推进国际产能合作

第一章
东南亚国家"深化合作，共享发展"

印度尼西亚

一、基本国情介绍

（一）地理环境

印度尼西亚，简称印尼，位于亚洲东南部，由太平洋和印度洋之间的17508个大小岛屿组成，面积1904443平方公里，海洋面积3166163平方公里（不包括专属经济区）。印尼群岛东西达5300公里，南北约2100公里，其中6000个岛屿有人居住。印尼坐拥马六甲、龙目、巽他海峡等海上战略通道，地处印度洋与太平洋交汇处，也是海上丝绸之路两条线路的交汇处，是21世纪海上丝绸之路联通大洋洲、欧洲和非洲等地区的关键节点，在全球战略上居重要地位。

（二）自然资源

印尼自然资源丰富，有"热带宝岛"之称。盛产棕榈油、橡胶等农林产品，其中棕榈油产量居世界第一，天然橡胶产量居世界第二。主要矿产资源有石油、天然气、锡、铝、镍、铁、铜、锡、金、银、煤等，储量均非常丰富。

（三）人口民族

印尼是世界第四人口大国，是东盟10国中人口最多的国家。据2010年全国人口普查，人口总数2.37亿（目前总人口约2.555亿），其中近60%的人口集中在爪哇岛。15 岁以上劳动力人口约 1.21 亿，其中就业人数 1.14 亿。按行业统计，就业人口主要分布在农业、商贸、工业、建筑业及服务业。按 2010 年官方统计，华人约占人口总数的 3.79%（实际人数高于这一比例），在印尼商贸和工业领域发挥着重要作用。

（四）外交关系

中国与印尼两国于 1950 年 4 月 13 日建交。1967 年两国中断外交关系。1990 年 8 月 8 日恢复外交关系。2000 年，两国建立长期稳定睦邻互信的全面伙伴关系。2002 年，印尼总统梅加瓦蒂访华。2005 年 4 月，中国国家主席胡锦涛访问印尼，与印尼总统苏希洛共同签署建立战略伙伴关系的联合宣言；同年 7 月印尼总统苏希洛正式访华。两国元首实现互访，表明双边关系步入快速、稳定、健康发展新时期。近几年来，两国高层访问和接触频繁，副总理级对话机制、经贸联委会、防务磋商、海上技术合作委员会等磋商合作机制运行顺畅，经贸合作成果丰硕。2010 年，两国签署战略伙伴关系行动计划，为两国关系开启了新的篇章。2011 年 4 月，温家宝总理对印尼进行正式访问，双方发表进一步加强战略伙伴关系的联合公报，同意建立领导人定期会晤机制。2012 年 3 月，苏希洛总统对中国进行国事访问，双方发表联合声明。2012 年 4 月，中共中央政治局常委李长春访问印尼，并在印度尼西亚大学发表了重要演讲。2013 年 10 月，国家主席习近平访问印尼并出席亚太经合组织第二十一次领导人非正式会议。2014 年 11 月佐科总统出席北京 APEC 领导人非正式会议，并与习近平、李克强分别举行了双边会谈。

（五）经济环境

年份	GDP （亿印尼盾）	GDP （亿美元）	人均GDP （美元）	GDP增长率 （%）
2008	49486883.97	5102.29	2167.86	6.01
2009	56062033.66	5395.80	2262.72	4.63
2010	68641331	7550.94	3125.22	6.22
2011	78317260	8929.69	3647.63	6.17
2012	86157045	9178.70	3700.52	6.03

年份	GDP （亿印尼盾）	GDP （亿美元）	人均GDP （美元）	GDP增长率 （％）
2013	95461340	9125.24	3631.67	5.56
2014	105658173	8904.87	3499.59	5.02
2015	115407898	8619.34	3346.49	4.79

数据来源：世界银行。

　　印尼是东盟最大的经济体，农业、工业和服务业均在国民经济中有着重要地位。印尼三大产业结构为第一产业占 15.04%；第二产业占 46.04%，其中工业占 35.86%，建筑业占 10.18%；第三产业占 38.92%。在工业增加值中，制造业占 GDP 的比重为 23.59%，采矿业占 11.44%，电力、燃气及水的生产和供应业占 0.83%。

二、产能合作现状分析

（一）引进外资情况分析

　　近年来，印尼吸引外资的速度持续高涨，2008 年全球金融危机以来平均每年保持 13% 以上的增速。但根据最新的联合国贸发会议 2016 年《世界投资报告》显示，2015 年印尼对外直接投资流入额为 155.08 亿美元，相对于2014 年的 218.66 亿美元有较大程度的回落。截至 2015 年，印尼吸引对外直接投资存量为 2248.43 亿美元。矿业是外商投资印尼的传统热点行业。印尼矿产资源极为丰富，成为国际煤炭及镍、铁、锡、金等金属矿产品市场供应的重要来源，吸引大批外资投入矿业上游行业以稳定原料供应，特别是 2012年 5 月印尼政府对 65 种矿产品出口加征 20% 出口税并要求外国投资者在印尼投资设立冶炼加工厂等措施，刺激了外商对矿产下游行业的投资，目前矿业成为印尼第一大外商投资行业，约占利用外资总量的 1/6。

（二）中国、印尼产能合作现状分析

　　2015 年 8 月，中国国家发展和改革委员会徐绍史主任作为习近平主席特

使访问印尼，在会见印尼国家建设计委部部长安德里诺夫时表示，中国将与印尼开展 1000 亿美元的产能合作项目。中国拟参与印尼公路、电站、钢铁厂、港口、能源、矿业等项目建设，并请印尼提出项目清单。中国提出开展该合作的前提是印尼应拥有成熟的建设方案，以便于资金落实。

目前中国、印尼的产能合作业已取得了可观的成果，近年来中国、印尼的产能合作项目顺应了印尼的发展重点领域，涉及行业面广，投资金额大。电力行业是印尼鼓励和支持的行业，中国的电力企业已积极介入印尼各类火电、水电等新能源电站的建设。为配合印尼的禁止原矿出口政策调整，多个大型中国企业在印尼新建镍铁和氧化铝冶炼厂，延伸产业链，填补了不锈钢生产的空白。基础设施是印尼发展的重点，大量的中国工程承包企业来到印尼，或利用中国政府资金或利用中资银行贷款承建公路、码头、铁路和桥梁。

印尼注重园区的建设，中国企业已形成广西农垦工业园区、青山镍矿冶炼工业园区、上海通用五菱工业园区、天津聚龙棕榈油农业园区等。中国投资的水泥、钢铁、建材、能源、汽车、农业、家电、电信、房地产等诸多领域，既符合印尼经济发展的方向，带动项目所在地的就业，增加当地税收，也利于中国企业拓展海外市场，实现了互利共赢。大批基础设施项目如雅万高铁等也将直接带动印尼国内相关产业的发展。目前，已有超过 1000 多家各类中国企业在印尼进行贸易、工程承包和投资合作。2016 年第一季度中国对印尼

中国广西—印尼贸易投资洽谈会

的投资落实约 5 亿美元，已跃升为印尼第四大投资来源国。到印尼投资的中国企业在给印尼带去投资的同时，也带去了技术、管理等知识。

从区域来看，中国与东盟产能合作仍处于初期发展阶段，未来仍有很大发展空间。东盟很多国家正在推进工业化和城镇化进程，对外来资金、技术、设备、管理等需求迫切。中国政府目前积极鼓励中国企业走出去，与包括东盟在内的"一带一路"国家加强产能合作与装备制造合作，参与相关国家的基础建设项目、产业园合作等。可以说中国与东盟各国开展国际产能合作是互有需求、互具优势、互为机遇、互补发展。

（三）中国、印尼产能合作示范领域

近年来，中国已逐步发展为印尼第二大出口市场和第一大进口来源地，中国提出的"21 世纪海上丝绸之路"构想与印尼打造的"全球海洋支点"发展规划高度契合，加快推进深度合作更是双方企业的共识。

在印尼投资办厂的中资企业普遍认为，加强与印尼的产能合作是中国企业步入中高端发展阶段的重大举措，是增强国际市场竞争优势的重要内容，不仅有利于促进企业自身不断提升技术、质量和服务水平，增强整体素质和核心竞争力，而且能有效促进当地经济和社会发展。鞍钢集团、中国华电等企业作为中国优势产能的代表，秉承互利共赢的原则，在充分考虑印尼国情和实际需求的基础上，积极推动中国技术、标准和服务"走出去"，实现经济效益与社会效益的双丰收。

以钢铁行业为例，印尼钢铁工业联合会数据显示，印尼钢铁需求近年来不断上升，但本地钢铁市场自给率为 65% 左右。鞍钢看准这一机遇，结合国内钢铁行业结构调整和印尼加大基础设施建设两大趋势，以投资、技术合作等多种方式，积极推进在印尼的钢铁生产基地建设，带动钢铁装备对外输出。2014 年 10 月，鞍钢宣布在苏门答腊岛占碑省投资 12 亿美元兴建占地超过500 公顷的工业园区，其中包括冶炼厂等项目。

据鞍钢在当地的合作伙伴印尼国营 Krakatau 钢铁公司的董事长艾尔万·哈基姆介绍，预计于 2016 年建成的冶炼厂年均产能有望达到 175 万吨，产品将主要用于满足印尼国内市场需求。印尼能源和矿产资源部官员表示，中国印尼钢铁产能合作能够帮助印尼发展自主的、符合本国实际的钢铁产业，"鞍钢投资兴建的冶炼厂投产后将以产自印尼当地西爪哇省芝安朱尔的铁矿砂为主要原料，有了生产技术，我们就能实现自产自销，不用再大量进口铁矿石"。

在电力供应方面，中国华电致力于为印尼发展提供"稳定、可靠、集约"的优质能源。2015年8月11日，中国华电最大海外投资项目"印尼巴厘岛一期燃煤电厂"竣工投产，包括3台142兆瓦燃煤火力发电机组，并留有再扩建两台300兆瓦燃煤火力发电机组的场地，总容量426兆瓦，能满足全岛40%的用电需求。与此同时，考虑到巴厘岛是旅游胜地，该项目高度重视环保问题。项目承建公司印尼巴厘通用能源公司董事总经理陈拯表示，项目建设全过程严格遵守环保法规，不仅二氧化硫、烟尘、氮氧化物等排放浓度远低于印尼国家标准，而且实现废水集中回收再利用和固体废弃物综合利用，力争达到无烟、无尘、无灰的环保目标。此外，该项目是印尼第一个全封闭的圆形煤场，解决了大型电厂特别是海滨电厂露天煤场对厂区周围的污染；海水取水管线采用了钢沉管方案，大幅减少了对海边地形及生态环境的影响。巴厘省省长助理伊·格图特·维加认为，巴厘岛选择华电最新型的现代环保项目，是绝对正确的选择，为当地发展提供优质能源。

在燃气领域方面，北控集团紧密对接国家政策，积极探求国际化发展道路，2016年集团所属北京燃气与印尼国家天然气公司开拓合作，参与当地基础设

中国华电集团公司—印尼国家电力公司战略合作备忘录签字仪式

施建设。北控集团党委书记、董事长王东表示，印尼是海上丝绸之路沿线重要国家，目前电力缺口严重，燃气普及率极低，按照印尼国家计划，未来将大力发展天然气供应，快速发展天然气民用户。2016年3月3日，在印尼国企部部长 Rini Soemarno 女士见证下，北京燃气与 PGN 公司签署了合作备忘录，在印尼开展燃气领域及人才培训等全面交流合作。参与印尼国家天然气建设，能够推动印尼基础设施建设，带动当地经济发展，助力北京燃气建设"国际一流一体化清洁能源运营商"的企业愿景尽快实现。

伴随中国经济转型升级和印尼工业化起飞，双方不仅将继续加强在钢铁和电力等传统行业的产能合作，还将延伸新一代信息技术产业、高档数控机床和机器人、航空航天装备、海洋工程装备及高技术船舶、先进轨道交通装备、节能与新能源汽车、新材料、生物医药及高性能医疗器械等新兴领域。可以肯定的是，中国产能将在印尼乃至整个东南亚地区的发展进程中发挥更重要的作用。

（四）中国、印尼产能合作产业项目

中国在印尼已经建成或正在建设的、投资额大于3000万美元的产业项目如下：

序号	实施主体	地点	产业/产能	总投资额	进度
1	青山钢铁	中苏拉威西	200万吨不锈钢	40亿美元	1、2期已投产，全部2017年投产
2	魏桥铝业	西加里曼丹	200万吨氧化铝	10亿美元	1期100万吨已生产，2期正在筹备
3	海螺水泥	加里曼丹、西爪哇、巴布亚	2500万吨水泥	25亿美元	部分项目已经投产，2017年全部建成
4	聚龙集团	西加、南苏	棕榈种植及加工	10亿美元	已收购20万公顷，种植7万公顷
5	五菱汽车	西爪哇	年产15万辆整车	7亿美元	2016年年底投产
6	新希望集团	爪哇、苏门答腊、苏拉威西等	150万吨饲料、8万吨养殖屠宰	3亿美元	部分饲料已投产、屠宰项目将启动
7	中国、印尼经贸合作区（广西农垦工业区）	西爪哇	4.55平方公里工业地产招商	1.5亿美元	已引入7个国家和地区31个企业，投资6亿美元
8	德龙镍业	东南苏拉威西	镍铁冶炼	30亿美元	正在施工

序号	实施主体	地点	产业/产能	总投资额	进度
9	恒顺电气	中苏拉威西	镍铁冶炼	3亿美元	部分投产
10	东方特钢	北马鲁古	镍铁冶炼	5600万美元	已建成
11	新兴铸管	北马鲁古	镍铁冶炼	3.5亿美元	接近完工
12	创维电视	西爪哇	家用电器	3000万美元	已收购并量产
13	OPPO手机	西爪哇	最大月产50万台	3000万美元	已生产
14	新华联	中苏拉威西	镍铁冶炼	3.5亿美元	接近投产
15	华迪钢业	南苏拉威西	镍铁冶炼	2亿美元	在建
16	科伦印象	东爪哇	香烟	4500万美元	刚建成投产

三、合作领域和合作重点

两国顶层战略"21世纪海上丝绸之路"与"全球海洋支点"的对接，为双方进一步的经济合作提供了很大的想象空间。目前，两国政府已经在基础设施建设和产能合作等领域达成一系列协议，中国将参与印尼铁路、公路、港口、码头、水坝、机场、桥梁等基础设施和互联互通建设。据不完全统计，目前已有1000多家大中小型中国企业在印尼进行经贸合作，产能方面涉及钢铁、建材、石化、海产、汽车、农业、家电、纺织、轻工、电商、手机等诸多领域。

2015年印尼国际投资指数为58.47，在108个样本经济体中排名第11位，这说明印尼的整体市场环境较好，潜力较强，对外商投资具有一定的吸引力。在11大板块贡献度排名中，前三位分别是投融资环境、金融稳定性板块和贸易板块。完善的投融资环境和金融稳定性是吸引外商直接投资的先导因素，而贸易是显示一国对外开放和参与经济全球化进程的重要窗口。其他方面，印尼在市场潜力、自然环境、基础设施等板块的贡献度排在中游，而政治板块相对较弱。

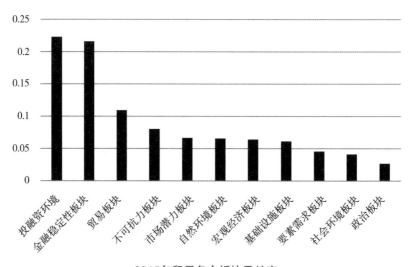

2015年印尼各个板块贡献度

资料来源：武汉大学国际投资研究中心。

进一步使用经济学模型测算各个板块2015年发生的概率，测算方法是衡量主要指标的变动是否超出了预定值，如果超过，说明发生概率较大，反之发生概率较小，印尼计算结果见下图。从各板块发生的概率来看，不可抗力、

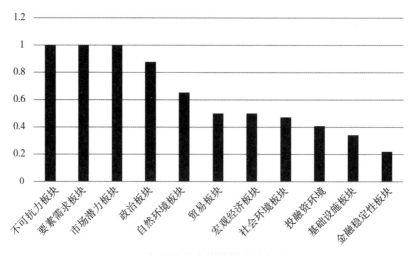

2015年印尼各个板块的发生概率

资料来源：武汉大学国际投资研究中心。

要素需求、市场潜力、政治和自然环境板块发生的概率显著超过了0.5，这些领域在未来的发展趋势尤其需要密切关注。

四、政策分析

（一）政策措施

印尼政府最近又颁布了新的投资负面清单，中国企业应该重点加以研究，慎重从事。大致内容摘录如下：

有71个行业部门不向外商直接投资开放，意即必须100%为国内投资所拥有。另一方面，为了保护小企业，政府开放147个行业部门，但其中的条件是必须建立伙伴关系，并保留给微中小企业和合作社。此事载于2016年6月24日公布、有关在投资领域关闭和开放行业部门清单的2016年第44号总统条例。

根据上述总统条例，必须100%为国内投资所拥有或列入外商负面投资清单的行业部门，包括汽车、摩托车和商用车及其备件等零售业。其他是民间航运、建筑面积不到1200平方米的超市、建筑面积不到400平方米的迷你市场、纺织品、鞋类、电子、玩具的零售业，以及石油和天然气在陆地上的钻井服务，以及不到1兆瓦的发电厂。其他必须100%为国内投资所拥有的行业部门，是在天然林的林产品利用、采砂，以及在印尼水域和公海使用渔船进行捕鱼的捕捞业。捕捞业者必须持有海洋事务和渔业部的许可证。

2016年第44号总统条例中，政府也限制在某些行业的外资持股比例，因此外资最多只能持有49%的股份。这些部门包括主要粮食作物与主要农作物的种植和种子业务。至于面积为25公顷或以上的一些种植园业务，政府予以外商持有达95%股权的自由，但有20%种植园制度下农户的义务。种植园作物指的是甘蔗、蓖麻、烟草、棉花、胡椒、丁香、橡胶、椰子和棕榈等。另外，在港口、河流和湖泊提供渡轮和操作领域，政府限制外资最多持有49%股权。至于在国内定期的商业航空运输模式，外资最多持股49%，国内投资须保持更大。国外定期和不定期的商业航空运输业也一样，非商业航空运输也不例外。2016年第44号总统条例称："多式联运中，外资持股也是最多49%。"在固定电信网络的运作,外国人最多拥有 67% 的股权。报纸、杂志和通讯的出版领域,必须 100% 为国内投资所拥有。

(二)影响中国企业对印尼投资的因素分析

对有意进入或已经进入印尼市场的中资企业来说,印尼目前也存在汇率、劳资关系、基础设施等利益攸关的薄弱环节。

印尼投资环境的诸多硬伤仍未出现明显改观。基础设施严重滞后是最大的瓶颈,物流成本高企、通信条件普遍较差、电力供应难以满足基本需求等。基础工业落后,产业链上下游配套不完备,影响部分制造业企业扩大再投资。政府低效现象仍比较严重,部分领域如矿业等行政管理混乱、税费复杂繁多等,都在很大程度上降低了印尼对外资的吸引力。

在世界银行《2017 年全球营商环境报告》公布的 190 个国家和地区中,印尼排名第 91 位。根据世界经济论坛发布的《2015—2016 年全球竞争力报告》,印尼在全球最具竞争力的 140 个国家和地区中,排名第 37 位,与 2014—2015 年度 144 个国家和地区中排名第 34 位相比,竞争力有一定程度的减弱。在影响企业经营的要素中,政府低效、基础设施供应不足等是比较突出的因素。

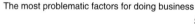

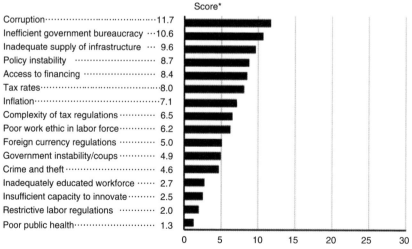

The most problematic factors for doing business

	Score*
Corruption	11.7
Inefficient government bureaucracy	10.6
Inadequate supply of infrastructure	9.6
Policy instability	8.7
Access to financing	8.4
Tax rates	8.0
Inflation	7.1
Complexity of tax regulations	6.5
Poor work ethic in labor force	6.2
Foreign currency regulations	5.0
Government instability/coups	4.9
Crime and theft	4.6
Inadequately educated workforce	2.7
Insufficient capacity to innovate	2.5
Restrictive labor regulations	2.0
Poor public health	1.3

资料来源:世界经济论坛《2015—2016 年全球竞争力报告》。

五、合作案例

在中国经济发展进入新常态、中国对外开放已经进入新阶段、印尼基础设施建设掀起新热潮的背景下，为适应经济全球化和区域一体化新形势，为把握亚太经济发展新格局和双边经济合作新方向，加强与印尼的产能和装备制造合作，是保持中国经济中高速增长和迈向中高端水平的重大举措，是推动新一轮高水平对外开放、增强国际竞争优势的重要内容，是中国与亚洲其他新兴国家开展互利合作的重要抓手，有利于促进自身不断提升技术、质量和服务水平以增强整体素质和核心竞争力，有利于深化两国互利合作，特别是促进当地经济和社会发展。

（一）鞍钢集团

鞍钢集团等旗舰企业作为中国优势产能，立足国内优势，坚持互利共赢，积极推动与印尼钢铁产能合作及中国技术、标准和服务"走出去"。鞍钢结合国内钢铁行业结构调整和印尼加大基础设施建设两大趋势，以投资、技术合作等多种方式，积极推进在印尼钢铁生产基地建设以带动钢铁装备对外输出。印尼钢铁工业联合会数据显示，近年来印尼对钢铁需求趋旺，预计 2015 年将超过 1500 万吨，较 2014 年增长近 10%，而到 2025 年该数字将达到 2600 万吨。然而，目前印尼钢铁市场自给率仅为 65% 左右。因此，自 2014 年 10 月鞍钢宣布在苏门答腊岛占碑省投资 12 亿美元兴建占地超过 500 公顷的工业园区以来，预计于 2016 年建成的钢铁冶炼厂及其配套设施就成为中国印尼双方共同的努力目标，鞍钢在当地的产能合作伙伴印尼国营 Krakatau 钢铁公司董事长艾尔万·哈基姆表示，该冶炼厂年均产能有望达到 175 万吨且产品主要用于满足印尼国内市场需求。印尼能源和矿产资源部官员表示，中国印尼钢铁产能合作有助于印尼发展更为自主的、符合本国实际的钢铁产业，"鞍钢投资兴建的冶炼厂投产后将以印尼当地西爪哇省芝安朱尔的铁矿砂为主要原料，有了生产技术，我们就能实现自产自销，不用再大量进口铁矿石"。除技术合作之外，包括国家开发银行、工商银行等中方银行亦为该项目融资提供便利。

（二）华为公司

华为等知名企业作为中国先进产能，在加强中国印尼产能合作时充分考虑印尼国情和实际需求，注重与当地政府和企业互利合作，创造良好的社会和经济效益。华为以印尼用户为核心，以当地市场需求为导向，在印尼设立研发机构以利用全球智力资源，通过人才合作推动创新升级和产能合作，进而提高在印尼乃至整个东南亚地区的产业竞争力。鉴于印尼信息通信基础设施建设目前还很薄弱，行业发展前景非常广阔，印尼政府在未来 5 年规划中将重点提升全国网络普及率并在各行业推广信息通信技术的应用。2015 年 5 月 19 日，华为与印尼通信部签署信息技术创新中心合作谅解备忘录，宣布将联合打造印尼创新中心，共同推动行业发展。该中心将致力于为印尼提供行业创意平台和资源、培养信息通信技术人才、完善行业规制和监管等。中国驻印尼大使馆王立平公参表示，自 2013 年开始，华为就与印尼通信部在行业人才培养和研究领域开展紧密合作，万隆理工大学、卡迦玛达大学等印尼知名高校均将作为中方合作伙伴进一步加强行业对接和产能合作。

（三）民营企业和国企携手"走出去"新范本

"一带一路"倡议的提出，为民营企业"走出去"指明了方向。在 2016 年 3 月 10 日举行的印度尼西亚共和国投资商务论坛上，国有企业中钢集团旗下中钢冶金资源有限公司、中投亿星新能源投资有限公司、北京元泰达环保科技公司 3 家中资企业，与华夏幸福基业股份有限公司（简称华夏幸福）就投资印尼签订了合作意向，探索出了民营企业和国企携手"走出去"的新范本。华夏幸福基业股份有限公司表示，作为"一带一路"沿线的重要发展中国家，印尼具有投资兴业的坚实基础和优良条件，华夏幸福积极致力于服务中国和印尼两国的产业深度合作，搭建中国企业出海平台，助力印尼工业化和城镇化健康发展。通过在海外投资建设运营产业新城，华夏幸福将充分发挥优势，整合全球资源，在推动当地基础设施和现代产业集群建设的同时，以产业新城为落地载体，搭建产业平台生态系统，促进国际产能合作，为中资企业海外投资提供综合解决方案和一站式服务。

作为东盟最大经济体，印尼迎来了与中国产能合作的重要时点。商务部亚洲司副司长彭刚表示，"未来中国和印尼双方在制造业、基础设施、农业、海洋渔业、工业园区与旅游业等领域开展投资合作，前景广阔。"印尼驻华大使 Soegeng Rahardjo 表示，作为"一带一路"战略的重要组成部分，印尼与中国有很大的互补性。印尼政府非常诚恳地邀请中国企业来印尼投资电力、基础设施、海洋产业、工业园区等项目。

彭刚认为，"综合产业园区是开展产能合作，吸引中方企业开展集群式投资的重要的载体，是中国企业在海外走出去的升级版。通过园区建设可形成完整的上下游产业链和完善的物流生活配套设施，提高政府财政税收收入，为当地人民提供更多的就业机会，提升基础设施和整体工业化发展水平。"

（四）工业园区模式

2014 年 1 月，印尼政府全面禁止原矿出口，以提高资源类产品的出口附加值。中国政府及时适应并支持印尼的政策调整，并于 2013 年习近平主席访问印尼期间与印尼政府签署了《中华人民共和国政府和印度尼西亚共和国政府关于印尼—中国综合产业园区的协定》，共同支持两国企业在印尼投资兴建冶炼等综合产业园区，促进印尼基础设施建设和工业化发展。恒顺众昇公司等一大批中国企业，积极响应两国政府号召，赴印尼投资兴建冶炼厂和综合产业园区。

恒顺众昇工业园区依托印尼丰富的镍矿资源和天然良港，采用中国先进的冶炼技术，第一期以发展高效冶炼炉和回转窑 – 矿热炉冶炼生产镍铁为主，同时配套大型燃煤电厂。28 个月后，一个具有高效、节能、环保等特点的工业园一期工程将完成，届时将有两台 65 兆瓦燃煤发电机组和四条最先进的回转窑 – 矿热炉生产线及数台高炉在这个工业园运转，年产镍铁 30 万吨。工业园第二期工程将发展不锈钢和相关下游产业，以及带动地方经济的其他产业。

青岛恒顺众昇公司在苏拉威西岛投资建设的镍铁工业园区项目，是 2015 年 3 月印尼总统佐科访华的重要经贸成果之一，也是两国产能合作的重要项目。燃煤电站的奠基，象征着工业园区建设的全面开展，是恒顺众昇工业园区发展的重要里程碑。该工业园区将整合中国和印尼的优秀企业，形成完整的上下游产业链和完善的物流生活配套设施，大幅提高印尼当地财政和税收收入，为当地人民提供更多的就业机会，提升印尼基础设施和整体工业化发展水平，改善人民生活水准。

工业园区模式是中国企业在海外"走出去"的升级版。经过 30 多年的发展，中国企业具备了资金、技术、人才等优势，同时印尼又地大物博，基础设施落后，有得天独厚的机遇，可在印尼采取以工业园区的方式来进行发展，工业园区模式对解决当地就业、促进经济发展的拉动作用极为明显。这对企业本身也提出更高要求，要拥有雄厚的资金实力，要具有丰富的管理经验。同时也要看到其本身存在的风险，由于资金额度大，存在着一定的资金回收风险，上下游产业链集团式发展，对管理经验要求极高。现在有 20 多个中国公司与印尼进行投资建设工业园项目谈判，但成功的还是少数，国内有意投资印尼的企业，一定要对当地投资环境进行深入的调查研究，做好可行性研究。

越 南

一、基本国情介绍

（一）地理环境

越南位于中南半岛东部，北与中国广西、云南接壤，中越陆地边界线长 1347 公里；西与老挝、柬埔寨交界；东和东南濒临南中国海。陆地面积 329556 平方公里。越南地形狭长，呈 S 形。南北最长处约 1640 公里，东西最宽处约 600 公里，最窄处仅 50 公里。地势西北高，东南低，境内四分之三为山地和高原。有红河三角洲和湄公河三角洲两大平原，面积分别为 2 万平方公里和 5 万平方公里，是主要的农业产区。北部和西北部为高山和高原，中部长山山脉纵贯南北。越南河流密布，其中长度在 10 公里以上的河流达 2860 条。较大的河流有红河、湄公河（九龙江）、沱江（黑水河）、泸江和太平河等。越南海岸线长 3260 多公里。

越南属东 7 时区。首都河内时间比北京时间晚 1 小时。

（二）自然资源

越南资源丰富，种类多样。矿藏资源分为能源类、金属类和非金属类等 50 多种矿产资源。已探明石油、天然气、煤炭可采储量分别达 2.5 亿吨、3000 亿立方米和 38 亿吨，分别可供开采 20 年、35 年和 95 年。此外，已探明铁矿 13 亿吨、铝土矿 54 亿吨、铜矿 1000 万吨、稀土 2200 万吨、铬矿 2000 万吨、钛矿 2000 万吨、锆矿 450 万吨、镍矿 152 万吨、高岭土 2000 万吨。越南盛产大米、玉米、橡胶、椰子、胡椒、腰果、咖啡和水果等作物。森林面积约 1000 万公顷。越南渔业资源丰富，沿海有 2000 种鱼、75 种虾，盛产红鱼、鲐鱼、鳖鱼等多种鱼类。中部沿海、南部东区沿海和暹罗湾等海域，每年的海鱼产量都可达到数十万吨。

（三）人口民族

截至 2015 年 12 月，越南人口已达 9170 万人，其中，城镇人口占 33.1%，农村人口占 66.9%；男性占 49.4%，女性占 50.6%。越南人口密度为 272 人 / 平方公里。人口密度最大的是红河平原，约 1217 人 / 平方公里；人口密度最小的是西北地区，约 69 人 / 平方公里；人口密度最大的省份是北宁省，约 1227 人 / 平方公里；人口密度最小的省份是莱州省，约 34 人 / 平方公里。

越南是一个多民族国家，共有 54 个民族，京族（也称越族）占总人口的 86%，少数民族占 14%。

（四）政治制度

政府是国家最高行政机关。

议会称为国会，是国家最高权力机关，任期 5 年，通常每年举行两次例会。

司法机构由最高人民法院、最高人民检察院及地方法院、地方检察院和军事法院组成。

越南共产党是唯一政党，1930 年 2 月 3 日成立，同年 10 月把党的名称改为印度支那共产党，1951 年更名为越南劳动党，1976 年改用现名。

越南政府机构包括：国防部、公安部、外交部、内务部、司法部、计划与投资部、财政部、工贸部、农业与农村发展部、教育培训部、交通运输部、建设部、资源与环境部、通信传媒部、劳动荣军与社会部、文化体育与旅游部、科技部、卫生部、越南国家银行、国家民族委员会、政府监察总署和政府办公厅 22 个部委。

（五）外交关系

越南奉行全方位、多样化、愿与各国交友的外交路线，保持与传统周边邻邦的友好关系，积极发展与东盟国家的友好合作，重点发展与中国、美国、俄罗斯、日本、印度和欧盟等国家和地区以及世界银行、亚洲开发银行等国际组织的关系，积极参与国际事务，已同 180 个国家建交，同近 200 个国家和地区保持经贸往来，并于 2007 年加入世界贸易组织（WTO）。2010 年担任东盟轮值主席国。

中越两国于 1950 年 1 月 18 日建交。近年来，中越关系保持良好发展。两国领导人提出"长期稳定、面向未来、睦邻友好、全面合作"十六字方针和"好邻居、好伙伴、好同志、好朋友"四好精神，在此基础上，发展两国全面战略合作伙伴关系。2009 年 11 月，两国完成陆地边界勘定工作。双方在外交、公安、国防和安全等部门的合作不断深化，两党理论交流和青少年交往进展良好。两国经贸合作发展迅速，双边贸易连年上新台阶，中国连续 12 年成为越南最大的贸易伙伴。据中国海关统计，2015 年中越双边贸易总额 958.19 亿美元，同比增长 14.6%。其中，中方对越方出口 661.43 亿美元，增长 3.8%；自越方进口 296.76 亿美元，增长 49.1%。越南是中国在东盟仅次于马来西亚的第二大贸易伙伴。2015 年越南对华贸易逆差 364.67 亿美元，比 2014 年减少 74 亿美元。

（六）经济环境

越南是传统农业国，工业基础较薄弱，主要依靠投资拉动增长，科技创新对经济发展贡献不高。1986 年，越南推行改革开放路线，成效较大。

近年来，越南经济不断提速，2012 年、2013 年和 2014 年国内生产总值（GDP）分别增长 5.25%、5.42% 和 5.98%。进入 2015 年，得益于制造业和出口贸易的强劲表现，越南经济延续快速增长势头，GDP 同比增长达 6.68%，超过政府 6.2% 的预期目标，为 2008 年以来最高增速。其中，四季度实际零售额、固定资产投资和工业生产同比增长 11.7%、17.1% 和 9.4%，显示目前越南经济具有较强增长动力。2015 年，农林渔业占越南 GDP 的 16.99%，工业和建筑业占比 33.25%，服务业占比 39.73%。

2016 年越南受到干旱、洪涝、全球经济增速弱于此前预期、贸易增速处于较低水平、油价不稳定、农产品需求和价格出现大跌等所产生的不利影响。然而，总体来看，全国经济发展依然保持较好态势。2016 年宏观经济稳定，GDP 增速保持在 6.21%，通货膨胀得到控制。经济结构调整取得初步成效，在全球贸易下滑的背景下，越南的出口额增长 8%，实现贸易顺差 20 亿~30 亿美元。2017 年经济增长率有望达 6.7%。

年份	GDP（亿越南盾）	GDP（亿美元）	人均GDP（美元）	GDP增长率（%）
2008	16160470	991.30	1164.61	5.66
2009	18091480	1060.15	1232.37	5.40
2010	21578280	1159.32	1333.58	6.42
2011	27798810	1355.39	1542.67	6.24
2012	32454190	1558.20	1754.55	5.25
2013	35842620	1712.22	1907.56	5.42
2014	39378560	1862.05	2052.32	5.98
2015	41928620	1935.99	2111.14	6.68

数据来源：世界银行。

（七）法律

越南现行宪法是第五部宪法，于 2013 年 11 月在十三届国会第六次会议上通过，2014 年 1 月 1 日正式生效，是 1946 年、1959 年、1980 年、1992 年宪法的继承和发展，体现了越南社会主义过渡时期的国家建设纲领。

（八）社会

越南的科技水平无论在国际范围还是在东南亚地区都不具备较强的竞争

力，但科技工作对推动本国经济和社会进步还是做出了一定的贡献。现有近300个科研机构（院、中心）。

越南拥有较完善的教育体系，目前已形成包括幼儿教育、初等教育、中等教育、高等教育、师范教育、职业教育及成人教育在内的教育体系。近年来，部分国家政府和国际组织向越南提供援助，支持越南发展教育事业，特别是发展农村和少数民族地区的教育。

越南于1947年开始实行社会保障制度，并于1961年、1981年、1985年和1995年陆续进行修改和补充。

越南社会治安总体状况良好，没有恐怖袭击事件，但也存在抢盗现象。

二、产能合作现状分析

（一）越南外资引进情况

据越南统计，2014年，越南吸收协议外资250.6亿美元，同比增长16%。其中，新批项目1588个，协议金额156.4亿美元，同比增长9.6%，增资项目594个，增资金额45.8亿美元。2014年，实际到位资金124.5亿美元，同比增长8%。

据联合国贸发会议发布的2015年《世界投资报告》显示，2014年，越南吸收外资流量为92.0亿美元；截至2014年年底，越南吸收外资存量为909.9亿美元。

2014年，共有60个国家和地区在越投资。越南吸收外资主要来源地依次为：韩国（36.2%）、中国香港（14.8%）、新加坡（13.8%）和日本（10.1%）。中国企业对越南协议金额为3.2亿美元，位于在越投资国第七位。

近十年来，中国对越南直接投资规模总额呈现出逐步扩大态势。2005年，中国对越南直接投资流量0.21亿美元，到2015年已增至3.33亿美元，年均增速达31.83%。同期，中国对越南直接投资存量由2.29亿美元上升至31.9亿美元，年均增速达30.14%。就投资领域来看，由于目前越南工业体系薄弱、土地使用成本较低且廉价劳动力丰富，使得中国直接投资额多数流向了制造业、建筑业和房地产三大行业。不过，越南对中国投资增长相对缓慢，截至2015年，越南对华累计实际投资仅为1.24亿美元，主要涉及农林水产及矿产开采等行业。

从投资项目来看，2015 年中国企业在越南进行的项目总共 1346 个，总注册资本为 104 亿美元（约合 676.5 亿元人民币），平均每个项目价值 770 万美元。其投资的领域集中在加工和制造业，这两个领域共有 916 个项目，总价值 53.8 亿美元（约合 349.7 亿元人民币）。截至 2016 年 12 月，越南共引进 2200 多个新项目，注册资金 130 多亿美元，1000 多个项目增加资金，总额达 50 多亿美元。2017 年，越南政府承诺继续提高经济竞争力，建设扶持企业、与企业合作的创造型国家，以及廉洁、行政手续简捷的政府。这将使越南今后若干年在吸引外资方面取得突破性发展。

（二）越南与中国产能合作现状

双边经济合作方面，2015 年中国企业在越南新签合同额 34.6 亿美元，完成营业额 35.2 亿美元，包括水电、火电、水泥、铝土矿等领域，具体涉及河内—老街高速公路、河内—海防高速公路、老街钢铁厂及沿海火电厂一期等项目。目前越南已建和在建的 24 个水泥厂项目中 23 个由中方担任工程总承包（EPC），占比高达 95.8%。

为创新两国合作模式进而加强双边经贸联系，近年来中越跨境经济合作区建设全面提速。目前，两国已建立东兴—芒街、凭祥—同登、龙邦—茶岭、河口—老街四个跨境经济合作区，并在基础设施互联互通、产业合作和政策创新等方面取得了重要进展。根据中国商务部和越南工贸部签署的《关于建设跨境经济合作区的谅解备忘录》，两国在合作区采用"一区两国、境内关外、自由贸易、封关运作"的运作方式，并重点发展制造业、跨境旅游以及金融服务等支柱产业，目标是形成区域性的国际商品中心。作为中越两国重要的合作机制，澜沧江—湄公河合作机制由李克强总理在 2014 年第 17 次中国—东盟领导人会议上倡议建立，并已于 2015 年 11 月举行首次外长会，现已成为两国共商合作大计、规划合作蓝图，进而加强重点领域合作的重要平台。同时，中越两国在中国—东盟"10+1""10+3""10+6"，大湄公河次区域经济合作（GMS），亚太经合组织等多边合作机制中也拥有广阔的合作空间。此外，中越双边合作指导委员会、中越经贸合作委员会等双边合作机制也已成为两国沟通有无、互惠互利、协调发展的重要平台，并在推动双边经贸合作方面发挥了引领作用。以上述多层次、多边和双边合作机制为支撑，中越关系正朝着具有区域影响力的全面战略合作伙伴关系不断前进。

在与越南的经贸合作中，广西有着特殊的区位和地缘优势。目前，广西面向越南的有东兴、友谊关、水口、龙邦、平孟等国家一类边境口岸，以及爱店、峒中、硕龙、岳圩、平而关、科甲等国家二类边境口岸。近年来，通过贸易投资便利化、人民币结算业务创新以及"加工贸易倍增计划"等措施，广西与越南双边贸易实现了较快增长。2015年，广西对越南出口总额达1111.62亿元，同比增长18.3%，占对东盟国家出口额的92.13%。

（三）中国、越南产能合作政策与模式

国际产能合作"十三五"规划成型，在产业布局层面，"十三五"时期重点推动"走出去"的将是钢铁、有色、建材、化工、轻工、汽车、农业等行业优势富余产能，包括工程机械、航空航天、船舶和海洋工程的优势装备，以及交通、能源、通信等基础设施。

当前，可重点采取绿地投资和并购投资相结合的产能合作模式，以两大发展战略对接为契机，以龙江和海防工业园区为载体，以双边贸易为纽带，以基础设施合作和装备制造合作为优先级，助推中越两国产能合作迈向更大规模、更优结构和更高水平，打造新时期国际产能合作的"东盟样本"。具体而言，一方面，发挥中国在铁路、电力、汽车、通信和工程机械等领域的综合竞争优势，抓紧在越南市场需求大、资源条件好的省市进行布局，并着力延伸产业链，促进上下游行业全方位对接。另一方面，遵循"企业主导、商业运作、社会参与、政府推动"的原则，通过公私合营（PPP）、特许经营权以及合资的方式进行重点项目的合作。企业方面，应尽快在越南实行本地化经营，做到资本运作本地化、产品制造本地化、营销方式本地化和人力资源本地化。政府方面，应在《中越联合公报》的基础上，尽快商讨签署产能合作相关协定，并着力降低交易成本，提高服务效率，为企业"入越"开展产能合作提供良好的营商环境。

中越双方应进一步发挥经济结构互补性优势，扎实推进重点领域合作。

当前的核心工作是要落实好《中华人民共和国政府—越南社会主义共和国政府 2012—2016 年经贸合作五年发展规划》，沿海上、陆上、金融三条主线统筹推进。在"海上"方面，着力推进中越海上共同开发，加强低敏感领域合作，并尽早启动北部湾湾口外海域共同考察项目。同时，以建设性方式管控分歧，全面落实《南海各方行为宣言》，推动在协商一致的基础上早日达成"南海行为准则"；在"陆上"方面，在尊重安全关切和国家主权的基础上，重点实施基础设施共同开发项目，并加快建立统一的运输协调体系，促进通关、换装和多式联运无缝衔接，尽快建成便利化程度高、通关速度快和物流成本低的中越国际大通道。当前，可将河内轻轨二号线（吉灵—河东）项目、老街—河内—海防标准轨铁路线路规划、云屯—芒街高速公路项目作为切入点。在"金融"方面，大力发挥人民币国际化的积极作用，研究商签双边本币互换协议和结算协定，鼓励对越投资、对越承包工程、对越大型成套设备出口、对越大宗商品贸易等使用人民币计价结算，降低"入越"的货币错配风险。此外，还需加快制定双边经贸投资合作重点项目的高层次发展规划和方案，并将经济效益、贸易规则、产业安全、投资环境、知识产权、环境保护等内容有机融合在一起，同时破除合作障碍、深化合作空间，共谋合作共赢、和谐发展之道。

三、合作领域和合作重点

越南吸引外资的优势主要有：劳动力成本低，与中国中西部地区相当；地理位置优越，海岸线长 3260 多公里，港口众多；面向东盟，投资者可借助越南开拓东盟市场。越南影响外资的不利因素主要有：近年来宏观经济不稳定，通胀压力大；劳动力素质不高，仅少数的劳动力受过培训；配套工业落后，生产所需设备和原材料依赖进口。

根据越南优势，未来纺织业、基础设施、可再生能源等领域是越南重点发展的领域。纺织业方面，2015~2025 年越南纺织品将享受与日本、欧盟、韩国的自贸区协定的政策优惠。越南签署的各项自贸区协定将有利于出口增长，特别是纺织服装业。但由于技术和资金短缺，大量设备及原材料依赖进口，本土企业难以投资配套工业。因此，越南政府希望外商投资于配套工业，提高越南国产化比例，以便充分利用自贸区协定。基础设施方面，越南已解除多年禁令，允许私人以 BOT（建设—运营—移交）或租赁方式投资铁路基础设施。越南拟实现铁路项目社会化融资，具体包括：12 条铁路的开发权转让或以公私合营（PPP）的方式升级；以 BOT 形式修建 4 个新铁路项目，总投资额约 50 亿美元。除了与土地、国家安全相关的项目由国家管理外，所有个人与企业均可投资于铁路基础设施。2016 年 5 月，越南老街省号召投资者投资建设本省一系列潜力项目，老街省与中国云南省有对应口岸，同时位于大湄公河次区域南北经济走廊的中心，投资潜力巨大。可再生能源方面，煤电、水电等传统能源产能扩张，日益破坏越南自然环境。为此，越南迫切需要发展清洁能源。越南是东南亚太阳能、风能等清洁能源储量最为丰富的国家之一：一是风能，越南有 3260 多公里的海岸线，每年每平方米的风能达 500~1000 千瓦时；二是太阳能，每天每平方米为 5 千瓦时；三是水能，每年水电站发电功率超过 4000 兆瓦；四是生物质能，每年越南的生物质能约 7300 万吨，其中农林渔业 6000 万吨，垃圾 1300 万吨，发电功率达 5000 兆瓦。随着国家鼓励政策的出台，该领域得到投资者普遍关注。

2015 年越南国际投资指数为 41.44，在 108 个样本经济体中排名第 49 位，处于中间位置，这说明越南的整体市场环境有一定的改善空间。在 11 大板块贡献度排名中，前三位分别是贸易板块、基础设施板块和宏观经济板块。相比 2014 年，2015 年越南的经济和对外贸易相对稳定，例如 2014 年 CPI 累计同比涨幅为 4.09%，2015 年该值为 0.63%，有力缓解了近年较大的通胀压力和宏观经济不稳定性。从交通基础设施来看，《世界经济论坛》数据显示，越南交通基础设施竞争力世界排名已从 2014 年的第 76 位上升至 2015 年的第 67 位，具体情况是，公路质量指数排名第 93 位，较 2014 年上升 11 位；铁路排名第 48 位，上升 4 位；港口排名第 76 位，上升 12 位；航空排名第 75 位，上升 12 位。整体来看，在错综复杂的形势背景下，2015 年越南在国内生产总值（GDP）增长率、遏制通胀、改善投资经营环境、对外经济发展等方面上释放许多积极信号。

其他方面，社会环境、金融稳定性和市场潜力板块排名中游，投融资环境、自然环境等板块排名较后，在进行国际产能合作时应给予重视。

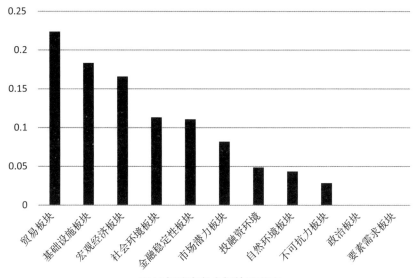

2015年越南各个板块贡献度

资料来源：武汉大学国际投资研究中心。

进一步使用经济学模型测算各个板块 2015 年发生的概率，测算方法是衡量主要指标的变动是否超出了预定值，如果超过，说明发生概率较大，反之发生概率较小，越南计算结果见下图。从各板块发生的概率来看，社会环境、

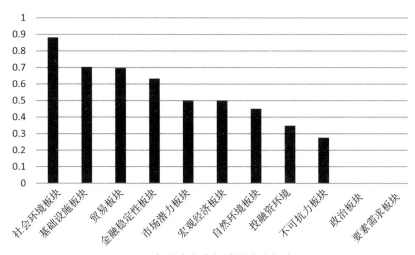

2015年越南各个板块的发生概率

资料来源：武汉大学国际投资研究中心。

基础设施、贸易和金融稳定性板块发生的概率显著超过了 0.5，这些领域在未来的发展趋势尤其需要密切关注。

四、政策分析

（一）政策支持

越南对外国投资在优惠政策框架、行业性优惠政策和区域性优惠政策进行了指导。从 2016 年 1 月 1 日起，越南的企业所得税税率从 22% 降至 20%，除非税法另有规定（例如，某些高新技术企业，可适用 10% 的优惠税率；某些领域，如石油、天然气等自然资源领域的企业则适用 32%~50% 的更高税率）。外国投资企业和越南内资企业采用此统一税收标准。除了所得税方面，越南在进出口关税、流转税方面给予投资者一定优惠。例如，对生产企业特定设备、原料的进口给予关税和增值税的减免，以鼓励外商投资。

（二）优惠措施

行业性优惠政策主要有：一是在特定领域的投资项目收入，可以在产生收入的当年起连续 15 年享受 10% 的企业所得税税率，并享受"四免九减半"的税收优惠，例如，高科技技术研发和技术更新，软件产品生产，符合一定条件的纺织、服装、鞋具、电子信息、汽车零配件的生产，治理、监测、分析环境污染设备的生产。二是涉及动物饲料、农产品及海产品加工类企业的收入，可以享受 15% 的企业所得税税率，并享受"两免四减半"的税收优惠。三是涉及民生类新投资项目的收入，可以在产生收入的当年起直到项目结束享受 10% 的企业所得税税率，并享受"四免五减半"的税收优惠，例如，教育、职业培训、医疗、文化、体育、环境。

区域性优惠政策表现为越南政府鼓励投资的行政区域分为经济社会条件特别艰苦地区（A 区）和艰苦地区（B 区）两大类，分别享受特别鼓励优惠及鼓励优惠政策。其中在企业所得税优惠方面，A 区享受 4 年免税优惠（从产生纯利润起计算，最迟不超过 3 年），免税期后满 9 年征收 5%，紧接 6 年征收 10%，之后按普通项目征税；B 区享受 2 年免税优惠（从产生纯利润起计算，最迟不超过 3 年)，免税期后满 4 年征收 7.5%，紧接 8 年征收 15%，之后按普通项目征税。在进出口关税优惠方面，A 区免征固定资产进口关税及从投产之日起免征前 5 年原料、物资或半成品进口关税；属出口产品生产加工可免征出口关税或退税。

（三）影响中国企业对越南投资的因素分析

在世界银行《2017 年全球营商环境报告》公布的 190 个国家和地区中，越南排名第 82 位。

根据世界经济论坛发布的《2015—2016 年全球竞争力报告》，越南在全球最具竞争力的 140 个国家和地区中，排名第 56 位，与 2014—2015 年度 144 个国家和地区中排名第 68 位相比，竞争力有明显的提升。在影响企业经营的要素中，贷款可获得性、政策稳定性、受教育劳动力供应不足等是比较突出的因素。

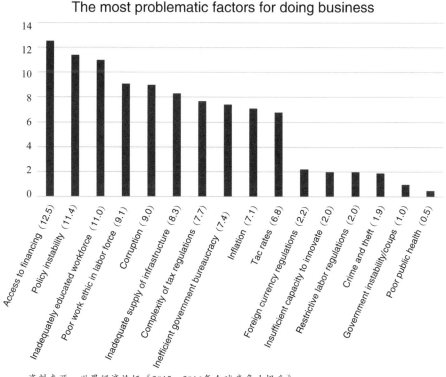

The most problematic factors for doing business

资料来源：世界经济论坛《2015—2016年全球竞争力报告》。

五、合作案例

（一）永兴燃煤电厂一期BOT项目

永兴燃煤电厂一期 BOT 项目由南方电网公司控股，按照 EPC 合同计划，项目两台机组将分别于 2018 年 9 月和 2019 年 3 月投产，比合同约定的投产工期提前 3 个月。越南永兴燃煤电厂一期项目已列入中越 2012—2016 年经贸合作五年发展规划及越南第七个电力总体规划，是越南重点基础设施项目之一，项目将为越南南部的经济、生活等各项发展可提供有力的电力保障。同时，该项目也是目前中国在越南最大的投资项目，以及中国企业在越南的首个电力 BOT 项目。

南方电网公司目前共有 3 回 220 千伏、3 回 110 千伏线路向越南送电。对越送电业务始于 2004 年，中越联网第一条线路 110 千伏河老线投运。自第一回线路投运起至 2014 年 12 月 31 日，累计向越南供电 300 亿千瓦时。

南方电网公司作为大湄公河次区域电力合作中方执行单位，高度重视与大湄公河次区域国家和地区开展跨境电力合作。越南永兴燃煤电厂一期项目是南方电网公司践行国家"一带一路"战略的重要举措，自 2006 年项目开发以来，得到了中越两国政府的支持和关怀。

东盟是"一带一路"路线上的关键节点，是走出国门的最重要区域，南方电网公司供电区域内的云南和广西紧靠东南亚，具有独特的地缘优势和一定的管理、技术优势，未来在"一带一路"战略上有很大的发挥空间。

（二）特驱希望集团

特驱希望集团在越南投资的第三家大型饲料生产企业——越南义安特驱希望饲料有限公司于 2015 年 10 月 21 日在越南中部省份义安省正式投产。义安特驱希望饲料项目总投资 1000 万美元，占地面积 2.1 公顷，设计年产饲料 30 万吨。该公司的正式投产标志着中国企业迈出在越南中部实现"一带一路"同"两廊一圈"战略有效对接的重要一步，将进一步推动双方包括农产品在内的产能合作，以此带动越南中部养殖结构升级。特驱希望在越设厂的同时

特驱希望集团义安开工剪彩仪式

也将国内一大批的配套厂商带出"国门"，这都进一步扩大中越双方产能合作的广度和深度。特驱希望计划在 2020 年实现在越三家饲料公司年产高质量饲料 60 万吨。同时特驱希望将进一步完善在越投资布局，实现在未来几年形成完整的畜禽水产养殖、饲料生产和食品加工产业链的投资战略目标。

（三）雅迪科技有限公司

2014 年，雅迪科技有限公司（越南）入驻位于越南首都河内的一个工业区。如今，工厂占地已达 8000 多平方米，月产能达 1.2 万辆电动车。在雅迪的车间里，生产线上的工人们正忙碌地组装零部件，每隔几分钟就有一辆新组装的电动车下线。仓库里，各式电动车整齐排列，其中包括当地人喜欢的轻便款式。越南是有名的"摩托车王国"，但传统摩托车使用成本高且不够环保。现在越来越多的越南百姓更青睐电动车。雅迪在河内的成功是中越日益频繁的经贸往来的缩影，彰显了中越两国在产能互利合作方面存在的巨大空间。

令人鼓舞的是，中国提倡的"一带一路"倡议和越南的"两廊一圈"战略计划正准备进行有效对接，这将进一步释放中越产能合作的巨大潜力。"一带一路"倡议意在推进国际经贸合作和基础设施建设。"两廊一圈"计划即建设昆明—老街—河内—海防—广宁和南宁—谅山—河内—海防—广宁两个经济走廊以及环北部湾经济圈，由越南领导人于 2004 年访华时提出。

2015 年 9 月，李克强总理和张高丽副总理在北京分别会见了越南副总理阮春福，双方同意将"一带一路"倡议和"两廊一圈"战略计划进行对接，推动两国在工业产能、贸易和投资等领域的合作。

"一带一路"倡议的落实无疑会使中越经贸交流更为便捷，它会促进整个东南亚地区的经济向前发展。

（四）中资越南光伏科技有限公司

中资越南光伏科技有限公司表示，中越双方就"一带一路"倡议和"两廊一圈"战略对接达成共识，为推动两国在工业产能、贸易和投资领域进行合作创造重大契机。如今，越来越多的企业将目光投向越南市场，特别是具有高附加值高新技术的企业。

在越南建立工业园一向被视作推进中越产能合作的主流做法和理想方式，因为工业园能有效降低成本和风险。云中工业园的位置非常优越，这就是越南光伏科技有限公司选择云中工业园作为生产基地的原因。云中工业园位于北江省，距离中国边境口岸、越南海防港以及河内内排机场都很近，对越南光伏科技公司而言是十分理想的设厂地点。该工业园由中国民营企业富华责任有限公司于 2013 年 7 月开始建设，迄今已开发标准厂房 30 栋，占地面积 16.5 万平方米。工业园目前已进驻厂商 13 家，其中中资企业 8 家。除一家服装厂外，其他企业从事的都属于高新技术产业项目。目前园区正在进行第五期、第六期和第七期开发建设。

在东南亚各国当中，越南的市场优势尤为明显。论成本，越南优于新加坡、马来西亚、泰国等加工业发展较为成熟的国家；论资源环境，比老挝、柬埔寨更具有对外商的吸引力。特别是对于中国企业来说，越南正处于加工也向制造业转型的上升期，人均 1000~2000 元人民币的低廉劳动力成本和与中国本土差异不大的环境，使得越南更具有市场选择的竞争力。

目前在国际市场最受认可的中国产品，除了高铁外，另一个产业就是光伏。面对激烈的国际竞争，低成本、高品质的中国光伏也在面临着国际市场的"围追堵截"。优质的产能合作才能保证公司的可持续发展。中国企业必须要走出

在越南同奈省TCL越南工厂职员在紧张有序地工作

去，成为世界工业产业链中重要的一环，类似的产业园区和自贸区的政策大致相同，全球化的融合才能让产业更好地发挥。

缅　甸

一、基本国情介绍

（一）地理环境

缅甸地处亚洲中南半岛西北部，国土面积 676578 平方公里，其北部和东北部同中国西藏和云南接界，中缅国境线长约 2185 公里，其中滇缅段为 1997 公里；东部与老挝和泰国毗邻，缅泰、缅老国境线长分别为 1799 公里和 238 公里；缅甸西部与印度、孟加拉国接壤；缅甸南临安达曼海，西南濒孟加拉湾，海岸线总长 3200 公里，地理位置重要。

（二）自然资源

缅甸自然资源丰富，包括矿产资源、石油和天然气、林业资源、水力资源、渔业和海洋资源等。矿产资源主要有锡、钨、锌、铝、锑、锰、金、银等，宝石和玉石在世界上享有盛誉。因缅甸缺乏地质通盘勘查的能力，因此对整个矿藏的储量及分布情况不完全清晰，可能还有其他未知的矿藏。缅甸石油与天然气资源主要分布在缅甸中部和沿海地区，据亚洲开发银行能源评估报告，缅甸共有 104 个油气开采区块，其中内陆开采区块 53 个，近海开采区块 51 个。根据测量结果，约有 1.6 亿桶石油和 20.11 万亿立方英尺（1 立方英尺约等于 0.028 立方米）天然气。2010 年缅甸森林覆盖率为 41%，主要分布在北、西、南部。缅甸国内河流密布，主要河流有伊洛瓦底江、萨尔温江、钦敦江和湄公河，支流遍布全国。其中伊洛瓦底江、萨尔温江和湄公河均发源于中国。缅甸利用水力发电潜力很大。据西方国家和国际组织勘测，缅甸蕴藏水力的装机容量为 1800 万千瓦。缅甸海岸线漫长，内陆湖泊众多，渔业资源丰富，因受资金、技术、捕捞、加工、养殖水平等条件限制，对外合作开发潜力大。缅甸海产品主要出口中国、新加坡、泰国、韩国、孟加拉等国。

（三）人口民族

2015 年人口普查显示缅甸人口约为 5390 万人。缅甸人口最多的前 5 位城市分别是仰光、曼德勒、毛淡棉、勃固和勃生。缅甸共有 135 个民族，主要有缅族、掸族、克伦族、若开族、孟族、克钦族、钦族、克耶族等。各少数民族均有自己的语言，其中缅、克钦、克伦、掸和孟等民族有文字。

（四）政治制度

根据 2008 年缅甸宪法，缅甸实行多党民主制度。总统既是国家元首，也是政府首脑。缅甸联邦议会实行两院制，由人民院和民族院组成。

（五）外交关系

1950 年 6 月 8 日中缅建交。近年来，中缅两国各领域友好交流与合作进一步加强。2011 年 4 月，时任全国政协主席贾庆林对缅甸进行友好访问，成为缅甸新政府成立后到访的首位外国领导人。2011 年 5 月缅甸总统登盛访华，两国宣布建立全面战略合作伙伴关系。2011 年 10 月，缅甸副总统丁昂敏乌来华出席第八届中国—东盟博览会，时任总理温家宝在南宁会见。2012年2月，缅甸联邦议会人民院议长瑞曼访华。2012年9月，时任全国人大常委会委员长吴邦国对缅甸进行正式访问。2012年9月，缅甸总统登盛应邀出席在广西南宁举行的第九届中国—东盟博览会并赴陕西和广东参观，时任国家副主席习近平会见。2013年中国副部级以上官员访缅共13次。2013年4月，缅甸总统登盛正式访华，并出席博鳌亚洲论坛2013年年会。2013年9月，缅甸总统登盛应邀出席在广西南宁举行的第十届中国—东盟贸易会。2013年10月，缅甸国防军总司令敏昂莱访华。2014年4月，缅甸联邦议会人民院议长瑞曼访华。2014年5月，全国人大常委会副委员长严隽琪对缅甸进行友好访问。2014年6月，缅甸总统登盛来华出席和平共处五项原则发表60周年纪念活动并对华国事访问，11月再次来华出席加强互联互通伙伴关系对话会。2014年9月，缅甸副总统年吞应邀出席在广西南宁举行的第十一届中国—东盟博览会。2014年11月，李克强总理访缅并出席东亚峰会。2014年12月，国家副主席李源潮赴缅甸出席中国—东盟文化交流年闭幕式。2015年4月，国家主席习近平在印尼雅加达出席亚非领导人会议期间会见缅甸总统登盛。2015年5月，国务委员兼国务院秘书长杨晶访缅。2015年6月，应中国共产党邀请，由主席昂山素季率领的缅甸全国民主联盟代表团访华，这是她的首次访华。在总统廷觉组成新政府后，中国外交部长王毅于2016年4月首周访问缅甸，会见缅甸外长昂山素季。昂山素季表示，缅甸新政府愿意加强与中国的友好合作，这将有利于缅甸的国家发展。

（六）经济环境

年份	GDP （亿缅甸元）	GDP （亿美元）	人均GDP （美元）	GDP增长率 （%）
2012	478505.46	746.90	1421.48	—
2013	547563.86	586.53	1106.99	8.52
2014	633230.00	643.30	1203.84	8.50
2015	754136.40	648.66	1203.51	6.99

数据来源：世界银行。

近年缅甸国内生产总值（GDP）显著增长，2015 年上升 7%，远高于东盟集团 4.5% 的平均增速。国际货币基金组织（IMF）预计 2016 年缅甸经济增速将达 8.6%，在世界经济发展报告所覆盖的近 200 个国家和地区中排名第一。

据统计，2014 年在缅甸 GDP 构成中，农业约占 37.1%，工业占 27.3%，服务业占 41.6%。缅甸消费占 GDP 的 85.8%，投资占 GDP 的 19.6%，净出口占 GDP 的 –5.4%。主要行业有加工、制造、建筑及交通运输。缅甸经济之所以发展如此强劲，主要源于该国持续推行经济改革导致外商直接投资的不断流入。

缅甸的经济结构和经济体制，具有与东南亚其他国家不同的特点。总体看来，在经济的部门结构上以农业为主；在所有制结构上工矿业以国营为主，而农业以建立在土地国有制基础上的小农经济为主；在决策和管理上，以国家的指示性计划和国家管理机构的职能为主。

（七）法律

1974 年缅甸制定了《缅甸社会主义联邦宪法》。1988 年军政府接管政权后，宣布废除宪法，并于 1993 年起召开国民大会制定新宪法。2008 年 5 月，新宪法草案经全民公决通过，并于 2011 年 1 月 31 日正式生效。

缅甸法院和检察院共分 4 级。设最高法院和最高检察院，下设省邦、县及镇区 3 级法院和检察院。最高法院为国家最高司法机关，最高检察院为国家最高检察机关。

（八）社会

缅甸政府重视发展教育和扫盲工作，全民识字率约 94.75%。实行小学义务教育。教育分学前教育、基础教育和高等教育。

据世界卫生组织统计，2012 年缅甸全国医疗卫生总支出占 GDP 的 1.8%，目前缅甸尚无中国政府派驻的援外医疗队。

缅甸超过 85% 的人信仰佛教，社会治安总体较好，特别是仰光的犯罪率较低，目前缅甸官方尚未公布社会刑事犯罪率等有关数据。

二、产能合作现状分析

（一）缅甸外资引进情况

缅甸是东盟 10 国第七大经济体。截至 2016 年 3 月，外商在缅甸的累计直接投资总额达 637 亿美元，资金主要来自中国内地、新加坡、泰国和中国香港。缅甸是中国—东盟自由贸易区成员。已与英国、新加坡、马来西亚、泰国、印度、老挝、越南、韩国签订避免双重征税协定，并与中国香港达成投资保护协定。据缅甸官方数据显示，自缅甸 1988 年开放外资以来，截至 2015 年 12 月底，中国在缅甸共投资项目 115 个，投资额为154.18 亿美元，占缅甸外资总额的 26.07%，继续保持缅甸最大投资来源国地位。据悉，新加坡和泰国分居第二位和第三位，投资额分别为 110 亿美元和 100 亿美元。

另据缅甸投资和公司管理局统计数据显示，2015 年度（2015 年 4 月~2016年 3 月）海外对缅甸的直接投资流量（批准数据）同比大幅增长 18%，增至约 94.81 亿美元，创下历史第 2 高水平。从 2015 年当期各国对缅甸的投资额来看，新加坡占整体投资额的 45%，位居首位。排在第 2 位的是中国，占整体投资额的 35%，中国对缅甸的直接投资额猛增至 2014 年度的 6 倍。日本对缅甸的投资额增至 2.6 倍，从 2014 年度的第 11 位上升至第 8 位。对缅甸的境外投资主要集中在农业、畜牧及水产业、勘探矿产业、制造业、能源、石油及天然气、运输及通信业、酒店及旅游业、房地产业、工业发展业和其他服务业等 11 个领域。

从存量来看，截至 2016 年 3 月，外商在缅甸的累计直接投资总额达 637亿美元，资金主要来自中国内地（181 亿美元，占总额 28.4%）、新加坡（131亿美元，占 20.5%）、泰国（105 亿美元，占 16.5%）和中国香港（74 亿美元，占 11.5%）。根据缅甸国家经济发展规划，政府的目标是到 2030 年吸引外商直接投资达 1400 亿美元。外商在缅甸的累计直接投资总额中，约 66% 与油气及电力有关，而制造业及运输通信分别占 10% 及 8%。

根据缅甸投资委员会的最新消息，2016 年 6 月 27 日该委员会首次批准了

8 个国内外投资项目，分别为:高级木地板生产、电线生产、鞋业加工与销售、手提袋生产、国际酒店服务、高级住宅、写字楼租赁和销售、英文报刊和木材边角料加工，其中 4 项为国内投资项目，4 项为国外投资项目。投资委员会同时还宣布，此次批准的 8 个投资项目将能提供 865 个就业岗位。

（二）缅甸与中国产能合作现状

中国对缅甸的援助与投资主要集中在油气资源、矿业资源、水电资源开发等领域。缅甸一直是中国主要的经济援助接收国，经济援助一般以拨款、无息贷款、优惠贷款或债务减免的形式提供。中国也在工厂、设施建设和矿物开采、水电、石油和天然气生产以及农业项目投资方面为缅甸提供援助。中国的经济援助和合作方案通常由中国国有企业实施，无法与国家商业投资相区分。截至 2015 年 6 月底，缅甸的石油、天然气、电力、矿业行业投资占到缅甸吸收外商直接投资的 74.2%。截至 2008 年，国际地球权益的研究表明，至少 69 家中国大型跨国公司投资了缅甸的石油天然气、水能、矿产、基础设施等项目。这些企业包括中国石油天然气集团公司（CNPC）、中国电力投资集团公司（CPI）、中国水利水电建设集团公司等大型的央企、国企等。

中国对缅甸主要投资项目

类别	项目名称	合作部门、公司	金额
油气	中缅石油天然气管道	中国石油天然气集团、缅甸国家油气公司	25 亿美元
水能	曼德勒省耶涅大坝	中国国际信托投资公司、中国水利水电建设集团	7 亿美元
	克伦邦哈希水电站	中国水电和泰国电力局（EGAT）	10 亿美元
	掸邦塔桑大坝	中国三峡公司、EGAT 等	120 亿美元
	克伦尼州育瓦迪大坝	大唐集团	—
	克钦邦来扎大坝	中国电力投资集团公司	—
	克钦邦驰文歌大坝	中国电力投资集团公司	—
	克钦邦密松水电站（暂停）	中国电力投资集团公司	—
	克钦邦太平江水电站	大唐集团	—

类别	项目名称	合作部门、公司	金额
矿产	太公当镍项目	中国有色金属矿业集团公司（CNMC）	8亿美元
	实皆地区矿项目	CNMC和缅甸矿业部	—
	莱比塘铜矿	中国万宝矿产有限公司和缅甸联邦经济控股有限公司（军方控制）	10亿美元
	实皆地区莫苿塘镍矿	紫金矿业和缅甸矿业部	—
	果敢钛铁矿	宗申集团	1亿美元
铁路	皎漂—昆明铁路（谈判中）	中国中铁股份有限公司	200亿美元

资料来源：宋涛．中国对缅甸直接投资的发展特征及趋势研究［J］．世界地理研究，2016（4）：40-47。

缅甸炼油业

三、合作领域和合作重点

从投资环境吸引力的角度，缅甸近年的竞争优势有以下几方面：一是丰富的自然资源、人力资源和文化遗产；二是市场潜力大，又是连接东南亚和南亚两大市场的重要通道；三是国内政局相对稳定；四是政府欢迎外国企业到缅甸投资，并大力支持以资源为基础的外国投资项目、出口项目，以及以出口为导向的劳动密集型项目，允许投资的范围广泛，包括农业、畜牧水产业、林业、矿业、能源、制造业、建筑业、交通运输业和贸易等。

2015 年缅甸国际投资指数为 26.82，在 108 个样本经济体中排名第 89 位，这说明缅甸的整体市场环境较差，在缅甸投资有不小的风险和挑战。在 11 大板块贡献度排名中，前三位分别是贸易板块、市场潜力板块和社会环境板块，这说明贸易、市场和社会环境对 2015 年缅甸投资环境的影响比较大。另外，

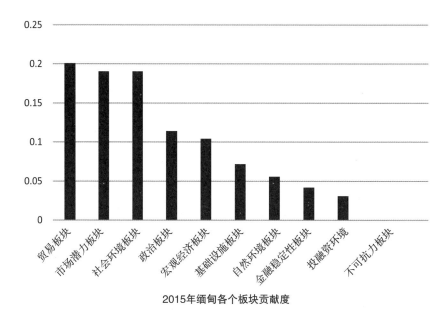

2015年缅甸各个板块贡献度

资料来源：武汉大学国际投资研究中心。

政治板块、宏观经济板块等的作用也较明显，剩余板块的解释作用相对较弱。在 2015 年 4 月至 2016 年 3 月的财政年度，缅甸总出口下跌 11% 至 110 亿美元。主要出口市场为中国、泰国、新加坡、印度和日本，主要出口产品包括燃料、矿物、农产品和服装。同期，缅甸总进口微跌 0.4% 至 165 亿美元。主要进口来源地为中国、新加坡、日本及泰国。缅甸的进口产品主要是机械、运输设备、普通金属及其制品。贸易的波动对缅甸投资环境的影响很大，因此在国际产能合作时也应重视进出口产品总额的动态变化。

进一步使用经济学模型测算各个板块 2015 年发生的概率，测算方法是衡量主要指标的变动是否超出了预定值，如果超过，说明发生概率较大，反之发生概率较小，缅甸计算结果见下图。从各板块发生的概率来看，自然环境板块、市场潜力板块、社会环境板块和政治板块发生的概率显著超过了 0.5，

这些领域在未来的发展趋势尤其需要密切关注。

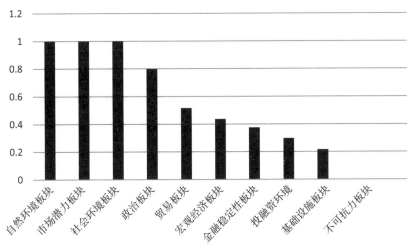

2015年缅甸各个板块的发生概率

资料来源：武汉大学国际投资研究中心。

四、政策分析

（一）政策支持

2015 年 11 月全国民主联盟于国会选举中大胜，2016 年 3 月底廷觉宣誓就任缅甸首位民选总统及首位全国民主联盟总统。为兑现竞选时的政纲，新政府承诺继续推行改革，包括把政府组成部门的数目削减至 21 个，并由昂山素季主管外交部及总统府部。

新政府上台百日推出多项重要改革措施，包括检讨前政府通过并惹人争议的广播法。基础设施方面，仰光至曼德勒公路两个路段正提升为试点项目，这是新政府上台百日推出的改革项目的一部分。

缅甸不断对外开放，于 2012 年 4 月取消外汇管制。在新的管理浮动制下，缅甸中央银行每日与国内的认可交易行进行外汇拍卖后，会公布缅元兑美元的参考汇率。缅甸并允许外商直接投资按市场汇率计价。2013 年 7 月，缅甸总统签署新法律，授予缅甸中央银行脱离财政部的独立地位。同月，《证券交易法》获得通过，证券交易所于 2015 年 12 月成立。

2014 年 10 月，缅甸中央银行开始向 9 家外资银行发放营业执照。每家持牌外资银行允许开设一间分行，并仅限于向外资公司提供外币贷款。2016 年 3 月，有 4 家银行获得批准；目前共有 13 家外资银行获准在该国经营。在此之前，缅甸禁止外商直接投资银行业，此举是 50 年来该国首次允许外资银行进入。

2013 年 2 月，缅甸商务部通过法案，自 2013 年 3 月起，允许 318 种产品在出口及进口时无须许可证，被禁止者除外。318 种产品中，152 种为出口产品，166 种为进口产品。豁免出口许可证的产品类别主要是农业、林业及工业产品。豁免进口许可证的产品包括电器、消费品、服装和纺织品。取消许可证规定有助提高贸易效率，减少不明确因素。

为改善基建，缅甸政府决定开放电信业，允许外国投资者竞投全国电信牌照。2014 年 1 月，两个牌照分别批予两家国际电信运营商——挪威 Telenor 及卡塔尔 Ooredoo，为期 15 年。开放电信业是缅甸改革经济及改善基建的重要一步。世界银行表示，缅甸移动电话普及率从 2013 年的 13% 上升到 2014 年的 54%，反映该国电信服务市场远未饱和，发展潜力庞大。

缅甸推行开放改革，吸引了外国公司的注意，他们正有意把劳动密集的生产设施转移至当地。在实行临时措施，规定工业园区内工人每月最低工资为 65 美元（包括加班及津贴）后，缅甸政府于 2015 年 9 月首次实施全国最低工资，雇员每天工作 8 小时，最低工资标准为 3600 缅甸元（2.8 美元）。

（二）优惠措施

为进一步吸引外资，缅甸于 2012 年 11 月颁布新《外国投资法》，2013 年 1 月颁布缅甸外国投资实施条例。新《外国投资法》宗旨在于：开发资源保障内需，扩大出口；增加就业机会；发展人力资源；发展银行金融业、高等级公路、跨国公路、国家电力及能源和现代信息技术等基础设施建设；建设有利于国家整体发展的高等级铁路、航运及航空事业；增强国民的国际竞争力；打造具有国际水准的企业。

据悉，缅甸投资委员会为吸引境外投资正在实施提高外国直接投资规划。根据该规划，2015—2016 财年的境外投资目标额为 60 亿美元，到财年结束，比预期增加了 30 多亿美元。境外投资额增加的原因是，除了允许外国投资者租赁政府所属土地，现政府时期允许外国投资者租赁私有土地；之前背景为外国人但以缅甸国民名义进行投资的企业，依据缅甸投资委员会的指示转变为合法外国投资企业；开放了外币汇款等。

（三）影响中国企业对缅甸投资的因素分析

根据世界经济论坛发布的《2015—2016年全球竞争力报告》，缅甸在全球最具竞争力的140个国家和地区中，排名第131位，与2014—2015年度144个国家和地区中排名第134位基本持平。在影响企业经营的要素中，贷款可获得性、受教育劳动力供应不足、政策稳定性等是比较突出的因素。

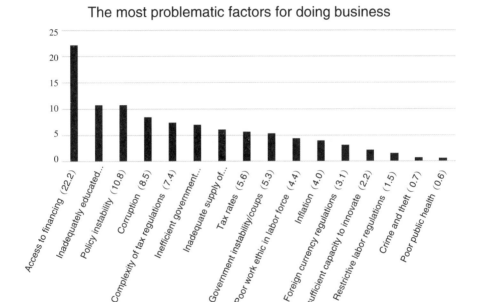

The most problematic factors for doing business

资料来源：世界经济论坛《2015—2016年全球竞争力报告》。

五、合作案例

（一）瑞丽江一级水电站

2009年5月16日，中国对外水电开发最大的BOT项目——瑞丽江一级水电站竣工仪式在缅甸境内电站厂房隆重举行。瑞丽江一级水电站的建成投产，标志着中国华能集团公司实施"走出去"战略取得又一项重大成果，为促进大湄公河次区域电力合作树立了典范。瑞丽江一级水电站位于缅甸北部掸邦境内紧邻中缅边境的瑞丽江干流上，总装机60万千瓦，设计年发电量40亿千瓦时。该项目是目前中国在缅甸投资的最大BOT水电项目，也是缅甸建成投产的最大水电站，由华能集团所属华能澜沧江水电有限公司控股的云南联合电力开发有限公司以BOT方式开发、运行和管理。工程建设，创下了国际国内水电建设多项新纪录，包括工程从大江截流到2008年9月5日首台机组发电仅用了20个月，从首台机组发电到最后一台机组发电只用了8个月，安全零事故。

（二）掸邦塔桑大坝

2014年9月，缅甸政府电力部批准了一项东南亚最大的大坝项目。大坝位于萨尔温江（在中国为怒江）流域，缅甸掸邦境内。中国长江三峡集团、中国葛洲坝集团等中国公司均为项目建设的合作方。该大坝即为塔桑大坝，它又被叫作孟统大坝，设计坝高为228米，装机容量7110兆瓦，估计建造成本超过60亿美元。该大坝选址于掸邦的孟统镇，在萨尔温江的低洼地带。掸邦与云南西双版纳接壤。

（三）中缅油气管道

中缅油气管道是继中亚油气管道、中俄原油管道、海上通道之后的第四大能源进口通道，总投资为25.4亿美元，其中石油管道投资额为15亿美元，天然气管道投资额为10.4亿美元。中缅天然气管道起于缅甸皎漂，途径四省邦，经南坎进入中国瑞丽（云南省西部），管径1016毫米，长度793公里，年设计输量120亿立方米。管道于2010年6月开始建设，2013年5月底完工并具备投产条件，7月15日进气开始试运行。

2013年7月28日，中缅天然气管道投产通气仪式在缅甸曼德勒举行。在中国、缅甸、韩国、印度四国政府代表及六个投资方代表共同见证下，南坎计量站放空火炬熊熊燃起，中缅天然气管道开始向中国国内供气。截至2016年8月，这条管道自投产以来累计向国内供气108.84亿标准立方米，突破

100亿立方米大关。

随着中缅原油管道项目开工,标志着中国的东北(中俄原油管道)、西北(中亚天然气管道)、西南陆上(中缅油气管道)和海上(经过马六甲海峡的海上通道)四大油气进口通道的战略格局已初步成型,有利于实现石油运输渠道多元化,保障中国能源供应安全。中缅油气管道是继中哈石油管道、中亚天然气管道、中俄原油管道之后的第四大能源进口通道,缓解了中国对马六甲海峡的依赖程度,降低海上进口原油的风险。

天然气管线的完成为中国打开了一条新能源走廊,中国现在将能从缅甸的离岸气田获取天然气供应,而且很快就能通过缅甸海岸的大型港口获取原油运送。得益于缅甸不断增长的天然气收入,这条管线也将为缅甸政府带来大笔收入。

2016年缅甸投资促进研修班

老 挝

一、基本国情介绍

（一）地理环境

老挝是中南半岛北部唯一的内陆国家，北邻中国，南接柬埔寨，东接越南，西北达缅甸，西南毗连泰国。湄公河在老挝境内干流长度为 777.4 公里，国土面积 23.68 万平方公里。老挝全国共有 17 个省、1 个直辖市。全国自北向南分为上寮、中寮和下寮三大区。首都万象是全国的政治、经济、文化和科研中心，其他主要的经济中心城市包括位于老挝北部的古都琅勃拉邦市、中部的沙湾拿吉市以及南部占巴塞省的巴色市。

（二）自然资源

老挝境内自然资源丰富，主要有矿产资源、水电资源、农业资源等。矿产资源多未开发，属中国三江成矿带延伸部分，主要矿藏有金、银、铜铁、钾盐、铝土、铅及锌等。水电资源丰富，老挝是东南亚地区水能蕴藏量最丰富国家之一，湄公河水能蕴藏量 60% 以上在老挝境内，全国 200 公里以上河流 20 余条，有 60 多个水能丰富的水电站建站点。农业资源条件良好，老挝土地资源丰富，人口密度为每平方公里 28 人，属热带季风气候，日照时间长，雨水充足，农业开发条件较好。

（三）人口民族

2015 年，老挝人口总数 680 万。老挝共有 49 个民族，分属老泰语族系、孟高棉语族系、苗瑶语族系、汉藏语族系，统称为老挝民族。通用老挝语，居民多信奉佛教，其中华侨华人约 3 万多人。

（四）外交关系

中国和老挝山水相连，两国人民自古以来和睦相处。1961年4月25日中国和老挝正式建立外交关系。老挝政府坚持奉行一个中国原则，支持中国人民和平统一祖国大业。2006年6月，老挝党中央总书记、国家主席朱马里对中国进行国事访问。同年11月，时任中共中央总书记、国家主席胡锦涛对老挝进行国事访问。双方发表《联合声明》，推动中老关系进入新的发展阶段。2009年9月，朱马里成功访华，两国元首一致同意将中老两国关系提升为全面战略合作伙伴关系，为两国各领域合作开辟了更加广阔的前景。在新时期，中老两党两国领导人互访不断，2016年5月习近平主席在北京人民大会堂同老挝人民革命党中央总书记、国家主席本扬举行会谈，指出新形势下，双方要维护好近年来中老关系发展的强劲势头，抓住双边关系健康稳定发展带来的难得机遇，拓展中老全面战略合作广度和深度。2016年9月，李克强总理应老挝人民民主共和国政府总理通伦·西苏里邀请对老挝进行正式访问，就进一步发展新时期中老关系及共同关心的问题深入交换意见，达成重要共识。此外，中老双方在经贸、文化、教育、卫生、边界等领域和问题上也一直保持密切沟通。

（五）经济环境

年份	GDP（亿基普）	GDP（亿美元）	人均GDP（美元）	GDP增长率（%）
2008	476028.14	54.44	900.50	7.82
2009	496734.14	58.33	947.96	7.50
2010	593098.71	71.81	1147.10	8.53
2011	665147.02	82.83	1300.98	8.04
2012	749460.86	93.59	1445.87	8.02
2013	879743.64	111.92	1700.99	8.47
2014	942985.58	117.16	1751.40	7.52
2015	1004432.14	123.27	1812.33	7.00

数据来源：世界银行。

2015 年，老挝国内生产总值（GDP）超过 100 万亿基普，同比增长了 7%，其中农业占比 21.8%，工业占比 32.7%，服务业占比 36%。纺织品、鞋类和皮革制品制造从 2014 年的 7930 亿基普增至 2015 年的 8120 亿基普，但在 GDP 结构中的份额仍保持不变，为 0.8%；教育略有变化，从 2014 年的 1.52 万亿基普增至 2015 年的 1.59 万亿基普，但其在 2014 年和 2015 年仍占 GDP 的 1.6%。

老挝实行社会主义制度，老挝人民革命党是老挝唯一政党。1991 年老挝党"五大"确定"有原则的全面革新路线"，提出坚持党的领导和社会主义方向等六项基本原则，对外实行开放政策。2001 年老挝党"七大"制定了至 2010 年基本消除贫困，至 2020 年摆脱不发达状态的奋斗目标。2016 年 1 月 18 日至 22 日，老挝党"十大"通过了社会发展"八五"规划、十年战略和十五年远景规划。老挝 2011—2020 年中长期经济社会发展规划显示，将努力发展有自身优势、增长快的经济行业，推动国民经济保持持续、快速增长，摆脱最不发达国家状态，为工业化、现代化打下基础。老挝"八五"（2016—2020 年）规划明确，年均 GDP 增长 8.5%，其中，农林业增长 3.3%，占 GDP 比重 18.2%，工业增长 15%，占比 45.4%，服务业增长 6.5%，占比 32.6%，到 2020 年人均 GDP 达 3253 美元。

二、产能合作现状分析

（一）中老投资合作现状

投资方面，中国已成为老挝第一大外资来源国。2015 年中国对老挝非金融类直接投资流量突破 10 亿美元，达 13.6 亿美元，同比增长 36.2%。老挝首次超过印尼，位列新加坡之后成为该年度中国在东盟的第二大投资对象国。中国对老挝投资领域广泛，涵盖矿业、水电、农业、金融、购物中心和特别经济区等。2015 年，中国对老挝工程承包合同额超 50 亿美元，达 51.6 亿美元，较 2014 年增长 39.8%，在东盟国家中仅次于印尼和马来西亚，位居第三，在亚洲国家中位居第四；完成营业额 32.2 亿美元，增长 38.2%。截至 2015 年年底，老挝对华累计实际投资 4549 万美元。

中国在老挝的重大投资项目

合同签署或项目开工时间	公司名称	项目名称或投资领域	项目金额
2016年	中国重型机械有限公司	色贡煤电一体化项目EPC合同	21亿美元
2015年	中国电力技术装备有限公司	500/230千伏万象环网输变电项目总承包合同	2.39亿美元
2015年	中国机械设备工程股份有限公司	Kohing-Naphia和Namxam HPP-Houamuang输电线路及配套变电站	4.84亿美元
2015年	中国中铁股份有限公司	中老铁路磨丁—万象段	400亿元人民币
2015年	中国电力建设集团	南欧江流域梯级水电站（二期）项目	17亿美元
2015年	中国水电建设集团国际工程有限公司	南俄3水电站	12.9亿美元
2014年	浙富水电国际工程有限公司	XePianXeNamnoy水电站项目	4.6亿元人民币
2014年	云南黄龙集团	万象天阶国际金融产业示范区，28万平方米	24亿元人民币
2014年	中工国际工程股份有限公司	琅勃拉邦安纳塔拉酒店项目，6万平方米	3700万美元
2013年	重庆方德房地产开发公司	拉萨翁广场，12万平方米	1亿美元
2013年	南方电网国际有限责任公司	南塔河1号水电站项目	27亿元人民币
2012年	上海万峰企业集团	万象塔銮湖专属经济区项目	15.2亿美元
2012年	中国电力建设集团	南欧江流域梯级水电站（一期）项目	10.35亿美元
2012年	云南建工集团	万象国际商业旅游中心，12万平方米	1.6亿美元
2012年	云南建工集团	赛色塔综合开发区项目，1100亩	3.5亿美元
2011年	中工国际工程股份有限公司	老挝万象新世界项目，42公顷	5亿美元
2011年	中国长江三峡集团公司	南椰2水电站项目	3.45亿美元
2011年	中工国际工程股份有限公司	老挝川圹机场和老挝瓦岱国际机场扩建项目	7.6亿元人民币
2011年	中国水利水电建设集团	南乌江水电项目开发	20亿美元
2010年	山东太阳纸业股份有限公司	林浆纸一体化项目	1.97亿美元
2009年	中国水电集团	南槛2、南槛3水电站和230千伏欣和—琅勃拉邦输变电线路	5.59亿美元

（续）

合同签署或项目开工时间	公司名称	项目名称或投资领域	项目金额
2009年	中国葛洲坝集团有限公司	会兰庞雅水电站项目以及北方农村电网改造项目	2.47亿美元
2009年	中国电力工程有限公司	洪沙3×626兆瓦燃煤电站项目	16.8亿美元
2008年	中国水电建设集团国际工程有限公司	南俄5水电站	1.9975亿美元
2007年	中国长江三峡集团公司	南立1-2水电站项目	1.49亿美元

（二）中老贸易合作现状

中老经贸关系发展顺利。据中国商务部统计，2015年，中老双边经贸额为27.8亿美元，同比下降23.1%。中国主要进口铜、木材、农产品等，主要出口汽车、摩托车、纺织品、钢材、电线电缆、通信设备、电器电子产品等。2016年1～10月双边经贸额为18.2亿美元，同比下降15.7%。

2015年12月2日，中老铁路开工奠基仪式在万象举行，中国全国人大常委会委员长张德江、老挝国家主席朱马里等双方领导人出席。2016年12月25日，中老铁路全线开工仪式在琅勃拉邦举行。

中国企业于20世纪90年代开始赴老挝投资办厂，目前是老挝最大投资

老挝—中国贸易投资论坛

国。投资领域涉及水电、矿产开发、服务贸易、建材、种植养殖、药品生产等。中国企业在老挝还积极参与劳务和工程承包。

中国在力所能及的范围内，采取无偿援助、无息贷款或优惠贷款等方式向老挝提供援助，领域涉及物资、成套项目援助、人才培训及技术支持等。主要项目有：地面卫星电视接收站、南果河水电站及输变电工程、老挝国家文化宫、琅勃拉邦医院及扩建工程、乌多姆赛戒毒中心、老挝地震台、昆曼公路老挝境内 1/3 路段、万象凯旋门公园、老挝国家电视台三台、老北农业示范园、国家会议中心、万象瓦岱国际机场改扩建等。

三、合作领域和合作重点

（一）合作领域

老挝是一个多山内陆国家，由于地理原因以及原有的经济基础极差，国内交通运输、能源、通信等社会基础设施不完备。基础条件太差使企业建设和运输成本增加。因为交通不畅，只有少量水稻和玉米能出口到泰国。老挝的山路较多，很多地方每 20 多米就是一个 S 形大弯。从沙耶到万象需要 30 小时，导致一些基本的生活用品价格高企。在老挝，交通是个热门话题。老挝的周边国家都有了铁路和火车，但是直到 2006 年，老挝还只有 3.5 公里铁路。按照老挝政府的计划，该国要在 2020 年摘掉最不发达国家的帽子，改善基础设施是关键。

老挝无出海口，主要靠公路、水运、铁路和航空运输。湄公河可以分段通航载重 20~200 吨船只。老挝的航空业并不十分发达，至今没有洲际航线。全国有三个主要国际航空港，目前中国国内只有从昆明到万象的航班，老挝航空和中国东方航空经营这条航线，目前每天都有来往航班。

老挝经济以农业为主，工业基础薄弱，出口产品以农产品、林产品为主，有少量的轻工产品和手工产品，产业结构和出口产品日益趋同。老挝的产业结构和中国尤其是西部地区具有相似性，从一定程度上讲，竞争多于互补。

在此背景下，2016 年 9 月 8 日至 9 日，李克强总理应老挝人民民主共和国政府总理通伦·西苏里邀请对老挝进行正式访问，并发表《中华人民共和国和老挝人民民主共和国联合公报》。公报指出，双方决定加快中国"一带一路"倡议、"十三五"规划同老挝"变陆锁国为陆联国"战略、"八五"规划的有效对接，制定并实施好共同推进"一带一路"建设合作规划纲要，切实推进产能与投资合作，发挥中老两国政府经济和技术合作规划的作用。中方愿协助老方制定经济发展专项规划，继续为老挝实现经济社会可持续发展提供力所能及的帮助。

公报指出，双方将继续积极推进中老铁路项目，同意加快前期准备，实现年内全面施工，同时扎实做好各项保障工作，确保项目建设和运营顺利进行。双方将密切配合，建设好磨憨—磨丁经济合作区和万象赛色塔综合开发区。双方同意进一步密切贸易往来，提升贸易规模和水平。加强海关、质检等职能部门合作，提高口岸通关便利化程度，为双边贸易创造更多便利条件。继续发挥好中老经贸合作委员会、中国云南—老挝北部合作工作组等机制作用，进一步密切边境省份交流与合作。

公报指出，双方将落实好已达成共识的项目，积极推进万象玛霍索医院现代化升级改造、边境公路和通关口岸设施、国家会议中心宴会厅以及援建老挝10所学校等项目。双方同意发挥互补优势，不断提升在基础设施、农林、能源、交通、通信等领域合作水平，继续做好中老卫星、电力开发等大项目建设和运营，探索在金融监管、生态建设、新能源开发、农业投资与技术交流等领域合作。双方同意扩大在教育、文化、卫生、体育、旅游等人文领域交流合作，不断增进两国人民相互了解和友好感情。双方将围绕两国重点合作领域和大项目，推进职业教育合作。中国将向老挝提供更多中国政府奖学金名额，继续与老挝开展青年志愿者交流，共同培养中老传统友谊接班人。老挝将继续支持老挝中国文化中心、老挝国立大学孔子学院等机构运作，把两国友好带入基层。

（二）合作重点

在未来一段时间中，中国老挝双方需要在以下领域进行重点合作：重点加强电站投资、工程承包及配套设施建设；在矿业领域，积极有序开发铜、铁、钾盐、铝土等；农业合作以周边国家及我国市场为依托，大力发展粮食、绿色农业、热带水果等产业，帮助老挝农产品输华；在基础设施建领域，继续加强在铁路、公路、航空、水运等互利合作。

四、政策分析

（一）老挝吸引外资的政策措施

老挝投资促进法规定了投资者权利以及投资优惠政策，为投资者提供了法律保障。老挝对不同行业和地区实行不同的税收优惠政策。农业、工业、手工业和服务业被列为鼓励投资的行业。投资促进法实施条例中提供了更详细的享有税收优惠的投资活动的清单，以及其享有的税收优惠的程度。

1.行业性优惠政策

根据投资促进法，鼓励类投资分为以下三类，一类投资，特别鼓励的投资业务；二类投资，一般鼓励的投资业务；三类投资，较为鼓励的投资业务。涉及矿产水电和农业种植投资项目的税收减免应当在相关的特许协议中进行规定，并且须符合相关行业的法律规定。外国投资者也可对鼓励类行业之外的行业进行投资，但是无法享受鼓励类行业的税收优惠政策。

2.区域性优惠政策

一类区域为基础设施十分匮乏的偏远地区，政府为在一类地区的投资项目提供了最为优惠的税收政策；具备基本基础设施条件的地区属于二类区域；而具备相对完善的基础设施条件的地区属于三类区域。在这三类区域进行上述三类投资活动分别享受如下税收优惠：

一类区域：从事一类投资的企业可以享受为期10年的利润税免税待遇；从事二类投资的企业可以享受为期6年的利润税免税待遇；从事三类投资的企业可以享受为期4年的利润税免税待遇。

二类区域：从事一类投资的企业可以享受为期6年的利润税免税待遇；从事二类投资的企业可以享受为期4年的利润税免税待遇；从事三类投资的企业可以享受为期2年的利润税免税待遇。

三类区域：从事一类投资的企业可以享受为期 4 年的利润税免税待遇；从事二类投资的企业可以享受为期 2 年的利润税免税待遇；从事三类投资的企业可以享受为期 1 年的利润税免税待遇。

企业利润税免征的年限从企业正式经营之日起开始计算。对于使用新的产品制造方法和从事新技术研发的企业，免征年限从该企业开始盈利之日起算。免征年限结束之后，外国投资企业必须按规定缴纳企业利润税。

3.经济特区优惠政策

在经济特区进行投资的外国投资者需要向老挝经济委员会或者相关经济特区的一站式服务站进行申请。一站式服务站是经法律正式授权的机构，负责颁发在经济特区内设立企业所需的执照和许可。老挝投资促进法就经济特区的优惠政策做出专门规定。比如，赛万色诺经济特区（Savanh-Xeno SEZ）规定：如果租赁期超过 30 年，可以免缴 12 年的租金；商品进口免征增值税和消费税；根据产品出口和使用本地原材料的程度，对工业企业实施临时免税期；对于注册资金超过 200 万美元的服务业公司实施 10 年免税期。

4.其他税收优惠

企业净利润用于扩大生产经营的，可以免征下一会计年度的企业利润税；进口直接用于生产的，且老挝境内无法提供的进口设备、零件、车辆和原材料，可以免除进口关税和其他税收；出口产品免征出口关税；在 3 年期限内，可以将上年度亏损从下年度的盈利中扣除。

（二）影响中国企业对老挝投资的因素分析

在世界银行《2017 年全球营商环境报告》公布的 190 个国家和地区中，老挝排名第 139 位。

根据世界经济论坛发布的《2015—2016 年全球竞争力报告》，老挝在全球最具竞争力的 140 个国家和地区中，排名第 83 位，与 2014—2015 年度 144 个国家和地区中排名第 93 位相比，竞争力有了不小的提升。在影响企业经营的要素中，受教育劳动力供应不足、贷款可获得性、基础设施供应不足等是比较突出的因素。

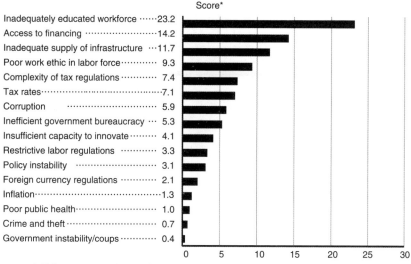

The most problematic factors for doing business

	Score*
Inadequately educated workforce	23.2
Access to financing	14.2
Inadequate supply of infrastructure	11.7
Poor work ethic in labor force	9.3
Complexity of tax regulations	7.4
Tax rates	7.1
Corruption	5.9
Inefficient government bureaucracy	5.3
Insufficient capacity to innovate	4.1
Restrictive labor regulations	3.3
Policy instability	3.1
Foreign currency regulations	2.1
Inflation	1.3
Poor public health	1.0
Crime and theft	0.7
Government instability/coups	0.4

资料来源：世界经济论坛《2015—2016年全球竞争力报告》。

五、合作案例

（一）老挝南欧江梯级电站

2015 年 11 月 29 日，由中国企业投资建设的老挝南欧江梯级电站首台机组正式投产发电，这个在老挝中资企业获准开发的唯一全流域梯级电站项目提前 4 个月实现首台机组发电。

南欧江梯级电站由中国电建集团海外投资有限公司投资建设。当天，在老挝副总理宋萨瓦按下启动按钮后，南欧江二级大坝上的电站机组正式启动，在滚滚江水带动下，开始发出电力。老挝能源矿产部长卡玛尼在电站投产仪式上致辞时表示，南欧江电站项目在基础设施建设、移民安置等方面做了大量工作，同时对调节流域内季节性旱涝、保证下游农田水利灌溉、减少水土流失、保护生态平衡发挥了积极作用。随着项目各级电站逐步建成发电，对缓解琅勃拉邦及老挝北部其他省份电力紧张局面将起到积极作用。中国驻琅勃拉邦总领馆代总领事陈小冬表示，中国电建集团在做好项目建设的同时非

老挝南欧江梯级电站

常注重造福当地社会，斥巨资为项目所在地的老挝人民提供了实实在在的福利，切实做到了为中老友谊添彩。中国电建集团总经理孙洪水说，中国电建目前在老挝投资规模达 50 亿美元以上，中国电建将继续发挥集团化优势，建设好南欧江流域项目，并深耕老挝市场继续开拓发展，积极履行企业社会责任，为老挝经济社会发展做出更大贡献。

南欧江是湄公河左岸老挝境内最大的一条支流，水能指标优良，是老挝政府积极推进开发的水能资源基地之一。南欧江梯级电站项目分 7 个梯级电站进行开发，总装机容量达 127.2 万千瓦，年均发电量 50 亿千瓦时，总投资约 28 亿美元。根据规划，一期先开发二级、五级和六级电站，其余电站作为二期开发。2016 年，一期电站计划全部建成投产。

南欧江流域梯级电站全部建成后，总装机容量占目前老挝电力总装机容量的 30% 以上，这将有效缓解南欧江流经的老挝北部山区的缺电局面。部分电能还将由老挝国家电力公司出售给泰国，以获得外汇收入。因水能资源丰富，老挝已将"水电富国"作为国家战略。老挝前副总理宋沙瓦·凌沙瓦指出，南欧江流域梯级电站项目是该战略的重要组成部分。在中国推动"一带一路"建设、国际装备和产能合作的背景下，合作投资项目对中国加强与整个东盟的互联互通，特别是基础设施领域的合作具有重要意义。

（二）中老铁路

老挝公共工程与运输部发布报告认为，中国—老挝铁路（以下简称中老铁路）项目将会在基础设施建设、联通与合作战略、吸引外资和降低生产成本等方面为老挝带来实实在在的益处。

中老铁路全长418公里、设计时速160公里，向北与中国境内的玉溪至磨憨铁路（玉磨铁路）对接，向南与泰国廊开至曼谷铁路相连，建成后将成为泛亚铁路网的重要组成部分。2015年12月2日，中老铁路磨丁至万象段工程奠基仪式在老挝首都万象隆重举行。2016年6月，玉磨铁路连接中国与老挝的友谊隧道正式开工建设，标志着中老铁路全线建设进入实质性开工。目前，老挝与泰国政府就新建一座跨湄公河铁路专用桥取得共识，为未来中老铁路与中泰铁路顺利对接提供保障。2016年8月24日，由中老两国共同设立、负责中老铁路建设和运营的合资公司——老中铁路有限公司，获得了由老挝计划投资部颁发的特许经营注册证书，意味着该公司正式获得营业执照。

中老铁路将为老挝实现从"陆锁国"转变为"陆联国"的愿景提供有力的基础设施支持，同时也将帮助老挝扩大与中国和东盟地区的合作和互联互

中国老挝铁路合作签字仪式

通。中老铁路项目将成为老挝吸引外国投资的重要工具，而更多资金、先进技术和人力资源也将接踵而至。在此基础上，老挝得以促进贸易、加强人员往来、发展旅游业以及降低生产成本和创造就业，进而实现国家的可持续发展。

（三）色贡煤电一体化项目EPC合同

2016年3月17日，中国重型机械有限公司（中国重机）与老挝国家电力公司在老挝首都万象签署了老挝色贡煤电一体化项目EPC合同，合同金额约21亿美元。中国重机董事长、总经理陆文俊与老挝国家电力公司总经理西沙瓦先生分别代表双方签署了相关文件。

老挝色贡煤电一体化项目位于老挝南部色贡省，建设内容包括：一个年产原煤300万吨的煤矿和一座设计总装机容量为700兆瓦的坑口电站，共装2台350兆瓦机组，建设工期48个月，计划使用中国进出口银行商业贷款建设。该项目不仅是中国重机截至目前在海外签署的单体项目金额最大的EPC总承包项目，也是老挝截至目前单体项目金额最大的EPC总承包建设工程。该项目建成后，可为老挝提供稳定的基荷，有效改善旱季缺电状况，有利于老挝国家电网的安全运行，也将进一步满足老挝日益增长的电力能源需求，有力促进当地经济社会发展，为老挝及东盟相关国家带来积极影响。

老挝色贡煤电一体化项目拉芒煤矿可研评审会

中国重机于 2014 年开始跟踪此项目，积极参与项目的前期勘探、可研编制。该项目合同的成功签约，是中国重机长期坚持市场开发"区域滚动"发展战略在老挝市场取得的又一成果，进一步树立了中国重机的企业品牌，巩固了中国重机在老挝的市场地位，尤其是在电力领域的竞争优势。

第二章
中亚国家"优势互补、绿色、先进、符合当地需求"

哈萨克斯坦

一、基本国情介绍

(一)地理环境

哈萨克斯坦位于亚洲中部,西濒里海(海岸线长 1730 公里),北邻俄罗斯,东连中国,南与乌兹别克斯坦、土库曼斯坦、吉尔吉斯斯坦接壤。哈萨克斯坦面积 272.49 万平方公里,居世界第 9 位,为世界最大内陆国。东西宽约 3000 公里,南北长约 1700 公里。哈萨克斯坦境内多平原和低地,全境处于平原向山地过渡地段,境内 60% 的土地为沙漠和半沙漠。最北部为平原,中部为东西长 1200 公里的哈萨克丘陵,西南部多低地,东部多山地。欧亚次大陆地理中心位于哈萨克斯坦,哈萨克斯坦约有 15% 的土地为欧洲部分。

首都阿斯塔纳属于 +6 时区,比北京时间晚 2 小时,无夏令时。

(二)自然资源

哈萨克斯坦的自然资源丰富,尤其是固体矿产资源非常丰富,境内有 90 多种矿藏,1200 多种矿物原料,已探明的黑色、有色、稀有和贵重金属矿产地超过 500 处。不少矿藏储量占全球储量的比例很高,如钨超过 50%,铀 25%,铬矿 23%,铅 19%,锌 13%,铜和铁 10%,许多品种按储量排名在全世界名列前茅。哈萨克斯坦石油储量非常丰富,已探明储量居世界第七位,独联体第二位。根据哈萨克斯坦储量委员会公布的数据，目前哈萨克斯坦石油可采储量 40 亿吨，天然气可采储量 3 万亿立方米。

（三）人口民族

据哈萨克斯坦国家经济部统计委员会最新统计数据显示，哈萨克斯坦人口有 1767.09 万（截至 2016 年 1 月 1 日），女性占 51.7%，男性占 48.3%。其中城市人口 1006.67 万人，农村人口 760.42 万人。人口数量在独联体国家中位居第四位。由 140 个民族组成，哈萨克族占 65.5%，俄罗斯族占 21.4%，还有乌兹别克族、乌克兰族、白俄罗斯族、德意志族、鞑靼族、维吾尔族、高丽族、塔吉克族等。居民大多信奉伊斯兰教（逊尼派），还有东正教、天主教、佛教等。哈萨克斯坦人均寿命：男性 63 岁，女性 73 岁。

（四）政治制度

哈萨克斯坦为总统制共和国，政治保持稳定。2006 年建立新的政权党"祖国之光"党，总统纳扎尔巴耶夫亲任该党主席。

议会是国家最高代表机构，行使立法职能，推行两院制（上下两院分别称为参议院和马利日斯），上院任期 6 年，下院任期 5 年。主要职能是，通过共和国宪法和法律并对其进行修改和补充；批准总统对总理、国家安全委员会主席、总检察长、国家银行行长的任命。

政府是国家最高行政机关，行使哈萨克斯坦共和国的行政权。其活动对共和国总统负责。

（五）外交关系

中哈两国友谊源远流长。中国西汉时期，张骞出使西域就到过康居（今哈萨克斯坦东南）。两国有着 1700 多公里的共同边界。1992 年 1 月 3 日，时任外经贸部部长李岚清、外交部副部长田曾佩率中国政府代表团访问哈萨克斯坦，双方签署了两国建交公报。两国关系良好，高层互访频繁。2005 年 7 月，中哈建立战略伙伴关系，双方全面彻底解决边界问题。此后，中哈领导人互访频繁，为推动双边关系发展与经济技术合作注入了强劲动力。2011 年，中哈建立全面战略伙伴关系。2013 年，中国国家主席习近平对哈萨克斯坦进行首次国事访问，提出了与丝绸之路沿线国家共同建设"丝绸之路经济带"的倡议，得到了纳扎尔巴耶夫总统的支持。

（六）经济环境

2010~2012 年，随着世界经济的复苏、国际市场需求恢复以及能源和金属等国际价格稳定，哈萨克斯坦经济开始强劲反弹，出口开始增长，年 GDP 增长率均超过 7%，石油工业是哈萨克斯坦的支柱行业，石油收入占财政收入的半壁江山。2013~2014 年，世界经济复苏缓慢，乌克兰危机的外溢效应使哈萨克斯坦经济发展不可避免受到了波及和冲击。在全球石油需求疲软，国际油价一跌再跌的背景下，2014 年哈萨克斯坦经济增长仅为 4.1%，远低于此前政府制定的 6% 的目标。2015 年全球经济形势下行，哈萨克斯坦国民生产总值仅实现了 1.2% 的微幅增长，国内生产总值 1838 亿美元。

年份	GDP（10亿美元）	人均GDP（美元）	人口总数	GDP增长率（%）
2010	148.047	9070.65	16321581	7.3
2011	200.379	12102.687	16556600	7.2
2012	215.902	12857.899	16791425	4.6
2013	243.775	14310.025	17035275	5.8
2014	227.437	13154.845	17289224	4.1
2015	184.361	10508.396	17544126	1.2

数据来源：世界银行。

根据世界经济论坛发布的《2014—2015 年全球竞争力报告》显示，哈萨克斯坦在全球最具竞争力的 144 个国家和地区中，排第 50 位。根据世界银行《2015 年全球营商环境报告》显示，哈萨克斯坦在 189 个经济体中排名第 77 位。据美国统计基金会 2014 年全球经济自由度排名，哈萨克斯坦在 185 个国家（地区）经济中排名列第 67 位，属于经济比较自由的国家。

（七）法律

宪法规定哈萨克斯坦是"民主的、非宗教的和统一的国家"，推行总统制的共和国国家，总统是国家元首，是决定国家对内对外政策基本方针，并在国际关系中代表哈萨克斯坦的最高国家官员，是体现人民与国家政权统一、宪法的不可动摇性、公民权利和自由的象征与保证。哈萨克斯坦法律较为健全。经济、社会等各个领域均具备较为完善的法律基础，但由于独立时间不长，部分法律法规制定过程较为仓促，随着经济社会较快发展，法律法规调整也较为频繁。

（八）教育

哈萨克斯坦有职业技术学校 866 所，在校学生 61 万人，教职人员 3.9 万；哈萨克斯坦各类高等教育院校 144 所，其中国家级大学 9 所，国立大学 32 所，国有参股大学 14 所，私立大学 75 所。高校在校学生总人数为 63.4 万人，教职人员 3.8 万。

二、产能合作现状分析

（一）哈萨克斯坦引进外资情况

独立以后为发展本国经济，哈萨克斯坦一直致力于吸引外资。同时，开放的市场经济和丰富的自然矿产资源，也吸引着外国资本蜂拥而至。根据哈萨克斯坦中央银行公布的统计数据显示，1993~2014 年，哈萨克斯坦历年吸引外国直接投资流量总和 2138.69 亿美元，是独联体国家中吸引外资最多的国家之一。

2008~2014年外国对哈萨克斯坦直接投资流量

年份	外国对哈萨克斯坦直接投资流量（亿美元）
2008	213.01
2009	214.37
2010	222.46
2011	264.67
2012	289.35
2013	241.37
2014	238.88

资料来源：哈萨克斯坦中央银行。

根据哈萨克斯坦中央银行发布的统计数据，截至 2014 年年底，外国对哈萨克斯坦直接投资存量为 1292.44 亿美元，中国对哈萨克斯坦直接投资存量为 40.824 亿美元。

根据哈萨克斯坦中央银行统计，截至 2014 年 12 月，对哈萨克斯坦直接投资存量前 10 名的国家 / 地区占外国对哈萨克斯坦直接投资存量的 82.77%。其中，对哈萨克斯坦直接投资存量最多的国家是荷兰，总额 641.9 亿美元，占 49.7%。其他直接投资较多的国家和地区还有美国、日本、中国和英国等。中国在外国对哈萨克斯坦直接投资存量排行榜位于第四位。

主要外资国别来源

排名	国家/地区	外国对哈萨克斯坦直接投资存量 （亿美元）	占比 （%）
1	荷兰	641.9	49.7
2	美国	187.6	14.5
3	日本	50.1	3.87
4	中国	40.824	3.15
5	英国	34.2	2.64
6	俄罗斯	32.8	2.54
7	瑞士	30.6	2.37
8	维尔京群岛（英）	21.4	1.66
9	奥地利	17.1	1.32
10	法国	11.3	0.87

资料来源：哈萨克斯坦中央银行。

据联合国贸发会议发布的 2016 年《世界投资报告》显示，2015 年，哈萨克斯坦吸收外资流量为 40.21 亿美元；截至 2015 年年底，哈萨克斯坦吸收外资存量为 1198.33 亿美元。

（二）与中国产能合作现状

1.两国经济互补性强，贸易快速发展

中哈两国地理相近，是好邻居、好朋友、好伙伴，两国经济互补性强。中国拥有富余的和高性价比的产能，哈萨克斯坦工业基础薄弱，中国装备符

哈萨克斯坦访华代表团中国企业家见面会

合正在推进工业化建设的哈萨克斯坦的需求。中哈两国正在密切开展大规模的产能合作，有助于"一带一路"战略与哈萨克斯坦当前实施的"光明之路"计划密切衔接，拉动双方经济增长，为相关国家开展产能合作做出示范。

（1）双方贸易情况

据中方统计，2014 年年末，中国在哈萨克斯坦的直接投资存量为 75.4 亿美元。中国在哈注册各类企业 2945 家，其中大型企业 35 家、中型企业 56 家、小型企业 2854 家，主要集中在油气、石化、电力、金融、通信、工程机械、建筑、电子、汽车、建材、物流和商贸等行业，分布在阿拉木图市、阿斯塔纳市、阿拉木图州、阿克纠宾州、南哈州和东哈州等地。中哈一系列大型经济技术合作项目取得积极进展：中哈原油管道和中哈天然气管道扩建、中哈天然气管道（别伊涅乌—巴佐伊—奇姆肯特）建设、中哈谢米兹拜伊铀矿开发、阿特劳炼油厂深加工项目顺利运营，马伊纳克水电站、阿克套沥青厂、中国西部—欧洲西部公路中方承揽哈萨克斯坦境内修复路段等项目相继竣工。中哈霍尔果斯国际边境合作中心建设和运营工作顺利开展。中哈企业家协会的成立，为加强企业合作搭建了有效平台。中哈大型油气项目合作将继续推进，非资源领域合作将日益扩大，互联互通基础设施将不断完善，中哈合作正逐步从单一走向多元，更多贸易和投资便利举措将出台，两国关系达到历史最好水平。

据哈萨克斯坦国际统计署统计，2014 年哈萨克斯坦对中国的出口金额为 98.2 亿美元，占其主要贸易伙伴贸易额的比例为 12.5%；自中国的进口为 73.3 亿美元，占比为 17.9%。

据中国海关统计，2014 年中哈贸易额为 224.2 亿美元，同比下降 21.3%；其中中方出口 127.1 亿美元，同比增长 1.68%；进口 97.1 亿美元，同比下降 39.31%。

据哈萨克斯坦统计委员会统计，2016 年 1~6 月，哈萨克斯坦与中国双边货物进出口额为 36.6 亿美元，下降 34.1%。其中，哈萨克斯坦对中国出口 20.8 亿美元，下降 28.2%，占其出口总额的 13.9%，增加 0.8%；哈萨克斯坦自中国进口 15.8 亿美元，下降 40.6%，占其进口总额的 21.8%，下降 4.6%。哈方贸易顺差 5.0 亿美元，增加 107.8 %。截至 2016 年 6 月，中国是哈萨克斯坦第二大出口市场和第一大进口来源地。

（2）中哈贸易的商品结构

哈萨克斯坦对中国出口的主要产品是贱金属及制品，2016 年 1~6 月出口额为 8.2 亿美元，增加 1.1%，占哈萨克斯坦对中国出口总额的 39.3%，为哈萨克斯坦对中国出口的第一大类商品。出口额较大的还有矿产品，2016 年 1~6 月出口 6.5 亿美元，下降 57.2%，占对中国出口总额的 31.3%。此外，化工产品对中国出口额为 4.9 亿美元，下降 1.8%，占哈萨克斯坦对中国出口总额的 23.4%。

哈萨克斯坦自中国进口的主要商品为机电产品，2016 年 1~6 月进口额为 7.0 亿美元，下降 40.8%，占哈萨克斯坦自中国进口总额的 44.1%。贱金属及其制品进口 2.2 亿美元，下降 40.0%，占哈萨克斯坦自中国进口总额的 13.9%。此外，塑料、橡胶进口 1.2 亿美元，下降 30.3%，占哈萨克斯坦自中国进口总额的 7.7%。三类产品合计占哈萨克斯坦自中国进口总额的 65.7%。关于以上商品，中国的竞争对手主要来自德国、日本、土耳其等。

由下表可以看出，2010~2011 年，哈萨克斯坦国内经济发展形势较好，对中方的出口贸易额增长非常迅速，但到了 2012 年随着全球经济形势下行，贸易额增长速度有所减缓。到了 2014 年后，双方的贸易总额开始呈现逐年下降的趋势。

2008~2014年中哈双边贸易统计

年度	进出口额		中方出口		中方进口		贸易差额
	金额 （亿美元）	同比 （%）	金额 （亿美元）	同比 （%）	金额 （亿美元）	同比 （%）	当年 （亿美元）
2008	175.5		98.2		77.3		20.9
2009	140.0	−20.28	77.5	−21.08	62.6	−19.02	14.9
2010	203.1	45.07	92.8	19.74	110.3	76.20	−17.5
2011	249.5	22.85	95.7	3.13	153.9	39.53	−58.2
2012	256.80	4.4	110	14.94	146.8	−4.61	−36.8
2013	285	10.98	125	13.64	160.0	8.99	−35.0
2014	224.2	−21.3	127.10	1.68	97.1	−39.31	30.0

资料来源：中国海关。

2.中哈相互投资情况

近年来，随着中哈两国经贸关系的紧密和经贸合作的发展，中哈相互投资也迅速发展。

（1）中国对哈萨克斯坦的投资

据中国商务部统计，2014年当年中国对哈萨克斯坦直接投资流量−4007万美元。截至2014年年末，中国对哈萨克斯坦直接投资存量75.41亿美元，

中哈投资交流会

在外国对哈萨克斯坦直接投资存量排行榜上排第 4 位。

据哈萨克斯坦国际统计署资料，截至 2014 年年底，在哈萨克斯坦注册的中资企业 2945 家，中资企业在哈萨克斯坦外资企业总数中居第三位。哈方对华投资主要集中在新疆地区，投资领域涉及皮革、建材、食品、汽车维修等。

中国对哈萨克斯坦投资领域主要包括石油勘探开发、哈萨克斯坦石油公司股权并购、加油站网络经营、电力、农副产品加工、电信、皮革加工、食宿餐饮和贸易等。目前中国在哈萨克斯坦投资的大项目有：中哈石油管道项目、PK 项目、ADM 项目、KAM 项目、曼格斯套项目、阿克纠宾项目、北布扎奇项目、肯 – 阿西北管道项目、里海达尔汗区块项目、中石化 FIOC 和中亚项目、阿斯塔纳北京大厦项目、卡拉赞巴斯油田项目、中哈铀开采项目、阿克套沥青厂和鲁特尼奇水电站项目等。

在哈萨克斯坦中国企业经贸合作项目

公司名称	主要经营活动
中石油公司	石油天然气勘探、开采、加工、运输、向哈萨克斯坦出口石油机械设备、石油天然气管道铺设、石油天然气工程建设等，对哈萨克斯坦投资
中石化公司	石油勘探开发与生产加工、向哈萨克斯坦出口石油机械设备
中信集团公司	石油开采与加工、沥青厂建设和运营、医疗中心
中水电国际工程公司	双西公路部分路段承包工程
北方工业振华石油	石油开采
中国有色金属建设股份有限公司	电解铝厂、石油焦煅烧、选矿厂
中国工商银行阿拉木图股份公司	商业银行业务
中国银行哈萨克斯坦分行	商业银行业务
华为阿拉木图公司	通信网络建设
新疆三宝公司	进出口贸易、承包工程
新康番茄制品厂	生产特色蔬菜罐头、果酱、辣椒酱、番茄制品等

资料来源：中国驻哈萨克斯坦大使馆经济商务参赞处。

（2）哈萨克斯坦对中国的投资

根据哈萨克斯坦中央银行统计数据，截至 2014 年 12 月 31 日，哈萨克斯坦对华各类投资总额 30.68 亿美元，对华直接投资存量 1.8 亿美元，主要集中在新疆地区。

三、合作领域和合作重点

据不完全统计，目前已有 2000 多家大中小型中国企业在哈萨克斯坦进行经贸合作，产能方面涉及石油勘探开发、电力、农副产品加工、电信、皮革加工、食宿餐饮和贸易等诸多领域。

由下图可知，2015 年哈萨克斯坦国际投资指数为 33.77，在 108 个样本经济体中排名第 76 位，这说明哈萨克斯坦 2015 年整体市场环境一般，潜力一般，对外商投资吸引力不大。在 11 大板块贡献度排名中，前三位分别是贸易板块、市场潜力板块和社会环境板块。这三大板块占据了 50% 以上的比重，是哈萨克斯坦对外投资吸引力最重要的三大影响因子。

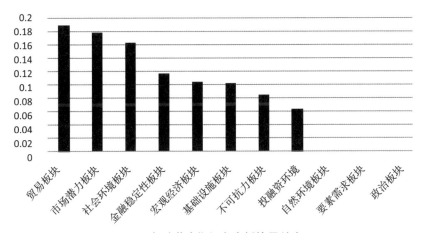

2015年哈萨克斯坦各个板块贡献度

资料来源：武汉大学国际投资研究中心。

贡献度最大的板块是贸易板块，贸易是显示一国对外开放和参与经济全球化进程的重要窗口。在中亚国家中，哈萨克斯坦属于经济发展速度较快，与中国之间贸易合作不断加强。近几年随着全球经济局势动荡，中哈贸易进出口额有下降的趋势。贡献度第二的板块是市场潜力板块，市场潜力是指在某一特定时期和特定条件下，一国在经济发展中的市场前景预测，它受当地社会环境的影响。社会环境板块是贡献度第三的板块，社会环境一般包括社会政治环境、经济环境、法制环境、科技环境、文化环境、语言环境、卫生环境等宏观因素。哈萨克斯坦国内社会环境一般。其他方面，哈萨克斯坦在基础设施、宏观经济等板块的贡献度排在中游。

进一步使用经济学模型测算各个板块 2015 年发生的概率，测算方法是衡量主要指标的变动是否超出了预定值，如果超过，说明发生概率较大，反之发生概率较小，哈萨克斯坦计算结果见下图。从各板块发生的概率来看，市场潜力板块、社会环境板块、不可抗力板块发生的概率显著超过了 0.5，这些领域在未来的发展趋势尤其需要密切关注。

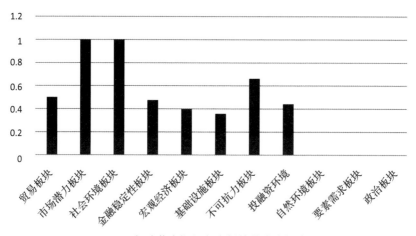

2015年哈萨克斯坦各个板块的发生概率

资料来源：武汉大学国际投资研究中心。

目前，中国对哈萨克斯坦的投资集中在能源和轻工、餐饮行业，基础设施的投资空间还很大，哈中经贸合作互补性的潜力还有待充分发挥。2014 年12 月 14 日，国务院总理李克强与哈萨克斯坦总统纳扎尔巴耶夫、总理马西莫夫就双边关系深入交换意见，双方一致同意加强互利合作尤其是开展中哈产能合作，并尽快就此形成框架协议。双方认为，中国有充足的、高水平的装备产能，性价比高，在哈萨克斯坦以多种方式建设哈方需要的钢铁、水泥、平板玻璃生产以及火电等大型基础设施项目，发展农产品深加工合作，有利于打造经济新增长点，应对经济下行压力，推进资源产业升级，助力哈萨克斯坦工业化进程,推动中国装备走出去,实现中哈双方的互利共赢和共同发展。哈方已为此做出较大规模资金准备,中方也愿提供必要融资支持。

四、政策分析

(一)税收方面优惠政策

哈萨克斯坦于 2003 年颁布了新的投资法,制定了政府对内、外商投资的管理程序和鼓励办法。根据新的投资法,国家对外资无特殊优惠,内外资一视同仁;鼓励外商向优先发展领域投资,包括农业,林业,捕鱼、养育业,食品、纺织品、服装、毛皮、皮革的加工和生产,木材加工及木制品生产,纸浆、纸张、纸板生产,印刷及印刷服务,石油制品生产,化学工业,橡胶和塑料制品生产,其他非金属矿产品生产,冶金工业,金属制成品生产,机器设备生产,办公设备和计算机生产,电力机器设备生产,无线电、电视通信器材生产,医用设备、测量工具、光学仪器设备生产,汽车、拖车和半拖车生产,其他运输设备生产,家具生产,电力、天然气、热气和水的生产,水处理,建筑,宾馆和餐饮服务,陆上运输,水运业,航空运输业,教育,卫生和社会服务,休闲、娱乐、文体活动等。总之,鼓励外商投资,大部分行业投资没有限制,但对涉及国家安全的一些行业,哈萨克斯坦有权限制或者禁止投资。哈萨克斯坦特别提倡外商向非资源领域投资。

根据投资法,外国投资企业可以以合伙公司、股份公司以及其他当地法律允许的形式建立。根据 2009 年 1 月 1 日实施的新税法,所有投资者均仅享受一条税收特惠:允许投资者在三年内均等地、或是一次性地从企业所得税中扣除投资者当初投入到生产用房产、机械设备上的资金。从"产出"中抵补了相当于投资"付出"的部分之后,一切都要按章纳税。对于外国投资者来说,还能享受关税优惠条件:一是投资者进口生产用设备免关税;二是哈萨克斯坦国家可以给予外国投资者以土地使用、房产、机械设备、计算机、测量仪器、交通工具(小汽车除外)等方面的一次性实体资助。

（二）行业鼓励政策

2015~2019 年，哈萨克斯坦实施第二个五年工业发展国家纲要，其最终目标是提高本国工业制造业的竞争力，推动实现哈萨克斯坦经济结构多元化，保障经济可持续稳定增长。规划指出：2015~2019 年，哈萨克斯坦将重点发展 16 个制造行业，14 个实体加工业（黑色冶金业、有色冶金业、炼油、石化、食品、农药、工业化学品、交通工具及配件和发动机制造业、电气、农业机械制造业、铁路设备制造业、采矿业机械设备制造业、石油炼化开采机械设备制造业、建材），其他为创新和航天工业两个行业。

（三）地区鼓励政策

哈萨克斯坦鼓励向首都阿斯塔纳、曼戈斯套州、阿拉木图州、南哈萨克斯坦州、阿特劳州、北哈萨克斯坦洲、阿克莫拉州、卡拉干达州、巴甫洛达尔州、江布尔州等投资。

（四）特殊经济区域的规定

哈萨克斯坦近年在各地成立了许多经济特区、技术园区和工业区，积极吸引投资、促进技术水平进步，推动本国制造业发展，带动地方经济增长。其中，经济特区 10 个，国家级科技园 6 个，地区级科技园 3 个，工业园区 7 个。

中哈双边投资保护协定签署于 1992 年 8 月 10 日。2011 年 3 月中哈经贸分委会第五次会议期间，中方提交了新版中哈双边投资保护协定。

（五）现有政策的简要分析

目前哈萨克斯坦对战略资源和重点行业的控制力不断增强。在当今国际能源问题日益突出的背景下，哈萨克斯坦意识到石油天然气等战略资源以及基础行业的重要性，开始重视对能源的国家控制和整合，通过政府支持、企业收购的方式实现国有控股，并通过对国有资产的支配和管理，促进国家经济发展和经济利益最大化。

外资政策、矿产资源政策、税收政策以及劳工政策的变化等，都会对中国企业在该国的经营产生重要影响。而当地法律与政策受各种利益影响易于变动，且对外国企业较不利。如 2003 年哈萨克斯坦颁布的新的投资法取消了对外资的特殊优惠待遇；2005 年，哈萨克斯坦国会通过法案规定，资产在哈萨克斯坦境内的外国石油天然气公司转让股份时，须经哈萨克斯坦政府批准；国家可以优先购买能源开发企业转让的开发权或股份。2009 年颁布的新税法开征了石油开采税，提高了超额利润税，石油公司综合税负由 49% 上涨到 62%（国际油价按每桶 60 美元测算）；2008 年下半年起，"哈萨克斯坦含量"政策已从温和宽松的规则演化为强制性政策。哈萨克斯坦将"哈萨克斯坦含量"作为法定义务，规定必须将其写入合同条款，且"哈萨克斯坦含量"比例逐年提高。

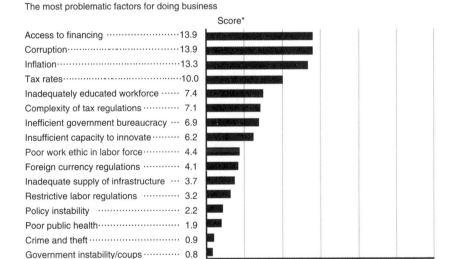

The most problematic factors for doing business

Score*

Access to financing	13.9
Corruption	13.9
Inflation	13.3
Tax rates	10.0
Inadequately educated workforce	7.4
Complexity of tax regulations	7.1
Inefficient government bureaucracy	6.9
Insufficient capacity to innovate	6.2
Poor work ethic in labor force	4.4
Foreign currency regulations	4.1
Inadequate supply of infrastructure	3.7
Restrictive labor regulations	3.2
Policy instability	2.2
Poor public health	1.9
Crime and theft	0.9
Government instability/coups	0.8

资料来源：世界经济论坛《2015—2016年全球竞争力报告》。

根据世界经济论坛发布的《2015—2016 年全球竞争力报告》，哈萨克斯坦在全球最具竞争力的 140 个国家和地区中，GCI（全球竞争力）排名第 42 位，得分 4.49（总分为 7 分），在 2014—2015 年度全球经济体的排名也是第 42 位，与 2014—2015 年度 144 个国家和地区中 GCI 排名第 50 位相比，竞争力有所提升。在影响经营业务的要素中，融资渠道不通畅、通货膨胀、高税负、缺乏受教育的劳工等是比较突出的因素。

五、合作案例

（一）甘肃企业投资哈萨克斯坦5000吨果蔬保鲜库项目

2014 年 8 月，甘肃省经贸代表团赴哈萨克斯坦考察访问期间，双方就发挥比较优势，加强经贸合作进行了对接洽谈。兰州瑞达公司在充分开展市场调研的基础上，根据阿拉木图农产品市场需求，结合甘肃特色农产品出口情况，决定与哈萨克斯坦阿拉木图伊斯汗公司合作，在阿拉木图市水果批发市场附近投资建设 5000 吨果蔬保鲜库项目。这个项目总投资 540 万美元（安州瑞达投资 380 万美元，伊斯汗公司投资 160 万美元），总占地面积约 1 万平方米（1 公顷），其中保鲜库面积 2000 平方米，普通库面积 5000 平方米。签约后项目于 2015 年 3 月开工建设。项目建成后，将为发展当地经济和改善人民生活做出贡献，同时，也将对甘肃果蔬等特色农产品的出口发挥积极的促进作用。

2014 年 12 月中旬，兰州瑞达进出口贸易有限公司在哈萨克斯坦阿拉木图投资建设的 5000 吨果蔬保鲜库项目，在哈萨克斯坦阿斯塔纳举行的"中哈企业家委员会第二次会议"上签约。兰州瑞达进出口贸易公司总经理李永宁在

中哈双方企业家委员会第二次全体会议

中哈企业家委员会第二次会议上，与合作方阿拉木图伊斯汗公司签订了投资协议。

（二）新康番茄制品厂领跑哈萨克斯坦"红色产业"

哈萨克斯坦因居民收入相对较高且人口较多吸引了不少中国企业的目光。许多中国企业曾尝试在当地投资建厂，但最后都铩羽而归。然而，一家只有100多人的中资企业，10多年来牢牢占据着当地番茄制品市场龙头老大的地位。这家企业就是被哈萨克斯坦政府授予各种荣誉的新康番茄制品厂。

新康番茄销售点

由中方累计投资超过 500 万美元的新康番茄制品厂 2000 年投产。企业最初只能生产两大类番茄罐头，现在已拥有四大类 100 多种产品。从 2000 年投产至今已累计生产各类番茄制品 7.5 万多吨，带动中国国内原材料出口 2000多万美元。新康生产的各类产品在哈萨克斯坦市场平均占有率为 25% 左右，番茄酱市场占有率达 30%。

新康进入竞争激烈的哈萨克斯坦市场以来一直保持不俗业绩。位于阿拉木图市郊的新康番茄制品厂成功的秘诀主要包括以下几个方面：

首先，新康番茄制品厂严格遵守当地法律法规和本土化战略。在企业 143名员工中，只有公司法人、中方执行经理和车间工程师 3 人为中国人，其他中高层管理人员和普通员工都在当地聘用。新康是一个包容性的大家庭，吸纳了哈萨克族、俄罗斯族、维吾尔族、塔塔尔族、乌兹别克族等各族员工。

其次，人才本土化为新康产品的研发和市场推广带来了便利，使产品本土化成为可能。每开发一种新产品，新康都要举行评鉴会，邀请代销公司及消费者品尝。产品上市后，公司还要进行市场调研，征求消费者意见。由于公司中高层管理者都是当地食品行业的优秀人才，他们对消费者需求了如指掌，这确保了新康产品的口味、包装和选料最大程度地贴近消费者需求。

再次，加强员工团队建设，尊重员工，加强企业凝聚力。在哈萨克斯坦，员工跳槽现象很常见，但新康员工队伍却长期稳定。新康质量经理穆卡舍娃2003年从负责质量监管的政府部门跳槽到新康工作。她说："新康公司员工很少流失。一旦有人选择到新康，就会一直在这里工作。即便那些因某种原因一度离开新康的员工，过段时间还会再回来工作。"

最后一点，企业未来发展规划明确，科研投入加大，增长后劲十足。在谈到企业未来的发展规划时，企业负责人曾说，"丝绸之路经济带"建设将为新康带来新的发展机遇。新康将与哈萨克斯坦农业部果蔬研究所等机构合作建设科技合作示范基地，与中亚国家相关科研院所开展农业重大项目科技合作，以"丝绸之路经济带"为桥梁，提升番茄种植、加工、生产、销售整产业链技术能力水平。

在建设"丝绸之路经济带"的大背景下，新康将继续深化与哈萨克斯坦及其他中亚国家在良种繁育、农产品加工运输等领域的合作。在深耕哈萨克斯坦市场的同时，企业将向北、向南、向西进一步拓展，构建辐射俄罗斯、吉尔吉斯斯坦、塔吉克斯坦、格鲁吉亚、阿富汗等国及中国新疆和其他内陆地区的销售网络、物流配送体系和国际交流平台。

（三）农业产业化之鸡蛋项目落地东哈州

2015年11月30日，年产一亿枚鸡蛋项目在哈萨克斯坦东哈州落地签约。除了能源资源行业外，这是中国企业在哈萨克斯坦当地农业产业化领域的重要投资项目之一，除了满足哈萨克斯坦东哈州市场需求外，还将提升当地产业化水平及带动相关行业发展。该项目投资额约2500万美元，由中国知名鸡

中哈企业签署协议

蛋生产企业铁骑力士集团与中国外贸 500 强企业之一的塔城三宝公司合作成立新公司进行投资。新公司将在塔城市注册。

塔城地缘优势突出，距离中哈间巴克图口岸 12 公里。巴克图口岸是我国与哈萨克斯坦和其他中亚、西亚、欧洲各国进行贸易的一个较大口岸，是中国西部通往中亚、西亚及欧洲的交通要道，是全国农产品快速通关"绿色通道"试点口岸。

哈萨克斯坦鸡蛋需求量大，但生产规模较小，所需鸡蛋很多都从周边国家进口。这不但是农业产业化项目，而且是重要的民生项目，也是塔城贸易畅通的第一步。

习近平总书记在哈萨克斯坦访问时提出共建丝绸之路经济带的战略构想和加强政策沟通、道路联通、贸易畅通、货币流通、民心相通具体要求。塔城地区率先行动，围绕自治区党委提出的将新疆建设成为丝绸之路经济带上重要的交通、商贸、金融、文化科技、医疗服务中心总体目标，响亮提出要在建设丝绸之路经济带中做"五个通"的前沿，"两个合"的载体，及"转身迈步走西口，西出兴边靠塔城"的具体目标。这个项目结合国内的先进技术、设备与经营理念，以及国外的丰富的土地资源和广大的消费市场，在两国两地政府的共同努力下最终成功签约。

这一项目，不仅是塔城市在建设丝绸之路经济带上向西发展的平台，更是造福当地的民生项目。年产亿枚鸡蛋项目建成后，将提升当地农业产业化水平，拉动饲料、畜牧相关产业，促进加工业发展，并给当地创造多个就业岗位。

（四）哈萨克斯坦中小企业借道新疆开拓中国市场

2010年，中国贸促会新疆委员会曾和哈萨克斯坦工业新技术部国家出口与投资促进局联手，每年在乌鲁木齐举办一次哈萨克斯坦企业推介会，搭建起了中哈两国中小企业贸易交流合作平台。最初，哈萨克斯坦前来推介的有石油加工等企业，经过几年在中国市场"试水"，哈萨克斯坦农业食品加工企业"异军突起"，成为了2010年哈萨克斯坦企业推介的重点并且表现不俗。自治区各地州及兵团农产品加工、水产加工等方面的生产、贸易企业和大型商超，对与其合作表现出了浓厚的兴趣，纷纷前来洽谈进口加工及国内销售代理合作事宜。

2013~2014年，哈萨克斯坦农产品及食品"探路"新疆进展顺利。哈萨克斯坦农产品进口渐渐多起来，哈萨克斯坦沙拉酱等食品在新疆市场也颇受欢迎。据新疆出入境检验检疫局的数据显示，2013年新疆从哈萨克斯坦进口食品300多万美元，比2012年增加145%。

中国贸促会新疆委员会会长王克林认为，哈萨克斯坦中小企业带来当地农产品及食品等，中方中小企业与之开展进口贸易，可大大改善两国商品贸易结构。贸促会作为介于官方和民间之间的机构，在其中能发挥独特的推动作用。在贸易交流中，贸促会可以与对方工商会、企业直接对接，促进双方企业互相了解，如了解对方需求及企业资质、实力等，还能帮助企业办理产品原产地证书、使馆签证以及提供新疆周边国家的商业法律服务、贸易仲裁等。

吉尔吉斯斯坦

一、基本国情介绍

（一）地理环境

吉尔吉斯斯坦位于中亚东北部，属内陆国家。北部与哈萨克斯坦毗邻，南部与塔吉克斯坦相连，西南部与乌兹别克斯坦交界，东部和东南部与中国接壤，边界线全长 4170 公里，其中与中国的共同边界长 1096 公里。国土面积 19.99 万平方公里。

吉尔吉斯斯坦地处东 6 时区，当地时间比北京时间晚 2 小时。

吉尔吉斯斯坦境内多山，90% 的领土在海拔 1500 米以上，属大陆性气候，四季分明，夏季炎热、干燥，冬季比较寒冷，昼夜温差较大，晴天多，少刮风，1 月平均气温 –6℃，7 月平均气温 27℃。

（二）自然资源

矿产资源：吉尔吉斯斯坦自称拥有化学元素周期表中的所有元素。还有一些世界级的大型矿床，如库姆托尔金矿、哈伊达尔干汞矿、卡达姆詹锑矿等。目前，得到工业开发的仅是吉尔吉斯斯坦矿产资源的一部分。许多资源的储量和分布情况有待进一步探明，以确定开发前景。据吉尔吉斯国家地质与矿产署 2013 年统计，现已探明储量的优势矿产有金、钨、锡、汞、锑、铁。黄金总储量为 2149 吨，探明储量 565.8 吨，年均黄金开采量为 18~22 吨，居独联体第 3 位，世界第 22 位。水银储量 4 万吨，开采量为 85 吨，居世界第 3 位。锡矿总储量 41.3 万吨，探明储量 18.68 万吨。钨矿总储量 19 万吨，探明储量 11.72 万吨。稀土总储量 54.9 万吨，探明储量 5.15 万吨。铝矿总储量 3.5 亿吨，探明储量 3.5 亿吨。钼矿探明储景 2523 吨，锑矿探明储量 26.4 万吨，石油探明储量 1.013 亿吨，天然气探明储量 72.6 亿立方米。

水资源：吉尔吉斯斯坦境内河流湖泊众多，水资源极其丰富，蕴藏量在独联体国家中居第 3 位，仅次于俄罗斯和塔吉克斯坦，潜在的水力发电能力为 1420.5 亿千瓦时，目前仅开发利用了 9%~10%。主要河流有纳伦河、恰特卡尔河、萨雷查斯河、楚河、塔托斯河、卡拉达里亚河、克孜勒苏河等。主要湖泊有伊塞克湖、松格里湖、萨雷切列克湖等，多分布在海拔 2000 米以上地区，风景优美，具有较高的旅游价值。

煤炭资源：吉尔吉斯斯坦境内共发现约 70 处煤矿床和矿点，探明储量和预测资源量总计为 67.3 亿吨。国家储量表上显示的储量为 13.45 亿吨，其中 A+B+C1 级 10.27 亿吨，C2 级 3.18 亿吨。原苏联时期，吉尔吉斯斯坦煤炭年开采最可达 300 万~400 万吨。独立后，吉尔吉斯斯坦采煤量一度跌至每年 30 万吨。随着政局趋稳、经济稳步发展，近年来吉尔吉斯斯坦采煤量逐年上升，2012 年采煤量重新超过 100 万吨，2014 年煤炭开采量 170 万吨，同比增长了 25%。

（三）人口民族

截至 2016 年 7 月，吉尔吉斯斯坦人口 678 万人。主体民族为吉尔吉斯族，其余为乌兹别克族和俄罗斯族等。吉尔吉斯语为国语，俄语为官方语言。70% 居民信仰伊斯兰教，多数属逊尼派。其次为东正教和天主教。除突厥文化外，吉尔吉斯文化还容纳和受到了蒙古、波斯和俄罗斯文化的影响。人口主要分布在楚河州、奥什州和贾拉拉巴德州。

（四）政治制度

吉尔吉斯斯坦属政教分离的世俗国家，政治上推行民主改革并实行多党制。

（五）外交关系

吉尔吉斯斯坦奉行平衡、务实的外交政策，以邻国、周边国家为重点，其优先是维护和保障国家主权和领土完整；为经济发展创造良好外部条件；保护公民的权利、自由和利益。

中吉是山水相连的邻邦,1991 年 12 月 27 日,中国承认吉尔吉斯斯坦独立。1992 年 1 月 5 日与中国建立大使级外交关系。1996 年 4 月 26 日,中国、俄罗斯、哈萨克斯坦、吉尔吉斯斯坦、塔吉克斯坦五国元首在上海举行首次会晤。从此,"上海五国"会晤机制正式建立。2002 年 6 月,上海合作组织成员国元首在圣彼得堡举行第二次会晤,签署《上海合作组织宪章》。宪章对上海合作组织宗旨原则、组织结构、运作形式、合作方向及对外交往等原则作了明确阐述,标志着该组织从国际法意义上得以真正建立。2002 年签署《中华人民共和国和吉尔吉斯共和国睦邻友好合作条约》,各领域合作不断扩大。吉尔吉斯斯坦高度重视中吉关系发展,视对华关系为吉尔吉斯斯坦对外优先方向之一。2013 年 9 月,中国国家主席习近平访问吉尔吉斯斯坦,期间中吉两国元首宣布将中吉关系提升为战略伙伴关系。2014 年 5 月 18 日,习近平主席在上海同吉尔吉斯斯坦总统阿塔姆巴耶夫举行会谈,强调坚持友好互信、互利共赢、深化中吉战略伙伴关系。

(六)经济环境

国民经济以多种所有制为基础,农牧业为主,工业基础薄弱,主要生产原材料。独立初期,由于同苏联各加盟共和国传统经济联系中断,加之实行激进改革,经济一度出现大滑坡。21 世纪初,吉尔吉斯斯坦调整经济改革方针,稳步渐进地向市场经济转轨,推行以私有化和非国有化改造为中心的经济体制改革,经济保持了低增长态势,工业生产恢复性增长,物价相对稳定,通货膨胀水平也降至独立以来最低水平。主要工业有采矿、电力、燃料、化工、有色金属、机器制造、木材加工、建材、轻工、食品等。2008 年,工业总产值为 858.682 亿索姆(1 美元约合 69 索姆),同比增长 14.9%。吉尔吉斯斯坦农业人口占 64.8%。2008 年,农、林、猎总产值 1124.49 亿索姆,同比增长 0.7%。旅游和服务行业是今后一段时间吉尔吉斯斯坦经济的重点发展方向。2008 年,吉尔吉斯斯坦服务业产值增长 10.6%。

因吉尔吉斯斯坦在 2005 年和 2010 年爆发过两次动乱,这些都导致该国经济实力较弱,落后于中亚其他国家,发展严重依赖外援。2011 年以来,吉尔吉斯斯坦逐渐走向政局动荡和国际金融危机的阴影,经济总量有所提升，失业率逐渐下降，贸易额大幅上升。2013年国民经济全面向好，涨幅达10.915%，是吉尔吉斯斯坦独立20余年来的最高纪录。不过，2014年受到俄罗斯遭遇西方制裁、俄罗斯卢布与哈萨克斯坦坚戈大幅贬值等外部因素影响，吉尔吉斯斯坦经济增速放缓，全年GDP仅增长4.0%，详见下表。

2010~2015年吉尔吉斯斯坦宏观经济主要经济数据

年份	GDP（10亿美元）	人均GDP（美元）	人口总数	GDP增长率（%）
2010	4.794	880.038	5447900	−0.472
2011	6.198	1123.883	5514600	5.956
2012	6.605	1177.975	5607200	−0.088
2013	7.335	1282.437	5719600	10.915
2014	7.468	1279.77	5835500	4.024
2015	6.572	1103.215	5957000	3.469

数据来源：世界银行。

2014年吉尔吉斯斯坦GDP中，农业占GDP的比例为14.8%，工业占15.6%，建筑业占7.4%，服务业占48.1%。

根据世界经济论坛《2014—2015年全球竞争力报告》显示，吉尔吉斯斯坦在全球最具竞争力的144个国家和地区中，排名第108位。根据世界银行《2015年全球营商环境报告》显示，吉尔吉斯斯坦在189个经济体中排名第102位。

（七）法律

1993年5月，吉尔吉斯斯坦议会通过独立后第一部宪法，规定吉尔吉斯斯坦是建立在法制、世俗国家基础上的主权、单一制民主共和国，实行立法、司法、行政三权分立，总统为国家元首。此后，宪法几经修改。2010年"4·7"革命后，吉尔吉斯斯坦成立临时政府；同年5月，吉尔吉斯斯坦临时政府公布宪法草案；同年6月举行全民公决通过了新宪法草案。根据新宪法，吉尔吉斯斯坦政体由总统制过渡到议会制，议会成为国家管理体系的主导，行政权由政府总理负责，在政府任职的官员不得兼任议会议员。

（八）社会

截至 2014—2015 教学年度，全国共有各类学校 2258 所，在校生共计约 125.8 万人，教师约 8.6 万人。其中中等专业学校 129 所，在校生约 9.2 万人。高等院校 53 所，在校生约 21.44 万人。著名高校有吉尔吉斯斯坦国立民族大学、吉美中亚大学、比什凯克人文大学、吉俄斯拉夫大学、奥什国立民族大学等。

吉尔吉斯斯坦医疗体系基本沿袭了苏联模式。因经济发展较慢，财政紧张，国有医院医疗设施已严重老化，急需进行改造更新。截至 2013 年年底，吉尔吉斯斯坦医院总数为 179 家，医生总人数为 1.35 万，中级护理人员 3.33 万，平均每万人拥有医生 23 人，中级护理人员 58 人。

二、产能合作现状分析

（一）引进外资情况分析

为改善投资环境，吉尔吉斯斯坦外国投资委员会在 2001 年提出了新的《吉尔吉斯斯坦外资法》草案，其中引入了投资保障和扩大投资者权限的章节，明确了在投资活动停止后保证投资的措施和外资参加吉尔吉斯斯坦私有化和获取有价证券的担保措施，规定了投资者将其投入吉尔吉斯斯坦的财产和信息自由撤出的权利，此外还强调了承认外国投资者在吉尔吉斯斯坦的土地所有权、使用权、知识产权以及其他属于外国投资者的权限等。吉尔吉斯斯坦外国直接投资主要来自哈萨克斯坦、中国、俄罗斯、土耳其等邻国，目前累进引资共计约 68 亿美元。

吉尔吉斯斯坦国家统计委员会公布的数据显示，2014 年，吉尔吉斯斯坦共引进外国直接投资 6.09 亿美元，同比下降 36.9%。吸引外资主要领域为加工业、不动产、金融、贸易、采矿等。其中，中国对吉尔吉斯斯坦直接投资 2.02 亿美元，同比下降 1.3 倍，中国连续第二年是吉尔吉斯斯坦第一大投资来源国。

据联合国贸发会议发布的 2016 年《世界投资报告》显示，2015 年，吉尔吉斯斯坦吸收外资流量为 4.04 亿美元；截至 2015 年年底，吉尔吉斯斯坦吸收外资存量为 38.87 亿美元。

据联合国贸发会议发布的 2015 年《世界投资报告》显示，2014 年，吉尔吉斯斯坦吸收外资流量为 2.1 亿美元；截至 2014 年年底，吉尔吉斯斯坦吸收外资存量为 35.2 亿美元。

（二）中吉产能合作现状分析

吉尔吉斯斯坦与中国共同边界长达 1096 公里，它地处中亚东北部，是古丝绸之路的重要枢纽，是欧亚连接的重要通道。

吉尔吉斯斯坦经济自由度较高，经济开放，是中亚国家中最早加入世界贸易组织的国家，同时也是欧亚共同体成员和上合组织成员。吉尔吉斯斯坦关税水平在独联体国家中最低，对 50% 以上的进口商品实行零关税，且出口商品配额限制少，因此发展转口贸易优势突出，产品向中亚及独联体其他国家扩散、辐射作用较大。

近 10 年来，吉尔吉斯斯坦一直保持较高的外贸依存度。据吉尔吉斯斯坦官方统计，其出口总额连续 6 年维持在 GDP 的 40% 左右。吉尔吉斯斯坦的主要贸易伙伴约 30 个国家，其中俄罗斯、中国、哈萨克斯坦、乌兹别克斯坦、阿联酋等 10 个国家与吉尔吉斯斯坦的贸易额超过吉尔吉斯斯坦外贸总额的 85%。2014 年，中吉之间贸易占比为 17%。

目前以矿业为经济支柱，能源短缺、加工业落后的国民经济现状，导致吉尔吉斯斯坦以矿产出口为主、以能源和工业制成品进口为主的外贸结构在中短期内难以发生显著改变。出口产品主要为贵金属、农产品等。主要进口机械设备、化工产品、石油产品、天然气、纺织品等。

2013 年我国提出了"一带一路"倡议，吉尔吉斯斯坦是最早高度评价并积极参与此倡议的国家之一，中吉之间贸易得以迅速发展。与其他中亚国家相比，吉尔吉斯斯坦的基础设施建设非常落后，又缺乏资金和技术。因此，吉尔吉斯斯坦政府和人民都迫切希望发展经济。而在此时，中国领导人提出共建"丝绸之路经济带"和"21 世纪海上丝绸之路"两大倡议，被合称为"一带一路"。这一倡议与吉尔吉斯斯坦的发展战略高度契合，因此从吉尔吉斯斯坦的总统、总理到人民都一致认为中国的"一带一路"倡议为中吉两国深度合作带来了新的动力，提供了新的契机，从而促使两国贸易额近几年快速增长。

1. 中吉双边贸易情况

中吉两国自建交起，双边贸易基本保持稳定增长态势，21世纪初，中吉两国经贸合作取得了较快发展，在近几年增速明显。据中国海关统计，1992年两国贸易额仅为3549万美元，2008年，双边贸易额达到93.9亿美元，创历史新高。中国成为吉尔吉斯斯坦第二大贸易伙伴，吉尔吉斯斯坦是中国在独联体国家中的第三大贸易伙伴。2014年，中吉贸易额52.98亿美元，同比增长3.1%，其中中方出口52.43亿美元，增长3.3%；中方进口5565.2万美元，下降10.7%。

中吉贸易的一个显著特点是，吉方逆差不断加大，按照下表统计数据，2014年，吉方逆差51.87亿美元，占中吉贸易总额的97.9%。

2011~2014年中吉贸易统计表

年份	中吉贸易额（亿美元）	同比（%）	中方出口（亿美元）	同比（%）	中方进口（亿美元）	同比（%）
2011	49.76	18.5	48.78	18.2	0.98	36
2012	51.62	3.7	50.73	4.0	0.89	−9.4
2013	51.38	−0.5	50.75	0.0	0.62	−30.0
2014	52.98	3.1	52.43	3.3	0.56	−10.7

资料来源：中国海关。

据中国海关统计，近年来，中国对吉尔吉斯斯坦出口商品主要类别包括：针织或勾编的服装及衣着附件；其他纺织制品；鞋靴、护腿和类似品及其零件；针织物及钩编织物；棉花、非针织或非钩编的服装或衣着附件；化学纤维长丝；锅炉、机械器具及零件；电机、电气、音像设备及其零附件；皮革制品，旅行箱包，动物肠线制品。

中国从吉尔吉斯斯坦进口商品主要类别包括：铜及其制品；生皮（毛皮除外）及皮革；钢铁；矿砂、矿渣及矿灰；矿物燃料、矿物油及其产品，沥青等；电机、电气、音像设备及其零附件；羊毛等动物毛，马毛纱线及其机织物；铝及其制品；铅及其制品；无机化学品；贵金属等的化合物。

2012 年后，中国自吉尔吉斯斯坦进口商品结构有所变化。中国从吉尔吉斯斯坦进口黄金矿砂、煤炭、重油进口量大增，原料用废物进口减少。黄金矿砂进口增长的主要原因：一是国内黄金投资需求增长，黄金矿砂供需缺口扩大；二是中国继续实施免征进口黄金和黄金矿砂进口环节增值税政策；三是通过扩大高品位黄金进口量，增持矿产资源性黄金，再转换为金融性黄金，可以使中国增加黄金储备、稳定国内金融秩序。2012 年中国从吉尔吉斯斯坦进口煤炭比 2011 年重量增加 16.03%，货值增加 37.76%，其主要原因：一是国家"十二五规划"鼓励进口矿产资源；二是国内需求的拉动；三是吉尔吉斯斯坦煤质好，价格方面具有竞争力。吉尔吉斯斯坦有丰富的石油资源，但由于从吉尔吉斯斯坦进口重油采用汽车运输，加之对方路况差、气候差等原因，运输周期相对较长，因此，中国从吉尔吉斯斯坦进口重油处于试探性阶段，但进口量比以往有所增加。

2.中吉相互投资情况

中吉两国的投资合作始于 20 世纪 90 年代初。据中国商务部统计，2014年当年中国对吉尔吉斯斯坦直接投资流量 1.08 亿美元。截至 2014 年年末，中国对吉尔吉斯斯坦直接投资存量 9.84 亿美元。

目前，在吉尔吉斯斯坦注册的中资企业有 260 家，主要分布在矿产资源勘探和开发、工程承包、贸易、通信服务、农业种植、养殖、食品和农产品加工、金属冶炼、建材生产、轻工业、运输等多个行业。其中仍以矿产资源勘探和开发为主，如 2013 年中国对吉尔吉斯斯坦的直接投资中，61.5% 投入地质勘探，32.8% 投入加工业（主要是炼油厂）。投资项目多数规模较小，投资主体主要是民营企业。但随着中吉两国合作加深，双方在非资源领域的合作内容与合作规模不断取得突破，如 2013 年由中国特变电工公司承建的比什凯克热电站项目成功签约，总金额达 3.86 亿美元；由中国路桥公司承建的"南北公路"修复项目总金额达到约 4 亿美元。2014 年 8 月，由上峰水泥公司投资的克明水泥厂（生产能力为熟料 84 万吨 / 年，水泥 120 万吨 / 年）在吉尔吉斯斯坦举行奠基仪式，项目投资额预计达 1.14 亿美元。

吉尔吉斯斯坦 2001~2013 年其对中国投资总额占中亚国家投资总额的

"南北公路"竣工仪式

19.25%，但其对中国年投资规模很小，且投资不连续，2009~2011 年、2013 年，吉尔吉斯斯坦对中国没有投资。

3.承包劳务

据中国商务部统计，2014 年中国企业在吉尔吉斯斯坦新签承包工程合同 13 份，新签合同额 4.00 亿美元，完成营业额 5.87 亿美元；当年派出各类劳务人员 2377 人，年末在吉尔吉斯斯坦劳务人员 3112 人。新签大型工程承包项目包括特变电工股份有限公司承建比什凯克热电站改造项目、华为技术有限公司承建吉尔吉斯电信等。

吉尔吉斯斯坦的经济自由度较高，市场准入较宽松，过境运输优势明显，但同时法制建设仍处于完善之中，执法不严、对外资的传统偏见等情况仍对吉尔吉斯斯坦投资环境有较大影响。

三、合作领域和合作重点

吉尔吉斯斯坦是一个以农牧业为主的国家，工业相对落后，早期对中国的家电和服装需求量非常大。随着经济的升级，开始对产能有着非常大的需求。而中国的优质产能正好是他们所欠缺的。同时，吉尔吉斯斯坦的经济基础相对薄弱，随着双边合作领域不断深化，吉尔吉斯斯坦希望大力引进中国的投资。这些年中资企业在参与吉尔吉斯斯坦的经济建设中发挥了越来越重要的作用，像李克强总理在《吉尔吉斯斯坦言论报》发表的题为《共同开创中吉关系美好未来》的署名文章中提到的"南北公路"就是其中一个项目。中吉交通领域合作也是我们产能合作的一个表现。

2013 年 10 月，中国提出筹建亚洲基础设施投资银行（亚投行）的倡议。2014 年 10 月，注资 500 亿美元的亚投行成立。截至 2015 年 4 月，其成员包括中国、哈萨克斯坦、乌兹别克斯坦、塔吉克斯坦、吉尔吉斯斯坦等在内的57 个国家。亚投行将对促进包括中亚国家在内的相关国家的基础设施建设，深化中国与周边国家经济金融合作发挥积极作用。

目前双方合作的领域主要在以下几个方面：

交通领域：目前，吉尔吉斯斯坦境内大部分公路、航空和铁路运输等基础设施已年久失修，无法承受每年增幅10%的客运量需求。由于自身经济困难，吉尔吉斯斯坦主要依靠外国或国际组织的援、贷款和各类投资对此进行整改。未来规划编制"中—吉—乌铁路"可研报告，推动融资计划实施，促其尽量建设。"南北公路"项目也是其中之一。

电力领域：吉尔吉斯斯坦水电资源丰富，总储量约为 1425 亿千瓦时，目前仅开发10%，电力消费每年增幅3%~5%，南、北用电不均衡，北部用电比

中吉两国企业剪彩开工仪式

例占全国的逾 60%。加之天然气、煤炭和重油的价格上涨，普遍采用电力供暖和热水，新增发电能力不能满足与日俱增的用电需求，设备老化及超负荷运转严重。吉尔吉斯斯坦电力领域项目的资金领域主要依靠贷款和吸引投资，目前拟实施项目包括"吉尔吉斯斯坦—中国"500 千伏高压输变电线。

农业及农产品深加工领域：吉尔吉斯斯坦是农业国家，该国盛产绿色农副产品，优质的水果、奶粉等非常受市场欢迎。以前这些产品大都销往俄罗斯，但路途远、成本高。中国在地理位置上与其相邻，又有巨大的市场，绿色产品对中国市场也是一种补充。

中吉双方建立战略伙伴关系后打通了道路，道路上的互联互通带来的是贸易上的互联互通，为贸易往来提供了便利。通过这种方式，中吉双方实现了互利互惠的贸易合作方式，并且优势互补，合作潜力巨大。中方将"一带一路"倡议同吉方发展战略相对接，扎实推进产能合作，加强交通等基础设施建设合作，开展农业及农产品深加工合作。双方还应加强信息通信、旅游及人文领域交流合作。

四、政策分析

吉尔吉斯斯坦经济部是吉尔吉斯斯坦实行投资政策的授权机构。与其他各部共同确立吸引国外直接投资的方针与优先方向，判定相关政策。

（一）优惠政策框架

对外国投资者实行国民待遇。除了在自由经济区注册的外资企业，其他外资企业一般情况下不享受税收优惠；对投资性进口商品免征进口关税、对外国投资活动的财产、投资及合法权利进行法律保护；外国投资者可自由支配一切合法所得；外资企业依法享有充分的经营自主权；当投资法等相关法律条款修改时，外国投资者可以根据自身利益的需求，在原有法规和修改后的法规之间进行自由选择；在吉尔吉斯斯坦法律对自由货币在其境内外的流通实行限制的情况下，外国投资者不受其限制；外国人有权在吉尔吉斯斯坦购置不动产，但无权取得土地所有权等。

（二）行业鼓励政策

对外资企业实行国民待遇，无特殊行业鼓励政策。

（三）地区鼓励政策

对外资企业实行国民待遇，无特殊地区鼓励政策。

（四）特殊经济区域的相关政策

2014 年 1 月，吉尔吉斯斯坦出台了新的《自由经济区法》。该法案旨在促进吉尔吉斯斯坦自由经济区制度更加高效与现代化，包括为保证经济区的良好运营与发展制定相关国家政策、加强政府部门间协作。这是阿塔姆巴耶夫总统执政以来，在改善投资环境、规范法律法规方面的又一重大举措。

目前吉尔吉斯斯坦境内共有 4 个自由经济区，分别是比什凯克自由经济区、纳伦自由经济区、卡拉阔尔自由经济区和玛依玛克自由经济区。目前，在 4 个自由经济区中，初步成型并给地方经济发展带来一定促进的仅有比什凯克自由经济区，其余 3 个自由区非但没有达到吸引外资、扩大出口的目的，反而因法律不完善和管理不善，给了走私者以可乘之机，吉尔吉斯斯坦政府已决定对其进行整顿和进一步的经济论证。

根据现行规定，外资企业在自由经济区经营期间，免缴进出口关税及其他税费；对在自由经济区注册的外资企业输入经济区内的货物免征增值税、消费税及其他税费。当其向境外出口商品时，须向经济区管理委员会缴纳出口报关货值 1%~2% 的"提供税收优惠服务费"。自由经济区生产的产品在出口到吉尔吉斯斯坦境外时不受其出口配额和许可证的限制。

1992 年 5 月 13 日，中国与吉尔吉斯斯坦签署了双边投资保护协定《中华人民共和国政府和吉尔吉斯共和国政府关于鼓励和相互保护投资协定》，2002 年 6 月 24 日，双方签署了《中华人民共和国政府和吉尔吉斯共和国政府关于避免双重征税和防止偷漏税的协定》。

由上述政策可以看出，吉尔吉斯斯坦投资环境仍旧存在诸多硬伤。由于当地居民可合法持有枪支，当地社会治安状况不佳，社会环境较差。由于吉尔吉斯斯坦处于向市场经济转型期，政府往往不按法律法规办事，企业税种和税目繁多，税负较重。企业在该国投资进行注册、办理签证、申请劳务许可等手续复杂，审批时间长，不利于企业开展贸易投资等经营活动。工程承包附加条件苛刻，企业投资风险高。

根据世界经济论坛发布的《2015—2016 年全球竞争力报告》，吉尔吉斯斯坦在全球最具竞争力的 140 个国家和地区中，GCI（全球竞争力）排名第102 位，得分 3.8（总分为 7 分），与 2014—2015 年度 144 个国家和地区中GCI 排名第 108 位相比，竞争力有所提升。在影响企业经营的要素中，通货膨胀、政策不稳定、政治不稳定等是比较突出的因素。这些因素直接影响了吉尔吉斯斯坦对外资的投资吸引力。

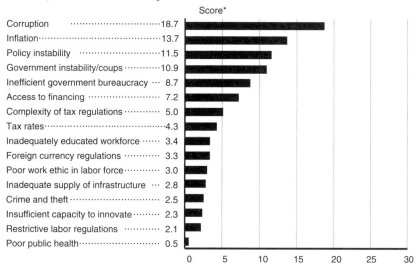

The most problematic factors for doing business

资料来源：世界经济论坛《2015—2016年全球竞争力报告》。

五、合作案例

（一）"资源换项目"——双赢新模式

由中国企业承建的中吉乌公路吉尔吉斯斯坦境内段修复项目是中吉两国首脑在上海合作组织会议上确定的优先项目。为解决吉尔吉斯斯坦修路资金缺口，中吉双方确定以"资源换项目"模式，即由中方企业开发吉尔吉斯斯坦境内的伊始坦贝尔德金矿，从而将取得的伊始坦贝尔德金矿的对价用于吉尔吉斯斯坦境内公路修复建设。

2007 年 6 月，为保证"资源换项目"顺利进行，灵宝黄金股份有限公司、中国路桥工程建设有限公司、新疆灵玺投资有限公司共同出资在吉尔吉斯斯坦注册设立了富金有限公司，并由该公司来负责项目的运作。其控股股东灵宝黄金股份有限公司作为一家在香港联交所上市的国有控股公司，在黄金等有色矿产探、采、选、冶方面具有 30 多年经验。

2008 年 1 月 16 日，中国国家开发银行、灵宝黄金股份有限公司、中国路桥工程建设有限责任公司、新疆灵玺投资有限公司、富金有限公司和吉尔吉斯斯坦交通通讯部、地矿署联合签署了"资源换项目"合作协议，协议规定富金有限公司出资 2530 万美元无偿修复奥什—萨瑞塔什—伊尔克什坦公路 KM190-KM240 路段（50 公里）。此外，公司负责建设和开采贾拉拉巴德州阿拉布卡区伊始坦贝尔德金矿，该金矿所产生的利润将首先用于偿还银行贷款本金和利息，剩余利润归还股东投资及投资回报。

合作协议签署后，富金公司伊始坦贝尔德金矿已完成矿山开拓及选厂建设工作，并通过吉尔吉斯斯坦相关部门的验收，达到了设计要求。公司现阶段已形成日采、选矿石能力 1500 吨，年生产黄金 1000 公斤的生产规模。目前项目已由建设期进入生产经营期。

在公司建设及日常运营过程中，富金公司一贯坚持"稳健、勤勉、创新、高效、环保"的经营理念，严格按照"统一管理，分级授权；统一核算，单独考核"的经营管理模式。公司下设办公室、财务科、人事科、供应科、生产科、地测技术科、质检科、设备科、电力科、安环科、基建科等 11 个职能科室以及矿山、选厂两大生产单位。

与此同时，富金公司严格按照协议开展工作，为吉尔吉斯斯坦无偿修复奥什—萨瑞塔什—伊尔克什坦公路 KM190-KM240 路段。施工过程中，中方施工单位克服了海拔高、自然环境恶劣、施工期短等诸多困难，于 2011 年 8 月 23 日如期实现主体工程完工，并于 2011 年 9 月底完成验收并交付吉尔吉斯斯坦政府。该项目的实施，为中吉两国间贸易往来，以及周边居民出行提供了便利的交通条件，收到良好社会和经济效益。

富金公司在开展工作的过程中，严格遵守当地法律。公司目前已累计完成投资 1.12 亿美元，累计缴纳税款达 3.84 亿索姆。同时，富金公司十分重视建立与当地民众的融洽关系。在运营中，大量招募当地员工，为当地提供了可观的就业岗位。目前，公司现有员工 600 余人，其中吉方员工已达 450 人（恰特可尔区 210 人、阿拉布卡区 98 人、其他州区 142 人）。

此外，公司还向政府、学校、地方村镇等单位累计捐助 2200 万索姆。

未来，富金公司将会继续遵循合作协议依法开展各项工作，同时为当地提供更多的就业岗位，致力为促进吉尔吉斯斯坦经济发展做出贡献。

（二）"达特卡—克明"500千伏输变电工程

中吉两国政府迄今最大能源合作项目，吉尔吉斯斯坦国家电网的重大能源项目工程，南北输变电通道大动脉工程"达特卡—克明"500 千伏输变电工程 2012 年 8 月 1 日在克明举行开工奠基仪式。

吉尔吉斯斯坦总统阿塔姆巴耶夫曾在开工仪式上说，"达特卡—克明"500千伏输变电工程的实施是吉尔吉斯斯坦实现电能独立的开始。该项目完成后，可以向无电和缺电地区提供充足电能，促进当地经济发展，改善当地人民生活水平。

"达特卡—克明"500 千伏输变电工程项目是继吉尔吉斯斯坦南部电网改善项目之后，特变电工承建的又一上海合作组织框架内的重要工程项目，工程合同金额 3.89 亿美元，建设工期 36 个月。项目建成后将极大提升吉尔吉斯斯坦南部电网的自主供电能力，实现南北电网的全线贯通，电力互补。

这一工程项目开工仪式的成功举行，标志着中吉传统友谊互利合作的不断深化，标志着中吉能源合作已进入新的发展阶段。特变电工是中国政府指定的承担对外经贸合作和外援项目的电力成套工程总承包商，该公司已为全球 60 余个国家电力能源发展提供保障。

不管是农副产品的贸易往来还是交通运输、变电等产能项目合作都给吉尔吉斯斯坦人民带去了实实在在的利益，改善了老百姓的生活，深受百姓的欢迎。总而言之，中吉共建"丝绸之路经济带"有着广阔的前景。

第三章
南亚国家"共建经济走廊"

巴基斯坦

一、基本国情介绍

巴基斯坦伊斯兰共和国简称巴基斯坦。

（一）位置环境

巴基斯坦位于南亚次大陆西北部，南濒阿拉伯海，海岸线全长 980 公里，北枕喀喇昆仑山和喜马拉雅山。东、北、西三面分别与印度、中国、阿富汗和伊朗接壤。国土面积为 796095 平方公里（不含巴控克什米尔地区）。南部属热带气候，其余属亚热带气候。首都是伊斯兰堡。全境 3/5 为山区和丘陵地形，源自中国的印度河从北流入巴基斯坦境内后，向南蜿蜒 2300 公里注入阿拉伯海。巴基斯坦原是英属印度的一部分。1947 年 8 月 14 日英国实行印巴分治，巴基斯坦成为英联邦的一个自治领。1956 年 3 月 23 日，巴基斯坦伊斯兰共和国成立。

（二）自然资源

巴基斯坦主要矿藏储备有：天然气 4920 亿立方米，石油 1.84 亿桶，煤 1850 亿吨，铁 4.3 亿吨，铝土 7400 万吨，还有大量的铬矿、大理石和宝石。森林覆盖率 4.8%。

（三）人口民族

巴基斯坦人口约为 1.97 亿（2016 年），是世界第六人口大国。农村人口占总人口的 63% 左右，女性占总人口的 48.5%。巴基斯坦人口增长较快，年增长率为 1.92%。最大城市卡拉奇人口 2100 万人，第二大城市拉合尔人口 1000 万，首都伊斯兰堡有 150 万人。在巴基斯坦的华人华侨将近 8000 人，主要集中在经济较为发达的旁遮普省和信德省。巴基斯坦是多民族国家，其中旁遮普族占 63%，信德族占 18%，帕坦族占 11%，俾路支族占 4%。根据巴基斯坦宪法规定，巴基斯坦国教为伊斯兰教，95% 以上的居民信奉伊斯兰教，少数信奉基督教、印度教和锡克教等。

（四）政治制度

巴基斯坦议会是巴基斯坦联邦立法机构。巴基斯坦实行联邦制，联邦政府是最高行政机关。联邦内阁由总理、部长和国务部长组成，各部委由常务秘书主持日常工作。省政府受联邦政府领导，但宪法规定实行省自治。受政治、经济、民族等诸多因素影响，联邦与省之间的关系十分复杂。2013 年 5 月，纳瓦兹·谢里夫率穆斯林联盟（谢里夫派）赢得大选，第三次出任巴基斯坦总理。

巴基斯坦 1947 年建国后长期实行一院制。1973 年宪法颁布后实行两院制，即国民议会（下院）和参议院（上院）。巴基斯坦实行多党制，现有政党 200 个左右，其中最主要的政党有：巴基斯坦人民党，简称人民党，成立于 1967 年 12 月，主要势力范围在信德省和旁遮普省。人民党主张议会民主、自由平等和经济私有化；正义运动党，1996 年成立，主席为巴基斯坦家喻户晓的板球明星伊姆兰·汗。该党提出变革、平等等口号，在 2013 年国民议会选举中获 35 席，成为国民议会第三大党，并在开伯尔 – 普什图赫瓦省执政；巴基斯坦穆斯林联盟（谢里夫派）简称穆 – 谢派，成立于 1906 年，当时称全印穆斯林联盟，1947 年巴建国后改用现名。该党党章规定，在巴实现政治、社会和经济改革。

（五）外交关系

1950 年 1 月 5 日，巴基斯坦承认中华人民共和国，1951 年 5 月 21 日两国正式建交。建交以来，中巴两国建立了全天候友谊，开展了全方位合作。

2005 年 4 月，温家宝总理访巴，两国宣布建立更加紧密的战略合作伙伴关系。2006 年，胡锦涛主席和穆沙拉夫总统实现互访。2007 年 4 月，阿齐兹总理访华并出席博鳌亚洲论坛年会。2008 年 4 月，穆沙拉夫总统对中国进行国事访问并出席博鳌亚洲论坛年会。10 月，扎尔达里总统对中国进行国事访问，双方发表《中巴联合声明》。

2010 年 7 月，扎尔达里总统来华工作访问并参观上海世博会。11 月，扎尔达里总统来华出席广州亚运会开幕式。12 月，温家宝总理对巴基斯坦进行正式访问。

2011 年是中巴建交 60 周年，也是"中巴友好年"。5 月，巴基斯坦总理吉拉尼正式访华。8 月底，巴基斯坦总统扎尔达里赴新疆维吾尔自治区出席首届中国—亚欧博览会。

2012 年 3 月，吉拉尼总理来华出席博鳌亚洲论坛年会。6 月，扎尔达里总统访华并出席上海合作组织成员国元首理事会第十二次会议。9 月，阿什拉夫总理来华出席天津夏季达沃斯新领军者年会。

2013 年 5 月，李克强总理对巴基斯坦进行正式访问，双方发表了《中巴关于深化两国全面战略合作的联合声明》。7 月，谢里夫总理正式访华，双方发表了《关于新时期深化中巴战略合作伙伴关系的共同展望》。

2014 年 2 月，巴基斯坦总统侯赛因来华进行国事访问，双方发表了《中华人民共和国和巴基斯坦伊斯兰共和国关于深化中巴战略与经济合作的联合声明》。

2015 年是双方商定的"中巴友好交流年"。2015 年 1 月，巴基斯坦议长萨迪克访华。

2015 年 4 月，习近平主席对巴基斯坦进行正式访问，两国签署《中华人民共和国和巴基斯坦伊斯兰共和国建立全天候战略合作伙伴关系的联合声明》。9 月，侯赛因总统来华出席"9·3"纪念活动，习近平主席、张高丽副总理会见侯赛因。

12月，巴总统侯赛因来华出席第二届世界互联网大会，谢里夫总理来华出席上海合作组织成员国政府首脑理事会第十四次会议。

2016年6月，习近平主席在塔什干出席上海合作组织成员国元首理事会第十六次会议期间会见巴基斯坦总统侯赛因。

2016年9月，李克强总理在纽约出席第71届联合国大会期间会见巴基斯坦总理谢里夫。

据统计，2016年（截至9月），中巴双边贸易额为141.8亿美元，同比增长3.3%。其中，中方出口额128.3亿美元，同比上升8.2%；进口额13.5亿美元，同比下降28.1%。

巴是中国开展对外承包工程业务的重点海外市场。2016年1月至9月，中国在巴方直接投资金额约39.3亿美元。巴来华实际投资1.1亿美元。

巴基斯坦奉行独立和不结盟外交政策，注重发展同伊斯兰国家和中国的关系。致力于维护南亚地区和平与稳定，在加强同发展中国家团结合作的同时，发展同西方国家的关系。支持中东和平进程。主张销毁大规模杀伤性武器，呼吁建立公正合理的国际政治经济新秩序。重视经济外交。要求发达国家采取切实措施，缩小南北差距。目前已同世界上120多个国家建立了外交和领事关系。

（六）经济环境

年份	GDP（亿美元）	人均GDP（美元）	GDP增长率（%）
2008	1700.78	1042.802	1.701
2009	1681.53	1009.799	2.832
2010	1774.07	1043.3	1.607
2011	2137.55	1230.815	2.748
2012	2246.46	1266.381	3.507
2013	2311.50	1275.713	4.367
2014	2433.83	1315.268	4.738
2015	2699.71	1428.98	5.538

数据来源：世界银行。

巴基斯坦是一个发展中国家，属于不发达的资本主义市场经济体。巴基斯坦拥有多元化的经济体系，是世界第 25 大经济体。尽管 1947 年独立时较贫困，巴基斯坦在随后 40 年中取得了高于世界平均的经济增长，但 20 世纪 90 年代不明智的政策却导致经济减速，由于国际货币基金组织的援助和美国的巨额债务减免，外债数额最近几年显著减少，经济加快了增长，尤其是制造业和金融服务部门。巴基斯坦的经济增长率过去 5 年间稳步增加。不过通胀压力和低储蓄率可能使这种高增长率无法持续。巴基斯坦之前经济以农业为主，农业人口占总人口的 48%，产值为国内生产总值的 25%，粮食基本自给自足，大米、棉花还有出口。现如今巴基斯坦的经济结构逐渐由农业为基础转变为服务业为基础，如今农业贡献国内生产总值的 20%；而服务业占 53%，批发和零售贸易占这个产业的 30%。过去几年，大笔外资被投入到电信、房地产和能源等领域。其他主要产业包括软件、机动车辆、纺织、水泥、化肥、钢铁、造船、航空航天工业和军火生产。巴基斯坦对外贸易主要是，进口石油及石油制品、机械和交通设备、钢铁产品、化肥和电器产品等，出口大米、棉花、纺织品、皮革制品和地毯等。

（七）法律

巴基斯坦建国后于 1956 年、1962 年和 1973 年颁布三部宪法。1977 年，齐亚·哈克实行军法管制，部分暂停实施宪法。1985 年通过了宪法第 8 修正案，授予总统解散国民议会和联邦内阁、任免军队首脑和法官的权力。1991 年 7 月通过的宪法第 12 修正案规定联邦政府有权设立特别法庭和上诉法庭，以打击犯罪，整治社会治安。1997 年 4 月，谢里夫政府在议会通过宪法第 13 修正案，取消总统解散国民议会和联邦内阁的权力，并将解散省议会和省内阁、任免省督、三军参谋长和参联会主席以及最高法院法官的权力归还总理行使。随后，巴基斯坦议会通过旨在严禁议员叛党的宪法第 14 修正案"反跳槽法"。

1999 年穆沙拉夫执政后颁布临时宪法 1 号令，宣布暂停实施宪法。2002 年 8 月，穆颁布"法律框架令（LFO）"，宣布恢复 1973 年宪法和哈克时代宪法第 8 修正案，规定总统有权解散国民议会、任命参联会主席和三军参谋长。

2003 年 12 月 29 日，巴基斯坦议会通过宪法第 17 修正案，规定总统经最高法院批准后有权解散议会，与总理协商后有权任免三军领导人。

2010 年 4 月 8 日和 15 日，国民议会和参议院分别通过宪法第 18 修正案，将总统部分权力移交给总理，并在涉及中央与地方分权等重大敏感问题上做出调整。2010 年 12 月 22 日，巴议会一致通过宪法第 19 修正案，赋予总理任命高等法院和最高法院法官一定的决定权，并由总统对决定结果进行最终认可。2012 年 2 月 20 日，巴议会通过宪法第 20 修正案，取消了由总统任命看守政府总理的权力，改由总理和反对党领导人协商确定。修正案还包括延长选举委员会任期等内容。

（八）社会

巴基斯坦大城市的社会治安状况总体尚可，中央政府对部落地区基本无法控制，社会治安主要由部落头领负责。巴基斯坦是世界上受恐怖组织袭击最严重的国家之一。

巴基斯坦的医疗状况较差，没有完整的医疗体系和医保制度。此外，当地的城市供水系统不健全，管道年久失修，长期缺水，污染严重，水质呈酸性，细菌含量过高，容易引发肠道疾病，不能直接饮用。城市因缺水问题导致绿化极低，空气粉尘含量大，苍蝇蚊子很多，再加上医疗体系的不健全，普通民众缺乏基本的卫生常识，易发生多种疾病。

二、产能合作现状分析

（一）巴基斯坦外资引进情况

近年来，巴基斯坦政府推行广泛的结构改革，出台相关优惠政策，促进投资便利化，改善投资环境，大力推广经济特区，希望通过吸引外资为国家经济发展提供动力。2013/2014 财年，巴基斯坦吸引外国直接净投资 16.31 亿美元，同比上升约 12.7%。其主要来源为中国、中国香港、瑞士、美国、英国，以上国家和地区约占巴基斯坦吸引外国直接净投资的 90%。巴基斯坦利用外资的领域相对比较集中，2013/2014 财年前三大外资利用领域是油气开发、金融以及通信行业，上述三大领域占巴基斯坦利用外资总额的 73.9% 以上。其他主要领域包括化工、电力、建筑等。

根据联合国贸发会议发布的 2015 年《世界投资报告》显示，2014 年，巴基斯坦吸收外资流量为 17.5 亿美元；截至 2014 年年底，巴基斯坦吸收外资存量为 308.9 亿美元。

巴基斯坦主要援助来源有美国、英国、中国、日本、世界银行、亚洲开发银行、德国等国家和国际机构，援助方式主要有无偿援助、援助式贷款和商业贷款等，每年接受援助总额达到数十亿美元。

（二）巴基斯坦与中国产能合作现状

1.能源方面

长期以来，巴基斯坦经济发展速度和人民生活质量的提高严重受能源短缺、电力不足的制约。能源是经济发展的动力来源，也是巴基斯坦经济实现可持续发展的关键要素。中巴产能合作 51 个项目中，能源项目占据半壁江山，合作范围广泛。

2.交通方面

中巴关系的发展以中巴经济走廊建设为中心，以瓜达尔港、交通基础设施、能源、产业合作为重点，形成"1+4"合作布局，实现合作共赢和共同发展。北起新疆喀什、南至巴基斯坦瓜达尔港的中巴经济走廊，是一条包括公路、铁路、油气和光缆通道在内的贸易走廊，也是"一带一路"的重要组成部分。瓜达尔港位于中巴经济走廊南端，是中巴经济走廊建设的重要项目。为提升瓜达尔港运营能力，中国海外港口控股有限公司正在加紧修复港口相关设施。作为"一带一路"上首个战略港口，瓜达尔港承载着非凡的战略意义。中巴两国均十分重视走廊建设。

中巴经济走廊两项道路交通建设：卡拉奇至拉合尔高速公路（苏库尔至木尔坦段）和喀喇昆仑公路升级改造二期（哈维连至塔科特段）。这两个项目合同金额分别为 28.9 亿美元和 13.15 亿美元，分别由中建股份和中国交建承建。卡拉奇至拉合尔高速公路（苏库尔至木尔坦段）合同的正式签署标志着中巴经济走廊迄今为止最大道路基建项目的落地。

巴基斯坦拉合尔轨道交通橙线项目：项目承包商为由中国铁路总公司与中国北方工业公司组成的联营体，中国进出口银行提供总额约 16.1 亿美元的贷款资金，已于 2014 年 12 月 21 日完成贷款协议签约。

2015 年 10 月 26 日，中国国际航空股份有限公司开通了北京—伊斯兰堡—卡拉奇直飞航线，这是国内航空公司开通的首条连接北京和伊斯兰堡的空中通道，将有力促进两国的经贸、文化、旅游等友好交往。通过国航北京遍布全球五大洲的航线网络，该航线将为巴基斯坦与世界各国交往再添空中桥梁。

3.产业投资及其他方面

产业投资合作是中巴经济走廊的重要领域，潜力巨大，前景广阔，对提升两国经济合作水平、拓展两国产业合作空间意义重大。中方在经验、技术、资金、产能等方面具有优势，巴方在资源、劳动力、市场等方面拥有有利条件，两国开展产业投资合作可谓优势互补、互利双赢。

4.对巴投资

2007 年以前，中国对巴基斯坦投资总额仅为 1.08 亿美元。根据中国商务部统计，2014 年当年中国对巴基斯坦直接投资流量 10.14 亿美元。截至 2014 年年末，中国对巴基斯坦直接投资存量 37.37 亿美元。中巴双方正在商谈制定中巴经济走廊远景规划报告，随着中巴经济走廊的推进，预计中国对巴基斯坦投资将会出现大幅增长。

此外，中国政府决定向巴方提供无息贷款，用于建设中巴跨境光缆项目，该项目已签署商务合同和贷款协议，具备开工条件。"一带一路"建设在国内外均已启动，丝路基金以及亚投行将为中国中铁提供融资支持。

5.在巴主要公司

目前中国在巴基斯坦的主要企业有：中移动 CMPAK 移动通讯公司、联合能源巴基斯坦分公司、中巴联合投资公司、海尔－鲁巴经济区（工业园）、工商银行卡拉奇分行、普拉姆轻骑摩托车公司、上广电鲁巴电器公司等。

中巴双方签署15项投资合作备忘录

三、合作领域和合作重点

2015 年 4 月 20 日至 21 日，中巴双方发布《中华人民共和国和巴基斯坦伊斯兰共和国关于建立全天候战略合作伙伴关系的联合声明》，并签署了 50 多项双边合作文件，涉及交通基础设施、能源、农业、贸易、金融、卫生、媒体、海洋科学、教育等领域，启动了总计 460 亿美元投资中的 280 亿美元基础设

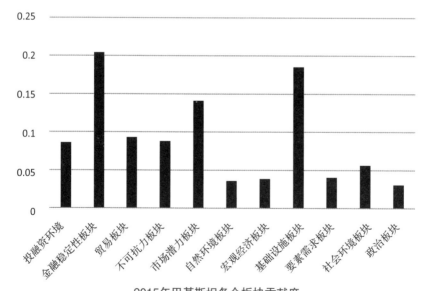

2015年巴基斯坦各个板块贡献度

资料来源：武汉大学国际投资研究中心。

施建设项目。

2015 年巴基斯坦国际投资指数为 56.72，在 108 个样本经济体中排名第
13 位，这说明巴基斯坦的整体市场环境较好，潜力较强，对外商投资具有一
定的吸引力。在 11 大板块贡献度排名中，前三位分别是金融稳定性板块、基
础设施板块和市场潜力板块。完善的金融稳定性是吸引外商直接投资的先导
因素，较强的市场潜力是吸引外资的潜在因素，基础设施板块的贡献体现了
国家的基础建设较好。其他方面，巴基斯坦在自然环境、宏观经济和政治等
板块的贡献度排在中游。

进一步使用经济学模型测算各个板块 2015 年发生的概率，测算方法是衡
量主要指标的变动是否超出了预定值，如果超过，说明发生概率较大，反之发
生概率较小，巴基斯坦计算结果见下图。从各板块发生的概率来看，不可抗力
板块、市场潜力板块、自然环境板块、基础设施板块和金融稳定性板块发生的
概率显著超过了 0.5，接近于 1，这些领域在未来的发展趋势尤其需要密切关注。

中巴贸易有一定的互补性，合作空间和潜力较大。目前中国已经成为巴
基斯坦第二大贸易伙伴。中国对巴基斯坦的出口商品日趋多样化，机电产品
所占比重逐年增加，但中国自巴基斯坦进口的商品种类变化不大，仍停留在

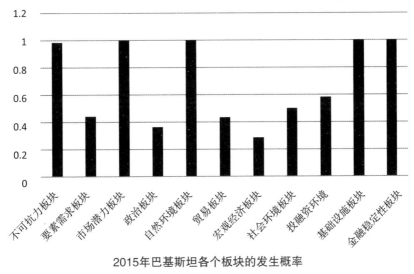

2015年巴基斯坦各个板块的发生概率

资料来源：武汉大学国际投资研究中心。

传统商品。中国对巴基斯坦的主要出口商品为机械设备、钢铁及其制品、化学品、电子电器、计算机与通信产品、农产品等；巴基斯坦对中国主要出口商品为棉纱、棉布、大米、矿石、皮革等。

巴基斯坦基建方面和金融方面需求较大，投资市场比较有潜力，中国可以加大与巴基斯坦基建合作与金融项目的投资，增强贸易往来。综合分析，今后中国与巴基斯坦除了在日用及制造业上维持合作外，可以加大基建和金融方面的合作投资，扩大贸易范围。

"一带一路"中巴经济走廊——中巴企业家国际研修班

四、政策分析

（一）政策支持

巴基斯坦的商业和投资环境与其经济政策一样，趋向宽松、自由化和私有化。制造业和非制造业已不需要经过政府批准，完全向国外投资者开放。宽松的税收和关税，丰裕的土地和自然资源，完备的法律法规体系以及巨大的国内市场使巴基斯坦对外资极具吸引力。此外，巴基斯坦还是进入中亚和海湾地区市场的门户。

巴基斯坦在全球最具竞争力的 148 个国家和地区中，排名第 133 位。巴基斯坦政府推行广泛的结构改革，改善投资环境，大力吸引外资。

1.巴基斯坦对外国投资的主要鼓励政策

除武器弹药、烈性炸药、放射性物质、出版、货币铸造等行业外，外商投资无需政府批准；用于出口的原材料进口享受零关税；用于高附加值和高科技产业的机械设备进口关税仅 5%；其他机械设备的进口关税为 10%；外商最高可 100% 持股（工业、建筑业、社会产业外商可 100% 持股，服务业和农业外商持股可达 60%，服务业在前五年内可持股 100%）；利润和分红汇回无限制；除基础设施项目至少 30 万美元外，其他投资项目无最小金额限制；投资地点自由选择；可在出口加工区获得土地，巴基斯坦还准备为中国投资者专设经济区；对外国投资者实行国民待遇；完全的投资保护。

2.税收体制

巴基斯坦税收分联邦政府、省政府和地区政府三级，但税收以联邦政府为主，占 70% 左右。联邦政府主要税种包括所得税、关税、销售税、联邦消费税；省政府主要税种包括职业税、财产税、车辆税、印花税、土地税等；地区政府主要税种包括财产税、水资源税、进出口税、转让税、市场税以及其他收费等。巴基斯坦税收又分为直接税和间接税两大类。直接税主要包括上述的所得税、财产税、土地税、车辆税；间接税包括关税、销售税（增值税）、联邦消费税等。

3.主要税赋和税率

所得税中金融类企业、国有企业和私人企业所得税税率为 35%，营业额在 2 亿卢比以内的小企业的税率为 25%，企业可以选择按利润或者合同额纳税。个人所得税税率为 0.75%~200%，起征点为月收入 2.5 万卢比。企业和个人还须缴纳多种形式的代扣税，税率为 0.75%~30%。其中，在支付合同款时要代扣 6% 的税额，支付房租时要代扣 5% 的税额，利息代扣税 10%；销售税中销售税税率为 16%~21%。进口商品和本国生产的商品等需缴纳销售税，部分商品免征销售税，主要是计算机软件、药品、未加工农产品等。其中，绝大部分商品税率为 16%，称为普通销售税（GST）。根据与国际货币基金组织达成的救助贷款协定，巴基斯坦政府应自 2011 年 7 月 7 日起取消销售税，改设增值税（15%），但尚待各省级议会、联邦国民议会和参议院表决通过；联邦消费税中进口商品和巴基斯坦本国生产的商品及保险、广告、邮件快递、会计等服务均需缴纳消费税，税率为 5%~100%，其中，通信服务税率为 20%，银行、保险服务税率为 10%。部分商品和服务免征联邦消费税。

4.外资准入

巴基斯坦所有经济领域都向外资开放，外资同本国投资者享有同等待遇，允许外资拥有 100% 的股权。在最低投资金额方面，对制造业没有限制；但在非制造业方面，则根据行业不同有最低要求，服务业（含金融、通信和 IT 业）最低为 15 万美元，农业和其他行业为 30 万美元。投资政策规定限制投资的五个领域是武器、高强炸药、放射性物质、证券印制和造币、酒类生产（工业酒精除外）。外国企业不得在当地从事夜总会、歌舞厅、电影院、按摩、洗浴等娱乐休闲业。外商可以采取购买股权或者绿地投资等方式在巴基斯坦投资，有关公司注册管理及上市等工作均由巴基斯坦证券与交易委员会负责。

（二）优惠措施

1.鼓励措施

巴基斯坦制定了《1979 年外国私人投资（促进与保护）法案》《1992 年经济改革促进和保护法案》以及《巴基斯坦投资政策 2013》。

《巴基斯坦投资政策 2013》主要关注降低经商成本和减少步骤，从而加强巴基斯坦竞争力。该政策提出提高投资者便利度、投资保护、去除监管障碍、公私合营和加强各方协调等在内的经济自由化措施。

此外巴基斯坦已与包括中国在内的 47 个国家签署了双边投资协定，与 52 个国家签署了避免双重征税协定。

2.行业鼓励

外商在巴基斯坦投资享受设备进口关税、初期折旧提存、版权技术服务费等方面的优惠政策。

巴基斯坦行业投资鼓励政策表

政策内容	制造业	非制造业领域		
		农业	基础设施/社会领域	服务业
政府批准	除了武器、高强炸药、放射性物质、证券印制和造币、酒类生产（工业酒精除外）外无须政府批准	无须政府批准，但有些需要从有关机构取得证书		
资本、利润、红利汇回	允许	允许		
外商投资上限	100%	100%	100%	100%
机械设备进口关税	5%	0%	5%	0%~5%
税收优惠（初始折旧占厂房设备）	25%	25%		
特许权和技术使用费	对支付特许权和技术使用费无限制	按有关规定允许，第一笔不超过10万美元；在前五年内不超过净销售额的5%		

巴基斯坦总理谢里夫宣布了旨在吸引投资的"绿地工业项目"，对2014年1月1日之后在特定领域的投资者，在不违反麻醉品、反恐和反洗钱等法案的前提下，将被免予审查其资金来源。该项目适用于自备电站、廉价房屋建设、家畜业，以及在俾路支省、开伯尔－普什图赫瓦省和塔尔煤矿的开采，但不适用于武器弹药、化肥、糖、烟草、饮料、水泥等领域，负面清单日后可根据商界意见进行调整。此外，政府还将对400位纳税较多的企业高管或股东颁发特权卡，可享受机场贵宾室、快递通关等优惠待遇。

五、合作案例

作为中国传统友好盟友，很多中国公司已经在巴基斯坦布局日久。

（一）交通基建

中国中铁：中铁第一勘察设计院集团与巴基斯坦国家工程咨询公司（NESPAK）在巴基斯坦驻华大使馆签订战略合作协议，中巴两国最大的工程咨询企业正式达成战略联盟。

中国北车：早在 2012 年，中国北车旗下的长客股份公司研发技术人员已经奔赴巴基斯坦，为其出口铁路客车散件组装给予技术支持。根据长客股份公司与巴基斯坦达成的协议，公司出口巴基斯坦的铁路客车中包含了技术转让成分。双方签署合同共计 395 辆铁路客车，目前首批 28 辆整车已经交付。

中国南车：2014 年 1 月，中国南车资阳机车有限公司首批 5 台 2000~2500 马力、出口巴基斯坦的干线内燃机车发运，这拉开了共计 63 台巴基斯坦机车交付的序幕。

中国铁建：2014 年 8 月，中国铁建与巴基斯坦签署铁路、轻轨、快速公交等多个项目的谅解备忘录。中国铁建全资子公司中国土木工程集团有限公司在巴基斯坦获得两份总额逾 10 亿元的公路建设合同。巴基斯坦水电发展署与中国土木工程集团有限公司签署的这两份合同，分别是中巴喀喇昆仑公路部分路段改线项目和印度河沿线的右岸通道公路。

中国交建：巴基斯坦国家经济理事会执行委员会通过了由中国交建承建预算为 266 亿卢比（约合 17 亿元人民币）的瓜达尔港国际机场建设计划。在中国国家主席习近平和巴基斯坦总统侯赛因的共同见证下，中国交建总裁陈奋健与巴方签订建设新机场的《谅解备忘录》。

中国建筑：2014 年 4 月，中国建筑副总裁陈国才率领的代表团，与巴基斯坦旁遮普省首席部长穆罕默德·沙赫巴兹·谢里夫进行了会晤，双方就基础设施工程投资进行了讨论。陈国才在与会时表示，中国建筑期待与旁遮普省一道推进基础设施领域的合作。

珠海港：珠海正全力对接国家"一带一路"战略，2015 年推动珠海港控股集团参与开发巴基斯坦瓜达尔港合作项目。

中国路桥工程有限责任公司实施的喀喇昆仑公路改扩建项目（4.9 亿美元）和堰塞湖改线项目（约 2.8 亿美元）、中国水利电力对外公司实施的旁遮普 M4 高速公路项目（1.2 亿美元）和卡拉奇港疏浚与吹填工程项目（3.2 亿美元）、中国港湾工程有限责任公司实施的卡拉奇深水港码头项目（2.2 亿美元）和防波堤项目（1.5 亿美元）、中国铁路通信信号集团公司实施的三个铁路信号项目（1.9 亿美元）、中国机械进出口（集团）有限公司、长客联合体实施的巴铁 202 辆客车项目（1.3 亿美元）、中建三局建设工程股份有限公司实施的伊斯兰堡新机场航站楼项目（2.4亿美元）、新疆北新路桥和中国水利电力对外公司实施的克什米尔城市发展灾后重建项目（分别为1.7亿美元和1.8亿美元）。

（二）电力

上海电气：上海电气的海外工程，始于巴基斯坦木扎法戈300兆瓦火电机组项目。此外，上海电气还为中国投资巴基斯坦的卡拉奇项目二期提供相关的核岛主设备。

中国电建：中国电建发布公告称，全资子公司中水电海外投资有限公司拟与卡塔尔AMC公司以BOO模式共同建设巴基斯坦卡西姆港燃煤应急电站项目，项目总投资高达20.85亿美元。该项目属于"中巴经济走廊早期收获清单"所列项目，且被列为中巴经济走廊能源项目合作协议中的优先实施项目。据悉，在中巴经济走廊的14个优先实施项目名录中，中国电建已占4席。目前，中国电建拥有巴基斯坦在建项目22个，合同总额超过20亿美元。

葛洲坝：公开资料显示，葛洲坝集团业务遍布全球70个国家和地区，横跨亚洲、中东、美洲大陆。2014年3月，葛洲坝集团与巴基斯坦私营电力及基础设施委员会签署合作备忘录，计划在该国建设三家总发电量1980兆瓦燃煤发电厂。加上此前确定的一个发电厂，四家发电厂总发电量将达到2640兆瓦，投资总额为35亿~40亿美元。

特变电工：2013年4月4日，巴基斯坦第一座装机容量达到100兆瓦的大型太阳能光伏电站全部投入运行。这座该国最大的太阳能电站由中国企业特变电工承建，每天向附近的旁遮普省提供清洁能源电量50万千瓦时，有效缓解了该省电力紧缺状况。2014年初，特变电工下属的新疆本土企业新能源公司以强大实力获得该园区首个大型光伏工程总承包及25年的运行维护资格。

中国核工业集团实施的恰希玛核电站项目三期和四期（18.8亿美元）、中国葛洲坝集团和中国机械设备工程股份有限公司联合实施的尼勒姆－杰勒姆水电站项目（15.2亿美元）、哈尔滨电站工程公司实施的古杜联合循环电站项目（6.0亿美元）和本·卡希姆联合循环电站项目（3.8亿美元）、中国东方电气集团实施的南迪普联合循环电站项目（3.3亿美元）和真纳水电站项目（1.3亿美元）、中国水利水电建设股份有限公司实施的塔贝拉水电站四期扩建工程

中国葛洲坝集团公司的工程师与巴方员工在巴控克什米尔地区一处长隧洞引水式电站的隧道施工现场（新华社资料）

土建项目（2.7亿美元）、克亚华水电站土建项目（1.5亿美元）和达拉瓦特大坝（9300万美元）；位于真纳太阳能工业园的中兴能源900兆瓦光伏项目，是中巴经济走廊优先实施项目。该项目总投资额逾15亿美元，是世界上最大的单体光伏发电项目之一，也是迄今为止中国企业对海外光伏项目最大规模的

由新疆特变电工新能源股份有限公司作为总承包商修建的位于巴基斯坦旁遮普省巴哈瓦尔布尔市的真纳太阳能工业园100兆瓦太阳能电站项目（新华社资料）

投资。据了解，项目分三期 3×100 兆瓦实施，计划于 2016 年全部建成。自 2015 年 4 月 20 日开工以来，一期 50 兆瓦工程已建成并网发电，其余 250 兆瓦施工也已接近尾声，并将在接受检测后并网发电。

（三）能源

中国石油：巴基斯坦正与中国石油天然气集团公司旗下的中国石油天然气管道局协商，计划从巴基斯坦西部瓜达尔港口到南部信德省纽瓦布沙阿（Nawabshah）市铺设一条长 435 英里（约 700 公里）的液化天然气管道，管线将在纽瓦布沙阿市与巴基斯坦现有天然气输送网络相衔接。管线建造成本在 15 亿~18 亿美元之间，若方案纳入备选的瓜达尔液化天然气码头，成本则可能在 20 亿美元。根据协议，85% 的建造费用来自中方贷款，其余由巴基斯坦出资。

中材节能：公司与巴基斯坦帝吉翰水泥股份有限公司签订了帝吉翰水泥厂 30 兆瓦燃煤自备电站项目合同，合同金额为 2360 万美元。合作方巴基斯坦帝吉翰水泥股份有限公司始创于 1978 年，隶属巴基斯坦最大的商业集团尼沙特集团。

（四）钢铁

河北钢铁：2014 年 5 月初，河北钢铁集团唐山钢铁公司 660 吨中厚板材首次出口巴基斯坦，开拓了南亚市场新领域。

（五）水利水电

2016 年 1 月 10 日，在伊斯兰堡 50 多公里外的吉拉姆河畔，中国长江三峡集团承建的卡洛特水电站主体工程开工。这是中巴经济走廊首个水电投资项目，也是丝路基金首单项目。项目规划装机容量 72 万千瓦，总投资约 16.5 亿美元，建成后每年将为巴基斯坦提供逾 31 亿千瓦时的清洁能源。卡洛特水电站项目被列为中巴经济走廊优先发展项目，建成后将有效缓解巴基斯坦电力短缺问题。三峡集团还于 2015 年年底成功获得中巴经济走廊项目科哈拉水电站项目的开发权，该项目预计将于 2016 年进入全面推进阶段。

中国商务部五矿化工商会会长陈锋说，共同推动中巴产业合作，是共商、共建、共享原则的真实体现，尽快取得早期收获，实现互利共赢，将为周边国家与中国共同发展树立典范。作为巴基斯坦海尔－鲁巴经济园区负责人的鲁巴集团主席夏·费萨尔对中巴产业合作充满期待：中国发展的经验与模式既能为巴基斯坦提供范例，也能为中巴产业合作带来持久红利。

印　度

一、基本国情介绍

印度是世界四大文明古国之一。公元前2500年至前1500年之间创造了印度河文明。公元前1500年左右，原居住在中亚的雅利安人中的一支进入南亚次大陆，征服当地土著，创立了婆罗门教。公元前4世纪崛起的孔雀王朝统一印度，公元前3世纪阿育王统治时期达到鼎盛，把佛教定为国教。公元4世纪笈多王朝建立，形成中央集权大国，统治200多年。中世纪小国林立，印度教兴起。1398年，突厥化的蒙古族人由中亚侵入印度。1526年建立莫卧儿帝国，成为当时世界强国之一。1600年英国开始入侵印度。1757年印度沦为英殖民地，1849年全境被英占领。1947年6月，英国通过"蒙巴顿方案"，将印度分为印度和巴基斯坦两个自治领。同年8月15日，印度独立。1950年1月26日，印度宪法正式生效，印度成立共和国，同时仍为英联邦成员。

（一）地理环境

印度地处北半球，是南亚地区最大的国家，面积约为298万平方公里，居世界第7位。东北部同中国、尼泊尔、不丹接壤，孟加拉国夹在东北国土之间，东部与缅甸为邻，东南部与斯里兰卡隔海相望，西北部与巴基斯坦交界。东临孟加拉湾，西濒阿拉伯海，海岸线长5560公里。

（二）自然资源

印度矿产资源丰富，有近 100 种矿藏。云母产量世界第一，煤和重晶石产量均为世界第三。截至 2010 年年底，主要资源总储量（探明储量）为：云母 39.4 万吨（6.9 万吨）、煤 2672 亿吨（1058 亿吨）、重晶石 7420 万吨（3431 万吨）、铁矿石 146 亿吨（70 亿吨）、铝土 32.9 亿吨（9 亿吨）、铜 13.9 亿吨（3.7 亿吨）、锰矿石 3.78 亿吨（1.38 亿吨）、铬铁矿 2.1 亿吨（6612 万吨）、锌 970 万吨、铅 238.1 万吨、石灰石 756.79 亿吨、磷酸盐 3 亿吨（6612 万吨）、黄金 498 万吨（85 万吨）、银矿 2.24 亿吨（1.16 亿吨）、石油 12 亿吨、天然气 14370 亿平方米。此外，还有石膏、钻石及钛、钍、铀等矿藏。森林面积 67.83 万平方公里，覆盖率为 20.64%。拥有世界 1/10 的可耕地，面积约 1.6 亿公顷，人均 0.17 公顷，是世界上最大的粮食生产国之一。但是，印度的资源利用率很低，开发利用不高，据统计为 15%~30% 左右。

（三）人口民族

据世界银行 2014 年统计数据，印度全国有人口 12.95 亿，是世界上仅次于中国的第二人口大国。根据普查结果，过去十年，印度人口增长率为 1.39%。人口平均出生率为 2.53%，国民人均年龄为 26.6 岁。25 岁以下人口占比达到 50%，25~35 岁人口占比大约 15%。其中农村人口约占 68%，15 岁以上人口识字率约为 74%。普查结果还显示，印度目前拥有自独立以来的最低儿童性别比例，即男女比例为 1000∶914。

印度有 100 多个民族，印度斯坦族占 46.3%，泰固族 8.6%，孟加拉族 7.7%，马拉地族 7.6%，泰米尔族 7.4%，古吉拉特族 4.6%，加拿达族 3.9%，马拉亚拉姆族 3.9%，奥里萨族 3.8%，旁遮普族 2.3%。英语和印地语同为官方语言。约有 80.5% 的居民信奉印度教，其次为伊斯兰教（13.4%）、基督教（2.3%）、锡克教（1.9%）、佛教（0.8%）和耆那教（0.4%）等。

（四）政治制度

印度的主要党派有：

1）印度人民党：1980 年 4 月成立，其前身是 1951 年成立的印度人民同盟。自称有 350 万党员。代表北部印度教教徒势力和城镇中小商人利益，具有强烈民族主义和教派主义色彩。1996 年首次成为议会第一大党并短暂执政。1998~2004 年两度执政。2014 年再次赢得人民院过半议席，成为第一大党，在中央单独执政。现任主席阿米特·沙阿。

2）印度国民大会党（英迪拉·甘地派)：简称国大党（英)，通常称国大党。据称有初级党员 3000 万，积极党员 150 万。国大党成立于 1885 年 12 月，领导了反对英国殖民统治和争取印度独立的斗争。印独立后长期执政，1969 年和 1978 年两次分裂。1978 年英·甘地组建新党，改用现名。2004 年和 2009 年人民院选举中两次成为议会中第一大党，在 2014 年人民院选举中遭受重挫，仅获得 44 个议席。现任主席索尼娅·甘地。

3）印度共产党（马克思主义）：简称印共（马）。1964 年以孙达拉雅和南布迪里巴德为代表的一派从印度共产党分出后成立。党员 81.4 万(2002 年)，是印度最大的左翼政党。曾在西孟加拉邦长期执政，2011 年 5 月结束在该邦连续 34 年的执政地位。现任总书记西塔拉姆·亚丘里。

4）印度共产党：于 1920 年成立。1964 年分裂，以党主席什·阿·丹吉为首的一派仍沿用印共名称。1981 年 4 月，丹吉因支持英·甘地与党内发生分歧而被开除出党，该党再次分裂。现任总书记苏拉瓦拉姆·雷迪。

（五）外交关系

1950 年 4 月 1 日中印建交。20 世纪 50 年代，中印两国领导人共同倡导和平共处五项原则，双方交往密切。1959 年西藏叛乱后，中印关系恶化。1962 年 10 月，中印边境发生大规模武装冲突。1976 年双方恢复互派大使后，两国关系逐步改善。印度总理拉吉夫·甘地（1988 年）、总统文卡塔拉曼（1992 年）、总理拉奥（1993 年）、副总统纳拉亚南（1994 年）、总统纳拉亚南(2000 年)先后访华。国务院总理李鹏(1991 年)、全国政协主席李瑞环(1993 年)、副总理兼外长钱其琛（1994 年）、全国人大常委会委员长乔石（1995 年）、国家主席江泽民（1996 年）、全国人大常委会委员长李鹏（2001 年）、国务院总理朱镕基（2002 年）分别访问印度。2003 年 6 月，印度总理瓦杰帕伊对中国进行正式访问,双方签署《中印关系原则和全面合作的宣言》。2005 年 4 月,温家宝总理访印, 双方签署《联合声明》, 宣布建立面向和平与繁荣的战略合作伙伴关系。2006 年 11 月, 胡锦涛主席对印度进行国事访问。双方发表《联合宣言》,制定深化两国战略合作伙伴关系的"十项战略"。2008 年 1 月印度总理辛格访华, 两国签署《中印关于二十一世纪的共同展望》。2010 年是中国印度建交 60 周年。5 月, 印度总统帕蒂尔来华进行国事访问。12 月, 温家宝总理访印,两国签署《中华人民共和国和印度共和国联合公报》。2011 年是"中印交流年"。

2012 年是"中印友好合作年"。胡锦涛主席和温家宝总理分别在金砖国家领导人峰会和联合国可持续发展大会期间, 同辛格总理举行双边会见。印外长克里希纳 2 月来华出席印驻华使馆新馆启用仪式, 6 月代表印度来华出席上海合作组织峰会。杨洁篪外长 3 月对印进行访问。

2013 年, 中印关系继续保持稳定发展势头。1 月, 戴秉国国务委员赴印出席金砖国家安全事务高级代表会议, 其间与辛格总理和国家安全顾问梅农举行双边会见。3 月, 习近平主席在出席南非金砖国家领导人峰会期间会见辛格总理。5 月, 印外长库尔希德访华。李克强总理对印度进行正式访问, 双方发表《联合声明》。10 月, 印总理辛格来华进行正式访问。

2014 年是"中印友好交流年"。2014 年 5 月, 李克强总理同印度新任总理莫迪通电话。6 月, 外交部长王毅作为习近平主席特使访印, 印副总统安萨里访华并出席和平共处五项原则 60 周年纪念活动。7 月, 习近平主席和莫迪总理在出席金砖国家领导人第六次会晤期间举行双边会见。8 月, 王毅外长与印外长斯瓦拉吉在东亚合作系列外长会期间会晤。9 月, 习近平主席对印度进行国事访问,双方发表《关于构建更加紧密的发展伙伴关系的联合声明》。11 月,李克强总理在缅甸出席东亚合作领导人系列会议期间与印度总理莫迪会见。

2015 年 1 月 31 日至 2 月 3 日, 印度外长斯瓦拉吉访华并出席中俄印三方合作外长会。5 月 14 日至 16 日, 印度总理莫迪正式访华。6 月 13 日至 16 日,全国人大常委会委员长张德江访问印度。7 月上旬, 习近平主席在乌法出席金砖国家领导人第七次会晤期间与印度总理莫迪会见。11 月, 国务院总理李克强在马来西亚出席东亚国家领导人系列峰会期间会见印度总理莫迪, 中国国家副主席李源潮访印。

2016 年 4 月，王毅外长赴俄罗斯出席中俄印外长第十四次会晤并会见印度外长斯瓦拉吉。5 月，印度总统慕克吉访华。9 月，印度总理莫迪来华出席二十国集团杭州峰会，习近平主席同其会见。10 月，习近平主席赴印度出席金砖国家领导人第八次会晤。11 月，习近平主席特使、中共中央政治局委员、中央政法委书记孟建柱访问印度，杨洁篪国务委员同印度国家安全顾问在印举行中印边界问题特别代表非正式会晤。

（六）经济环境

年份	GDP （万亿美元）	人均GDP （美元）	GDP增长率 （%）
2008	1.224	1022.578	3.891
2009	1.365	1124.519	8.48
2010	1.708	1387.88	10.26
2011	1.816	1455.667	6.638
2012	1.825	1444.267	5.619
2013	1.863	1456.202	6.639
2014	2.042	1576.818	7.243
2015	2.074	1581.589	7.57

数据来源：世界银行。

稳定的宏观经济环境是一国吸引投资的重要因素，经过 10 多年的改革，印度经济目前正在摆脱不慌不忙的"印度增长速度"，即 2%~3% 左右的国内生产总值年增速，其经济表现正开始接近东亚的水平。印度的主要产业有：软件代工服务业、纺织业、制药业、电信通信业、汽摩托车工业、电子业、农渔畜牧业。

中印双边贸易增长迅速，经济合作领域不断拓展。中国对印度主要出口商品有钢材、肥料、电话机、医药品、农产品、化工产品、纺织品及家具等。中国自印度主要进口商品有铁矿砂、棉花、塑料、汽车零件、宝石及贵金属等。2015 年中印双边贸易额 716.2 亿美元，同比增长 1.4%。

（七）法律

印度宪法 1950 年 1 月 26 日生效。规定印度为联邦制民主共和国，采取英国式议会民主制。公民不分种族、性别、出身、宗教信仰和出生地点，在法律面前一律平等。政府以总统名义行使广泛的政治权利。

最高法院是最高司法权力机关，有权解释宪法、审理中央政府与各邦之间的争议问题等。各邦设有高等法院、县设有县法院。最高法院法官由总统委任。现任首席法官 T.S.塔库尔，2009 年 11 月任命。总检察长由政府任命，主要职责就是执法事项向政府提供咨询和建议，完成宪法和法律规定的检察权，对宪法和法律的执行情况进行监督等。现任总检察长慕库尔·罗哈吉，2014 年 6 月任命。

（八）社会

目前印度科技重点发展的领域是可再生能源、国防军事。印度计划在"十二五"期间对可再生能源领域投入 3.18 万亿卢比，到 2017 年，倍增其可再生能源的产能，达到 55000 兆瓦，以减少对石化燃料的依赖。

印度实行 12 年一贯制中小学教育。高等教育共 8 年，包括 3 年学士课程、2 年硕士课程和 3 年博士课程。还包括各类职业技术教育、成人教育等非正规教育。印度有高校 31868 所，其中综合性大学 544 所，著名的有德里大学、尼赫鲁大学、加尔各答大学等。

印度政府建立了覆盖面较广的公共医疗卫生体系，大部分国民健康花费由政府支出。1949 年印度通过的第一部宪法中明确规定"所有国民都享受免费医疗"。

二、产能合作现状分析

（一）印度外资引进情况

印度与日本、韩国、马来西亚、新加坡签有自由贸易协议。正在与欧盟、澳大利亚、印尼等国进行自贸协议谈判，并参与全区域全面经济伙伴关系（RCEP）谈判。2013/2014 财年，中国内地、美国、阿联酋、沙特阿拉伯、瑞士、德国、印尼、中国香港、伊拉克、新加坡为印度前 10 大贸易伙伴。印度与前 10 大贸易伙伴的双边贸易额占到印度外贸总额的 47%。

自 1991 年实行经济改革以来，印度政府逐步放宽对外商直接投资领域的限制，使印度近年来利用外资实现了快速增长。2000 年 4 月至 2014 年 12 月，外商直接投资累计达到 3647 亿美元（包括利润再投资和其他资本投资）。印度的外国投资主要来自毛里求斯、新加坡、英国、日本、美国等，投资领域主要包括金融和非金融服务业、建筑业（含房地产开发）、电信、电脑软硬件、制药、化学品（除化肥外）、汽车、电力、酒店与旅游等行业，其中服务业吸引外资总额占印度 2000 年以来吸引外资总量的 17%。目前，在印度投资的世界 500 强企业包括汇丰、沃达丰、大众汽车、福特汽车等。

根据印度工业政策和促进总局数据显示，2014 年全年，印度累计吸引外国直接投资 287.84 亿美元，同比增长 31%。

根据联合国贸发会议发布的 2015 年《世界投资报告》显示，2014 年，印度吸收外资流量为 344.2 亿美元；截至 2014 年年底，印度吸收外资存量为 2523.3 亿美元。

（二）印度与中国产能合作现状

从历史、人口、经济改革成果与面临问题等方面来看，中印是金砖国家中国情最相近的国家。中印双边关系发展历经 60 多年沉浮，在当今经贸交流中呈现出鲜明的特点。

1.2016年1~6月中印双边贸易概况

据印度商业信息统计署与印度商务部统计，1~6 月印度与中国双边货物进出口额为 326.3 亿美元，下降 4.8%。其中，印度对中国出口 41.2 亿美元，下降 19.8%；自中国进口 285.0 亿美元，下降 2.2%。印度与中国的贸易逆差 243.8 亿美元，增长 1.6%。

印度对中国出口的主要商品为矿产品、纺织品及原料和化工产品，1~6 月出口额分别为 10.9 亿美元、7.1 亿美元和 6.3 亿美元，矿产品增长 29.2%，纺织品及原料和化工产品下降 39.6% 和 21.9%，占印度对中国出口总额的

26.5%、17.2% 和 15.2%。1~6 月印度对中国出口的贱金属及制品下降幅度较大，降幅达到 56.4%。

印度从中国进口的主要商品为机电产品、化工产品和贱金属及制品，1~6 月进口额分别为 145.2 亿美元、45.6 亿美元和 21.8 亿美元，机电产品增长 7.3%，化工产品和贱金属及制品下降 23.5% 和 17.1%，占印度从中国进口总额的 51.0%、16.0% 和 7.7%。1~6 月印度从中国进口的运输设备实现较大幅度的增长，增幅为 40.6%。

中印经贸主要有三个特点：一是增速快。从 21 世纪初不到 30 亿美元，到 2011 年达到历史最高的 739 亿美元，此后增幅虽有所放缓，但中国已经成为印度最大贸易伙伴。二是互补性强。印度对华主要出口原材料，比如铁矿石、棉花等，占对华出口总量的 60% 以上；中国对印度主要出口制成品，以机械设备等高附加值产品为主，占对印出口总量的 60% 以上。三是存在结构失衡问题。一方面是印度制造业不发达，基础设施差，对中国机械设备需求很大；另一方面，中国经济正在调结构，转变发展方式，对印度原材料进口有所减少。

2.投资领域

目前，中国的华为技术有限公司、比亚迪股份有限公司、特变电工、上海日立电器有限公司、中兴通讯有限公司、三一重工、海尔集团等企业在印度投资较大。主要投资领域包括电信、电力设备、家用电器、钢铁、机械设备、工程机械等领域。但总体而言，中国对印度的投资规模仍然较小，缺乏集约式投资，投资模式和领域都较为单一，与两国的经济规模和经贸合作水平不相称，提升空间较大。

第四次中印战略经济对话主题为"发展、创新、合作、共赢"。中国与印度同意在政策协调、基础设施、高技术、节能环保、能源等领域加强合作。会议期间，双方签署了《中华人民共和国国家发展和改革委员会与印度共和国国家转型委员会关于开展产能合作的原则声明》《中华人民共和国国家发展和改革委员会与印度共和国电子信息部关于"互联网 +"合作的行动计划》。同时中印两国签署了 16 类项目合作协议，涉及金额达 160 亿美元。

3.交通业

曾经长期占据"亚洲铁路网最稠密国家"宝座的印度,铁路在这个"铁轨上的国家"经济社会生活中占据重要地位。然而,印度铁路如今拥挤老化、技术落后、安全事故不断,没有跟上时代的发展步伐,需要中国高铁帮助。为此,推进中印两国的铁路项目合作,让我国建设发展最快、系统技术最全、集成能力最强的高铁"走进"印度,不仅推动印度铁路系统的升级换代,而且通过铁路项目合作将带动更多领域的合作,进一步加深中印两国的互信互通,寻求共同繁荣发展。

近年来,"中国高铁领先世界"已经得到了许多国家的认可,而推进铁路的重大项目建设合作每每出现在国家领导人对外交流的"名片"里。中国铁路凭着自主创新,技术过硬的"金刚钻",走出国门,漂洋过海参与多国的铁路建设,在世界舞台上频频亮相,彰显了中国高铁的实力所在。中国经济发展需要高铁,印度经济发展更需要高铁。中印铁路项目合作是两国互惠互利的"双赢之作"。

经济合作是促进中印关系的利器,求同存异、合作发展是中印两国领导人的共识,两国贸易也有巨大的优势互补的空间。面向 21 世纪的中印关系需

"一带一路"重要合作项目——印度中国工业园启动仪式暨新闻发布会在京举行

要合作，只有合作才能推动发展，只有发展才能实现各自的国富民强的梦想。

在世界经济复苏乏力、主要经济体走势分化的背景下，中印两国经济都保持中高速增长，增速居世界前列，均在克难攻坚，推进改革，实现持续稳定向好。中方与印方深挖互利合作潜力，推动"中国制造 2025"同"印度制造"、"互联网＋"同"数字印度"等战略对接，着力开展产能、铁路等合作，推进孟中印缅经济走廊等大项目建设，寻找务实合作新的增长点，促进两国贸易平衡发展。

三、合作领域和合作重点

作为世界上两个最大的发展中国家，尽管近年来中印的贸易量急剧上升，但是双边贸易总量只是中美贸易的六分之一。两国人口加起来超过 25 亿，面对如此大的市场，两国合作的潜力巨大。中印在农业、金融贸易、新能源、信息技术等方面，都存在广阔合作空间。

2015 年印度国际投资指数为 74.53，在 108 个样本经济体中排名第 2 位，这说明印度的整体市场环境非常好，潜力很强，对外商投资具有比较大的吸引力。在 11 大板块贡献度排名中，前三位分别是金融稳定性板块、投融资环境板块和贸易板块。完善的投融资环境和金融稳定性是吸引外商直接投资的

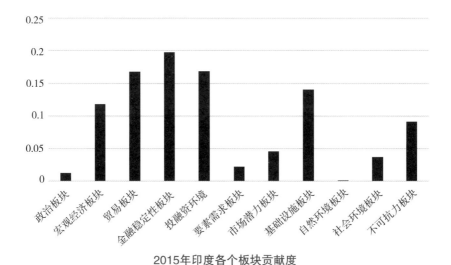

2015年印度各个板块贡献度

资料来源：武汉大学国际投资研究中心。

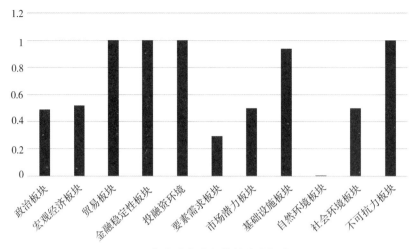

2015年印度各个板块的发生概率

资料来源：武汉大学国际投资研究中心。

先导因素，而贸易是显示一国对外开放和参与经济全球化进程的重要窗口。其他方面，印度在基础设施、宏观经济和不可抗力等板块的贡献度也比较好，而自然环境板块和政治板块相对较弱，说明印度在政治环境和自然环境两方面不太乐观。

进一步使用经济学模型测算各个板块2015年发生的概率，测算方法是衡量主要指标的变动是否超出了预定值，如果超过，说明发生概率较大，反之发生概率较小，印度计算结果见下图。从各板块发生的概率来看，不可抗力板块、贸易板块、投融资环境板块、基础设施板块和金融稳定性板块发生的概率显著超过了0.5，接近于1，这些领域在未来的发展趋势尤其需要密切关注。

印度对于外资的投资吸引力非常大，金融、投资和基建板块都是健康发展且贡献度较大的部分，同时各个板块的不可抗力指标均充满活力，需密切关注寻找合作契机。

四、政策分析

（一）投资规定

禁止的行业：核能、赌博博彩业、风险基金、雪茄及烟草业。

限制的行业：电信服务业、私人银行业、多品牌零售业、航空服务业、基础设施投资、房地产业、广播电视转播等。外商投资如超过政府规定投资比例上限，需获得政府有关部门批准。

投资于保留给小型企业的经营项目，需获政府批准。为扶植小型企业发展，印度政府自 1997 年起规定部分产业项目仅供小型企业经营。小型企业的一般定义为用于工厂及机器设备的投资小于 5000 万卢比的项目。自 1999 年开始陆续缩减上述项目范围，截至 2007 年 3 月，仍保有 114 项（每项下包含详细产品类别，共 771 种）。

非小型企业在取得工业许可证后，亦可经营保留给小型企业的产业项目，但该项目的出口比例要求在 50% 以上。

部分限制领域外商投资持股上限表

行业领域	持股上限
原子矿物、私有银行、电信服务业、卫星制造	74%
多品牌产品零售（需印度外国投资促进局批准）	51%
空运服务、资产重整公司、电视、基础设施建设（电信除外）	49%
新闻电视频道、军工产品、保险、新闻时事报纸	26%
调频广播	20%

鼓励的行业：电力（除核电外）、石油炼化产品销售、采矿业、金融中介服务、农产品养殖、电子产品、电脑软硬件、特别经济区开发、贸易、批发、食品加工等。

2013 年 8 月，印度政府推出针对 12 个领域外国直接投资条件的改革措施，大幅放宽对外资进入电信、保险、石油、天然气和国防等重点行业的限制。主要措施如下：

1）提高外国直接投资的投资比例上限。印度政府将电信领域的外国直接投资比例上限由原来的 74% 提高至 100%；在保险行业，外国直接投资比例上限也提高到了 49%。在国防生产领域，过去规定外国直接投资比例的上限为 26%，并且必须由印度外国投资促进局批准，现在印度政府则表示如果投资项目能为印度引进新技术，超过 26% 的外国投资也可考虑。

2）减少投资审批环节，扩大"自动生效"的范围，将原先需由印度外国投资促进局批准的某些投资项目，改为符合条件自动生效。

此外，2013 年 8 月，印度联邦内阁批准一项提案，规定自 2013 年 9 月起放宽多品牌零售行业外商投资限制。联邦政府同时还取消了禁止外国零售商入驻人口不到百万的城市的规定。2014 年 2 月，印度正式开放保险行业，在"自动生效"路线下，外资上限为 26%。2014 年 4 月，印度出台房地产业外资政策，外资可对小城镇、住房、建成基础设施和建筑开发项目进行投资，投资比例可为 100%，实行"自动生效"路线。

（二）政策支持

印度政府没有专门针对外商投资的优惠政策，外商在印度投资设立的企业视同本土企业，须与印度企业一样遵守印度政府制定的产业政策，外资只有投资于政府鼓励发展的产业领域或区域，才能和印度本土企业一样享受优惠政策。

印度吸引外商投资的政策：

1）允许外资在电力工业合资和 100% 独资，并享受第一个五年期内 100% 不纳税，第二个五年期内 30% 不纳税以及电厂设备折旧自由和减免关税的优惠。

2）允许外资股份在电信业超过 51%。

3）允许外国在道路投资，采取 BOT 方式。

4）允许外国在石油业投资。

5）允许外国在港口和船运投资，采取招标方式。

6）允许外国在电子业除禁止目录外包括资本货币在内各种货物免税进口，外国 100% 独资，且第一个八年期内前五年免税经营。

7）在出口加工区（EPZS）允许外资 100% 持股，但在国内关税区只销售 25%，不过以农业为基层的工业（如养殖业）可达 50%。

8）允许外国在煤炭业的消耗（发电）和洗煤方面投资。

9）允许外资在采矿业 50% 以下。

10）在银行业允许印资参股 40% 以下，外资在 20% 以下。

11）国内客机业务允许外资 40% 以下。

12）房地产业允许印侨投资。

13）允许外资的专利费自由汇出。

印度涉外税收优惠政策：

与许多国家一样，印度在吸引外资方面也有许多税收激励政策，主要的形式是给予一定的免税期。印度的涉外税收措施非常复杂，对于不同的地区、不同的行业，有着非常不同的税收优惠政策。下面举例的是印度现行的一些区域性及产业性税收优惠政策：

1）减免100%利润和收益税十年：包括2006年3月31日前成立的发电企业，或发电并输、配电企业，或配电企业等。

2）减免100%利润和收益税七年：包括生产或提炼矿物油的公司等。

3）前五年减免100%所得税，随后五年减免30%所得税：如2003年3月31日前开始提供电信服务的公司等。

4）到2009—2010财政年度的十年里100%免除出口利润率：针对位于电子硬件技术园和电子软件技术园的新工业企业。

5）计算机软件等的出口，可从出口总收入中减免50%的出口所得税。

6）免除以参股形式或长期融资形式投资于基础设施开发、维修及运营的基础设施资本公司的红利、利息所得税及长期资本收益率。

从上述举例中可以看出，印度政府虽然也出台不少税收优惠，但分类较细，往往针对非常特定的行业给出待遇不尽相同的税收优惠，此外对于优惠的限定也比较严格，往往规定在特定的时间内。

（三）优惠措施

2016年年初印度修订了外商直接投资政策，进一步放宽了一些行业的外商投资限制（持股上限）等条件。根据外汇管理法规和外商直接投资政策，在印度的外商直接投资通过自主途径（无需政府批准）或通过审批途径（需要事先得到政府批准）。此外，外商直接投资政策规定了不同行业具体的投资上限和条件，适用于外商投资的事前和事后。

制造业：此次修订明确了外商对印度制造业的直接投资可以通过自主途径，没有任何投资上限或相关条件。非制造商从事的批发和零售业务（包括电子商务）须遵守外商直接投资上限或相关政策条件。

建筑业：此次修订放宽了适用于建筑领域外商直接投资的条件。特别是不再有如下要求：

在一个项目符合外商投资之前需要首先具备至少20000平方米的房屋面积，或在项目开始的六个月内，投资对象公司至少有500万美元市值。修订前，外国投资者只有在项目完成或重大基础设施（如道路、给水、排水和污水处理）开工之后（两者孰早时）可以退出。此次修订改为，允许外国投资者在完工之前退出，但要求每笔外国投资有三年锁定期。此外，在锁定期内，外国投资者可以将自己持有的股份转让给其他非居民实体。此次修订还规定，建设项目的各个阶段，必须被视为适用外国直接投资政策的单独的项目。这意味着允许外国投资者在完成项目每一个阶段后较早地做出是否退出的选择。这种政策的放宽是为了解决贫困人口的住房短缺和减轻建筑行业的现金危机。

此外，政府对已完成的外商投资项目有单独的限制（其中100%的外国投资在自主路径下允许经营管理乡镇、商场、购物中心和商业中心）。在已完成的项目中修正案也要求有三年的资本锁定期。

广播电视行业：修订后的规定增加了传送、直接到户服务、有线网络、移动电视和空中数据转发服务领域外商直接投资的投资比例，在自主途径下为49%，政府审批途径下为100%。同时也增加了经审批途径的涉及地面广播（调频电台）和新闻频道上行的外国投资者限制，从过去的26%增至49%。此外，100%持股的外国投资在自主途径下已经可以做非新闻电视频道的上传和电视频道的转播。

电子商务：修订后的规定允许任何从事单一品牌零售交易（SBRT）的实体通过电子商务销售其产品。

非印度居民投资在外国直接投资政策和外汇管理法的规定中，非印度居民享有特别豁免权，并且他们在印度的投资在不可遣返的基础上被视为国内投资。此次修订将豁免权扩大到了企业、信托和股份合作制企业，这些主体可以是在印度境外成立并且由非印度居民拥有或控制。

行业鼓励措施：印度目前没有系统的行业吸引外资鼓励政策。目前印度吸引外国直接投资的主要部门依次为金融和非金融服务业、制药业、电信业、冶金工业和电力行业。

地区鼓励措施：投资于印度东北部各邦、克什米尔（印控）等落后地区依各邦不同可享 10 年免税、50%~90% 的运费补贴、设备进口免税，投资额在 2.5 亿卢比以上的项目享有最高 600 万卢比投资补贴及 3%~5% 的利息补贴等；投资于北阿坎德邦及喜马偕尔邦两邦 5 年 100% 免税，其后 5 年减税 25%。

五、合作案例

（一）电力与燃煤

协鑫集团：在"一带一路"政策鼓舞下，在 2015 年 5 月的中国—印度经贸论坛上，协鑫集团与印度阿达尼电力集团签署战略合作协议，双方将在印度市场就环保绿色能源、油气物流和光伏产业三大领域展开大规模的战略合作，规划在蒙德拉经济特区内建设全产业链的光伏制造产业园和绿色能源与生态人居示范园。

博奇电力：博奇电力作为国内节能环保企业代表参加了第四次中印战略经济对话会议。与会期间，在国家发展改革委资源节约和环境保护司司长冯良和印度城乡发展部长 Praveen Prakash 先生及与会全体人员的见证下，博奇公司与印度当地 MBL 公司签署了《共同开拓印度燃煤污染排放控制市场框架性协议》，该协议合作范围包括针对具体燃煤电厂脱硫脱硝除尘项目的投标与执行，燃煤烟气污染治理技术合作与转让等内容。

MBL 公司是印度国内电厂、钢铁和水泥行业领先的大型物料输送解决方案供应商，主要业务范围包括电厂输灰除灰系统、稀浆和浓浆输送系统、除灰水回收和输煤系统等。

印度燃煤电站的环保治理前景广阔，本次会议中印双方一致同意在能源技术和节能环保等领域继续加强合作，以更好地促进两国经济可持续发展并造福两国人民，中印作为两个最大的发展中国家携手合作，互利共赢，将成为地区及世界经济增长的"双引擎"。

博奇电力代表与MBL公司总经理签署共同推进印度电力环保市场合作协议

（二）建材

2016 年中国建筑材料联合会组织建材企业赴印度开展中印产能与投资合作对话，这是一次"走出去"与"一带一路"沿线重点国家的务实合作，加快国际产能合作的步伐。

印度不断加大对公路、港口等基础设施建设的投资，印度人民对各种住宅建筑的需求不断增加，在未来几年印度对建材产品的需求必然不断增长，这为我国建材企业在印度投资、推进产能合作提供了空间，为我国建材行业进入印度市场提供了商机。

（三）电子信息

中兴进入印度 4G 市场：中兴（印度）公司与印度电信服务提供商 Aircel 于 2014 年 1 月 30 日发布联合声明，表示中兴将与 Aircel 在印度联手推出 4G 服务。在项目初期阶段，中兴将为 Aircel 在印度泰米尔纳德邦以及少量其他重要商圈部署 4G LTE 网络，为 Aircel 的用户提供超过每秒 65 兆比特的全印最快数据流速。如果该计划进入商业运作，Aircel 将成为继印度最大电信运营商 Bharti Airtel 之后，全印第二家能够提供 4G 超高速服务的电信运营商。目前，Aircel 在印度泰米尔纳德邦的重要城市金奈拥有约 20% 的市场份额。

（四）交通运输

中国造地铁车厢再度进入新德里：德里地铁公司（DMRC）2013年从中国南车株洲电力机车有限公司采购了21节地铁车厢，这是继2010年DMRC向南车株洲采购15节地铁车厢之后两公司的再次合作。

华夏幸福：2016年9月14日，华夏幸福宣布，下属子公司与印度马哈拉施特拉邦政府及下属国有企业马哈拉施特拉邦城市与产业发展有限公司（CIDCO）正式签署《谅解备忘录》，在马哈拉施特拉邦新孟买国际机场辐射区域共同打造产业新城。这是继与印尼ASRI公司、印度哈里亚纳邦达成合作后，华夏幸福依托"一带一路"战略，在国际产能合作及全球化布局上的又一重要里程碑。

华夏幸福基业股份有限公司与印度哈里亚纳邦政府签署备忘录

孟加拉国

一、基本国情介绍

（一）地理环境

孟加拉国位于南亚次大陆东北部的恒河和布拉马普特拉河冲积而成的三角洲上。东、西、北三面与印度毗邻，东南与缅甸接壤，南濒临孟加拉湾。海岸线长 550 公里。全境 85% 的地区为平原，东南部和东北部为丘陵地带。大部分地区属亚热带季风型气候，湿热多雨。全年分为冬季（11 月 ~ 2 月），夏季（3 月 ~ 6 月）和雨季（7 月 ~ 10 月）。年平均气温为 26.5℃。冬季是一年中最宜人的季节，最低温度 4℃，夏季最高温度达 45℃，雨季平均温度 30℃。

（二）自然资源

孟加拉国有丰富的天然气、石灰石、硬石、煤、褐煤、硅石、硅土、高岭土等自然资源，截至 2014 年，主要能源天然气已公布的储量为 3113.9 亿立方米，主要分布在东北部的个别地区，煤储量 7.5 亿吨。孟加拉国森林面积约 200 万公顷，森林覆盖率为 13.4%。还有大量的石油未被发现。

孟加拉国有丰富的旅游资源，在联合国开发计划署的帮助下，世界旅游组织（UNWTO）已经针对孟加拉的旅游业出台了相应战略计划。这是一个综合的旅游方案，它确定了孟加拉国将要被开发的旅游产品和各类旅游设施。政府借助国外的先进技术来修正和更新这一方案，决定在全国各地设立旅游特区（STZ），以更好地服务于世界游客。这些特区包括：库克斯巴扎、桑达班和库卡塔。吉大港山旅游区（CHT）则包括三个地区：兰格马帝、库噶查、班达班，也将被发展成为一个旅游特区。

（三）人口民族

孟加拉国总人口约 1.6 亿人，为世界第 8 大人口国，人口增长率为 1.58%，人口密度达每平方公里 1051 人。孟加拉国是一个多民族国家，主要民族为孟加拉族，约占人口总数为 98%，另有查拉尔玛、山塔尔、加诺等 20 多个少数民族。伊斯兰教是孟加拉国的国教，信奉伊斯兰教的人口占 88.3%，信奉印度教的占 10.5%，信奉佛教的占 0.6%，信奉基督教的占 0.3%。孟加拉国的社会生活以传统和和谐为主要特点。60% 的人口的生活以农业为主。主要食品是大米和鱼。

（四）政治制度

孟加拉国国家权力体系由三部分构成：行政、立法和司法。总统是国家元首，由议员选举产生。总理是内阁首脑。20 世纪 90 年代以来，孟加拉国主要由民族主义党和人民联盟轮流执政。实行一院制，即国民议会。宪法规定议会行使立法权。议会由公民直接选出的 300 名议员和由议员遴选的 45 名女议员组成，任期 5 年。议会设正、副议长，由议员选举产生。议会还设秘书处以及专门委员会等部门。

孟加拉国政党党派众多，主要有：

1）孟加拉人民联盟：前身是 1949 年 10 月建立的巴基斯坦人民穆斯林联盟，1952 年改现名。孟独立后至 1975 年为首任执政党。其宗旨是民族主义、民主、社会主义和世俗主义。1992 年 9 月人盟全国理事会修改了党章，放弃公有制原则，实行市场经济，引进自由竞争机制；实行不结盟外交政策，主张同一切国家建立友好关系。主席谢赫·哈西娜。

2）孟加拉民族主义党：1978 年 9 月成立。主张维护民族独立、主权和领土完整，信奉真主、民主、民族主义，保证社会和经济上的公正。基本政策是民主多元化、私营化、取消过多的行政干预和建立市场竞争经济。对外政策坚持中立、不结盟，主张同一切国家友好。主席为卡莉达·齐亚（女）。

3）孟加拉民族党：1986 年 1 月 1 日成立。主张维护独立和主权，建立伊斯兰理想社会，提倡民族主义、民主和社会进步，发展经济。1997 年 6 月底民族党曾发生分裂，前总理卡齐等成立民族党（扎 – 穆派），后于 1998 年 12

月合并。1999 年 4 月，时任交通部长曼久和原民族党副主席米赞成立民族党米曼派，民族党再次分裂。民族党主流派主席为前总统侯赛因·穆罕默德·艾尔沙德。2013 年底再次分裂，现为议会最大反对党。

（五）外交关系

1975 年 10 月 4 日中国与孟加拉国建交，此后关系发展迅速，双方领导人互访频繁。齐亚·拉赫曼总统、艾尔沙德总统曾多次访华，卡·齐亚和哈西娜出任总理后均首访中国。李先念主席（1986 年）、李鹏总理（1989 年）、朱镕基总理（2002 年 1 月）、贾庆林政协主席（2003 年 11 月）、温家宝总理（2005 年 4 月）、习近平副主席（2010 年 6 月）、李长春同志（2012 年）先后访问孟加拉国。2010 年中孟建交 35 周年之际，两国领导人成功互访，宣布建立和发展中孟更加紧密的全面合作伙伴关系。2014 年 6 月哈西娜总理访华。11 月哈米德总统来华出席加强互联互通伙伴关系对话会。2015 年是中孟建交 40 周年，5 月，刘延东副总理对孟加拉国进行正式访问。6 月，孟加拉国国民议会议长乔杜里赴云南出席第三届中国－南亚博览会开幕式。9 月，习近平主席在纽约出席联大期间与孟加拉国总理哈西娜举行双边会见。10 月，孟加拉国议长乔杜里访华并在京出席亚洲政党丝绸之路专题会议和中孟建交 40 周年纪念活动。2016 年 10 月，习近平主席对孟加拉国进行国事访问，宣布将中孟关系提升为战略合作伙伴关系。

2015 年双边贸易额为 147.07 亿美元，同比增长 17.2%，其中中国出口额 139.01 亿美元，进口额 8.06 亿美元。孟加拉国是中国在南亚地区第三大贸易伙伴，中国是孟加拉国第一大贸易伙伴。

（六）经济环境

年份	GDP（亿美元）	人均GDP（美元）	GDP增长率（%）
2008	916.31	618.076	6.014
2009	1024.78	683.614	5.045
2010	1152.79	760.332	5.572
2011	1286.38	838.548	6.464

年份	GDP （亿美元）	人均GDP （美元）	GDP增长率 （%）
2012	1333.56	858.933	6.521
2013	1499.9	954.396	6.014
2014	1728.85	1086.8	6.061
2015	1950.79	1211.702	6.553

数据来源：世界银行。

孟加拉国是最不发达国家之一，经济发展水平较低，国民经济主要依靠农业。孟加拉国近两届政府主张实行市场经济，推行私有化政策，改善投资环境，大力吸引外国投资，积极创建出口加工区，优先发展农业。随着各种合成纤维和人造纤维的出现和使用，国际市场的黄麻需求大幅下降，孟加拉国的黄麻产业因此受到巨大打击，产量和出口不断下降。黄麻出口收入仅占孟加拉国出口总收入的 5% 左右。

2015 财年国内生产总值（2014 年 7 月至 2015 年 6 月）为 1950.79 亿美元。工业以原材料和初级产品生产为主，包括水泥、化肥、黄麻及其制品、白糖、棉纱、豆油、纸张等；重工业薄弱，制造业欠发达。主要直接投资国为美国、英国、马来西亚、日本、中国、沙特阿拉伯、新加坡、挪威、德国、韩国等。

（七）法律

最高法院分为上诉法庭和高等法庭。首席大法官及法官若干人均由总统任命。首席大法官和一部分指定的法官审理上诉法庭的案件，其他法官审理高等法庭的案件。达卡有高等法院和劳工上诉法院。此外还有巡回法院，县法院，民事、刑事法院。

（八）社会

孟加拉国在教育方面学制为小学五年、中学七年、大学四年。政府重视教育，规定八年级以下女生享受免费和义务教育；孟加拉国国立和私立医院共计 1683 家，国立医院费用较低，但是医疗条件较差，只能治疗一般常见病，私立医院条件好但是费用很高，孟加拉国没有公费医疗，仅部分保险公司从事医疗保险业务。孟加拉国总体治安环境尚可，社会环境趋于稳定。

二、产能合作现状分析

（一）孟加拉国外资引进情况

根据孟加拉国央行数据，2013—2014 财年，孟加拉国吸引外资 15.04 亿美元。报告指出，2008—2009 财年外商直接投资额为 9.6 亿美元，2012—2013 财年达到 17.3 亿美元。过去 5 年内，外商在孟加拉国直接投资的增长率达到 80%，有效地缓解了孟加拉国外资短缺的状况。

根据联合国贸发会议发布的 2015 年《世界投资报告》显示，2014 年，孟加拉国吸引外资流量为 15.3 亿美元；截至 2014 年年底，孟加拉国吸引外资存量为 93.6 亿美元。联合国贸发会议 2014 年度发布的报告显示，2013 年孟加拉国外国直接投资为 16 亿美元，同比增长 24%。其中，电信部门新增外资 3.24 亿美元，银行部门 3.27 亿美元，纺织业 4.22 亿美元，能源天然气和石油行业 9900 万美元，食品工业 4000 万美元，农业和渔业 3100 万美元，另有 3.56 亿美元外资流入了其他行业。从资金构成上看，上述外资中 5.41 亿美元为新增直接投资，3.61 亿美元为公司内部贷款，另有 6.97 亿美元为收益再投资。从地区情况看，孟加拉国为南亚地区第二大外资国，仅次于印度的 280 亿美元（约占南亚总外资额的 78%），巴基斯坦以 13 亿美元位列第三。

（二）孟加拉国与中国产能合作现状

1.对孟加拉国投资

根据中国商务部统计，2014 年当年中国对孟加拉国直接投资流量 2502 万美元。截至 2014 年年末，中国对孟加拉国直接投资存量为 1.60 亿美元。投资领域涉及服装、纺织、陶瓷、装修、饮用水、医疗、养殖、印刷、家电、轻工等，但主要集中在纺织服装及其相关的机械设备等领域。

近年来，孟加拉国经济保持快速增长，年平均经济增长率保持在 6% 以上。欣欣向荣的发展前景、逐渐稳定的政治环境和良好的国际信贷信誉，使孟加拉国跻身亚太地区最受投资者青睐的十大外商直接投资目的地之一。在众多外商投资中，中资企业的表现尤为抢眼。随着孟加拉国国内经济发展的进一步推进，并逐渐与"一带一路"建设对接，中孟两国产能合作将全面展开，中资企业在双方经贸合作中扮演着更加突出的角色。

2.投资优势

首先是孟加拉国的人力资源具有很强的吸引力。孟加拉国人口约 1.7 亿，年龄结构上年轻人比例高，加之孟加拉国人英语普及率高、学习能力较强以及吃苦耐劳等特点，目前已有中资公司在孟加拉国投资纺织行业，不仅企业自身取得了良好的经济效益，也为当地带来了大量就业机会；其次是优秀的还贷和偿债信誉使孟加拉国在南亚具有独特的竞争力。孟加拉国外汇储备 31 亿美元，在南亚国家中仅次于印度。另外，孟加拉国政府以经济发展为执政要务，并且高度重视对营商环境和投资者信心的培育。作为中资公司在孟加拉国基础设施领域的代表性项目，总投资达 30 多亿美元的帕德玛大桥项目由孟加拉国政府自筹资金，并未依靠国际金融机构融资，也未出现拖欠工程款等问题；在借贷建设的工程项目上，孟加拉国也都能按时偿债，为投资者利益提供了切实保障；最后，因地制宜开展产能合作的潜力巨大。孟加拉国除成衣制造业外，轻重工业基础均十分薄弱，交通基础设施和能源电力供应严重不足，导致其经济发展存在较大瓶颈，总体上处于价值链低端，出口产品的低附加值限制了其经济进一步腾飞。孟加拉国是世界上最大的黄麻出口国，但其创汇规模也不过十几亿美元。中国拥有先进的黄麻生产加工技术，通过投资孟加拉国黄麻产业，可以帮助其大幅提升产业附加值。此外，孟加拉国在皮革加工、食品加工、制药等领域均面临类似情况，迫切希望通过引进外部先进技术提升产品的国际竞争力和创汇能力。

中方可以将孟加拉国作为周边、尤其是南亚重要合作伙伴，在不断深化政治互信的同时，抓住亚洲发展的重大历史机遇，深化互利合作，加快孟加拉国发展，造福孟加拉国人民。立足我国产业优势，结合孟加拉国需求，将与我国产业契合度高、合作愿望强、合作条件成熟的建材、电力、轻纺、石化、轨道交通、汽车、通信、工程机械、船舶和海洋工程装备等行业作为合作重点，推动两国产能和装备制造合作迈上新台阶。

（1）汽车行业

孟加拉国人口已接近 1.7 亿，中产阶层迅速崛起，是未来全球汽车市场新的增长点。积极推动国产自主品牌车辆生产商抓住机遇，进一步拓展孟加拉国市场，积极推动新能源汽车、载重汽车、客车、轿车等对孟加拉国出口。鼓励有条件的企业在孟加拉国设立汽车组装厂，拓展分销及运维网络，实现全产业链渗透，带动自主品牌汽车整车和零部件对孟加拉国出口。

（2）通信行业

结合中国通信企业在孟加拉国经营多年的市场竞争优势，利用孟加拉国政府普及 3G、推广 4G 网络的有利时机，加强与当地主要运营商的合作。围绕孟加拉国力争在 2020 年实现电话覆盖率 100% 以及宽带覆盖率提升至 35%的目标，积极同孟加拉国相关部门和运营商开发新项目，鼓励企业以投资、兼并收购等方式参与通信运营，提升在孟加拉国通信行业的影响力。

（3）工程机械行业

把握孟加拉国基础设施投资发展机会，结合重大工程建设项目积极拓展水利疏浚、道路、港口、混凝土机械等优势产能输出，支持企业在孟加拉国以融资租赁等方式与当地企业开展投资合作，同时鼓励企业通过新建、兼并收购等投资合作方式提高中国工程机械在孟加拉国适用性和当地化水平。

（4）船舶和海洋工程装备行业

孟加拉国当地河网密布，地势低洼，内河航运发达，船舶需求量巨大，同时孟加拉国和印度已解决孟加拉湾的划界纠纷，海洋开发将成为新的热点。积极鼓励企业对孟加拉国出口散装船、集装箱船、成品油船及海洋工程设备，鼓励企业在孟加拉国投资设厂，建立分销和服务网络。

（5）建材行业

针对当前孟加拉国建材市场需求大、生产能力落后且以低端建材为主的市场现状，鼓励企业以 BOO、BOT、PPP 等形式，建设水泥、玻璃、建筑陶瓷、新型建材等生产厂，增加孟加拉国当地高端建材供应。同时，发挥企业在建筑施工、设计、设备等当面的综合优势，协同带动中国建材产业链优势产能输出。

（6）电力行业

电力短缺是制约孟加拉国经济社会发展的瓶颈，尚有 30% 左右的人口未实现电力覆盖。鼓励电力设备制造企业抓住孟加拉国大力发展煤电、核电、新能源发电、进行电网升级改造等发展机遇，积极参与孟加拉国电力工程建设，带动超高压输变电设备、特高压设备、光伏电池组件、核电技术等新型电力设备和技术出口。鼓励企业投资设厂，积极参与运营，提升"建营一体化"水平，带动电力设备产能和中国标准走出去。

（7）轻纺行业

发挥中国在轻纺行业国际竞争优势，结合孟加拉国当地丰富廉价的劳动力及潜在的市场需求，鼓励企业投资纱线、面料、成衣制造、家电、塑料、文娱用品等产业，加快形成上下游配套、集聚式合作的中孟轻纺行业产能合作基地，带动轻纺设备出口。

（8）石化行业

结合孟加拉国石化产业薄弱以及政府大力发展石化行业的机遇，积极拓展油气钻井资源勘探、天然气运输、石油冶炼等行业合作的同时，进一步延伸上下游产业链，开展石化产品加工、基础化学材料制造、农药、化肥等行业合作。依托重大石化合作项目，力争建成中孟绿色石化合作基地，带动石化产能输出以及配套服务出口。

（9）轨道交通行业

以孟加拉国政府开展轨道交通投资和推进与周边国家铁路互联互通为

中国贸促会与孟加拉国工商联合会在达卡共同举办中国—孟加拉国经贸合作论坛

契机，积极支持企业利用在设计、施工、装备等方面融资的优势，以 PPP、BOT 等形式开展工程承包及投资，带动机车车辆、通信设备等产能输出。积极参与达卡城市快轨等项目竞标，鼓励企业在孟加拉国建设轨道交通产品生产、组装、检测、维护等一站式服务基地。

云南省商务厅副厅长周学文发表主旨演讲：首届中孟产能合作研讨会为两国企业开创新机遇

三、合作领域和合作重点

孟加拉国既是一个自身富有活力的经济体，也是"一带一路"建设和中孟印缅次区域互联互通项目的重要沿线国家。随着中孟两国间互联互通水平的提高以及产能合作的加深，中资企业将在孟加拉国走出一条越来越宽的大路，不仅促进两国经贸关系更加紧密，而且也让两国民众共同受益。孟加拉国外长支持中国工业园建设，深化农业、能源、基础设施投资等领域合作，积极参与并支持"一带一路"建设。

2015 年孟加拉国国际投资指数为 36.85，在 108 个样本经济体中排名第 64 位，这说明孟加拉国的整体市场环境中等水平，潜力一般，对外商投资吸引力不算很强势。在 11 大板块贡献度排名中，前三位分别是贸易板块、基础设施板块和宏观经济板块。宏观经济环境良好是吸引外资的有力条件，基础设施环境展示了一个国家的基本经济建设，贸易是显示一国对外开放和参与经济全球化进程的重要窗口。其他方面，孟加拉国在金融稳定性、政治、投融资环境、社会环境等板块的贡献度也比较好，而要素需求和自然环境板块相对较弱，说明孟加拉国需求强度和自然环境不太乐观。

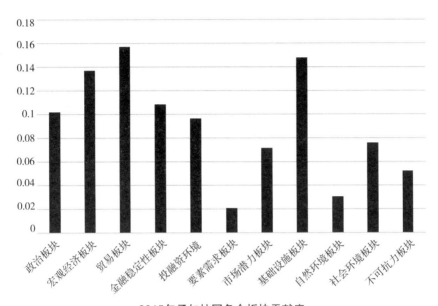

2015年孟加拉国各个板块贡献度

资料来源：武汉大学国际投资研究中心。

进一步使用经济学模型测算各个板块2015年发生的概率，测算方法是衡量主要指标的变动是否超出了预定值，如果超过，说明发生概率较大，反之发生概率较小，孟加拉国计算结果见下图。从各板块发生的概率来看，不可抗力、政治和自然环境板块发生的概率显著超过了0.5，这些领域在未来的发展趋势尤其需要密切关注。

孟加拉国宏观经济发展健康稳定，有利于投资合作项目的顺利开展；贸易、基础设施和金融稳定性板块都是对孟加拉国贡献力度较大的板块，加强这三方面的合作投资不仅有利于孟加拉国的发展，同时借助孟加拉国发展之力使中国的投资取得可观的效益。另外，需要特别注意政治和自然环境板块对孟加拉国整体经济的影响。

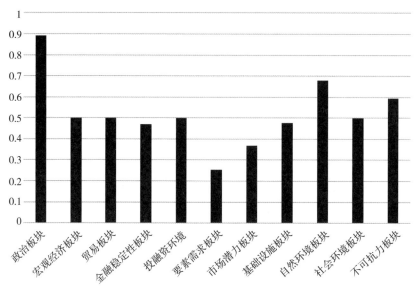

2015年孟加拉国各个板块的发生概率

资料来源：武汉大学国际投资研究中心。

四、政策分析

（一）政策支持

在投资准入方面，赴孟加拉国投资只需到孟加拉国投资局办理登记注册即可，无须事先批准；对于在孟加拉国出口加工区内进行的投资，则受"孟加拉国出口加工区管理局"管辖；对于在电力、矿产资源和电信领域的投资，则须获得孟加拉国政府有关主管部门的同意；对于从事服装出口者则须向孟加拉国商务部出口促进局申请生产配额。对外国投资者实施税收减免。对外国投资主体实施国民待遇。保证外国投资不被无偿国有化和征收。保证资金本金、利润和红利可汇回本国。

孟加拉国对于外商投资领域的政策非常开放，只有武器、军火、军用和机械，核能，造币，森林保护区内的森林种植和机械化开采等四个行业为保留领域，不允许外国企业投资。其他所有行业则都属于孟加拉国政府鼓励投资的领域。不过，孟加拉国政府对外商在银行、保险及其他金融机构行业投资采取限制措施。

中国公司与孟加拉国进出口公司签署联合开发协议

禁止的行业：根据 2010 年工业政策法令，禁止投资的领域包括：枪、弹药及国防机械设备；在森林保护区内的森林种植及机械化开采；核能源生产；有价证券（钞票）的印刷和铸造。

限制投资领域：出于环境保护、公众健康及国家利益的考虑，孟加拉国政府可根据实际情况确定某些领域为限制领域。目前，限制领域包括：深海捕鱼；银行、金融机构私营业务；保险公司私营业务；私营领域电力生产、供应和传输；天然气、油、煤、矿产的勘探、开采和供应；大规模项目（如高速公路、单轨铁路、经济区、内陆集装箱装卸站 / 货运站）；原油精炼；用天然气和其他矿产为原料的中大型工业；通信服务；卫星频道；客运 / 货运；海滨船运；海港 / 深海港；VoIP/IP 电话等。

鼓励行业：除了上述禁止投资的领域，外国公司或个人均可以在国民经济各领域进行投资。在互利的基础上，投资方式可以选择独资，也可以选择合资。孟加拉国政府鼓励外国投资的领域包括：基础农业和农产品加工业；人力资源出口业；造船业；可再生能源业（太阳能，风能）；旅游业；基础化工业；成衣业；草药；黄麻及黄麻制品，皮革及皮革制品；医院和医疗；轻工业；塑料业；家具业；手工制品；节能产品；冷冻渔业；茶业；家纺；制陶业；珠宝业；玩具业；集装箱服务；仓储业；创新和进口替代品；化妆品业等。

孟加拉国法律对资本形态和股权比例无限制，外国投资者可以享有 100% 股权，允许外商投资独资企业、合资企业、私人有限公司、公共有限公司等，对于外国"自然人"在孟加拉国开展投资合作不设限制。

在孟加拉国并购上市的公司须由并购企业提出计划与当地法院一起讨论，并购方案须 75% 有投票权的股东投票通过方为有效。孟加拉国尚未制定针对外资并购安全审查、国有企业投资并购、反垄断、经营者集中等方面专门的法律法规，仅 1994 年颁布的《公司法》对公司并购略有提及。

此外，为规范银行或金融机构并购重组的办理流程，孟加拉国央行制订了银行或金融机构并购重组意见。

孟加拉国政府允许外国投资者通过 BOO、BOT、BOOT、PPP 等方式参与建设孟加拉国的基础设施、公用事业，诸如电站、输变电、输油输气管道、公路、桥梁、水厂以及自然资源的开发，并对外国投资者给予国民待遇。

（二）优惠措施

1.税收政策

孟加拉国政府对外国投资提供了一系列税收减免政策，对部分行业投资企业的产品出口给予一定的现金补助。

孟加拉国政府通过工业政策、进出口政策、出口加工区管理局条例等多种渠道制定了如下一系列税收减免优惠政策：

1）享受减免税期。在达卡，吉大港地区减免税期为 5 年，其中前两年 100% 免除，第 3~4 年免除 50%，第 5 年免除 25%；在其他地区和吉大港山区减免税期为七年，其中前三年 100% 免除，第 4~6 年免除 50%，第 7 年免除 25%。

2）新设立企业建厂和机器成本可享受快速折旧法，前三年的折旧比率分别为 50%、30% 和 20%。

3）对 100% 出口导向企业，其资本设备和 10% 以内的零部件可以免税进口。

4）对于一般企业，其初期建设或现有工业项目的改造、更新或扩建所需进口的资本设备和该设备总价值 10% 以内的零配件免税。

5）对纺织、黄麻、冷冻鱼、土豆、自行车、皮革、轻工等产品出口提供 5%~20% 比率不等的现金鼓励和出口补贴。

6）外国贷款利息免税；特许权使用费、技术转让费和技术服务费等免税。

7）聘用的外国技术人员免征 3 年个人所得税。

8）外国人持有的股份向孟加拉国银行外汇管理局完税后，可向本地股份持有者或投资者转让，其资本收入免税。

2.行业鼓励

孟加拉国鼓励以出口为导向的企业赴孟加拉国投资，以拉动本国经济并扩大就业。为鼓励投资并刺激出口，孟加拉国政府对成衣业实行出口现金补贴。

孟加拉国对部分产品实行出口现金补贴制度，主要产品补贴比例如下：纺织品 5%（中小企业另加 5%），黄麻原麻 7.5%，黄麻产品、轻工产品 10%，冷冻鱼虾 10%，土豆 20%，皮革产品 15%、加工农产品（包括蔬菜、水果）20%，船舶 5% 等。

总体来说，孟加拉国贸易条件较好，市场广阔。孟加拉国人口规模庞大，近年来经济不断增长，人民收入水平提高，消费潜力巨大。另外，1972 年，孟加拉国加入"关贸总协定"，并自然转为 WTO 成员。孟加拉国在经济上推崇贸易自由化。自 20 世纪 80 年代开始，大幅削减关税，同时也逐渐取消非关税壁垒。孟加拉国是南亚自由贸易区的成员国，在孟加拉国投资可以享受南亚地区贸易优惠，大部分商品关税低于 5%。由于孟加拉国属于最不发达国家，其出口产品在欧洲、美国、日本、加拿大、澳大利亚等国家和地区享受免关税、免配额等优惠贸易待遇。

近年来，中孟双边贸易额增长迅速。2000 年时两国贸易额仅为 9 亿美元，2005 年超过了 24 亿美元，2009 年以来两国贸易额连续多年保持两位数增长。2014 年两国贸易额达到 125.47 亿美元，同比增长 21.98%，孟加拉国已成为我国在南亚地区第三大贸易伙伴。

世界经济论坛《2014—2015 年全球竞争力报告》显示，孟加拉国的投资环境在全球最具竞争力的 144 个国家和地区中排名第 109 位。

孟加拉国人力资源丰富，劳力成本低廉。孟加拉国总人口约 1.6 亿人，是世界上人口大国（5000 万以上人口国家）中人口密度最高的国家。其中适龄劳动力人口约占总人口的 60%，劳动力充足，人力成本较低，适宜发展劳动密集型产业。随着国内劳动力成本的提高，我国诸如成衣制造业等部分产业寻找海外直接投资的机会，将整个产业链外迁，而孟加拉国的劳动力基数大、成本低，将是一个非常好的投资目标地。

孟加拉国实行投资自由化政策，鼓励投资。近年来为鼓励外国投资，孟加拉国政府制定了一系列优惠政策："投资者享受国民待遇、投资受法律保护不允许被国有化和被征用、保证资本和股息外派、公司享受5~7年免税期、进口机械设备享受关税优惠、享受最不发达国家出口优惠、允许100%外资股权和无退出限制。"孟加拉国几乎所有经济领域都对外国投资者开放，投资自由度较高。另外还积极建设出口加工区、特殊经济区。

2016年6月，在云南省昆明市举办的首届中孟产能合作专题研讨会，孟加拉国工商联主席阿卜杜尔·马特鲁·艾哈迈德为在场的中国企业代表们详细介绍了孟加拉国的经济环境。他表示，目前孟加拉国经济发展迅猛，年GDP增加7%左右，银行外汇储备丰富，劳动力资源充足。同时，政府为吸引外资制定了相当优惠的扶持政策，使孟加拉国成为亚洲地区最适宜的投资目的地。此次研讨会上，他代表孟加拉国工商联与云南省商务厅签署了《云南省与孟加拉国经贸合作框架协议》。对此，他表示，"中国的许多技术在世界上达到先进水平。如果我们能学习这些技术，孟加拉国的经济将实现快速发展,因此我们十分期待与中国的产能合作。今天与云南省政府签订合作协议，今后我们可以借鉴中国的先进技术，实现两国的产能合作。这不仅会造福孟加拉国，也会给中国企业带来机遇，可谓双赢。"

知己知彼，才能实现合作共赢。近年来，孟加拉国为了吸引更多外资，出台了一系列扶持政策，给各国企业创造了良好投资环境。如在南亚地区提供最自由的外国投资模式，孟加拉国本国企业与外资企业投资商同等对待，投资方式多样化。可选择外资企业直接投资、合资企业、股份合作公司、非实体方式（技术转让、特许经营、合约经营），外资企业还可从孟加拉国当地银行借贷融资并享受国家税收局的优惠政策。

3.投资合作风险分析

政治风险：20世纪90年代以来，孟加拉国主要由民族主义党和人民联盟轮流执政。两大政党轮流坐庄，成为孟加拉国政坛的主要特征。两党政治权力争夺成为孟加拉国政局的不稳定因素。

经济风险：孟加拉国经济基础薄弱，是世界最不发达国家之一，人口多，底子薄，资源匮乏，国际援助是投资项目的主要资金来源。孟加拉国近两届政府主张实行市场经济，推行私有化政策，改善投资环境，大力吸引外国投资，积极创建出口加工区，优先发展农业，保持多年经济快速增长，成为仅次于中国的第二大针织品出口国。

商业环境风险：孟加拉国整体商业环境不太乐观。世界银行 2015 年经商环境指数显示，孟加拉国商业环境在所有 189 个经济体排名中排名第 173 名。孟加拉国投资环境相对宽松，劳动力资源足而且价格低廉，产品出口欧美发达国家可享受一系列免关税、免配额或者关税减让等优惠措施，未来有望保持 6% 左右的经济增长率。但必须看到，孟加拉国基础设施落后、水电资源匮乏、行政效率不高、当地人资信度低等因素仍将持续制约孟加拉国长远经济增长。因此，孟加拉国商业环境风险不容小觑。

法律风险：孟加拉国法律体系比较完备，在贸易、投资、知识产权、劳工权利、环境保护、反商业贿赂等方面均有配套法律。然而，在孟加拉国投资兴业的执法成本和退出成本居高不下，对此需有清醒的认识。

五、合作案例

1983 年 11 月，中孟两国成立了经济、贸易和科学技术联合委员会，原则上轮流在两国首都开会。迄今已召开过 13 次会议。2006 年 1 月起，中国在《曼谷协定》框架下向孟加拉国 84 种商品提供零关税待遇。自 2010 年 7 月 1 日起，中国已向孟加拉国 60% 输华商品实施零关税待遇。目前，中孟已达成协议，将向 95% 以上的孟加拉国输华产品实施免关税待遇。

孟加拉国是中国主要受援国之一，迄今中国已向孟加拉国政府提供经济援款 37.95 亿元人民币。孟加拉国是中国在南亚对外承包工程的传统市场，截至 2012 年 12 月底，中国在孟加拉国累计签署承包工程合同额 88.84 亿美元，累计完成营业额 87.64 亿美元，中国对孟加拉国非金融类直接投资存量为 1.21

亿美元，孟加拉国对华实际投资 4048 万美元。

（一）交通业

中国交通建设股份有限公司承建的孟加拉国卡纳普里河河底隧道项目位于该国南部吉大港市，连接卡纳普里河东西两岸，项目投资 7.058 亿美元，采用中国规范设计，双向四车道标准，设计时速 80 公里，项目路线全长约 9266 米。该项目是孟加拉国第一座水下隧道，将加强吉大港市区与卡纳普里河东岸地区的交通联系，带动东岸地区经济建设，缓解中心城区迅速增长的人口所带来的压力，实现"一市两城"经济协调发展。此外，该项目是孟中印缅经济走廊的重要一环，对完善亚洲公路网、促进孟加拉国与周边国家的互联互通、推动孟加拉国向国际化发展有着重要意义。

2016 年 8 月 8 日，中国中铁股份有限公司与孟加拉国铁路局在孟加拉国首都达卡正式签署帕德玛大桥铁路连接线项目建设合同，项目合同金额为 31.4 亿美元。这一项目是孟加拉国东西部客货运输主通道之一，线路起于达卡站，经帕德玛大桥最终至杰索尔，组成孟加拉国西南部铁路网骨架。项目新建铁路正线里程 168.6 公里，最高设计时速 120 公里。

（二）能源

中国石油天然气管道局进入孟加拉国 5 年来，先后中标多个项目。该企业在孟承建的单点系泊项目是孟加拉国总理哈西娜 2014 年向中国政府申请重点支援的项目。项目建成后，业主卸载原油的时间将从现在的 11 天缩短到 48 小时，显著提高生产效益，也从根本上避免了环境污染。预计项目每年可为孟加拉国节省 1.2 亿美元，同时还将极大缓解孟加拉国唯一的炼化工厂——东方炼厂面临的困境，为当地创造更多就业。

（三）电力

江苏永鼎股份有限公司、北京中缆通达电气成套有限公司和福建省电力工程承包公司组成的联合体，于 2015 年 2 月同孟加拉国国家电网公司签订"孟加拉国全国输变电网升级、扩建、改造项目"开发备忘录，项目涵盖 100 个变电站、1000 公里输电线路、7 个区域检测维护中心，总金额约 13 亿美元，建设期为 3 年。

孟加拉国政府积极推动包括发电厂在内的基础设施建设，并计划在 2021 年将发电量增长一倍，达到 2.4 万兆瓦。在发电量大规模增加的前提下，"孟加拉国全国输变电网升级、扩建、改造项目"变得十分重要。项目建成后，不仅能解决当地工业用电问题，还将解决新增发电量的输送问题，为更多百姓带来光明。

孟加拉国是南亚和印度洋地区重要国家，地处南亚同东亚交汇处，也是陆上和海上丝绸之路汇合地。在"一带一路"框架下，中孟两国正加强发展战略对接，务实合作加速发展，为包括孟加拉国在内的南亚各国人民带来实实在在的利益。中国企业对孟加拉国投资呈现出投资主体多元化、投资领域多样化趋势，中国企业对孟加拉国投资前景广阔，中孟两国经贸合作正当其时。

第四章
东北亚国家加强第四方市场产能合作

日　本

一、基本国情介绍

（一）地理环境

日本国，简称日本，位于东亚，国名意为"日出之国"，领土由北海道、本州、四国、九州四个大岛及 6800 多个小岛屿组成，总面积约 37.8 万平方公里。

日本是一个由东北向西南延伸的弧形岛国。西隔东海、黄海、朝鲜海峡、日本海与中国、朝鲜、韩国、俄罗斯相望。属温带海洋性季风气候，终年温和湿润。6 月多梅雨，夏秋季多台风。1 月平均气温北部 –6℃，南部 16℃；7 月北部 17℃，南部 28℃。

（二）自然资源

日本自然资源贫乏，除煤炭、天然气、硫黄等极少量矿产资源外，其他工业生产所需的主要原料、燃料等都要从海外进口。但是，日本森林和渔业资源丰富，森林覆盖率约占日本陆地面积的 67%，是世界上森林覆盖率最高的国家之一。北海道和日本海是世界著名的大渔场，盛产 700 多种鱼类。

（三）人口民族

截至 2016 年 7 月日本人口总数约为 1 亿 2699 万 5 千。日本的民族构成比较单一，但不能简单地将其称作"单一民族国家"。之所以这样说，是因为日本列岛上除了人们熟知的大和族以外，北海道地区约有 1.6 万阿伊努族人。

（四）政治制度

日本为君主立宪国，宪法订明"主权在民"，而天皇则为"日本国及人民团结的象征"。如同世界上多数君主立宪制度，天皇没有政治实权，但备受民众敬重。日本是世界上唯一一个宪法没有赋予君主任何权力的君主制国家。

（五）外交关系

日本外交政策的基本取向是坚持以日美同盟为基轴，以亚洲为战略依托，重视发展大国关系，积极参与地区及全球事务，谋求政治大国地位。

1972 年 9 月 29 日，中日两国发表《中日联合声明》，实现邦交正常化，1973 年 1 月互设大使馆。

2013 年 5 月，中国环境保护部副部长李干杰作为周生贤部长特别代表赴日参加第十五次中日韩环境部长会议；同年 10 月，中国民政部副部长顾朝曦访日；11 月，中国商务部部长助理王受文赴日本参加中日韩自由贸易协定（FTA）第三轮谈判。2014 年 11 月 7 日，中日双方在北京就处理和改善中日关系达成四点原则共识；11 月 9 日，日本首相安倍晋三出席在北京举办的 APEC 领导人非正式会议，国家主席习近平应约会见日本首相安倍晋三，中日两国关系改善迈出了第一步。

2014 年 11 月 8 日 APEC 部长级会议召开之前，王毅部长表示，中方重视日方多次提出的愿望，中方和日方在中日关系上的原则立场是明确和一贯的。中日双方就如何处理当前影响两国关系的主要问题发表了四点原则共识，希望日方认真对待、切实遵循、落到实处，从而为两国领导人见面营造必要和良好的氛围。

2015 年 1 月，中国商务部部长助理王受文赴日本参加中日韩自由贸易协定（FTA）第六轮谈判；同年 3 月，外交部部长助理刘建超访日；同年 4 月，中国全国人大常委会副委员长吉炳轩访日，中国国家旅游局局长李金早赴日出席中日韩旅游部长会议，中国国务院发展研究中心主任李伟赴日参加中日知识经济交流会，中国商务部副部长高燕赴日出席第 16 次商务部与日本经产省副部级定期磋商。2015 年 4 月 14 日，李克强总理在人民大会堂会见日本国际贸易促进协会会长河野洋平和他率领的日本经济界大型代表团。2015 年 4 月 22 日，习近平主席在雅加达出席亚非领导人会议期间，与日本首相安倍晋三会见，就中日关系交换意见，为中日关系进一步改善和发展指明了方向。同年 5 月 23 日，习近平主席在人民大会堂出席中日友好交流大会并发表重要讲话。

（六）经济环境

年份	GDP（万亿美元）	人口（人）	人均GDP（美元）	GDP增长率（%）
2008	4.849	128063000	37865.618	−1.042
2009	5.035	128047000	39322.605	−5.527
2010	5.499	128070000	42935.253	4.711
2011	5.909	127817277	46229.972	−0.454
2012	5.957	127561489	46701.008	1.742
2013	4.909	127338621	38549.678	1.357
2014	4.596	127131800	36152.69	−0.031
2015	4.123	126958472	32477.215	0.473

数据来源：世界银行。

战后日本经济高速发展，日本充分利用美国将大量加工制造业搬进日本之机，大力吸收美国的资金，学习、借鉴美国的先进工艺、科技和管理经验，并加强仿制、模仿和创新工作，使日本成为世界上对外国技术、工艺消化、吸收力最强的国家之一。1950~1975 年日本共引进了 25000 多项技术，并用不到 30 年时间花了仅 60 亿美元左右，就把美国等西方国家用了半个多世纪、花了 2000 多亿美元的研究成果学到手。

目前日本经济高度发达，国民拥有很高的生活水平。2014 年，人均国内生产总值 36152.69 美元，是世界第 17 位。若以购买力平价计算，国内生产总值位居世界第 3 位（次于美国和中国），人均国内生产总值是世界第 23 位。

日本的服务业，特别是银行业、金融业、航运业、保险业以及商业服务业占 GDP 的最大比重，而且处于世界领先地位，首都东京不仅是全国第一大城市和经济中心，更是世界数一数二的金融、航运和服务中心。第二次世界大战之后，日本的制造业得到迅速发展，尤其电子电气产业和汽车制造业。日本三菱是世界上仅次于美国通用的超级企业财团，2007 年仅在三菱旗下的世界五百强企业就达到了 11 家。日本的电子电气产业和高科技著名制造商包括索尼、松下、佳能、夏普、东芝、日立等公司。汽车制造业方面，日本公司的汽车生产量超越美国和德国。其中丰田、马自达、本田和日产等制造商，均有汽车产品畅销全球。日本拥有世界资产最庞大的银行邮储银行，三菱 UFJ 金融集团、瑞穗金融集团和三井住友金融集团在世界金融界具有举足轻重的地位。东京证券交易所是仅次于纽约证券交易所的世界第二大证券交易所。

日本财务省公布预测数据显示，日本中央和地方政府的长期债务余额到 2012 年度末预计将达到 937 万亿日元(约合人民币 75.9 万亿元)，创历史新高。这些债务占 GDP 的比例达 195%，超过意大利（128.1%）和美国（103.6%），在发达国家中高居首位，是全球工业化国家中政府负债最严重的。

随着全球经济形势缓慢改善，加上灾后重建需求和政策拉动，日本经济增长逐渐触底反弹。特别是 2012 年年底，自民党安倍晋三上任以来，积极推动实施所谓"安倍经济学"的三支箭——大胆的金融缓和及量化宽松，积极的财政扩张政策，引导民间投资消费的增长战略，提出两年内实现 2% 的物价上涨目标，摆脱长期"通货紧缩"局面。目前，日元汇率超高局面得到改善，日本股市强势上涨，经济界和消费者心理预期有所改善。2014 年 4 月 1 日起，消费税率由 5% 提高到 8%，个人消费需求受到冲击，安倍经济学面临考验，日本经济能否成功走出长期通缩，要看新增长战略能否带来经济可持续增长。日本央行 2014 年 10 月 31 日宣布将加大货币供给量，刺激经济增长。2015 年名义国内生产总值（GDP）约合 4.1 万亿美元，人均国内生产总值约 3.2 万美元，国内生产总值名义增长率为 2.2%，对外贸易额约 1.3 万亿美元。截至 2016 年 5 月底，外汇储备达 12540 亿美元。截至 2015 年年底，拥有约 3.1 万亿美元海外资产，是世界最大债权国。

（七）法律

现行《日本国宪法》于 1947 年 5 月 3 日颁布实施。宪法第九条规定："日本永远放弃以国权发动战争、武力威胁或行使武力作为解决国际争端的手段，为达此目的，日本不保持陆、海、空军及其他战争力量，不承认国家的交战权。"这成为日本战后走和平发展道路的重要保证，也是日本作为和平国家的重要保证。

（八）社会

日本学校教育分为学前教育、初等教育、中等教育和高等教育四个阶段。学制为小学 6 年、初中 3 年、高中 3 年、大学 4 年。另外还成立了短期大学，学制为 2~3 年。大学有国立大学、公立大学和私立大学。著名的国立综合大学有东京大学、京都大学等。著名的私立大学有早稻田大学、庆应义塾大学等。日本 1961 年实施了所有国民参加的"国民健康保险"制度，实现人人有医保，建立了比较完备的医疗保障体系。

二、产能合作现状分析

（一）日本引进外资情况分析

据日本贸易振兴机构统计，截至 2012 年年末，外国在日本投资存量合计 2063.01 亿美元，投资以非制造业为主。2013 年，外国对日本投资增长约 23.41 亿美元。美国、卢森堡、英国、瑞典和新加坡是主要投资国。

据联合国贸发会议发布的 2016 年《世界投资报告》显示，2015 年，日本吸收外资流量为 –22.5 亿美元；截至 2015 年年底，日本吸收外资存量为 1706.98 亿美元。

（二）与中国产能合作现状

1952 年，中国与日本正式签订了第一个民间贸易协定，1962 年签署了关于发展中日两国民间贸易的《中日长期综合贸易备忘录》，1978 年签订了《中日长期贸易协议》。经过多年努力，两国经贸关系取得了长足发展。由于双方贸易具有很强的互补性，双方已经互为重要的贸易伙伴。据中国海关统计，2014 年双方贸易额为 3124.4 亿美元，与 2013 年基本持平。其中，中国对日本出口额 1494.42 亿美元，同比下降 0.5%；自日本进口额 1629.97 亿美元，同比增长 0.4%，中方逆差 135.55 亿美元。日本是中国第五大贸易伙伴、第五大出口目的地和第四大进口来源地。

在中日两国政府高层的大力推动下，两国官民并举，政府资金与民间资金相辅相成，投资与贸易互为因果，带动双边贸易合作获得了长足、全面发展，两国相互成为重要经贸合作伙伴，给双方都带来了重要的利益。

特别值得一提的是，日本企业对华直接投资不仅加快了各自国内经济结构的调整，带动了两国贸易结构的改善，同时，中国低价位消费品对日出口，对日本化解国内高成本结构、改善民众生活起到了积极作用，这一点在当前日本国内经济遇到困难的情况下，显得尤其重要。经过多年的辛勤耕耘，日本企业在华直接投资已经开始进入了收获期。

2010~2014年中日贸易发展状况

	进出口		中国对日出口		中国自日进口		中方逆差	
	金额（亿美元）	增减（%）	金额（亿美元）	增减（%）	金额（亿美元）	增减（%）	金额（亿美元）	增减（%）
2010年	2977.7	30.2	1767.1	35	1210.6	23.7	556.5	68.5
2011年	3428.9	15.1	1483.0	22.5	1945.9	10.1	472.9	−16.8
2012年	3294.5	−3.9	1516.4	2.3	1778.1	−8.6	261.7	−43.5
2013年	3125.5	−5.1	1502.8	−0.9	1622.8	−8.7	120	−54.1
2014年	3124.4	0.0	1494.4	−0.5	1630.0	0.4	135.6	13.0

资料来源：中国商务部。

中国的经济一直在持续增长，尤其是实行改革开放政策后，大量外资的进入，使中国的经济市场有了发展的资金。而在众多国家中，日本是中国最大的经济援助国和外贸投资方。2014 年日本对华实际投资 43.3 亿美元，同比下降 38.3%，创 29 年来最大降幅。截至 2014 年年底，日本对华投资累计项目数 49497 个，累计金额 986.29 亿美元。在华的日资企业超过 22000 家，主要投资领域是制造业，中国已经成为日本企业的重要生产基地。近年来，日本非制造业对华投资逐渐增多，金融保险以及零售等领域成为日本企业投资的重要选择。目前，日本有很多家已经进入世界五百强的企业均在中国进行了不同程度的投资，并且取得了良好的经济收益。其中，大部分企业处于获利的状态，使中国的税收变得相当可观，并且很大程度上解决了中国剩余劳动力过多的问题。日本对华的投资，解决了中国劳动力过多、技术相对落后、资金不足等多方面的实际问题，并且使日本的经济竞争力得到了一定程度上的转移，与中国形成了一个非常良好的双赢的局面。

作为日本最大的贸易伙伴，中国对日本投资规模相对较小，但近年来呈上升趋势。据中国商务部统计，2014 年当年中国对日本直接投资流量 3.94 亿美元。截至 2014 年年末，中国对日本直接投资存量 25.47 亿美元。随着中日经贸关系的发展以及中国企业实力的增强，中国企业对日本投资逐渐增加，投资领域主要在贸易、金融、零售、物流、餐饮、航空等领域。

三、合作领域和合作重点

2015 年日本国际投资指数为 37.96，在 108 个样本经济体中排名第 58 位，这说明日本的整体市场环境在下滑，对外商投资不具备较大的吸引力。在 11 大板块贡献度排名中，前三位分别是金融稳定性板块、市场潜力板块和宏观经济板块。贡献度最大的板块是金融稳定性板块，这是一个非常重要的指标，它受到国家政策和国家局势的影响。金融稳定性板块直接影响到该国货币对投资者的吸引力，货币稳定，则经济稳定，外国投资者才对该国经济有信心；其次，贡献度排名第二位的是市场潜力板块，它显示了一国基于目前经济情况下对未来市场的预期，日本的市场潜力为世界各国看好；宏观经济板块是排名第三位的板块，宏观经济是一国经济的晴雨表，宏观环境好，微观经济才有活力，这表明日本政府的宏观环境能够得到外国投资者的认可。其他方面，日本在政治、自然环境、要素需求、社会环境等板块的贡献度排在中游。

进一步使用经济学模型测算各个板块 2015 年发生的概率，测算方法是衡

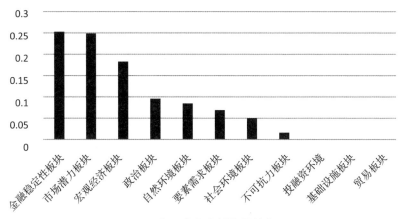

2015年日本各个板块贡献度

资料来源：武汉大学国际投资研究中心。

量主要指标的变动是否超出了预定值，如果超过，说明发生概率较大，反之发生概率较小，日本计算结果见下图。从各板块发生的概率来看，市场潜力、政治板块和自然环境板块发生的概率显著超过了0.5，这些领域在未来的发展趋势尤其需要密切关注。

中日之间可以互补优势，在东南亚开展基础设施建设、道路开发、节能环保等领域的第三方国际产能合作。比如，中国拥有产能优势、资金优势，

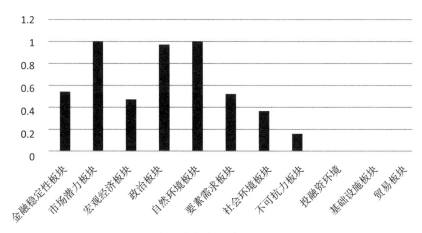

2015年日本各个板块的发生概率

资料来源：武汉大学国际投资研究中心。

而日本企业在制造业特别是高端制造业等具有先进技术，双方如果在第三方市场展开合作可谓优势互补。节能环保、新能源、汽车零部件、中小企业合作、生物医疗、ICT产业、现代农业、老龄服务产业等领域成为外国企业对日经济合作的重点领域。中国企业可与日本企业合作，充分发挥各自比较优势，共同开发第三国市场。

四、政策分析

日本主管贸易的政府部门是经济产业省，主要负责综合管理日本各经济产业部门，制定与贸易通商有关的一系列政策方针，加强国际间经济合作与交流。目前主要有《关税定率法》《外汇及外国贸易法》《关税法》《贸易保险法》《进出口交易法》《经济合作协定的特定原产地证明书发放相关法律》等。日本在20世纪50年代确立了贸易立国的方针，1955年加入《关税及贸易总协定》，1958年撤销贸易进口管制。

日本主管国内投资和对外投资的政府部门为经济产业省，设计投资政策的还包括内阁府、总务省、法务省、外务省、厚生劳动省、财务省、环境省、文部科学省和农林水产省等多个部门。为进一步促进海外对日投资，向投资者提供跨政府部门的一站式服务，日本内阁府下设"对日直接投资综合指导窗口"，由独立行政法人"日本贸易振兴机构"作为服务窗口的执行单位。

日本对外国投资实施"原则放开、例外禁止"的方针，因此，大部分行业均运行外国资本自由进入，目前没有明文规定绝对禁止的行业。日本政府对可能威胁国家安全及未实行完全自由化的行业予以限制。根据相关行业法规，对采矿业、通信业、广播业、水运业和航空运输业，有具体的外资准入限制。

日本中央政府没有特别规定的外商投资鼓励行业；地方政府根据自身行业布局和发展规划，为形成更好的产业集群效益，通过提供一站式服务、介绍专家、提供与日本企业同等条件的补贴和优惠税制等措施，加大招商引资力度。目前，外国企业对日投资主要集中在东京都、大阪府和神奈川县等，如大阪对生物技术、精密科技、半导体、电子零部件、电子设备等行业实施重点招商；神奈川县对汽车、IT、半导体、生物科技、环保行业重点招商；兵库县对精细加工、组装产业、半导体、再生医疗产业实施重点招商等。

目前，从投资类型看，外国人对日本投资形式有设立公司；获取现有公司股份、合作经营；并购现有公司等三大类。

20 世纪 90 年代中后期，日本接纳外国企业投资出现较为显著的增加，仅 1999 年上半年，国外对日直接投资金额就达 1.3 万亿日元，与 1998 年全年数字持平。对外投资同对内投资比率也由过去的 20 倍缩小至 4 倍。

目前，日本企业对外资并购等经济行为所持有的抗拒感以及日本市场整体闭塞的偏向，仍为对外资进入日本市场开展并购等活动造成阻力的主要因素。转为成功的外资同日本企业间并购案例多集中于金融及信息关联产业。外资对日本开展直接投资时，应注意考量当地市场价值标准差异、生产基础设施条件、金融税制等因素。

日本对企业法人实行属地税制，在日本从事经济活动的法人企业都要就其经济活动中所产生的利润在日本纳税。日本针对企业和个人所得征收 9 种税：6 种国税——法人税、复兴特别法人税、个人所得税、继承税、赠与税、地价税等；3 种地方税——都道府县民税、事业税、市町村民税。针对流通交易征收 4 种税，包括 2 种国税——登记许可税、印花税；2 种地方税——房地产购置税、汽车购置税。此外，日本还针对消费和财产的所有、转移等征收消费税、遗产税、赠与税等其他约 19 种税目。

（一）优惠政策框架

日本政府自 20 世纪 90 年代初积极致力于吸引外国企业来日投资。2005 年，日本经济产业省制定"外国企业招商地区支援项目"，拨付 5 亿日元专项资金，委托独立行政法人"日本贸易振兴机构"对地方政府的招商引资活动提供支持，包括对招商对象实施调查，邀请外资企业干部赴日考察、派遣专家等费用，每个地区约发放专项补贴 2000 万日元。为了吸引国外企业对日投资，日本经济产业省正在研究探讨针对外资企业的优惠政策，包括根据投资额和对象、雇佣人数等在一定期限内减免法人税和所得税，简化技术人员等签证审查的入国手续，同时研究设立一元化促进投资咨询和优惠政策协商的窗口。

此外，日本中央政府就促进对日投资的制度性支持还包括：设立对日直接投资综合指导窗口；设置市场开放问题投诉处理机制；鼓励地方政府给外资企业提供优惠政策。

（二）行业鼓励政策

对日本政府认定为特定的对内投资制造业、批发业、流通行业、服务业等 151 个行业，出资比例超过 1/3 的外国投资者，日本政府提供优惠税率和债务担保。

（三）地区鼓励政策

各地方政府根据相关条例和制度，单独制定了一些优惠政策，对符合条件的外商投资企业，给予多种优惠政策。主要包括：减免事业税、减免房地产购置税等税收、发放补贴、提供土地和建筑、融资贷款制度等各种措施鼓励投资。以关东地区神奈川县为例，优惠政策主要包括：税额扣除（削减固定资产税、事业所税、房地产税）；补贴（办公地租赁费的补助）；贷款（低息融资）等。

（四）特殊经济区域的规定

第一种特区。日本为积极吸引外资，设有"结构改革特别区域"（简称"特区"）。针对特殊经济区域内的企业给予相应的优惠政策。一可以充分突出地方的特性，创造出更多适应该地区特色的新兴产业，扩大消费者利益，使该地区经济迸发更大活力；二可以通过特区结构改革的成功，进一步带动全国结构改革风潮，达到盘活全国经济的最终目的。

第二种日本国家战略特区，是 2012 年 12 月上台的安倍政权经济成长战略中的重要一环，旨在加大某区域内经济政策的放宽力度、激发民间投资活力，从而促进经济增长。截至 2014 年 3 月，日本政府已公布的国家战略特区包括：东京圈、关西圈、冲绳县、新潟县新潟市、兵库县养父市、福冈县福冈市等。

第三种就是保税区。日本的保税区基本集中在日本港口比较发达的东京湾及京阪神地区，其中横滨税关所辖区域是日本保税区最集中的地方。保税仓库数量由 1998 年顶峰时的 5585 家减少到 2009 年的 5206 家。尽管数量持续下降，但保税仓库的面积则在 2003 年到达最低点后出现反弹，呈现上升势头，存留下来的保税仓库具有较强的竞争能力。综合保税区的面积始终保持不断增长的态势，具有一定的发展潜力。

日本对外直接投资的快速发展与其政府鼓励对外直接投资的政策不无关系。日本在第二次世界大战后长达 24 年里都实施着限制对外直接投资的政策。到了 1969 年以后，随着日本的经济景气上升，政府也开始实施了对外投资自由化措施。

在促进对外直接投资方面，日本在税收和金融上都采取了一系列的优惠政策：

一是海外投资损失准备金政策。这一政策主要内容是在海外投资方面，当日本一方的出资达到 10% 时，可以承认将对发展中国家的投资和融资的 50% 作为亏损计算，从企业收入中扣除；或承认对先进国家投资和融资的 10% 的准备金作为亏损计算，从企业收入中扣除。二是为从事对外直接投资进行外汇贷款。这是日本政府对于从事海外直接投资的企业进行的外汇贷款的制度。政府规定，只要政府在对外直接投资过程中准备了 10% 的日元资金，其余的部分可通过日本开发银行、日本进出口银行等政府机构和外汇银行进行外汇贷款，这表明对外直接投资的大量外汇资金来源可由政府和金融机构提供。三是对中小企业从事对外直接投资实行无息贷款制度。四是实行海外投资保险制度。海外投资保险制度规定面向由于母公司的海外生产、国际分工的进展等，被迫必须为国外生产等提供国外投资的中小企业给予最高限额为 2 亿日元的保险。五是实行海外投资调查费用的补贴制度。以上制度和政策的实施，对促进和加快日本企业对外直接投资起到了重要的积极作用。

根据世界经济论坛发布的《2015—2016 年全球竞争力报告》，日本在全球最具竞争力的 140 个国家和地区中，GCI（全球竞争力）排名第 6 位，得分 5.5（总分为 7 分），与 2014—2015 年度 144 个国家和地区中 GCI 排名第 6 位相比，竞争力仍很强，处于世界前十水平。在影响企业经营的要素中，税率、创新能力不足、政府机构效率低下等是比较突出的因素。

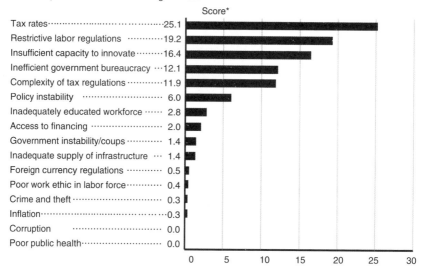

The most problematic factors for doing business

Score*

Tax rates	25.1
Restrictive labor regulations	19.2
Insufficient capacity to innovate	16.4
Inefficient government bureaucracy	12.1
Complexity of tax regulations	11.9
Policy instability	6.0
Inadequately educated workforce	2.8
Access to financing	2.0
Government instability/coups	1.4
Inadequate supply of infrastructure	1.4
Foreign currency regulations	0.5
Poor work ethic in labor force	0.4
Crime and theft	0.3
Inflation	0.3
Corruption	0.0
Poor public health	0.0

日本在企业经营中的问题因素

资料来源：世界经济论坛《2015—2016年全球竞争力报告》。

五、合作案例

（一）中联重科发力日本市场

中联重科海外公司与环境产业集团积极合作，经过长达一年多时间的努力，一批针对日本市场而开发的新型垃圾压缩车在 2016 年 6 月成功交付给客户，实现了中联重科环卫机械在日本市场的突破，也实现了其在海外高端市场的突破。

2015 年 5 月，中联重科海外公司与环境产业集团组织人员联合成立了海外公司环卫项目组。为设计出符合日本客户要求的垃圾压缩车，项目组组织环境产业集团技术人员一同前往日本进行了充分的市场调研，认真研究了日本知名环卫机械品牌的高端垃圾压缩车的各项参数及性能，最终与客户商定采用日本进口底盘，并按日本市场要求由中联重科重新设计上装的方案。

该批产品的设计方案确定之后，项目组又与日本公司及终端客户探讨各项技术难题的解决方案。

为此，项目组成员和技术人员日夜奋战、攻坚克难，查阅了大量日本垃坟压缩车技术资料，最终研制出了符合日方要求的全新 ZLJ5071ZYSE4 垃圾压缩车。

该车型采用日本进口日野底盘，两侧护栏为铝合金型材，外形美观。产品垃圾箱和填装器与垃圾接触的材料均采用可耐海洋性气候的耐候板。配套的垃圾收集箱还可与车体分离并通过拉臂钩实现整体装卸和转移，垃圾箱采用全密封形式，可以实现无垃圾遗洒、无臭气散发、无液体滴漏。而且，该批产品还能够实现"一车配多箱"，可以减少客户的采购成本和运行费用。

考虑到售后维修的便利性，项目组将产品的取力器等许多重要部件采用国际知名品牌。

2016 年 3 月，样车试制成功后，项目组进行了反复试验和调试。日本终端客户特意来到长沙对设备进行了出厂前检验，客户对公司交付的设备外形、产品性能、技术参数等都给予高度评价。之后，环境产业集团的技术人员又对设备进行了一段时间的试运行和模块碰撞实验。在正式交货时，设备的性能和技术参数完全达到日本客户要求。

新一轮技术革命和产业变革为中国制造业提供了前所未有的机遇期。

中联重科是目前国内最大的环卫、环保装备制造商，拥有道路清扫保洁设备、垃圾收运及处理设备、市政养护设备、除冰雪设备等 100 多种产品，重点核心产品市场份额超过 60%，已连续 14 年稳居国内行业首位。

此次垃圾压缩车设备打入日本市场，将提升环卫设备在海外市场的品牌形象和价值，为中国制造占领国际高端市场树立标杆和样本。

（二）日产汽车在中国

日产汽车是一家拥有丰富产品线的全球性汽车制造商，旗下拥有 60 多款日产、英菲尼迪及达特桑品牌车型。2015 年，日产汽车为全球消费者提供了超过 542 万辆的汽车产品，同比增长 2.0%，净收入达到了 12.19 万亿日元。其设计、生产并销售的纯电动汽车日产聆风已成为史上最为畅销的电动汽车。公司总部设在日本横滨，经营范围覆盖东盟及大洋洲，非洲、中东及印度，中国，欧洲，拉丁美洲和北美洲六大地区。在全球范围内，日产汽车的员工人数超过 247500 名。自 1999 年 3 月起，日产汽车与法国汽车企业雷诺合作，成为

雷诺 – 日产联盟的一员。

日产汽车在中国的发展始于 1973 年，自 20 世纪 90 年代开始，日产汽车在中国取得了迅猛的发展。日产（中国）投资有限公司作为日产汽车驻北京的全资子公司与日产汽车公司一起管理在华投资。东风汽车有限公司作为日产汽车与东风汽车公司成立的合资企业，旗下东风日产乘用车公司与东风英菲尼迪汽车有限公司分别负责日产品牌和英菲尼迪品牌乘用车业务，郑州日产汽车公司则致力于成为轻型商用车（LCV）领域的专家。2015 年，包括进口车、乘用车和轻型商用车在内，日产汽车在华销量达到 125.01 万辆。

（三）联想携手NEC共建日本最大个人电脑集团

2011 年 1 月，联想集团与 NEC 公司宣布成立合资公司，形成战略合作，共同组建日本市场上最大的个人电脑集团。根据协议，联想将持有新合资公司 51% 的股份，而 NEC 则持有 49%。本交易完成后，联想将通过发行新股支付 NEC 1.75 亿美元。此次并购是 2004 年年底宣布以 12.5 亿美元收购 IBM 全球 PC 业务后，时隔六年之后再次在全球 PC 市场上进行大规模并购。

根据合作协议，联想和 NEC 将成立 NEC 联想日本集团，并构建名为联想 NEC 控股 B.V. 的新公司，该公司在荷兰注册。联想将持有新合资公

联想集团与NEC公司宣布成立合资公司

司 51% 的股份，而 NEC 则持有 49%。目前的 NEC 个人产品有限公司总裁 Hideyo Takasu 将出任新合资公司的总裁兼首席执行官，联想（日本）有限公司的现任总裁 Roderick Lappin 将出任执行董事长。联想（日本）有限公司和 NEC 个人电脑有限公司（从 NEC 个人产品有限公司分拆个人电脑业务而新成立的公司）将成为新合资公司的全资子公司。本交易完成后，联想将通过发行新股支付 NEC 1.75 亿美元。双方即时将其在日本的业务合并，共同生产、开发产品并销售。该交易于 2011 年 6 月完成。

联想集团首席执行官杨元庆表示，多年来日本一直是联想十分重视的市场，这里还有联想全球三大研发中心之一。通过合作，联想在全球的规模优势和快速增长的势头，与 NEC 在日本的市场领导地位将共同形成更强的竞争力，两家公司以及双方的客户都将从中受益。NEC 全球总裁远藤信博（Nobuhiro Endo）则直言联想正是 NEC 最合适的伙伴，并表示双方缔结的战略伙伴关系将使 NEC 及其客户受益，进一步加强及扩大 NEC 在日本的个人电脑业务。

双方公司在由独立经营过渡至合资公司期间及往后时间，双方现有的个人电脑业务（包括客户服务、产品交付及售后维护）将保持不变，并沿用 NEC 及联想的品牌名称。合资公司将结合 NEC 的产品开发能力及联想的采购资源，为日本的用户开发及提供最合适的产品。消费产品方面，NEC 及联想将沿用各自品牌及现有的销售及支持渠道。商用个人电脑方面，NEC 将继续通过其现有渠道推广及支持有关产品。此外，联想及 NEC 还同意继续探讨把合作扩展至更多领域，包括：销售个人电脑并向在日本本土外运营的日资公司提供全球支持；开发、生产和销售平板电脑等产品；销售其他 IT 平台产品，如服务器等。

早在 2004 年 12 月，联想集团正式对外宣布并购 IBM PC 事业部，并购内容包括 IBM 在全球的台式和笔记本电脑领域的全部业务。通过并购，联想获得 IBM 在个人电脑领域的全部知识产权，遍布全球 160 多个国家的销售网络、10000 名员工，以及在 5 年内使用"IBM"品牌的权利。并购之后，联想以中国为主要生产基地，将总部转移到美国纽约，同时在北京和位于美国北卡罗来纳州的罗利市设立了运营中心。

业内分析指出，尽管 NEC 在全球范围的市场份额不到 1%，但通过此次合资后，NEC 的 PC 业务将完全并入新的合资公司，现有的 PC 市场格局增加更大的变数。根据统计机构 IDC 最新数据显示，在 2010 年第四季度，联想集团 PC 市场份额达到 10.4%，在惠普 19.5%、戴尔 12.1%、宏碁 10.6% 之后位列第四。如果加上 NEC 的市场份额，联想集团市场份额有望再次进入全球前三，并将与戴尔的市场份额差距缩小至 1% 以内。摩根士丹利有分析就指出，若联想集团收购 NEC 的 PC 业务的控制性股权，可令其 PC 出货量提升 6%~8%，销售增长 10%~12%，也可缩小与全球第 2 及第 3 市场领导者戴尔及宏碁的市场份额差距。

（四）"中日韩养老产品产业园"项目签约

2016 年 5 月 28 日，中日韩经济发展协会常务副会长、中日韩中小企业促进会会长陈军率领考察团一行来安徽肥西县考察未来城市发展和"中日韩养老产品产业园"项目投资基本情况。考察团由世界 500 强企业双日株式会社、日本 CJ 国际投资株式会社等 6 家日本企业组成，先后前往"中日韩养老产品产业园"项目选址、桃花工业园工投二期、三河镇等地考察了当地产业投资情况，并观看了解了肥西县县情。

该项目位于安徽省肥西县汤口路以西、三河路以北，占地面积 1490 亩（1 亩约为 0.067 公顷），总投资约 100 亿元人民币。另外，协议计划在肥西县三

中日韩养老产品产业园

河古镇举办以养老产业为主题的论坛，邀请国内外养老产业知名专家、学者、企业家等参与。

近年来，肥西抢抓产业发展的大好机遇，着力发展新型工业化，先后引进了江淮汽车、格力空调、TCL冰洗、联宝电子等一批知名企业入驻。同时围绕着先进制造业引进了一批高端服务产业，以先进制造业、高端服务业作为促进现代产业发展的引领。肥西不仅工业产业发展迅速，同时也有良好的自然生态环境、丰富的自然山水资源和深厚的文化历史底蕴，形成了良好的发展、生态、人文环境。肥西县全力以赴搭好平台，做好服务，为日本企业家在合肥投资打造坚实的发展平台，共同发展养老产品产业。

肥西的迅速发展得益于良好的投资环境和高效务实的工作作风，经济社会发展所取得的成绩有目共睹。考察团把握住中国快速增长的养老产业发展机遇，在具备一线城市产业配套的肥西考察中有所收获，积极洽谈合作项目，实现发展共赢。

5月28日下午，安徽省委常委、合肥市委书记吴存荣在市政务中心会见了中日韩经济发展协会常务副会长、中日韩中小企业促进会会长陈军率领的日本企业考察团一行。市委常委、市委秘书长韦弋参加会见。

吴存荣指出，科学应对人口老龄化问题，推进健康养老产业发展至关重要。近年来，合肥始终坚持以人民为中心的发展理念，加快推进"健康合肥"建设，大力发展大健康产业，致力打造更加宜居宜业的健康之城。健康养老产业是大健康产业的重要组成部分，是名副其实的朝阳产业，市场前景广阔。会见结束后，吴存荣、陈军等共同见证了"中日韩养老产品产业园"项目签约。肥西县长金成俊与中日韩中小企业促进会东京代表处总代表、日本技术资源有限公司董事长濑川勋签订了"中日韩养老产品产业园"项目投资协议。

多年来中日经济合作给两国人民和地区经济发展带来了实惠，"一带一路"对广大的日本企业和中国企业都是机遇，希望并欢迎中日企业广泛参与，两国在新材料开发、新能源合作、金融、社会服务领域的合作大有可为。相信今后在政府的鼓励引导下，会更多发挥市场活力，促进并深化产能合作。中日两国都面临着各自的结构性问题，加强合作是走出困境的重要途径。只要产业合作迈出实际步伐，就能共同创造双赢局面。

韩　国

一、基本国情介绍

（一）地理环境

大韩民国简称韩国，地处亚洲大陆东北部，朝鲜半岛南半部，面积约为10万平方公里，北与朝鲜接壤，西与中国隔海相望，东部和东南部与日本隔海相邻。

韩国属温带季风气候，海洋性特征显著。年平均气温13~14℃，夏季8月最热，平均气温为25℃，最高达37℃；冬季平均气温为0℃以下，最低达 –12℃。年平均降水量约1300~1500毫米。

（二）自然资源

韩国矿产资源较少，已发现的矿物有280多种，其中有经济价值的约50多种。有开采利用价值的矿物有铁、无烟煤、铅、锌、钨等，但储量不大。由于自然资源匮乏，主要工业原料均依赖进口。

（三）人口民族

截至2014年年底，韩国人口约为5062万，人口增长率为0.4%。其中，首都首尔人口约占1/5，在韩国的中国公民数量约为78万人，主要分布在首尔市和京畿道。

（四）政治制度

韩国国会，一院制立法机关。主要职能包括：审议各项法案；审议国家预决算；监察政府工作；批准对外条约以及同意宣战或媾和、弹劾总统和主要政府官员、否决总统的紧急命令等。实行一院制，共300个议席，议员任期4年。本届国会是第20届国会,2016年4月选出。国会设议长和2名副议长,由议员投票选举产生,任期2年。现任议长丁世均,2016年6月就任,任期2年。

（五）外交关系

1992年8月24日,中韩两国建交。建交后两国各方面关系发展迅速,高层互访频繁。2003年7月,时任韩国总统卢武铉对中国进行国事访问,两国发表联合声明,宣布建立全面合作伙伴关系。2008年5月,时任韩国总统李明博对中国进行国事访问,两国发表联合声明,一致同意将中韩全面合作伙伴关系提升为战略合作伙伴关系。2008年8月,时任中国国家主席胡锦涛对韩国进行国事访问,两国发表联合公报。2009年12月,时任中国国家副主席习近平访韩。2010年5月,时任中国总理温家宝访韩,双方一致同意继续推进中韩战略合作伙伴关系。2012年1月,时任韩国总统李明博访华并与时任中国国家主席胡锦涛举行会见,就双边关系和共同关心的国际和地区问题深入交换意见,达成重要共识。2013年6月,韩国总统朴槿惠对中国进行国事访问,系其就任韩国总统后首次访华,与习近平主席等中方领导人举行会谈。时任韩国总理郑烘原2014年3月访华,出席博鳌论坛并访问了重庆市。2014年7月,习近平主席对韩国进行国事访问,访问期间,习近平主席同朴槿惠总统举行元首会谈,并分别会见了韩国国会议长郑义和、国务总理郑烘原。双方商定,中韩作为东北亚地区的重要近邻和伙伴,为成为实现共同发展的伙伴、致力地区和平的伙伴、携手振兴亚洲的伙伴、促进世界繁荣的伙伴,将以《中韩面向未来联合声明》和中韩《联合声明》为基础,推动两国关系发展。此外,还有国务院副总理汪洋、全国人大常委会副委员长严隽琪、前国务委员唐家璇等副部级以上官员访韩。2014年10月,中国国务院总理李克强在意大利米兰出席第十届亚欧首脑会议期间会见韩国总统朴槿惠。2015年9月,习近平主席在北京人民大会堂会见韩国总统朴槿惠。

（六）经济环境

20世纪60年代,韩国经济开始起步。20世纪70年代以来,持续高速增长，人均国民生产总值从 1962 年的 87 美元增至 1996 年的 10548 美元，创造了 "汉江奇迹"。1996 年加入经济合作与发展组织（OECD），同年成为世界贸易组织（WTO）创始之一。1997 年，亚洲金融危机后，韩国经济进入中速增长期。产业以制造业和服务业为主，造船、汽车、电子、钢铁、纺织等产业产量均进入世界前 10 名。大企业集团在韩国经济中占有十分重要的地位，目前主要大企业集团有三星、现代汽车、SK、LG 和 KT（韩国电信）等。

截至 2015 年 7 月，工矿业产值占 GDP 的 30%，半导体销售额居世界第 1 位，粗钢产量居世界第 6 位。现有耕地面积 175.9 公顷，主要分布在西部和南部平原、丘陵地区。农业人口约占总人口的 6.8%。农业产值（含渔业和林业）占 GDP 的 2.6%。韩国风景优美，有许多文化和历史遗产，旅游业较发达。近年来，韩国经济保持了持续增长势头。据世界银行的数据统计，2015 年韩国 GDP 为 13780 亿美元，人均 GDP 为 27221.524 美元。

2008~2015年韩国宏观经济主要经济数据

年份	GDP（万亿美元）	人均GDP（美元）	人口	GDP增长率（%）
2008	1.002	20474.887	48948698	2.092
2009	0.902	18338.706	49182038	0.708
2010	1.094	22151.209	49410366	6.497
2011	1.202	24155.83	49779440	3.682
2012	1.223	24453.972	50004441	2.292
2013	1.306	25997.881	50219669	2.896
2014	1.411	27989.354	50423955	3.341
2015	1.378	27221.524	50617045	2.612

数据来源：世界银行。

根据世界经济论坛《2014—2015 年全球竞争力报告》显示，韩国在全球最具竞争力的 144 个国家和地区中，排第 26 位。韩国在世界银行《2015 年经商环境报告》对全球 189 个国家和地区的营商便利度排名中列第 5 位。

（七）法律

1948 年，韩国公布第一部宪法并按宪法原则建国。在建国后的几十年中，韩国对宪法进行了九次修订。

韩国施行的宪法是 1987 年 10 月全民投票通过的新宪法，1988 年 2 月 25 日起生效。新宪法规定，韩国实行三权分立、依法治国的体制。根据这部新宪法，总统享有作为国家元首、政府首脑和武装力量总司令的权力，在政府系统和对外关系中代表整个国家，总统任期 5 年，不得连任。总统是内外政策的制定者，可向国会提出立法议案等；同时，总统也是国家最高行政长官，负责各项法律法规的实施。总统通过由 15~30 人组成并由其主持的国务会议行使行政职能。作为总统主要行政助手的国务总理由总统任命，但须经国会批准。国务总理有权参与制定重要的国家政策。总统无权解散国会，但国会可用启动弹劾程序的方式对总统进行制约，使其最终对国家宪法负责。

韩国实行一院制。国会是国家立法机构，任期 4 年，国会议长任期 2 年。宪法赋予国会的职能除制定法律外，还包括批准国家预算、外交政策、对外宣战等国家事务，以及弹劾总统的权力。韩国法院共分三级：大法院、高等法院和地方法院。大法院是最高法庭，负责审理对下级法院和军事法庭做出的裁决表示不服的上诉案件。院长由总统任命，国会批准，任期为 6 年，不得连任。

1987 年修订的《韩国宪法》除了保证司法的独立性外，还规定建立宪法法院进行违宪审查。

（八）教育

韩国教育发达，对教育的重视程度较高。据韩国教育部资料显示，2014 年教育预算 50.8 万亿韩元（约 482 亿美元，按照 2014 年平均汇率 1∶1053 计算），同比增长 2.1%，约占政府预算的 14.2%。2015 年教育预算约为 52.9 万亿韩元，同比增加约 4.4%，约占当年韩国预算的 14%，2016 年教育预算 53.2 万亿韩元，同比增长 0.5%，约占政府预算的 13.8%。韩国的学制为小学 6 年，初中 3 年，高中 3 年，大学 4 年，另外还有两年制的专科大学及职业大学。韩国实行 9 年义务教育，为鼓励青年就业，大力发展职业高中和特色高中。截至 2015 年年底，韩国各类学校（公立、私立）2万余所，学生约1002万人，教师约57.7万人。其中，全日制大学201所，较为知名的有国立首尔大学、延世大学、高丽大学、成均馆大学、KAIST、浦项工业大学、韩国外国语大学、梨花女子大学等。根据瑞士洛桑国际管理学院《2014年国际竞争力年度报告》，韩国教育竞争力居世界第32位。

二、产能合作现状分析

（一）引进外资情况分析

韩国投资环境的吸引力包括软环境和硬环境两个方面。从投资的软环境看，近年来韩国的经济发展态势较好，市场消费潜力较大，政府积极鼓励利用外资并出台了一系列有利于外商投资的政策与措施；从投资的硬环境看，韩国的地理位置优越，交通运输便捷，通信设施世界一流。

据韩国产业通商资源部统计，2014年韩国外资申报规模为190.0亿美元，同比增长30.6%；外资实际到位规模为115.2亿美元，同比下降17.1%，均创历史新高。

从投资来源地看，欧盟对韩国投资规模居首，达65.0亿美元，同比增长35.4%；其后依次为美国、日本、荷兰、卢森堡、新加坡、中国内地、中国香港，投资额分别为36亿美元、25亿美元、24亿美元、19亿美元、17亿美元、12亿美元、11亿美元。从投资领域看，对韩国制造业投资达76.5亿美元，同比增长64.6%；对韩国服务业投资达111.9亿美元，同比增长13.6%。制造业中，对零部件材料投资达46.1亿美元，同比增长41.0%，占对制造业投资总额的60.3%；服务业中，对软件、经营咨询业投资最多。

（二）与中国产能合作现状

中韩两国地理相近、文化相通，交通物流便捷，人员往来频繁，发展双边贸易具有天然优势。同时，两国经济和产业技术处于不同发展阶段，有利于优势互补、互利共赢。1992年8月，中韩两国建交以来，在科技、贸易、投资、运输、渔业、核能以及人力资源等多领域开展了双边合作。两国政府间签订了多项双边协定，促进了双边经济技术合作的发展。

1.中韩双边贸易情况

据中国海关统计，2014年，中韩双边贸易额为2904.92亿美元，比2013年增长了5.9%，再创历史新高。其中，中国向韩国出口1003.4亿美元，进口1901.52亿美元，同比分别增加了10.1%和3.9%。中国是韩国最大的贸易伙伴国、进口来源国和出口市场，而韩国则是中国的第三大贸易伙伴国、第三大出口对象国和第一大进口来源国，中国向韩国出口的商品主要包括石油制品、汽车、石化产品、机械、无线通信器材、半导体等；自韩国进口的商品包括无线通信器材、机械、钢铁产品、精密化学制品、纤维制品、液晶显示器等。

中国对韩国贸易统计

年度	进出口		出口		进口		贸易差额
	金额（亿美元）	同比（%）	金额（亿美元）	同比（%）	金额（亿美元）	同比（%）	当年（亿美元）
2010	2071.71	32.6	687.71	28.1	1383.99	35.0	−696.28
2011	2456.33	18.6	829.24	20.6	1627.09	17.6	−797.86
2012	2563.29	4.4	876.81	5.7	1686.48	3.7	−809.66
2013	2742.48	7.0	911.76	4.0	1830.73	8.6	−918.97
2014	2904.92	5.9	1003.40	10.1	1901.52	3.9	−898.12

资料来源：中国商务部。

2.中韩互相投资情况

韩国是中国吸收外资的重要来源国。据中国商务部统计，2014年，韩国在华投资新批项目1558个，同比上升13.64%，实际到位韩资39.7亿美元，同比增长29.84%。截至2014年年底，韩国累计对华投资项目数57782个，实际投资额599.1亿美元，是中国第四大外商直接投资来源国。

据中国商务部统计，2014年当年中国对韩国直接投资流量5.49亿美元。截至2014年年末，中国对韩国直接投资存量27.72亿美元。据韩方统计，2014年中国对韩投资金额（申报标准）12亿美元，525个项目。截至2014年年底，中国在韩国投资项目多达8965多个，累计申报金额61亿美元。截至2013年年底，累计到位金额25.54亿美元，其中超过2/3的企业从事餐饮和批发零售等服务业，其余从事制造业和农业、渔业等。

3.承包劳务

据中国商务部统计，2014 年中国企业在韩国新签承包工程合同 18 份，新签合同额 2.94 亿美元，完成营业额 3.93 亿美元；当年派出各类劳务人员 3820 人，年末在韩国劳务人员 14525 人。新签大型工程承包项目包括华为技术有限公司承建韩国电信，上海贝尔股份有限公司承建韩国电信设备集团项目，江苏新世纪造船有限公司承建 44#82000T 散货船修造等。中资建筑公司在韩仍主要承包中国驻韩使领馆项目，目前正在拓展承建韩方公司和中资企业发包项目。

4.中韩签署的相关合作协议及声明

2014 年 7 月 3 日，中华人民共和国和大韩民国在首尔发表《中华人民共和国和大韩民国联合声明》，双方共同签署了《中华人民共和国外交部与大韩民国外交部 2014 至 2015 年度交流合作计划》《中华人民共和国国家发展和改革委员会与大韩民国企划财政部关于携手创新促进经济可持续发展的谅解备忘录》《中华人民共和国工业和信息化部与大韩民国产业通商资源部产业合作谅解备忘录》《中华人民共和国商务部与大韩民国产业通商资源部关于加强两国地方经贸合作的谅解备忘录》，旨在推动区域经济一体化，促进经济创新发展、改革与增长，加强全方位、多领域的合作。

此外，中韩于 2015 年 6 月还签署了中韩自贸协定。2004 年 11 月，中韩双方宣布启动自贸区民间研究；2006 年 11 月，双方启动自贸区官产学联合研究；2012 年 5 月，中韩双方正式启动自贸区谈判。经过 14 轮正式谈判，2014 年 11 月 10 日，习近平主席与韩国总统朴槿惠在北京举行双边会晤时，共同宣布结束中韩自贸区实质性谈判。在中韩两国领导人共同见证下，商务部部长高虎城与韩国产业通商资源部部长尹相直分别代表两国政府，签署了结束实质性谈判的会议纪要。双方在各自完成国内审批程序后，力争在年内使协定生效并实施，以使两国企业和民众早日受益。

三、合作领域和合作重点

2015 年韩国国际投资指数为 65.98，在 108 个样本经济体中排名第 7 位，这说明韩国的整体市场环境较好，潜力较强，对外商投资具有较大的吸引力。在 11 大板块贡献度排名中，前三位分别是金融稳定性板块、贸易板块和投融资环境板块。贡献度最大的板块是金融稳定性板块，这是一个非常重要的指标，它受到国家政策和国家局势的影响。金融稳定性直接影响到该国货币对投资者的吸引力，货币稳定则经济稳定，外国投资者才对该国经济有信心；其次，贡献度排名第二位的是贸易板块，贸易是显示一国对外开放和参与经济全球化进程的重要窗口，这表明韩国在贸易方面开展得不错；投融资环境板块是排名第三位的板块，这也是吸引外商直接投资的先导因素，这表明韩国政府的投融资环境能够得到外国投资者的认可。其他方面，韩国在基础设施、要素需求、宏观经济等板块的贡献度排在中游，而政治板块相对较弱，说明韩国政治环境不太稳定。

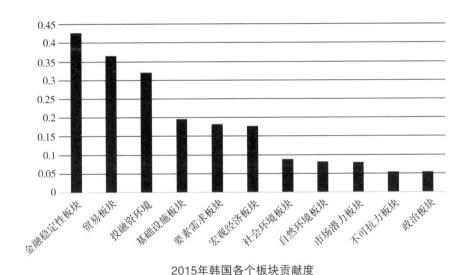

2015年韩国各个板块贡献度

资料来源：武汉大学国际投资研究中心。

进一步使用经济学模型测算各个板块 2015 年发生的概率，测算方法是衡

量主要指标的变动是否超出了预定值，如果超过，说明发生概率较大，反之发生概率较小，韩国计算结果见下图。从各板块发生的概率来看，金融稳定性、贸易、投融资环境、要素需求、基础设施和自然环境等板块发生的概率显著超过了 0.5，这些领域在未来的发展趋势尤其需要密切关注。

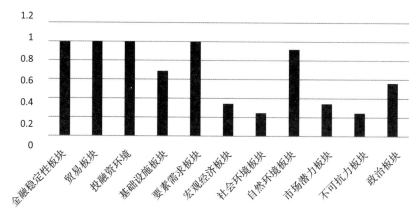

2015年韩国各个板块的发生概率

资料来源：武汉大学国际投资研究中心。

2015 年 11 月，李克强总理正式访问韩国。此次中韩合作的新亮点更多，对接了四项国家战略。分别是，以中方倡导的"一带一路"同韩国"欧亚倡议""大众创业、万众创新"同韩国"创造型经济""中国制造 2025"同韩国"制造业革新 3.0"、中韩共同开拓第三方市场开展国际产能合作。中韩此次签署的 17 个合作协议就是这四项国家发展战略对接的具体体现。

其中，中韩两国领导人商定加强制造业领域合作，积极推动韩国政府提出的"制造业革新 3.0 战略"与中国政府提出的"中国制造 2025"挂钩，实现两国制造业转型升级。中韩两国在产能合作上将更加密切。

中韩双方在产能合作方面的优势各有所长，中国基础科技方面优势突显，产品科技含量水平有所提高。而韩国的制造业优势则是在新产品开发和产业技术方面。韩国的汽车、电子、造船、钢铁等领域在世界范围内都有较好口碑，其半导体、液晶以及芯片产业技术位居世界排名前列。此外，韩国的自主品牌优势相较中国制造业更为突出。

未来中韩将在以下方面加强合作探索：一是智能制造领域，有关智能融合产品、智能零部件、机器人、绿色制造等方面；二是金融领域，两国将加强第三方市场合作；三是食品领域，未来两国食品进出口量将大幅提高；四是技术领域，中国与韩国或将在高铁技术、风力发电技术上开展合作。

这次访问给两国产能合作带来以下利好条件：一是两国对创业创新都给予政策扶持；二是两国制造业将加大第三方市场产能合作；三是两国金融领域也积极展开第三方市场合作，在上海建立韩元兑人民币直接交易市场，同时中韩成立合作基金，积极开展第三方市场合作；四是推动两国食品进出口，两国签署有关进出口大米和水产品的检验检疫备忘录。

目前，两国政府已经在基础设施建设和产能合作等领域达成一系列协议，中国将与韩国在基础设施建设、工程机械、建材、电力等领域开展国际产能合作，打造双方合作新品牌。

四、政策分析

韩国主管贸易的政府部门是产业通商资源部，主要负责韩国产业、能源资源、贸易投资政策以及经贸谈判等。目前主要有《对外贸易法》《外汇交易法》《关税法》。根据韩国《对外贸易法》规定，2000 年 1 月 1 日起，外贸行业完全自由化，任何个人和企业均可自由从事对外贸易活动。

韩国政府对于外国投资的准入管理采取负面清单的形式，分为限制类和禁止类两种。依据的基本法律包括《外国人投资促进法》及其施行令、施行规定，外国人投资及引进技术相关规定，外国人投资等相关租税减免规定等。其他法令包括外汇交易法，自由经济区域的指定及运行相关法等。

目前韩国政府对涉及公共性的 60 多个行业，如影响国家安全或公共秩序的领域、不利于国民健康的领域以及违反其国内法律的领域，禁止外商投资。

韩国对限制类领域采取许可方式，而且有股权限制。主要的限制领域包括农业、畜牧业、渔业、出版发行、运输、输电和配电、广播通信等领域。需要说明的是，如果外国人拟投资的企业是兼有禁止和限制行业的企业，不得投资；如果该韩国企业有两个以上限制行业，则投资时其最高股权比例不得超过投资比例较低的那个行业的投资比例。

2014年韩国部分法律发生变化：①增加了外国人登记证办理和滞留期限延期、变更滞留资格的费用，这意味着外来劳务人员办证、申请相关变更的成本将更高；②提高最低工资水平，提高了健康保险费率；③税务方面，增加了对新万金地区的入驻和开发企业的税收优惠规定，删除了对于外国投资者的分红减免税收的规定，缩小了对外国人适用17%的优惠个人所得税范围，将与雇主有特殊关联的雇员排除在外等。

目前，从投资类型看，外国人投资可分为获取股份和股权、提供长期贷款以及提供捐助等三大类。韩国在外资并购方面相关制度较为健全开放。近年来，中国对韩国投资中出现了多起中资企业并购韩国企业的案例，主要以生产制造业为主，项目总体进展顺利。如2012年，沈阳敏像科技有限公司以2500万美元收购韩国某手机配件制造商，山东迪尚集团以4000多万美元收购韩国第八大时装公司等。但也有部分企业在收购之后的经营过程中遭遇阻碍，甚至失败而撤资。2004年，某中资企业以约5亿美元收购韩国双龙汽车，为迄今中国对韩国投资规模最大项目。在收购之后，该项目在经营上受到双龙公司工会的阻挠，当地媒体负面攻击其造成韩国汽车技术流失，最终以该企业撤资而告终。

（一）优惠政策框架

韩国政府对外商投资者的鼓励政策包括给投资经济效益大的外商企业进行补偿，为较国内企业来说投资条件相对不利的外商投资企业减轻费用负担等。主要有七方面措施：税收减免；国有、公有土地租赁费减免；现金支持；雇佣支持；服务支持；设立外国人投资区；区域性支持政策。

（二）行业鼓励政策

针对可提高韩国产业竞争力急需的支持产业的服务业、高科技企业或符合相应条件的企业可以免除关税、个别消费税、附加价值税等。除了税收优惠，还有资金补贴和财政支援的方式。

（三）地区鼓励政策

各地区政府都对符合一定条件的外商投资企业，给予多种优惠政策。主要包括：地方税减免、购地补贴、租地补贴、雇佣及教育培训补贴、现金支持、融资支持、咨询费用补贴、设施建设补贴、对已投资外资企业转移厂房的支援等。

（四）特殊经济区域的规定

韩国为积极吸引外资，设有"外国人投资地区""自由贸易区""经济自由区域"等特殊经济区域。针对特殊经济区域内的企业给予相应的优惠政策。

由于入驻韩国经济特区的企业多为研发制造型企业，而中国对韩投资结构中研发制造型企业占比较小，因此中国企业在韩国经济特区中并不多见。

韩国投资环境的吸引力包括软环境和硬环境两个方面。从投资的软环境来，近年来韩国的经济发展态势较好，市场消费潜力较大，政府积极鼓励利用外资并出台了一系列有利于外商投资的政策与措施；从投资的硬环境看，韩国的地理位置优越，交通运输便捷，通信设施世界一流。对有意进入或已

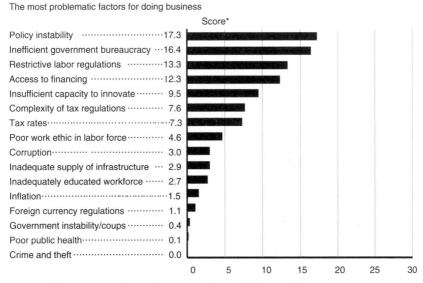

The most problematic factors for doing business

	Score*
Policy instability	17.3
Inefficient government bureaucracy	16.4
Restrictive labor regulations	13.3
Access to financing	12.3
Insufficient capacity to innovate	9.5
Complexity of tax regulations	7.6
Tax rates	7.3
Poor work ethic in labor force	4.6
Corruption	3.0
Inadequate supply of infrastructure	2.9
Inadequately educated workforce	2.7
Inflation	1.5
Foreign currency regulations	1.1
Government instability/coups	0.4
Poor public health	0.1
Crime and theft	0.0

资料来源：世界经济论坛《2015—2016年全球竞争力报告》。

经进入韩国市场的中资企业来说，韩国目前的投资环境是不错的。

根据世界经济论坛发布的《2015—2016 年全球竞争力报告》，韩国在全球最具竞争力的 140 个国家和地区中，GCI（全球竞争力）排名第 26 位，得分 5.0（总分为 7 分），与 2014—2015 年度 144 个国家和地区中 GCI 排名第 26 位相比，竞争力并未有显著变化，仍处于第一梯队。在影响企业经营的要素中，政策的不稳定性、政府部门的效率低下、限制性的劳工制度、融资渠道等是比较突出的因素。

五、合作案例

（一）三星西安项目

2013 年 4 月 10 日，韩国三星电子分别与陕西省和西安市政府、西安高新区管委会签署战略合作框架协议及谅解备忘录，宣布电子信息行业最大的外商投资项目——韩国三星电子一期投资 70 亿美元的存储芯片项目正式落户西安高新区。这是韩国三星电子继 1996 年进入美国奥斯汀之后第二次在海外建立半导体生产工厂，是三星电子海外投资历史上投资规模最大的项目，也是中国改革开放以来国内电子信息行业最大外商投资项目，是陕西以及西部地区引进的最大外商投资高新技术项目。

三星电子存储芯片项目落户陕西西安高新区

作为世界一流 IT 企业，三星电子产品在全球存储类半导体市场中占有主导地位，为大量便携式设备生产闪存芯片。这种闪存芯片广泛应用于智能手机、平板电脑、音乐播放器及 U 盘当中。三星电子在西安高新区建设的半导体工厂主要以研发、生产世界先进水平存储芯片为主，采用世界最领先的技术，在西安进行 10 纳米级的 NAND Flash 量产，刷新外商在国内单笔投资纪录，总投资达 300 亿美元。

随着三星项目的落户，预计一期投资达产后，可形成 660 亿元人民币的年销售收入，将吸引 160 家配套企业相继落户高新区，并直接或间接增加一万多个就业岗位。三星电子存储芯片项目落户西安，对进一步完善西安新一代信息技术产业链，形成西安电子信息产业的规模化、高端化和差异化特色，有力促进西安市经济结构调整和转型升级，迅速壮大西安工业产业综合实力，充分释放西安科技人才潜能，对西安今后的发展将产生深远影响。

2014 年 5 月 9 日，韩国三星电子在西安高新区一期投资 70 亿美元设立的三星（中国）半导体有限公司举行竣工仪式。三星封装项目也在 2014 年 1 月开工，并于年底实现主体完工。随着三星项目整体建设的快速推进，一批与三星项目密切相关的配套企业陆续落户高新区，吸引了包括美国空气化工、日本住友、韩国东进世美肯、华讯微电子等一大批国内外企业入驻高新区。

2015 年，三星公司终于收获了累累硕果。2015 年 1~8 月，公司累计实现产值 115.09 亿元，突破百亿元大关。而三星封装测试项目也已于 2015 年 4 月 14 日实现竣工投产，标志着一条完整的半导体生产链已经在西安高新区正式构筑完成。

三星项目在建设过程中，得到了陕西省、西安市、高新区等各级政府的大力支持，各项行政审批工作迅速推进，污水处理厂等市政配套服务建设迅速完工。承载三星项目的西安高新综合保税区（综保区）审批也在项目启动 88 天之后获批，开创了国内综保区审批的全新速度。在一个又一个"陕西速度"和"西安效率"的助力下，三星用最短的时间建成了目前世界上最先进的半导体工厂。

三星项目突破百亿元的壮举，不但使陕西省集成电路产业技术水平得以大幅度提升，而且使中国成为继美国、韩国之后的又一个全球半导体产业基地。

更令人惊喜的是，直接在高新区生产的 NAND 闪存芯片，将占到世界销量的近一半。最终形成区域性的电子信息产业集群，使西安进一步跃升为世界具有竞争力的电子信息产业基地。

三星项目在西安高新区的迅猛发展，已经根本性地改变全国电子信息产业格局，有力推进西部地区和陕西西安的产业结构调整和转型升级，使高新区成为过千亿元的半导体产业集群。

陕西是科研大省，众多高校为陕西培养了大批优秀人才。人才优势既为高新区承接三星项目提供了充足的人力资源保障，又吸引了更多的海外留学生以及外省高科技人才的加入。据悉，目前三星（中国）半导体公司现有员工 3000 人，其中韩国籍人员约 700 人。

随着三星项目整体建设的快速推进，一批与三星项目密切相关的配套企业陆续落户高新区。截至 2015 年 10 月，已吸引配套企业 88 家落户，总投资约 4.38 亿美元。其中，15 家落户于西安高新综合保税区内，目前已全部投产，实现规模以上企业 5 家；73 家企业在综合保税区外设立办事处或独立法人。预计项目今后将带动 160 多家配套企业相继入驻，直接或间接增加万余就业岗位。

此外，陕西也有一大批电子信息科研机构和企业受到三星项目的带动和辐射效应，使上下游企业都能享受到更便利的配套服务，从而降低成本，提升工艺，最终形成区域性的电子信息产业集群。

三星西安半导体虽然是个经济项目，但由于项目规模巨大，现在影响力已远远超越经济层面。在西安高新区，韩国人越来越多，韩国餐饮也如雨后春笋般涌现，更多韩国人来西安旅游。三星的成功运营，对提升高新区的国际影响力、陕西和西安的经济外向度，以及促进中韩两国友好合作等方面都将带来积极作用，加速了陕西省经济社会与全球融合发展。

（二）日照钢铁与韩国浦项ICT合力打造"智能制造梦工厂"

2015 年 12 月 23 日，日照钢铁与韩国浦项 ICT 公司共同签署合同书，牵手开展管理流程创造和信息化顶层建设，共同打造具有世界一流水平的"智能制造梦工厂"。

双方牵手后，韩国浦项 ICT 公司将为日照钢铁精品基地创造出全新的管理流程，通过信息化顶层设计构建出明确的信息系统蓝图，以严格的基准推动监理工作，保证咨询结果落地、实施。

自筹建起，日照钢铁就竭力将精品基地建设成"智能制造梦工厂"，高度重视管理流程和信息化建设，追求所有业务都在信息系统中运行。浦项制铁的流程创新已经进入第 3 阶段，正在打造更高标准的"智慧工厂"。

（三）中韩两大汽车零部件巨头联手

2012 年 11 月 18 日，在重庆北部新区经开园，重庆秦川实业与韩国 AMS 株式会社合资的重庆秦川爱明斯车灯有限公司开机投产，首期产能将达到年产 40 万套中高档车灯，此前重庆秦川实业已具有年产 100 万套普通乘用车车灯的能力。

据了解，重庆秦川爱明斯车灯有限公司注册资金 650 万美元，生产中高档乘用车的前照灯、尾灯、雾灯等。重庆秦川实业董事长徐金平表示，重庆秦川爱明斯首期产能为年产 40 万套中高档车灯的能力，待第二期项目完成后，产能将达到年产 100 万套。韩国 AMS 株式会社为全球汽车车灯生产领军者之一，这是 AMS 株式会社首次在中国的投资，希望产品能在中国这个全球最大汽车消费市场占得一席之地。

重庆秦川爱明斯车灯有限公司开机投产仪式

（四）兰州新区建中韩产业园

2015年6月1日，《中华人民共和国政府和大韩民国政府自由贸易协定》在韩国首尔正式签署。这一具有里程碑意义的事件，不仅拉近了中韩两国经贸合作的距离，推动了东亚地区经济一体化进程，也为兰州新区带来发展新机遇。2016年1月11日，中韩产业园企业总部基地揭牌仪式在兰州新区举行，这标志着兰州新区建设中韩产业园正式拉开帷幕。该项目建设将吸引更多的中韩企业入驻兰州新区。这也是兰州新区首个大型中外合作项目。韩国驻西安总领事馆总领事李康国及来自韩国的41家企业代表共同见证了这一时刻。

近年来，其他省份国际合作产业园发展态势良好，如重庆两江新区"中韩产业园"、烟台"中韩产业园"等。此次，兰州新区以此为突破口，全面推进中韩经贸投资合作。在社会各界的推动下，兰州新区管委会与中国能源和矿产资源丝绸之路经济带投资发展有限公司在兰州新区共同打造"中韩产业园"。

兰州新区中韩产业园重点发展精细化工、新材料、装备制造、汽车、电子、金融服务、跨境电商、现代农业等产业，并积极培育文化创意、研发服务、国际配套服务等产业，择机发展新能源设备、生物科技等其他产业。同时大力开展综合集拼、保税货物存储、国际分拨和国际中转等业务，重点发展第

兰州新区中韩产业园企业总部基地揭牌仪式

三方和第四方物流，延伸物流供应链，打造以引进韩国优势制造产业和文化创意产业为主的高端产业基地。随着中韩产业园的建设，相信不久将在兰州新区建成一个富有产业特色的"韩国城"，这将成为一个平台，推动韩国企业融入中国政府倡导的"一带一路"建设中来。

目前，中韩合作已从单纯的经贸合作，迈向更深更广的领域。中韩双边贸易额从建交之初的约50亿美元增至2014年的近3000亿美元，增长了约60倍。在"一带一路"和"欧亚倡议"有机对接的基础上，在新的合作平台上，中韩合作将开辟出更加广阔的天地，在双边贸易迅猛发展之后，有望在更高层次、更高水平上协同发展。

第五章
其他国家打造中蒙俄经济走廊

俄罗斯

一、基本国情介绍

(一) 地理环境

俄罗斯国土面积 1709.82 万平方公里，占前苏联总面积的 76.3%。俄罗斯横跨欧亚大陆，东西最长 9000 公里，南北最宽 4000 公里，领土包括欧洲的东半部和亚洲的西半部，是世界上国土最辽阔的国家。海岸线长 33807 公里。邻国西北面有挪威、芬兰，西面有爱沙尼亚、拉脱维亚、立陶宛、波兰、白俄罗斯，西南面是乌克兰，南面有格鲁吉亚、阿塞拜疆、哈萨克斯坦，东南面有中国、蒙古和朝鲜。东面与日本和美国隔海相望。领土 36% 在北极圈内，自北向南为北极荒漠、冻土地带、草原地带、森林冻土地带、森林地带、森林草原地带和半荒漠地带。

俄罗斯横跨 11 个时区，最东段的白令海峡的拉特马诺夫岛、阿纳德尔河和堪察加半岛位于东 12 区，最西段的加里宁格勒州位于东 2 区。

俄罗斯联邦委员会通过法案，确定从 2014 年 10 月 26 日开始，莫斯科时间将比格林尼治时间早 3 小时，即为东 3 时区。莫斯科当地时间比北京时间晚 5 小时。

首都莫斯科是俄罗斯政治、经济、金融、科学、艺术、教育、商业中心，也是欧洲最大的城市。根据 2012 年 7 月 1 日起实施的扩大方案，面积为 2510 平方公里。常住人口 1233.01 万（截至 2016 年 1 月 1 日）。

（二）自然资源

俄罗斯自然资源十分丰富，种类多，储量大，自给程度高。

俄罗斯森林覆盖面积 880 万平方公里，占国土面积 51%，居世界第一位，木材蓄积量 821 亿立方米。

俄罗斯主要矿产资源有煤、铁、泥炭、石油、天然气、铜、锰、铅、锌等。储量居世界前列的有：天然气已探明蕴藏量为 48 万亿立方米，占世界探明储量的 35%，居世界第一位；石油探明储量 109 亿吨，占世界探明储量的13%；煤蕴藏量 2016 亿吨，居世界第二位；铁矿石蕴藏量 556 亿吨，居世界第一位，约占 30%；铝蕴藏量 4 亿吨，居世界第二位；铀蕴藏量占世界探明储量的 14%；黄金储量 1.42 万吨，居世界第四至第五位；磷灰石占世界探明储量的 65%；镍蕴藏量 1740 万吨，占世界探明储量的 30%；锡占世界探明储量的 30%；铜 8350 万吨。非金属矿藏也极为丰富，石棉、石墨、云母、菱镁矿、刚玉、冰洲石、宝石、金刚石的储量及产量都较大，钾盐储量与加拿大并列世界首位。

俄罗斯水利资源丰富，境内有 300 余万条大小河流，280 余万个湖泊；贝加尔湖是世界上蓄水量最大的淡水湖。渔业资源相当丰富，生物资源总量 2580 万吨，鱼类为 2300 万吨。

（三）人口民族

截至 2016 年 1 月 1 日，俄罗斯人口为 1.46 亿，其中城市人口 1.08 亿（74%），农村人口 0.37 亿（26%）。

俄罗斯的人口主要分布在中心城市，约 1/5 的全国人口和超过 1/3 的城市人口聚集在莫斯科、圣彼得堡、新西伯利亚、下诺夫哥罗德、叶卡捷琳堡、萨马拉、鄂木斯克、喀山、车里雅宾斯克、顿河畔罗斯托夫、乌法、伏尔加格勒、彼尔姆等 13 座大城市。截至 2016 年 1 月 1 日，俄罗斯人口超过 100 万的城市有 20 座，人口在 50 万~100 万的城市有 20 座，人口在 10 万~50 万的城市有 130 座。

俄罗斯是一个多民族国家，有 194 个民族，其中俄罗斯族占 77.7%，主要少数民族为鞑靼、乌克兰、巴什基尔、楚瓦什、车臣、亚美尼亚、阿瓦尔、摩尔多瓦、哈萨克、阿塞拜疆、白俄罗斯等族。

（四）政治制度

俄罗斯是共和制的民主联邦法制国家。宪法规定，各联邦主体（共和国、边疆区、州、直辖市、自治州和自治区）的权利、地位平等，只有在俄罗斯联邦和俄罗斯联邦主体根据联邦宪法进行相互协商后，才能改变俄罗斯联邦主体的地位。

（五）外交关系

2013年2月18日，俄罗斯总统普京批准了《俄罗斯联邦外交政策构想》，确定了俄罗斯外交的四大优先方向。其中发展同中国和印度的"友好关系"被视为俄罗斯外交政策的"最重要"方向之一。而亚太地区则被称作"发展最快的地缘政治空间，世界经济和政治重心正在向其转移"。

俄罗斯对外政策的绝对优先目标是前苏联地区的一体化。《俄罗斯联邦外交政策构想》对独联体、关税联盟、欧亚经济共同体、集体安全条约组织、俄白联盟等给予特别关注。其次的优先方向是欧盟，德国、法国、意大利和荷兰被称为俄罗斯最重要的欧洲伙伴，他们也是俄罗斯在天然气领域最重要的合作伙伴。接下来是美国。俄罗斯将在对美外交中寻求"反导系统不针对俄罗斯核威慑力量的法律保证"，并要求美国"遵守包括不干涉他国内政原则在内的国际法准则"。

（六）经济环境

俄罗斯工业、科技基础雄厚，苏联曾是世界第二经济强国，苏联解体后，俄罗斯经济一度严重衰退，2000年普京执政以来，俄罗斯经济快速回升，外贸出口大幅增长，投资环境有所改善，居民收入明显提高。主要工业部门有机械、冶金、石油、天然气、煤炭及化工等；轻纺、食品、木材加工业较落后；航空航天、核工业具有世界先进水平，财政金融总体趋好，在国际事务中依然发挥重要的作用。

受世界经济增长放缓、国际大宗商品价格持续走低的影响，加之乌克兰危机的国际政治干扰，2015 年 GDP 为 13260 亿美元，较 2014 年同比下滑 34.71%，人均 GDP 为 9202.15 美元。

年份	GDP（亿美元）	人口总数	人均GDP（美元）	GDP增长率（%）
2008	16610.00	142742350	11636.35	27.77
2009	12230.00	142785342	8565.30	−26.37
2010	15250.00	142849449	10675.57	24.69
2011	20320.00	142960868	14213.68	33.25
2012	21700.00	143201676	15153.45	6.79
2013	22310.00	143506911	15546.29	2.81
2014	20310.00	143819569	14121.86	−8.96
2015	13260.00	144096812	9202.15	−34.71

数据来源：世界银行。

1. 产业构成

2014 年，第一产业（农、林、牧、渔业）产值占 GDP 的 4.2%，第二产业产值（采矿业、制造业、电力、燃气及水的生产和供应业、建筑业）占 35.6%，第三产业产值占 60.2%。最终消费支出占 72.6%，资本形成总额占 20.2%，净出口占 7.2%。

2. 财政收支

2014 年俄罗斯联邦财政预算收入为 14.5 万亿卢布，支出为 14.83 万亿卢布，财政赤字 3338 亿卢布，占 GDP 的 0.47%。根据俄罗斯政府 2013~2015 年预算草案，2013 年财政赤字在 GDP 中的占比限定在 0.8%。

3. 外汇储备

2014 年 1 月 1 日俄罗斯国际储备额为 5095.95 亿美元。2015 年 1 月 1 日俄罗斯国际储备额为 3854.6 亿美元。截至 2017 年 1 月 1 日，外汇储备约 3777 亿美元。

4.社会经济

受油价下跌和西方对俄罗斯制裁影响，2015 年俄罗斯消费需求和投资双双下滑，零售额下降 10%，资本投资萎缩 8.4%，工业生产减少了 3.4%，天然气产量下降 2.6%，轿车生产量下降 27.7%，失业人数达 426 万，较 2014年增加 7.4%，财政赤字为 1.95 万亿卢布（约合 250 亿美元），占当年俄罗斯 GDP 的 2.6%。2016 年，俄罗斯国内生产总值同比下降 0.2%。

二、产能合作现状分析

（一）引进外资情况分析

金融危机爆发后的 2009 年，俄罗斯吸引外资陷入低谷。为吸引更多外资，俄罗斯政府提出了"现代化战略"，推行国有资产私有化，并通过修改相关法律法规、简化外资手续、调低外资准入门槛，及成立"俄罗斯直接投资基金"等举措，吸引外资呈回暖趋势。

1.外资流量

据俄罗斯联邦统计局数据，2014 年外国对俄罗斯非金融类直接投资 186亿美元，较 2013 年下降 70%。据联合国贸发会议发布的 2015 年《世界投资报告》显示，2014 年，俄罗斯吸收外资流量为 209.6 亿美元。西方制裁、乌克兰危机和经济增速预期下降是导致投资下降的主要原因。此外，2013 年俄罗斯石油公司与英国 BP 石油公司交易令当年俄罗斯吸引外国直接投资额大幅攀高，导致 2014 年俄罗斯外国直接投资统计基数较高。

2.外国对俄罗斯投资主要领域

外资主要投向俄罗斯生产加工、商业、交通工具和电器维修、金融、矿产开采、矿产资源开发等领域，投资额合计达 1524 亿美元，占同期外国对俄罗斯投资总额的 89.5%。其中，加工业 897.9 亿美元；商业、交通工具和电器维修 310.3 亿美元；金融业 201.2 亿美元；矿产开发 114.2 亿美元；不动产交易、租赁和服务 97.2 亿美元；交通和通信 47.6 亿美元；水、电、气生产和供应 16.4 亿美元；建筑业 7.2 亿美元；农业、林业 6.1 亿美元。

3.外资存量

据 2015 年《世界投资报告》统计数据，截至 2014 年年底，俄罗斯吸收外资存量为 3785.34 亿美元。据俄罗斯联邦统计局统计，截至 2013 年年底，俄罗斯外资存量达到 3841.2 亿美元，与 2012 年同期相比增长 6.0%。其中，国际金融组织和商业贷款等其他类投资占比高达 65.7%，直接投资占 32.8%，证券投资占 1.5%。

截至 2013 年年底，累计对俄罗斯投资较多的国家依次为塞浦路斯（690.8 亿美元）、荷兰（681.8 亿美元）、卢森堡（491.9 亿美元）、中国（321.3 亿美元）、英国（279.8 亿美元）、德国（213.1 亿美元）、爱尔兰（200.9 亿美元）、法国（132.3 亿美元）、美国（103.1 亿美元）、日本（99.8 亿美元）。上述国家对俄罗斯投资占俄罗斯累计吸引外资总额的 83.7%。

（二）中俄产能合作现状分析

中俄两国长期友好，政治互信，特别是在上合组织框架下的全方位合作不断加强，经贸关系稳定发展。2015 年，中国对俄罗斯直接投资快速增长，当年流量达 29.61 亿美元，创历史最高值，同比增速更是高达 367.3%，占对欧洲投资流量的 41.6%。从行业的分布来看，中国对俄罗斯的投资主要集中在采矿业（47.6%）、金融业（25.9%）、农林牧渔业（11.7%）和制造业（9.3%）等行业。

2016 年 1~5 月，俄罗斯与中国双边货物进出口额为 226.9 亿美元，下降 9.6%。其中，俄罗斯对中国出口 105.9 亿美元，下降 10.2%，占俄罗斯出口总额的 10.0%，上升 2.3%；俄罗斯自中国进口 121.0 亿美元，下降 9.1%，占俄罗斯进口总额的 18.9%，上升 0.3%。2016 年 1~5 月，俄罗斯与中国的贸易逆差 15.1 亿美元，基本与 2015 年同期持平，中国是俄罗斯第一大逆差来源国。截至 2016 年 5 月，中国是俄罗斯排名第 2 位的出口目的地和第一大进口来源地。

中俄投资合作潜力继续释放，亮点纷呈。中国的家电、工程、服装企业"走出去"步伐加快，绿地投资项目不断增加。力帆汽车、长城汽车、海尔等一批知名企业开始在俄罗斯投资办厂。部分中国企业在俄罗斯实施大型工程承包，资源合作开发等项目中开始尝试股权投资。金融机构进驻加快，中国建设银行、中国银联等金融机构在俄罗斯业务进展顺利。

2015 年，俄罗斯面临复杂的国际经济形势，中俄投资合作面临新的机遇和挑战。俄罗斯远东跨越式开发区建设、扩大对华石油出口，以及对华天然气输气项目，将吸引巨额中国资金进入俄罗斯。俄罗斯跨西伯利亚铁路改造、高铁和公路建设等基础设施项目为中俄直接投资基金、中俄相关企业开展投资合作带来新的机遇。在高科技领域，航空、航天、核能等大项目研发投资合作将打破西方的技术和市场垄断，形成共同开拓国际市场的新局面。在传统产业投资合作中，利用俄罗斯闲置土地资源，利用中国的资金、技术和劳动力，积极开展中俄农业投资合作，将满足市场对非转基因、绿色农产品的需求。金融领域，中俄推动双边贸易本币结算，俄罗斯加速建立本国支付体系建设，为逐步深化两国合作提供契机，将带动两国储备合作、股权债券、基金投资等领域合作全面开展。

在俄罗斯的中资企业正处于蓬勃发展阶段，主要集中在建筑、能源、林业、矿产、农业、零售等领域。目前在俄罗斯主要中资企业有：

中国工商银行（莫斯科）股份公司成立于 2007 年 8 月，是中国工商银行在俄罗斯注册的全资子公司，注册资金 8500 万美元。经过几年发展，总资产 5.5 亿美元，位居中国在俄罗斯四家商业银行首位，同时也是当地人民币兑卢布最大做市商。2013 年该行总资产、营业收入等指标都取得了两位数的增长。

中国银行（俄罗斯）股份公司是中国在俄罗斯第一家金融机构。1993 年开始营业，注册资本金为 5200 万美元，资产总额达 4.25 亿美元，2007 年以来共盈利 1518 万美元。目前在哈巴罗夫斯克和符拉迪沃斯托克设有分行。

中国建设银行（俄罗斯）有限公司成立于 2013 年 3 月，是中国建设银行在俄罗斯的全资子公司，注册资金为 1.5 亿美元，总资产 2.2 亿美元。目前公司拥有员工 40 余名，其中中方员工 6 名。全面开展对公司和个人业务，主要业务包括现金、存款、贷款、结算、外汇牌照、债券投资、资讯顾问等。

中国友谊商城：2000 年 10 月 18 日开业，地处莫斯科市中央区，交通发达，是集百货零售、超级市场、餐饮娱乐和商务办公等功能为一体的商业购物中心。

华为公司：1995 年进入俄罗斯市场，1997 年在伏尔加地区成立"贝托 – 华为公司"，生产和销售交换与接入设备。2000 年开始放量销售并服务于俄罗斯电信市场，2003 年在俄罗斯移动市场获得较大份额。

上实集团：参与开发"波罗的海明珠"项目，该项目位于俄罗斯圣彼得堡市西南部，占地面积 2 平方公里，拟开发建设写字楼、宾馆、购物中心和商品房等，计划总投资额 13 亿美元，采用分期滚动开发方式。投资主体为"上实集团"等 7 家企业，是目前中国在海外最大的房地产投资项目。因金融危机冲击，2009 年"波罗的海明珠"项目一期销售亏损，工程被迫减缓进度。2010 年以来项目逐步恢复，房屋销售量上升。为分散风险，项目开始引进外方投资，"明珠广场"商业项目与芬兰 SRV 公司达成合资开发协议。

中国诚通控股集团：投资莫斯科国际贸易中心项目。该项目位于莫斯科州红城区，占地 20 万平方米，现有 16 栋独立建筑，建筑面积约 13.2 万平方米。总投资 3.5 亿美元，其中 2.66 亿美元用于收购格林伍德公司全部股权，其余资金用于装修等。贸易中心将以商品展示的方式销售，吸引包括华商在内的俄罗斯、土耳其、越南、韩国等国的贸易商前来经营，主要为华商提供合法的经营场所，将协助华商办理公司注册和合法身份，并提供清关等相关

波罗的海明珠

服务。2011 年 9 月开始营业。目前已吸引来自中国、德国、美国、越南等国的约 431 家企业入驻，出租率达 64%。已入驻的中国知名企业有东风汽车集团、中兴通讯公司等。

中国机械进出口（集团）有限公司：参与俄罗斯奔萨州日产 5000 吨水泥厂项目，该项目业主为俄罗斯亚洲水泥公司，中国机械进出口（集团）有限公司和成都建筑材料工业设计研究院组成的投标联合体，获得了该项目的总承包权（EPC），负责工艺设计、设备供货及建设安装。2008 年 2 月签约，一期合同总金额 1.5 亿美元。2011 年 11 月项目正式开工，2014 年 5 月竣工投产。

整体来看，中俄投资合作尚处于起步阶段，需要中国投资者更多了解俄罗斯经济动态、发展趋势和投资政策变化，敏锐捕捉和把握对俄投资机遇，并期待中俄投资合作将成为加速两国经济结构转型，拉动经济增长，转变贸易增长方式的重要推动力量。

三、合作领域和合作重点

在国际政治、经济、金融环境复杂多变，大宗商品价格低迷，各主要经济体下行压力加大的背景下，中方愿同俄方共同努力，发挥相互投资的引擎作用，把产能和装备制造合作作为新的增长点，落实好重点合作项目，促进双向投资便利化，提高投资活力，深化能源资源、财政金融、航空航天、农业、军技等领域合作，为中俄务实合作提质增量。开展石油勘探、开发、炼化上中下游一体化合作。对接中方创新驱动发展，大众创业、万众创新，"中国制造 2025"和俄方"创新 2020 战略"，大力发展高科技和创新合作，早日启动中俄创新对话，探索建立创新合作新模式。中俄双方共同签署《中俄总理第二十次定期会晤联合公报》，并见证能源、投资、金融、高科技、海关、质检、教育、旅游等领域 30 余项双边合作文件的签署。

2015 年俄罗斯国际投资指数为 72.72，在 108 个样本经济体中排名第 3 位，这说明俄罗斯的整体市场环境较好，潜力较强，对外商投资具有一定的吸引力。在 11 大板块贡献度排名中，前三位分别是宏观经济板块、基础设施板块

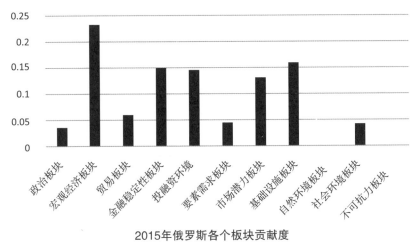

2015年俄罗斯各个板块贡献度

资料来源：武汉大学国际投资研究中心。

和金融稳定性板块。稳定的宏观经济板块、完善的基础设施板块和强力的金融稳定性是吸引外商直接投资的先导因素。其他方面，投融资环境、市场潜力、贸易等板块的贡献度排在中游，而自然环境板块和不可抗力板块排名最后，说明俄罗斯的自然环境状况较为恶劣。

进一步使用经济学模型测算各个板块2015年发生的概率，测算方法是衡量主要指标的变动是否超出了预定值，如果超过，说明发生概率较大，反之发生概率较小，俄罗斯计算结果见下图。从各板块发生的概率来看，政治板块、

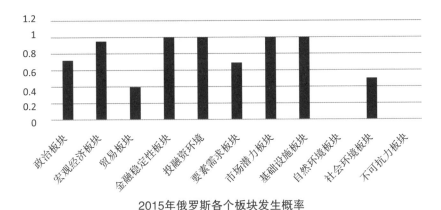

2015年俄罗斯各个板块发生概率

资料来源：武汉大学国际投资研究中心。

宏观经济板块、金融稳定性板块、投融资环境板块、市场潜力板块、基础设施板块显著超过了0.5，这些领域在未来的发展趋势尤其需要密切关注。

以上表明，俄罗斯的贸易板块和要素需求板块较为薄弱，而金融稳定性板块和投融资环境板块较好。所以我国可以加大与俄罗斯的贸易往来，并结合俄罗斯的轻工业较为落后而重工业较强的产业特点，通过采购天然气、石油、煤炭、铁矿石等资源，补给我国资源较为缺乏的劣势；而我国可以通过输送棉麻制品、皮革、化纤制品、茶叶等方式，扩大销售总额。

四、政策分析

俄罗斯主管贸易的政府部门是经济发展部、工业和贸易部、农业部、联邦海关局等。

经济发展部、工业和贸易部主要职责是制定对外贸易政策和管理对外贸易，签发进口许可证，管理进出口的外汇业务，制定出口检验制度，审批有关对外贸易的协定或公约等。联邦海关局执行俄罗斯政府的对外贸易管理政策，办理关税业务和报关业务等。

根据关税同盟有关法律规定，俄罗斯加入世界贸易组织后，关税同盟国俄罗斯、白俄罗斯和哈萨克斯坦发起反倾销、反补贴和保障措施的权利和职能已全部移交关税同盟和统一经济空间的常设执行机构——欧亚经济委员会，由其负责该领域工作的具体执行。

在俄罗斯，与贸易相关的主要法律有俄罗斯联邦《对外贸易活动国家调节原则法》《对外贸易活动国家调节法》《俄罗斯联邦海关法典》《海关税则法》《技术调节法》《关于针对进口商品的特殊保障、反倾销和反补贴措施联邦法》《外汇调节与监督法》《在对外贸易中保护国家经济利益措施法》等。

俄罗斯投资主管国内和国外投资的政府部门有：经济发展部、工业和贸易部、国家资产委员会、司法部国家注册局、反垄断署、联邦政府外国投资咨询委员会、中央银行、财政部、联邦金融资产管理署、联邦政府外国投资者监督委员会等。

俄罗斯政府鼓励外商直接投资领域大多是传统产业，如石油、天然气、煤炭、木材加工、建材、建筑、交通和通信设备、食品加工、纺织、汽车制造等行业。

2008 年 4 月 2 日和 4 月 16 日，由俄罗斯议会上下两院分别通过和批准，5 月 5 日，由普京签署了《有关外资进入对国防和国家安全具有战略性意义行业程序》的联邦法。该法第 5 款明确规定 13 大类 42 种经营活动被视为战略性行业，主要包括：国防军工、核原料生产、核反应堆项目的建设运营、用于武器和军事技术生产必须的特种金融和合金的研制生产销售、宇航设施和航空器研究、密码加密设备研究、天然垄断部门的固定线路电信公司、联邦级的地下资源区块开发、水下资源、覆盖俄罗斯领土一半区域的广播媒体、发行量较大的报纸和出版公司等。

此外，俄罗斯法律规定俄罗斯中央银行有权对外资信贷机构在业务和最低注册资本方面提出补充要求；外国投资者不能参加航空业股东大会和董事会的管理工作。

俄罗斯禁止外资投资经营赌博业、人寿保险业；禁止外资银行设立分行；禁止外国保险公司参与其强制保险方案。

2011 年，俄罗斯对《俄罗斯联邦外国投资法》进行了修改，旨在降低外资进入门槛，目前政府已通过一揽子修改条款，涉及简化外资进入食品、医疗、银行及地下资源使用等行业的手续。

俄罗斯关于外资并购的法律体系的主要特点是由多部法律组成，法律分几个层次，且由几个机构分工协作来实施这些法律。其法律体系包括联邦层面的法律、各自治共和国的法律、俄罗斯联邦参加的国际条约以及俄罗斯政府部门的相关规则。

根据《俄罗斯联邦外国投资法》第一条，在俄罗斯境内的外国投资者可以是国外公司、企业、自然人，以及外国政府机构和国际组织。根据俄罗斯的相关法律，外资在俄罗斯可以创办外资企业、合资企业、分公司或外国公司驻俄代表处。外资企业或合资企业是有外国投资的法人机构，分为有限责任公司、封闭式股份公司、开放式股份公司，其中外国资本不少于 10%，创立人可以是外国自然人或法人。

俄罗斯允许外资并购本地企业。俄罗斯外资并购的主管机构是联邦反垄断署（FAS），同时，俄罗斯中央银行（CBR）也履行部分并购功能，主要对涉及银行和金融机构等方面的交易进行监管。

目前俄罗斯开展公私合营主要以特许权协议为基础，现行法律规定只能采用 BTO（建设—移交—运营）和 DBFO（设计—建设—融资—经营）两种模式，且后者仅适用于公路建设项目。

五、合作案例

（一）"中俄丝路创新园"项目

2012 年 6 月，在中俄两国元首的见证下，俄罗斯直接投资基金和中国投资有限责任公司正式签署文件，成立中俄投资基金。高屋建瓴的顶层设计，使中俄投资基金由此成为中俄两国经济交流的重要桥梁。

2014 年 10 月 13 日，在李克强总理和俄罗斯总理梅德韦杰夫的见证下，陕西省政府与俄罗斯斯科尔科沃创新中心、俄罗斯直接投资基金、中俄投资基金代表，共同签署了《关于合作开发建设中俄丝绸之路高科技产业园的合作备忘录》，正式启动了"中俄丝路创新园"项目，力推了中俄两国科技经济合作。

作为中俄丝路合作的载体，"中俄丝路创新园"以一园两地、两地并重的建设模式，即在中俄两国各建一个园区，两个园区通过"请进来、走出去"战略，促进中俄双方企业互到对方国家投资发展，推动中俄企业资源共享，实现互利互惠。其中，科技、教育和管理领域将成为陕西和俄罗斯合作的重点。

其中，中方园区落户的沣东新城统筹科技资源改革示范基地，更是国务院批准设立的面向全球科技创新资源聚集基地、科技成果中试与转化基地。重点打造科技研发、成果转化、企业孵化、成长企业加速器等模块。目前正依托陕西省科研和现代工业基础，建设以高新技术研发为先导、现代产业为主体、第三产业和社会基础设施相配套的高科技产业园区。通过中俄丝路创新园，沣东新城将努力发现陕西与俄罗斯之间的差异性和互补性，努力打造西部地区对俄科技合作的前沿阵地，建设对俄科技人才信息等资源的集聚与辐射的重要平台。

目前，该基地建设已有项目落地，中国和俄罗斯在莫斯科就"中俄苏霍伊商用飞机运维项目"签订合作协议，双方计划在陕西西咸新区建设俄罗斯商用飞机运维中心。这标志着俄罗斯商用飞机首次进入中国航空市场。"中俄苏霍伊商用飞机项目"为中国首个俄罗斯商用飞机运维项目，由陕西西咸新区沣东新城管委会、俄罗斯联合航空制造集团公司、苏霍伊商用飞机公司，以及中俄投资基金和新世纪国际租赁有限公司等共同实施。

（二）中俄能源合作

1994 年 11 月，俄罗斯率先提出中俄原油管道计划，双方签署了《中国石油天然气总公司与俄罗斯西伯利亚远东石油股份公司会谈备忘录》，中国双方开始了漫长的调查论证、谈判工作；1996 年两国政府签署了《中华人民共和国政府和俄罗斯联邦政府关于共同开展能源领域合作的协定》；2000 年，中俄达成协议，双方将合作修建一条从俄罗斯安加尔斯克到中国东北大庆的石油管道（安大线），总长度约为 2400 公里，由中俄两国合作铺设。该管道计划于 2005 年铺设完成，每年向中国输送石油 2000 万吨，以后将增加到 3000 万吨。此线路由于日本的介入而流产。2001 年 9 月，中俄两国总理正式签署了《中俄输油管道可行性研究工作总协议》，但这些协议并没有使中俄能源合作取得预期的成果。2003 年，我国石油进口为 1 亿多吨，而从俄罗斯进口的石油仅 200 多万吨，不到我国石油进口总量的 2%；而当年俄罗斯出口的石油达 2 亿多吨，向中国出口的石油不到俄罗斯石油出口总量的 1%。2004 年俄罗斯政府提出建设一条以东西伯利亚的泰舍特为起点，途径贝加尔湖北部，沿贝加尔—阿穆尔大铁路和中俄边境地区，一直通往俄罗斯的远东港口纳霍德卡的石油管道，即"泰纳线"。并在安加尔斯克—纳霍德卡干线上建设一条到中国大庆的支线，其中到中国的管道线路将优先开工。2004 年 9 月 25 日，当温家宝总理对俄罗斯进行正式访问时，普京表示俄罗斯将坚定不移地加强同中国在石油天然气领域的合作，并认为这是两国战略合作的重要组成部分。2005 年中国自俄罗斯进口的原油总量达到 1278 万吨，2006 年达到 1579 万吨，年增 20%，仅占中国 2006 年原油进口总量的 11%。2007 年进口量有所下滑，为 1453 万吨。由此可见，中俄能源合作的潜力巨大，有待进一步的开发。

中俄油气合作

金融危机使俄罗斯经济形势迅速恶化，卢布贬值，大量资本外流，外汇储备严重缩水。为了将金融危机造成的冲击降低至最低程度，俄罗斯政府将其对外能源政策进行了一系列调整，其中包括加强与中国、日本等东北亚国家的能源合作。2009 年 2 月 17 日，中俄双方在北京举行了第三次能源对话，就中俄"贷款换石油"的合同细节达成一致，并签署了正式协议。根据双方签署的协议，中国将向俄罗斯提供总计 259 亿美元的长期贷款，采取固定利率，约为 6%；俄罗斯则以石油为抵押，以供油偿还贷款，从 2011 年至 2030 年按照每年 1500 万吨的规模向中国通过管道供应总计 3 亿吨石油。2009 年 4 月 21 日，两国共同签署了《中俄石油领域合作政府间协议》，确定了中俄两国石油领域合作的条件，包括有关东西伯利亚—太平洋石油管道从斯科沃罗季诺炼油厂至中国漠河站的支线建设规划。协议规定，支线建设工程应不晚于 2009 年 4 月底开始动工，并于 2010 年完工。这一系列的签订标志着双方在石油领域已进入长期战略合作的新阶段。

在煤炭领域，2010 年 8 月 31 日中俄两国签署了"贷款换煤炭"的协议。根据协议，未来 25 年的前 5 年，中国将从俄罗斯至少每年进口 1500 万吨煤炭，而后 20 年，进口煤炭量将会不少于 2000 万吨。而中国将为俄罗斯提供总共 60 亿美元的贷款，帮助俄罗斯发展远东地区矿产资源开采项目，修建铁路、公路等煤炭运输通道，购买矿产挖掘设备等。

在核能领域，继中俄合作建设的田湾核电站一期工程投入运行后，就田湾核电站二期工程造价达成一致，田湾核电站是目前中俄间最大的经济合作项目。

在天然气领域，中俄两国草签了有关从西伯利亚、远东和萨哈林大陆架向中国出口天然气的协议，预计输气总量达 700 亿立方米／年。两国能源合作进入全面和实质性合作阶段。北控集团所属北京燃气与国际上近 20 多个国家的能源企业建立了友好关系，2015 年正式成为国际燃气联盟 (IGU) 准成员单位。北京燃气积极推进境外能源项目，按照国家"走出去"战略、"一带一路"战略构想，目前正与俄罗斯石油公司商谈上乔油气田项目，2016 年 6 月 25 日，在国家主席习近平和俄罗斯总统普京的见证下，北控集团与俄罗斯签署了《北京控股集团有限公司与俄罗斯石油公司 VCNG 项目合作及油气行业更广泛合作的框架协议》，是北控集团、北京燃气与俄罗斯石油公司建立长期战略合作关系的里程碑。

（三）"欧洲西部—中国西部"国际交通走廊

"欧洲西部—中国西部"国际交通走廊是贯穿俄罗斯、哈萨克斯坦、中国的大规模综合投资项目。这条经过圣彼得堡、莫斯科、喀山、奥伦堡、阿克托别、克孜勒奥尔达、奇姆肯特、阿拉木图、乌鲁木齐、兰州、郑州、连云港的路线全长超过 8000 公里。其中 2787 公里位于哈萨克斯坦境内，3181 公里位于中国境内，2192 公里位于俄罗斯境内，其中的 1482 公里就是从莫斯科州到哈萨克斯坦的公路建设项目。

已经有多家中国大型投资者表示有意为"欧洲西部—中国西部"国际交通走廊俄罗斯段进行融资，其中包括中国交通建设股份有限公司、中国铁路总公司、中国国际工程咨询公司、中国国家开发银行。

蒙古国

一、基本国情介绍

（一）地理环境

蒙古国地处亚洲中部，是世界第二大内陆国，位于中国与俄罗斯两大邻国之间，北与俄罗斯，东、西、南三面与中国接壤，蒙古国地域总面积156.65万平方公里，居世界第17位。全国按行政区划分为21个省和首都乌兰巴托。乌兰巴托是蒙古国政治、经济、文化、教育、科技和交通中心。除首都之外主要的经济中心城市还有额尔登特市、达尔汗市等。

蒙古国可耕地较少，大部分国土被草原覆盖。北部和西部多山脉，南部为戈壁沙漠。约30%的人口从事游牧或半游牧。

（二）自然资源

蒙古国自然生态资源丰富，包括：高于全世界平均水平的太阳能和风能资源；较丰富的森林和草原资源、土地资源和野生动植物资源。其森林覆盖率为8%。蒙古国的畜牧业是重要的传统产业，素有"畜牧业王国"之称，是国民经济的基础，也是其加工业和生活必需品的主要原料来源。蒙古国有天然牧场，草原资源丰富，草原总面积约为1.3亿公顷；现有牧民家庭15万户，牧民29.36万人；畜牧业产值占农牧业总产值的80%，占出口收入的10%；截至2015年年底，全国牲畜存栏量共计约5597.98万头，同比增长7.7%；农业用地面积为1.1501亿公顷，耕种面积为51.95万公顷。目前，蒙古国生产的小麦、土豆等作物基本可满足国内需求。其先后建立49个自然保护区，总面积达1800多万公顷，野生动物有戈壁熊、野马、野驴、野骆驼等18种。目前，蒙古国已探明的有80多种矿产和6000多个矿点，主要有铁、铜、钼、煤、锌、金、铅、钨、锡、锰、铬、铋、萤石、石棉、稀土、铀、磷、石油、油页岩矿等。其中，煤炭蕴藏量约 1520 亿吨、铜约 2.4 亿吨、铁约 20 亿吨、磷约 2 亿吨、黄金约 3100 吨、石油 80 亿桶。蒙古国目前已进行开采且出口产品的大中型矿主要有：奥尤陶勒盖铜金矿（OT 矿）、塔温陶勒盖煤矿（TT 矿）、额尔登特铜钼矿、那林苏海特煤矿、巴嘎诺尔煤矿、图木尔廷敖包锌矿、塔木察格油田等。

（三）人口民族

截至 2016 年 12 月，蒙古国人口约 312 万。蒙古国地广人稀，是世界上人口密度最低的国家之一，人口密度密度约每平方公里 2 人。蒙古国人口分布较不平均，全国近半数人口居住在首都乌兰巴托市。2016 年乌兰巴托市人口约 138 万人，且预计到 2030 年乌兰巴托市人口将达到近 180 万。蒙古国其他主要人口集中城市还包括达尔汗、额尔登特等。

从人口的年龄结构上讲，蒙古国是一个年轻的国家，现有人口中约 70% 为 35 岁以下的年轻人。

根据蒙古国 2010 年 7 月修订的《蒙古国外国公民法律地位法》，在蒙古国境内因私居留的外国公民总人数不得超过蒙古国总人口的 3%，其中一国国籍人数不得超过 1%。

目前长期居留在蒙古国的中国公民约有 2 万余人，其中包括在蒙古国华侨 1600 余人，主要集中在首都乌兰巴托市。每年施工季节，将有大量中国出国务工人员赴蒙务工，主要集中在房建及路桥建设行业和矿产行业。中国劳务人员集中在首都乌兰巴托市及各省路桥、基建项目现场。

喀尔喀蒙古族约占蒙古国人口的 80%，此外还有哈萨克族等少数民族。

（四）政治制度

蒙古国现行宪法为第四部宪法，于 1992 年 1 月通过，同年 2 月 12 日生效。宪法规定：蒙古国是独立自主的共和国；视在本国建立人道的公民民主社会为崇高目标；在未颁布法律的情况下，禁止外国军事力量驻扎蒙古国境内和通过蒙古国领土；国家承认公有制和私有制的一切形式；国家尊重宗教，宗教崇尚国家，公民享有宗教信仰自由；根据公认的国际法准则和原则，奉行和平外交政策。根据该宪法，该国名为"蒙古国"，实行议会制。

国家大呼拉尔是国家最高权力机关，行使立法权。国家大呼拉尔可提议讨论内外政策的任何问题，并将以下问题置于自己特别权力之内予以解决：批准、增补和修改法律；确定内外政策基础；宣布总统和国家大呼拉尔及其成员选举日期；决定和更换国家大呼拉尔常设委员会；颁布总统当选并承认其权力的法律；罢免总统；任免总理及政府成员；决定国家安全委员会的组成及权限；决定赦免等。国家大呼拉尔为一院制议会，其成员由蒙古国公民以无记名投票的方式直接或间接选出，任期四年。本届国家大呼拉尔于2016年6月产生，共76个席位，议席分布为：人民党65席、民主党9席、人民革命党1席、独立候选人1席。国家大呼拉尔主席为米耶贡布·恩赫包勒德（人民党），2016年7月5日就任。

宪法规定总统是国家元首、全国人民团结的象征。总统由全民不记名投票直接选举产生，任期4年。现任总统为查黑亚·额勒贝格道尔吉，在2013年6月的大选中成功连任。

蒙古国法院是拥有审判权的唯一机构。蒙古国法院由最高法院、省法院（包括首都法院）、地区法院、县法院、省辖区法院组成，同时设有宪法法院。国家最高法院是蒙古国最高审判机关，由大法官和若干名法官组成。最高法院现任大法官策·卓里格，2010年11月就职。检察机构由总检察署和各级地方检察署构成。现任总检察长玛·恩赫阿木古楞，2015年2月就职。

蒙古人民军于1921年3月18日创建。总统兼任武装力量总司令。1996年起实行文职国防部长制度。武装力量总参谋部独立于国防部。实行义务兵役制，1997年开始对武装力量组织结构进行调整，其编制体制由师—团制转入了旅—营制。1998年起增加了替代、合同兵役和抵偿服役制。1992年起服役期改为一年。总兵力约1.4万人。

（五）外交关系

蒙古国大呼拉尔1994年通过《蒙古国对外政策构想》规定，蒙古国奉行开放、不结盟的和平外交政策，强调"同中国和俄罗斯建立友好关系是蒙古国对外政策的首要任务"，主张同中国、俄罗斯"均衡交往，发展广泛的睦邻合作"。同时重视发展同美国、日本、德国等西方发达国家、亚太国家、发展中国家以及国际组织的友好关系与合作。2011年，蒙古国家大呼拉尔通过新《对外政策构想》，将"开放、不结盟的外交政策"拓展为"爱好和平、开放、独立、多支点的外交政策"，强调对外政策的统一性和连续性。明确对外政策首要任务是发展同俄罗斯、中国两大邻国友好关系，并将"第三邻国"政策列入构想，发展同美国、日本、欧盟、印度、韩国、土耳其等国家和联盟的关系。

2012年3月，蒙古国与北约建立"全球伙伴关系"。11月，蒙古国加入欧安组织，成为该组织第57个成员国。截至2014年7月，蒙古国已同173个国家建交。

蒙古国是最早同我国建立外交关系的国家之一。近年来，中蒙两国关系保持了良好发展势头。中蒙经贸论坛与2008年6月20日在乌兰巴托举行，正在蒙古国访问的时任中国国家副主席习近平出席了开幕式，并与蒙古国总理恩赫巴亚尔共同签署了《中华人民共和国政府与蒙古国政府经贸合作中期发展纲要》。中蒙政治互信进一步加强。一是高层互访频繁，双边进一步加强两国政府各部门、议会、政党的交流，不断深化互信和各领域务实合作；2014年中国国家主席习近平与蒙古国总统额勒贝格道尔吉5次会晤，特别是习主席成功访蒙，双方一致决定将中蒙关系提升为全面战略伙伴关系，并签署26项合作文件，标志着中蒙关系进入历史最好的发展时期；2015年9月3日，额勒贝格道尔吉参加中国人民抗战胜利70周年庆典，11月额勒贝格道尔吉访华，并签署系列合作文件，其中，涉及"一带一路"项目将成为主体。二是"丝绸之路经济带"倡议与"草原之路"倡议的有效对接，将成为中蒙政治互信的"压舱石"和"推进器"。中蒙两国山水相连、人文相亲、口岸相通，地缘优势和经济互补性进一步促进了两国政治互信的加深。

（六）经济环境

2010年，在国际市场矿产品价格不断升温的影响下，蒙古国经济快速复苏，实现GDP增长58.83%。随着全球金融危机影响的逐渐减弱，全球矿业走出低谷，国际市场矿产品价格在高位运行，蒙古国"矿业兴国"战略渐现成果，同时拉动了相关产业和基础设施建设发展，2011年、2012年蒙古国经济出现了前所未有的迅猛发展势头，2011 年蒙古国经济增速达到 44.80%，成为全球经济增速最快的经济体之一。

但是受蒙古国国内政策稳定性差、投资环境不稳定等内部因素，以及国际市场大宗商品价格持续走低等外部因素影响，2013 年以来蒙古国经济形势恶化，国民经济增速明显放缓。据世界银行统计，2013 年蒙古国国内生产总值增长 2.35%，较此前几年增速明显放缓。

2015 年蒙古国经济增长速度继续放缓。据世界银行统计，2015 年蒙古国GDP 共计 117.58 亿美元，较 2014 年下滑了 3.84%，人均 3973.46 美元。

年份	GDP（亿美元）	人口总数	人均GDP（美元）	GDP增长率（%）
2008	56.23	2629666	2138.29	32.77
2009	45.84	2669572	1717.13	−18.48
2010	71.89	2712657	2650.17	56.83
2011	104.10	2759074	3773.01	44.80
2012	122.93	2808339	4377.32	18.09
2013	125.82	2859174	4400.57	2.35
2014	122.27	2909871	4201.90	−2.82
2015	117.58	2959134	3973.46	−3.84

数据来源：世界银行。

中蒙两国经济互补性强，经贸合作前景广阔。习近平主席访问期间，两国新签署的《中华人民共和国政府与蒙古国政府经贸合作中期发展纲要》，为下一步两国合作做出发展规划。未来中蒙两国经贸合作继续按照矿产资源、基础设施、金融合作"三位一体、统筹推进"的总体思路开展合作，争取在2020 年实现双边贸易突破 100 亿美元。

二、产能合作现状分析

（一）引进外资情况分析

蒙古国经济对外依存度较高，对外贸易是拉动蒙古国整体经济增长的重要力量。近年来，受国际市场大宗矿产品价格走低影响，蒙古国出口总额增长放缓；受蒙币贬值影响，蒙古国进口总额出现负增长。据蒙古国海关统计，2014年蒙古国对外贸易总额共计110.11亿美元，同比增长3.6%。其中，蒙古国出口总额共计57.75亿美元，同比增长35.3%；进口总额共计52.37亿美元，同比下降17.6%。受蒙古国铜矿石和原油出口量大幅增加，蒙古国出口实现大幅增长，同时受蒙币持续贬值影响，蒙古国总进口出现较大幅度下降，蒙古国首次在对外贸易中实现顺差，全年共计5.38亿美元。

蒙古国外贸结构较为单一，矿产品占蒙古国总出口比重超过七成。蒙古国出口的主要商品是矿产品、纺织品、生皮、熟皮、畜毛及其制品、珍珠、宝石、贵金属、文化用品等。

蒙古国国内制造业发展仍处于起步阶段，除畜牧产品外，其他各类生活和生产材料均依赖进口。蒙古国进口的主要商品是机电商品及零配件、能源产品、公路、航空及水路运输工具及其零件、纺织品、化学及化工产品、植物产品及食品、钢材及其制品等。

2015年，蒙古国与全球139个国家和地区展开了双边贸易。主要贸易伙伴有：中国、俄罗斯、加拿大、韩国、日本、美国、德国、英国等。

（二）中蒙产能合作现状分析

在中蒙贸易、投资方面，中国已连续14年成为蒙古国最大贸易伙伴和外资来源国。蒙古国90%的产品均出口至中国，大约30%的产品需从中国进口。2014年，中蒙双边贸易总额73.1亿美元，同比增长22.6%。其中蒙古国自中国进口50.9亿美元，同比增长45.1%；自中国出口22.2亿美元，同比增长9.5%。中国主要进口产品包括焦煤、铜、钼等矿产品以及羊绒羊毛制品，出口产品包括机械、家用电器、日用品、水果鲜蔬等。截至2014年年底，在蒙古国注册的中国企业已达6500余家。

可以说中国的市场、资金、技术、通道和蒙古国的资源富集优势互补性很强，"一带一路"倡议更为双边合作提供更多机遇。首先，以中蒙政府间经贸合作为引领，中国政府为蒙古国提供无偿援助和优惠贷款。其中，一批惠及蒙古国民生的项目将陆续开展，如建设乌兰巴托残疾儿童发展中心项目、建设 8 所学校和幼儿园项目、电子医疗项目、粮库项目及 2015 年陆续交付使用的蒙古国儿童医院、新世纪教育项目、农用大型拖拉机和农机具项目等。其次，涉及"一带一路"和"草原之路"对接的基础设施建设的项目有新机场高速公路、扎布汗省 114 公里和巴彦洪格尔省 129 公里两条省际公路、雅玛格立交桥、乌兰巴托交警局路口立交桥、跨图拉河两座钢筋混凝土桥、草原森林防火设备、口岸使用的集装箱和车辆检测设备、亚欧首脑会议物资等。再次，在中蒙贸易、投资方面，中国已连续 14 年成为蒙古国最大贸易伙伴和外资来源国，《中华人民共和国政府与蒙古国政府经贸合作中期发展纲要》确定了到 2020 年双边贸易额达 100 亿美元的目标。最后，中蒙俄经济走廊建设、跨境经济合作区建设、未来双边自贸区建设、双边口岸建设、铁路建设、新能源建设、电力建设、农牧业、环保等领域将陆续开展全方位合作。这些新的合作项目规划，将为增进两国人民福祉、为两国人民带来实实在在的利益。

中蒙矿产资源开发进一步推进。"一带一路"倡议和"草原之路"倡议的有效对接，尤其是两条铁路与中国标准轨对接，必将对蒙古国矿产资源有效开发、降低成本、扩大出口、增加其财政收入、造福两国人民产生积极效果；在矿产资源开发上，要以促进蒙古国经济发展和产业升级为先导；在合作方式上宜采取开发和深加工相结合、投资与贸易相结合的方式；同时，注意矿产资源开发的全球化，积极开展国际合作。中国积极为蒙古国解决长期关心的过境运输、出海口等问题，双方成立了矿能和互联互通合作委员会，而这必将对中蒙矿产资源开发产生积极作用。

中蒙金融合作进一步深化。2015 年 1~9 月，中国企业累计在"一带一路"沿线 48 个国家投资 120.3 亿美元，同比增长 66.2%；在"一带一路"建设方面，中国倡导成立 1000 亿美元的亚洲基础设施投资银行，目前《亚洲基础设施投资银行协定》签署国已增至 57 个，遍及亚洲、欧洲、非洲、南美洲和大洋洲，在全球范围内掀起一股"亚投行热"。中国的经济增长是全方位开放，"引进来"和"走出去"并重，凸显与发展中国家加强经济合作。中国不仅要打造国内经济的升级版，亦希望通过"一带一路"建设打造对外开放的升级版，实现改革发展与对外开放的良性互动。中蒙双边本币互换规模已扩大至

150 亿元人民币；中国银行已在蒙古国设立办事机构，正准备申办经营性机构；中国工商银行也正准备设立办事机构。"巧妇难为无米之炊"，目前，蒙古国的经济财政困难是暂时的，但国家建设正需要大量的资金；中国"一带一路"倡议与蒙古国"草原之路"倡议的有效对接，有大批的基础设施建设将实施，这必将进一步促进中蒙金融合作的深化。

中蒙金融合作与发展论坛

中蒙人文交流进一步密切。国之交，在于民相亲；民心相通是人文交流原动力，其中包括教育、旅游、医疗、科技、文化等多层面的合作；中方欢迎更多的蒙方公民赴华留学、旅游、经商、就医等，从 2015 年开始至 2020 年，将向蒙方提供 1000 个培训名额，增加提供 1000 个中国政府全额奖学金名额，为蒙方培训 500 名留学生，邀请 500 名蒙方青年访华，邀请 250 名蒙方记者访华，并向蒙方提供 25 部中国优秀影视剧译作。2015 年以来，中国商务部将蒙古国政府官员和有关部门的专业技术人员共 382 人，请到中国进行为期一个月的短期专业技术培训，其中，涉及农业、医疗、体育、食品卫生、气候变化、广电、通信、贸易管理、生态保护、金融合作、技术监督等 58 个不同类型的培训班，相信这将对增进两国人民的相互了解和友好感情的发挥起到重要促进作用。"一带一路"的实施，总体上看，存在区域一体化水平与欧洲等发达国家相比，有各区域间发展不平衡的问题；有亚洲国家正处于经济转型升级的关键阶段，要适应环境变化、保持经济强劲可持续增长、避免踏入"中等收入陷阱"的问题。在中蒙双边合作项目中,除蒙古国基础设施严重落后外,应注意蒙古国政府人员更迭频繁、政策不够稳定、投资环境较差等问题。中国的"一带一路"倡议与蒙古国"草原之路"倡议的有效对接,必将惠及两国民众。

三、合作领域和合作重点

"一带一路"沿线大多是新兴经济体和发展中国家,总人口约44亿,经济总量约21万亿美元,分别约占全球的63%和29%,是世界上最具发展潜力的经济带。国内外专家普遍认为,无论是"丝绸之路经济带",还是"21世纪海上丝绸之路",都蕴含着以经济合作为基础和主轴的发展内涵。深挖中国与沿线国家的合作潜力,将促进中国中西部地区和沿边地区对外开放,推动东部沿海地区开放型经济率先转型升级,进而形成海陆统筹、东西互济、面向全球的开放新格局。由此可见,在现有基础上进一步加强中蒙合作十分必要。尤其是2013年,蒙古国政府提出建设连接中蒙俄三国铁路、公路、石油、电力、天然气"五大通道",2014年,蒙古国政府改称为"草原之路"的发展构想。

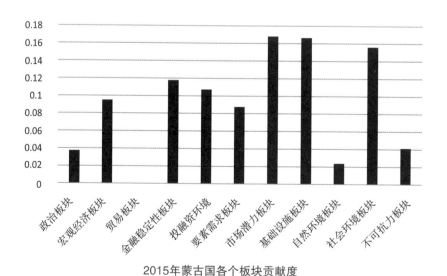

2015年蒙古国各个板块贡献度

资料来源:武汉大学国际投资研究中心。

中国"丝绸之路经济带"倡议与蒙古国"草原之路"倡议在理念和内容上有高度的契合,这必将推动中蒙关系不断迈上更高台阶。

2015年蒙古国际投资指数为35.33,在108个样本经济体中排名第71位,这说明蒙古国的整体市场环境较差,潜力较弱,对外商投资吸引力较弱。在11大板块贡献度排名中,前三位分别是市场潜力板块、基础设施板块和社会环境板块。较强的市场潜力、基础设施是吸引外商直接投资的重要因素,而稳定的社会环境是一国对外开放和参与经济全球化的必要条件。其他方面,蒙古国在金融稳定性、投融资环境、要素需求等板块的贡献度排在中游,而贸易板块很弱,说明蒙古国目前贸易相对落后,有待进一步的提升。

进一步使用经济学模型测算各个板块2015年发生的概率,测算方法是衡量主要指标的变动是否超出了预定值,如果超过,说明发生概率较大,反之发生概率较小,蒙古国计算结果见下图。从各板块发生的概率来看,市场潜力、自然环境、社会环境、投融资环境、要素需求、基础设施等板块发生的概率显著超过了0.5,这些领域在未来的发展趋势尤其需要密切关注。

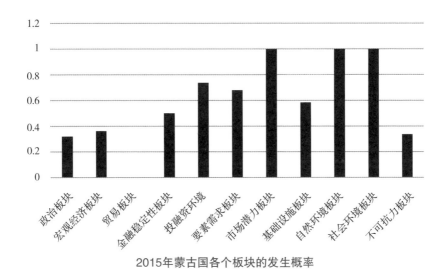

2015年蒙古国各个板块的发生概率

资料来源:武汉大学国际投资研究中心。

以上表明,蒙古国的市场潜力、基础设施和社会环境较好,而贸易和自然环境较差。所以我国应结合应通过对蒙古国输送棉麻制品、茶叶等生活物资，加强与蒙古国的贸易往来。

四、政策分析

蒙古国是世界贸易组织成员方。蒙古国现主要使用关税和非关税两种基本手段在世界贸易组织的框架内协调外贸政策。从 1999 年 7 月 1 日开始，除 1996 年与世界贸易组织商定的 9 种零关税商品外，对其他所有进口商品征收 5% 的关税。

蒙古国的出口需要许可证，由政府主管部门审查出口合同、计划，签发许可证。

对进出口的单证要求是：①承运者的 3 份发票，发票中须写明货物名称、规范、买卖双方的姓名、地址、启运时间、货物数量、毛重、净重、运输包裹或箱柜件数、价值等内容。②一般不需要商品产地证明书，但如买方或信用证上提出要求，则需有商业管理部门正式印发的证明书两份，并要附加公证证明。

对运货单无特别规定。但习惯上，运货单上必须写明发货方、承运方、收货人及地址、到达港、商品种类、名称、运货单号码、承运方正式收据的日期和签名。

蒙古国规定，自 1995 年 2 月 16 日起，凡通过航空与铁路进入蒙古国境内的进口货物均需持有货物清单。采取这一措施的目的是使进口管理与国际通行做法接轨，同时保障海关的检查，减少运输工具在边境口岸的滞留。

中蒙之间按 1994 年签订的《进出口货物质量认证协议》，对对方货物在各自口岸进行商品质量检查，检查合格后进行相互认证，以书面文件为凭。在通过海关时，要进行报关，填写海关报税单，缴纳关税。

根据蒙古国《通过禁止出入境和非关税限制商品列表》，国家禁止麻醉品及使用、生产麻醉品的工具、麻醉植物出入境（医用麻醉品、植物的进口根据主管卫生的中央行政机关的批复放行），禁止各类酒精入境。

根据蒙古国《通过禁止出入境和非关税限制商品列表》，限制出口铀矿石及其精粉，种畜，牲畜、动物精液胚胎、微生繁殖物，野生动物及其原料产品、与野生动物有关的研究用标本，普通历史文化纪念品及用于动物、植物、矿物研究和解剖学、考古学、古生物学、种族学及钱币研究的采集品和收藏品；限制临时出口历史、文化珍贵纪念品；限制进出口必须监控的医疗、预防用器官、捐助血，剧毒化学品，枪支、武器，作战用品、装配及其配件、设备，爆炸品。

根据2013年11月1日正式实施的蒙古国《投资法》规定，外国投资者（包括外国法人和自然人）可进行以下种类的投资：

1）自由外汇、利润再投资（可以是投资所得的收入）。

2）动产和不动产及其相关的财产权。

3）知识与工业产权。

在蒙古国的外国投资按下列方式实施：

1）投资人单独或与其他投资人合作成立企业。

2）投资人购买股票、债券和其他有价证券。

3）通过并购、合并公司的方式进行投资。

4）签署租让权、产品分成、市场营销、经营管理合同和其他合同。

5）融资租赁和专营权形式的投资。

6）法律未禁止的其他形式。

五、合作案例

（一）矿产合作

"中国和蒙古国同为世界重要的矿产资源和矿业国家，矿产资源开发是中蒙经贸合作的重要领域之一。"中国国土资源部总工程师彭齐鸣在中蒙矿产资源开发洽谈会上做出如是发言。

2015年10月23~27日，首届中国—蒙古国博览会在内蒙古呼和浩特举行。作为博览会重要组成部分，其间召开的中蒙矿产资源开发洽谈会得到中蒙双方政要及商界人士的广泛关注。当日的洽谈会座无虚席，会下互动频繁，俨然一场商机交流大会。

中蒙博览会

矿产资源是经济社会发展的重要支撑，内蒙古和蒙古国都具有丰富的矿产资源，加强中蒙矿业交流合作是内蒙古与蒙古国合作的"重头戏"。

洽谈会上，中蒙两大矿产"巨头"强强联合，签署了包括内蒙古矿业集团与珍宝蒙古集团"关于合作开发有色金属及非常规天然气勘查开发的总规划书"在内的 7 项合作协议。

据内蒙古自治区副主席王波介绍，2015 年上半年，内蒙古与蒙古国双边贸易额达到 1737 亿美元，同比增长 67%，其中，矿业领域的经贸合作增长尤为抢眼，铜矿砂进口 8.85 亿美元，同比增长 44%，锌矿砂进口 0.4 亿美元，同比增长 1723.4%。

不仅如此，内蒙古在蒙古国的矿产勘探方面亦成绩喜人。截至目前，内蒙古在蒙古国的矿产资源勘探开发项目有 49 个，项目占比达 43.36%。作为内蒙古地勘行业的领军企业，内蒙古地勘局和内蒙古有色局都在蒙古国开展了地质勘查、矿山开发等方面工作，共成立国外公司 10 家，开展合作项目 40 多个，注册总资本 2200 多万美元。

"中国是蒙古国最大的贸易合作伙伴和投资来源国，蒙古国同样十分重视与中国在矿产能源方面的合作。"蒙古国议会议员 S. 宾巴朝克图表示，目前，蒙古国正在着手改善矿业投资环境，为双方进一步拓宽合作领域、提高合作层次、开展务实合作奠定基础。

同时，蒙古国政府和矿产部正在实施矿产资源部门法律改革，蒙古国大呼拉尔审议通过了有关矿产和石油政策修正法案。这些法律法规的修正和完善，为该领域发展提供了长期、公开、稳定的法律保障。

事实上，中蒙两国在矿产资源方面的合作早已开始。中国向蒙古国供电、蒙古国向中国供矿的"矿电互补"模式成为中蒙双方合作的典型案例。

奥尤陶勒盖矿位于蒙古国南部，是蒙古国最大铜金矿，也是亚洲最大铜金伴生矿。奥尤陶勒盖矿距中国巴彦淖尔市乌拉特中旗甘其毛都口岸仅 80 公里。2013 年 7 月，中国开始经甘其毛都口岸进口蒙古国奥尤陶勒盖矿铜矿砂，进口量一路攀升。目前，甘其毛都口岸所在地内蒙古巴彦淖尔市政府也在积极推进与蒙古国共建跨境经济合作区项目，打造中蒙能源矿产也深加工基地。

奥尤陶勒盖矿对外关系顾问多米尼克此前接受中国媒体采访时曾表示，奥尤陶勒盖铜金矿目前所有铜矿初步加工产品出口中国，所用电力也依靠中国供应，中国市场对蒙古国实现"矿业兴国"战略具有重要意义。

（二）通道建设合作

中蒙两国领土相连，在通道建设上具有很大的合作空间和巨大的需求。东北地区振兴规划将中国阿尔山（伊尔施）至蒙古国乔巴山铁路项目作为重点项目，从战略角度确定了通道建设领域的合作是东北地区与蒙古国开展合作的主要领域之一。

蒙古国历史上是草原丝绸之路要冲，中西文化和南北文化交流的汇集地。国家提出"一带一路"宏伟蓝图后，蒙古国积极响应，并将之视为蒙古国的发展机遇，提出"草原之路"与"一带一路"对接。

（三）中蒙俄合作攻坚冶炼尾气制硫

2016 年 10 月 14 日，中蒙俄三国"冶炼烟气中 SO_2 还原制备硫黄技术研究课题"洽谈会在中国科学院过程研究所召开。

有色金属冶炼产生的二氧化硫尾气处理是重大环保问题，通常制成硫酸。但在化学工业薄弱的地区没有硫酸市场，严重制约冶炼行业的发展，如俄罗斯和中国的偏远地区，又如蒙古国、中亚等国家和地区。尾气制硫黄是比较合理的选择，但存在高成本的技术难题。

为了解决俄罗斯 Norilsk 冶炼烟气中的大量 SO_2，1990 年前由俄罗斯有色金属研究院开发，用天然气为还原剂尾气制硫黄，历经多次试验，建成了两套年产 4 万吨硫黄的装置，已成功生产多年，但因设备老化和高成本高消耗问题已停用，计划进行技术改造降低还原成本。哈萨克斯坦、蒙古国和伊朗都有计划建设新的铜冶炼项目，但是硫酸没有销路，建设方案被 SO_2 "挡住"，中国西部的一些铜冶炼项目由于硫酸销路不畅，生产组织极为困难，用硫化矿为原料的重金属火法冶金项目在硫酸没有销路的地区都存在"硫难题"。

在"一带一路"沿线国家和地区，急需回收冶炼烟气中 SO_2 的新工艺，本课题既是环保项目也是资源项目。项目产品固体硫黄仓储运输方便安全，目前市场价 125 美元 / 吨。2015 年中国进口 1200 万吨。化工和冶金行业专家教授对本课题给予高度关注，建议进行联合攻关研究，重点为还原过程和催化剂，研究目标能作为大型项目工程设计依据。

蒙古国 HOKO 公司和中科院过程所领导科技创新嗅觉灵敏，悄然开始了相关准备。会上 HOKO 董事长 Nyamaa 与过程所所长张锁江院士就该项目的合作内容、方式、进度等进行了磋商。会议由过程所试验室负责人李春山博士主持，出席会议的有蒙古国中华总商会副会长古尔班、过程所国际合作交流办公室负责人和重点实验室专家、鑫浩源公司工程师等。

Nyamaa 介绍了项目概况，蒙古国 HOKO 公司欲建设蒙古国第一家铜冶炼厂，但同样受制于 SO_2，为了解决这个问题，HOKO 公司在俄罗斯设立分公司，购买了俄罗斯有色金属研究院的低温还原制硫黄的专利技术，并整体聘用了研发团队。此项技术已完成实验室实验和验证，属于世界领先，其他国家还没有这方面的研究成果。因此，蒙古国 HOKO 公司希望与中科院过程所合作研究，放大做工业目的实验，形成工艺包。

（四）绒毛产业合作

中蒙两国山水相连、习俗相近、人文相通、经济互补、关系友好，为促进两国绒毛产业发展，7 月 27 日，作为 2016 年中国·苏尼特国际绒毛节的系列重要活动，2016 锡林郭勒中蒙绒毛产业发展暨产能合作论坛在锡林浩特隆重举办。中国毛纺织行业协会会长黄淑媛，蒙古国绒毛协会主席贝·钢巴图，内蒙古自治区经信委总工程师张树德，锡林郭勒盟副盟长乌力吉，口岸办主任、贸促会会长吉呼兰图，苏尼特右旗旗委书记佈仁，副书记、旗长布仁金等锡林郭勒盟发展改革委、经信、口岸、农牧等相关部门负责人，以及苏尼特右旗经信、园区、招商等部门负责人等参加论坛。

近年来，苏尼特右旗紧紧抓住内蒙古自治区实施振兴绒毛产业发展战略和发达地区产业转移的有利机遇，多措并举推进绒毛产业发展，集聚效应初步显现，现已成为锡林郭勒盟地区羊绒（毛）流通交易主要集散地，全旗年产羊毛近 3000 吨，加上周边地区进入的绒毛，交易量达 1.8 万吨。2015 年，全旗实现绒毛产值 33 亿元，2016 年有望达到 50 亿元。

蒙古国绒毛协会外交部部长姚·恩和图日介绍了蒙古国绒毛资源、产业发展情况以及合作意向。他指出，蒙古国绒毛资源丰富，年产羊毛 25000 吨，其中有 15000 吨出口到中国，而中国又是世界上最大的羊毛、羊绒加工和消费国，两国绒毛产业合作空间巨大。据了解，目前，蒙古国羊绒羊毛制品的出口比例正在不断缩减，本国企业不断加大羊绒羊毛精品的加工生产力度，而且蒙古国产品具有出口欧洲免关税的优势。姚·恩和图日希望加强与中国，特别是苏尼特右旗的合作，尽快让蒙古国产品进入内蒙古各地区。

早在 2015 年 10 月，苏尼特右旗与蒙古国绒毛协会便展开了合作，先后签订了"相互开辟销售网点销售对方产品"协议，双方可以在本辖区内开设销售对方产品的公司或店面；签订了 1000 吨洗净山羊绒收购协议和 5000 吨洗净羊毛收购协议；共同筹建成立了中蒙合资公司，为双方贸易对接提供更加便利平台。

"十三五"期间，中国毛纺织行业将集中提升自主创新水平，全面推进品牌建设，加强生态文明建设，优化产业区域布局，加快行业结构调整，建设多层次人才体系，并要加强国际交流与合作，保障毛纺原料市场的有序和稳定。

对于绒毛产业下一步的发展，锡林郭勒盟副盟长乌力吉建议要抓好产品

中国·苏尼特国际绒毛节

质量，抓好行业标准制定，抓好产品宣传。在开放合作方面，要突出产业合作，推动形成锡林郭勒盟内区域经济协作新模式；突出行业合作，强化行业统筹协调作用，筹发行业发展基金，强化技术交流；突出产能合作，务实推动与蒙古国绒毛协会的合作，积极分享二连浩特开发开放试验区，各方共同推动并全力参与产能合作，共同推动绒毛产业健康发展。

部分在蒙中资企业名录（2014年）

序号	公司名称	主营
1	山金矿业有限责任公司	铁锌矿
2	中国外运驻蒙古办事处	运输代理
3	中国龙美食城	餐饮服务
4	蒙电线有限责任公司	电缆线
5	中有色蒙古代表处	有色金属
6	蒙古国东苑矿业有限公司	生物、矿业
7	东胜石油蒙有限公司	石油开采
8	阿维利斯有限责任公司	羊绒加工
9	蒙古秋林有限责任公司	羊绒成衣

序号	公司名称	主营
10	中国国际航空公司	航空客运
11	BHM 有限责任公司	勘探、采矿
12	蒙古烟草有限责任公司	卷烟生产
13	蒙古正元有限责任公司	矿业
14	MONFRESH饮料厂	食品、饮料
15	中蒙合资鑫都矿业有限公司	锌矿开采
16	黑龙江蒙古有限公司	矿业
17	华融矿业有限责任公司	矿业
18	ZTE（中兴通讯）蒙古代表处	通信设备
19	蒙古天鸿有限公司	国际贸易、矿业
20	北京建工集团蒙古分公司	建筑
21	中国石油大庆塔木察格有限公司	石油开采
22	鼎立公司	炼钢、轧钢
23	恒立威有限责任公司	矿山用品、贸易
24	新鑫有限责任公司	金属矿山开发
25	美来福蒙古有限公司	肯特铜矿
26	银泰山有限公司	萤石加工
27	中国水利水电建设集团公司	水电站
28	蒙古国四达矿业有限公司	矿业开发
29	蒙古国蒙凯国际有限公司	汽车销售/配件
30	澳德有限责任公司	矿山机械
31	新世界有限责任公司	房地产开发/贸易
32	中铁蒙古有限责任公司CRMI	矿产开发
33	蒙古科尔沁有限公司	加气块、水泥砖
34	蒙古卜硕矿产有限公司	萤石矿开采加工销售

序号	公司名称	主营
35	蒙古国鸢都矿业有限责任公司	矿业
36	内蒙古巴彦淖尔市大业有限公司	建筑房地产及矿产
37	蒙古新源XYE矿产勘探有限公司	勘探、采矿
38	中国石化集团国际服务公司	石油工程服务
39	TCD有限公司	房地产开发
40	蒙古新亿利能源有限公司	矿产开发
41	中兴建筑有限公司	建筑装修
42	宏源有限责任公司	勘探、外贸
43	弘昌立实业有限公司	矿业、贸易
44	蒙古国孙蔡天马公司	建筑工程
45	DHB有限公司	混凝土生产
46	鑫田蒙古有限公司	
47	美源有限公司	贸易
48	永沛泉有限公司	矿业开发
49	新大地有限公司	钢材
50	金色装饰公司	建筑、装饰、设计
51	SGS IMME蒙古公司	实验测试、检验
52	新疆建工集团有限责任公司	公路工程、建筑
53	强德蒙奥云伙伴公司	沙石料、钢支撑
54	步步高有限公司	国际贸易
55	蒙泰山科技有限公司	消防报警、监控
56	HXY 有限公司	机械配件、沙场
57	乌力吉图宝音乌日格公司	建筑工程
58	开发有限公司	水泥经销
59	巴音北宸公司	地质勘查勘探

序号	公司名称	主营
60	蒙龙查胡尔特敖包	铁矿
61	呼斯林格力巴公司	电力
62	CGGC蒙古公司	
63	蒙古新世纪建筑	房地产
64	中煤建安蒙古公司	矿山建筑安装
65	美源有限公司	建筑
66	中冶天工建设蒙古公司	建筑施工
67	新特艺达外国投资公司	内外装修
68	布和巴图德布尔公司	防水材料生产
69	金博捷有新公司	涂料、腻子粉
70	中蒙合资旺财建筑公司	房地产、大理石
71	恒根塔布沧有限责任公司	建材泡沫
72	XXEM有限公司	矿业
73	创鑫国际物流	物流
74	帝西艾斯公司	服务及教育
75	中国银行乌兰巴托代表处	金融
76	中核工二建蒙古分公司	建筑
77	蒙古能源公司	煤炭开采
78	蒙欣巴音嘎拉有限公司	水泥生产
79	山东电建蒙古公司	工程
80	和平投资管理顾问公司	房地产文化及贸易
81	比共乔伊尔投资公司	房地产、铁矿石加工
82	JHDC公司	房产开发
83	世纪地标公司	房地产
84	蒙古向悦乌布苏石油有限公司	石油勘探开发

序号	公司名称	主营
85	上海柯达企业有限公司	房地产开发
86	图木日特特伦斯公司	钢铁销售
87	广友股份有限公司	GRC隔墙板生产
88	中蒙商贸进出口公司	钢材销售
89	马约特有限公司	电梯
90	蒙古国忠巴音石油公司	炼油厂
91	满都赫俄格勒公司	贸易
92	中铁四局乌兰巴托代表处	基础设施
93	新黑石集团	工程
94	华为技术蒙古公司	电信
95	唔仁–唔仁诺赫公司	建筑
96	蒙古惠华FAW公司	汽车
97	中铁一局蒙古公司	建筑
98	蒙古国新博远公司	建材
99	蒙古国黄河水利水电公司	水勘
100	中航国际蒙古代表处	航器
101	华鼎龙国际装饰公司	装修
102	HBDM公司	建材轧钢

资料来源：中国驻蒙古国大使馆经济商务参赞处。

第二篇
非洲、中东欧、中东扩宽『西翼』发展空间

第六章
非洲国家三网一化提速加力发展

南非

一、基本国情介绍

南非共和国，简称南非，地处南半球，有"彩虹之国"之美誉。南非位于非洲大陆南端的战略要冲，是"金砖五国"和南部非洲关税同盟（SACU）成员之一，是与非洲大陆其他国家进行经济、政治、人文等各方面交流的重要门户，还是跨国公司对非洲投资的首选目的地之一。

（一）地理环境

南非位于非洲大陆的最南端，陆地面积为 1219090 平方公里，世界排名第 25 位。南非北面接壤纳米比亚、博茨瓦纳和津巴布韦，东北毗邻莫桑比克和斯威士兰，另有莱索托为南非领土所包围。位于开普敦东南 1920 公里的爱德华王子岛及马里昂岛亦为南非领土。南非东、西濒临印度洋和大西洋，扼两大洋交通要冲，地理位置十分重要。海岸线长达 3000 公里。南非行政首都比勒陀利亚属于东 2 区，比北京时间晚 6 小时。

（二）自然资源

南非矿产资源丰富，是世界五大矿产资源国之一。现已探明储量并开采的矿产有 70 余种。铂族金属、氟石、铬的储量居世界第一位，黄金、钒、锰、锆居第二位，钛居第四位，磷酸盐矿、铀、铅、锑居第五位，煤、锌居第八位，铜居第九位。根据南非矿业部统计数据，2011 年已探明的矿藏储量：黄金 6000 吨（占世界总储量的 11.8%，下同），铂族金属 6.3 万吨（95.5%），锰 1.5 亿吨（23.8%），钒 364 万吨（26%），蛭石 1400 万吨，铬 31 亿吨（85%），铀 29.5 万吨（5.5%），煤 301.56 亿吨（3.5%），钛 7130 万吨（10.3%），锆 1400 万吨（27%），氟石 4100 万吨（17.1%），磷酸盐 15 亿吨（2.1%），锑 2.1 万吨（1.2%），铅 30 万吨（2.1%），锌 1400 万吨（3.3%），铜 1100 万吨（1.6%）。但因油气资源缺乏，南非能源主要依靠煤炭资源，石油、天然气主要依赖进口，部分采用生物能源、煤变油技术、核能、太阳能和风能。地下水是南非许多地区全年供水的唯一可靠来源，年地下水量为 22 亿立方米。

南非主要的农业资源是家禽、牛羊肉、玉米、水果等，其种植的柑橘品质上乘，是世界著名果汁品牌的主要原材料。南非是世界第七大葡萄酒生产国，年出口额在 2 亿美元以上；南非培育的波尔山羊是享誉全世界的肉用山羊品种。南非羊毛、葡萄酒、鸵鸟产品等产量均居世界前列。

（三）人口民族

据南非统计局 2015 年 7 月人口统计，南非总人口为 5496 万，其中女性 2807 万。分黑人、有色人、白人和亚裔四大种族，分别占总人口的 79.6%、9%、8.9% 和 2.5%。黑人主要有祖鲁、科萨、斯威士、茨瓦纳、北索托、南索托、聪加、文达、恩德贝莱 9 个部族，主要使用班图语。白人主要为阿非利卡人（以荷兰裔为主，融合法国、德国移民形成的非洲白人民族）和英裔白人，语言为阿非利卡语和英语。有色人主要是白人同当地黑人所生的混血人种，主要使用阿非利卡语。亚裔人主要是印度人（占绝大多数）和华人。有 11 种官方语言，英语和阿非利卡语为通用语言。约 80% 的人口信仰基督教，其余信仰原始宗教、伊斯兰教、印度教等。

（四）政治制度

1994 年 4 月 27 日南非举行首次不分种族的大选，成立了以非国大为首的新政府。目前，以非国大为首的三方联盟基本实现单独执政。南非新政府采取种族和解和民族团结政策，优先改善黑人的政治、经济和社会地位，并兼顾各方利益。新政府成立以来政局基本稳定，经济平稳增长。

南非实行多党制，国民议会现有 13 个政党。主要政党有：非洲人国民大会，简称非国大，是南非民族团结政府中主要执政党，是南非最大、最早的黑人民族主义政党，创建于 1912 年，现有党员约 100 万。主张建立统一、民主和种族平等的新南非，领导了南非反种族主义斗争，曾长期主张非暴力斗争；民主联盟，是第一大反对党，前身为民主党，2000 年与新国民党合并后改为现名，主要成员为白人，代表英裔白人工商金融界利益，是白人"自由派"左翼政党，主张废除种族隔离，积极参与南非和平进程；经济自由斗士，成立于 2013 年 6 月，该党主张采取激进政策，无偿收回所有土地并重新分配，实施矿业国有化政策，承诺为全民提供免费教育和医疗；南非共产党，与非国大、南非工会大会结成"三方联盟"；因卡塔自由党，前身是"民族文化解放运动"，以争取黑人解放为宗旨，主张通过和平谈判解决南非问题。此外还有人民大会党、联合民主运动、新自由阵线等。

（五）外交关系

南非奉行独立自主的全方位外交政策，主张在尊重主权、平等互利和互不干涉内政的基础上同一切国家保持和发展双边友好关系。对外交往活跃，国际地位不断提高，已经同 186 个国家建立外交关系。积极参与大湖地区和平进程以及津巴布韦、南北苏丹等非洲热点问题的解决，努力促进非洲一体化和非洲联盟建设，大力推动南南合作和南北对话。是联合国、非盟、英联邦、二十国集团、金砖国家等国际组织或多边机制成员国。

1998 年 1 月 1 日，中国与南非正式建立外交关系。建交以来，两国关系迅速健康发展，双方高层交往频繁，各领域合作不断深化和扩大，南非已经成为中国在非洲的重要贸易伙伴。2000 年 4 月，双方宣布建立两国"国家双边委员会"（元首级）。2006 年 6 月，温家宝总理访问南非，双方签署了《中华人民共和国和南非共和国关于深化战略伙伴关系的合作纲要》。2006 年 11 月，姆贝基总统来华出席中非合作论坛北京峰会，会后对中国进行国事访问。2007 年 2 月，中国国家主席胡锦涛对南非进行国事访问。2010 年 8 月，祖马总统来华进行国事访问，两国元首共同签署了《中华人民共和国和南非共和国关于建立全面战略伙伴关系的北京宣言》，将双边关系提升为全面战略伙伴关系。2010 年，时任政协主席贾庆林、国家副主席习近平先后访问南非，大大推进了两国在经贸、人文等领域的务实合作。2011 年 4 月，祖马总统赴海南出席金砖国家领导人第三次会晤。2012 年，中南两国领导人共同出席首尔核安全峰会和印度金砖国家领导人第四次会晤。2012 年 7 月，南非总统祖马赴华出席中非合作论坛第五届部长级会议开幕式并访问中国。2013 年 3 月，习近平主席访问南非，并出席在德班举行的金砖国家领导人第五次会晤；10 月，莫特兰蒂副总统访华，李源潮副主席与其共同主持召开中南国家双边委员会第五次会议；12 月，李源潮副主席作为习近平主席特别代表赴南非出席南非政府为前总统曼德拉举行的葬礼并致辞。

近年来，中、南两国在国际和地区事务上一直保持着良好合作，双方在人权、气候变化等领域的协调和合作日益加强。在南非越来越重视发展南南关系的大背景下，中南关系的重要性将进一步提升，中国与南非的经贸、政治关系可望得到进一步实质性的发展。

（六）经济环境

年份	GDP （亿美元）	人均GDP （美元）	GDP增长率 （%）
2008	2867.7	5817.278	3.191
2009	2959.36	5916.254	−1.538
2010	3753.49	7392.869	3.04
2011	4165.97	8081.417	3.212
2012	3973.86	7590.028	2.22
2013	3660.58	6881.795	2.212
2014	3498.73	6472.101	1.549
2015	3127.98	5691.687	1.283

数据来源：世界银行。

南非是非洲第二大经济体，是二十国集团、金砖国家等重要国际组织成员，是外国投资在非洲地区的首选目的地。对外国投资者而言，进入南非市场也是进入非洲市场的桥头堡。人均生活水平在非洲名列前茅，工业体系是非洲最完善的，深井采矿技术位居世界前列，矿产是南非经济主要来源。

根据南非政府 2010 年制定的"新增长路线"，南非积极促进基础设施建设、农业、采矿、绿色经济、制造业、旅游和服务行业等六大重点领域发展，2012 年又公布了《2030 国家发展规划》，制定 2030 年发展目标。此外，南非政府还牵头规划和实施非盟"南北交通走廊"计划，并与周边国家积极开展能源项目合作。

（七）法律

1994 年临时宪法是南非历史上第一部体现种族平等的宪法。1996 年，在临时宪法基础上起草的新宪法被正式批准，并于 1997 年开始分阶段实施。宪法规定实行行政、立法、司法三权分立制度，中央、省级和地方政府相互依存，各行其权。宪法中的人权法案（Bill of Right）被称为南非民主的基石，明确保障公民各项权利。修改宪法序言须国民议会四分之三议员和省务院中的六省通过；修改宪法其他条款须国民议会三分之二议员通过；如修宪部分涉及省务条款，须省务院中的六省通过。

（八）社会

南非系多种族，享有"彩虹国度"的美称。黑人、白人、亚洲人、有色人均占有不可忽视的比例。南非多种族和多元文化的社会结构使南非人生活习俗呈现融通状态，社会主流文化互不干扰。南非是非洲的科技大国和强国，科技管理体系较为健全，最高科技领导机构分为立法和执法两部分，南非政府制定了一系列科技发展战略、规划和政策，有力地推动了南非经济发展和创新。南非的医疗卫生系统较为完备，属中等发达国家水平。南非政府正在努力建立一个人人都能享有平等、高效、可靠和可持续发展的国家卫生服务体系来提高南非民众的健康水平。

南非属于中等收入的发展中国家。自然资源丰富。金融、法律体系完善，通信、交通、能源等基础设施完备。矿业、制造业、农业和服务业是经济四大支柱，深井采矿等技术居于世界领先地位。制造业、建筑业、能源业和矿业是南非工业四大部门。2008年，制造业产值约占国内生产总值的16%。主要产品有钢铁、金属制品、化工、运输设备、机器制造、食品加工、纺织、服装等。钢铁工业是南非制造业的支柱，拥有六大钢铁联合公司、130多家钢铁企业。发电量占全非洲的60%。南非畜牧业较发达，主要集中在西部三分之二的国土。牲畜种类主要包括牛、绵羊、山羊、猪等，家禽主要有鸵鸟、肉鸡等。主要产品有禽蛋、牛肉、鲜奶、奶制品羊肉、猪肉、绵羊毛等。所需肉类85%自给，15%从纳米比亚、博茨瓦纳、斯威士兰等邻国和澳大利亚、新西兰及一些欧洲国家进口。绵羊毛产量可观，是世界第四大绵羊毛出口国。南非是世界最大的黄金生产国和出口国，2001年黄金出口占南非出口总额的11%。但因国际市场黄金价格下跌，铂族金属已逐渐取代黄金成为最主要的出口矿产品。南非还是世界主要钻石生产国，产量约占世界的8.7%。南非德比尔斯公司是世界上最大的钻石生产和销售公司，总资产200亿美元，其营业额一度占世界钻石供应市场90%的份额，控制着世界毛坯钻石贸易的60%。2001年5月该公司被英美公司兼并。

二、产能合作现状分析

（一）南非外资引进情况

南非是非洲贸易大国，贸易额居非洲之首，占非洲贸易总额1/5以上。

根据联合国贸发会议发布的2015年《世界投资报告》显示，2014年，南非吸收外资流量为57.1亿美元；截至2014年年底，南非吸收外资存量为1453.8亿美元。

对南非的外国投资主要源于欧美地区。在南非外资流量中，欧洲国家占63%，美洲国家占25.8%。欧洲国家占南非的外国直接投资存量的78.5%，外国证券投资存量的52%；美洲国家相应占比分别为8.5%和44.7%。英国是南非最大投资来源地，其次是美国和荷兰。南非对外投资也主要流向欧美国家。

南非吸引外国直接投资较多的行业主要包括：电信和信息技术、采矿、化工、食品、饮料、烟草、汽车和零配件、塑料橡胶制品、餐饮、休闲和博彩、金属制品和其他制造业部门。

（二）南非与中国产能合作现状

据南非国税局统计，2016 年 1~6 月南非与中国双边货物进出口额为 93.8 亿美元，下降 7.6%。其中，南非对中国出口 69.5 亿美元，下降 5.1%；自中国进口 62.7 亿美元，下降 18.3%，占南非进口总额的 17.7%。南非与中国的贸易逆差 31.7 亿美元，下降 14.4%。

矿产品一直是南非对中国出口最主要的产品，1~6 月出口额为 17.6 亿美元，下降 26.9%，占南非对中国出口总额的 56.6%。矿产品以金属矿砂为主，矿物燃料出口相对较少。贱金属及制品是南非对中国出口的第二大类商品，1~6 月出口额 8.4 亿美元，下降 14.3%，占对中国出口总额的 26.9%。纤维素浆及纸张、纺织品及原料为对中国的第三和第四大类产品，出口额分别为 1.4 亿美元和 1.1 亿美元，下降 10.6% 和 4.9%，占南非对中国出口总额的 4.5% 和 3.5%。

南非自中国进口的首要商品为机电产品，1~6 月进口 28.4 亿美元，下降 17.9%，占南非自中国进口总额的 45.2%。此外，纺织品及原料和贱金属及制品进口 6.9 亿美元和 5.4 亿美元，分别下降 9.4% 和 29.2%，占南非自中国进口总额的 11.0% 和 8.7%。除上述产品外，化工产品、塑料橡胶等也为南非自中国进口的主要大类商品，占自中国进口总额的比重均在 5%~6% 左右。

中国与南非经济结构互补性强，合作潜力很大。从 1993 年起，南非就一直是中国与非洲国家中最大的贸易伙伴，当年的贸易额虽然仅为 6.6 亿美元，却占中国与非洲大陆贸易额的四分之一强。1998 年 1 月 1 日中国与南非建交后，两国经贸关系发展更为迅速，据南非官方统计，2006 年，中南两国贸易额为 88.6 亿美元，同比增长 40.4%，高于南非外贸增速 27.6%，这成为南非对外贸易中的一个亮点。2008 年，双边贸易额达到 178.24 亿美元，同比增长 26.9%，占中国与非洲国家贸易总额的 16.7%。

其中，中国向南非出口 85.93 亿美元，同比增长 15.7%，自南非进口 92.31亿美元，同比增长 39.6%。受国际金融危机影响，2009 年上半年，南非与传统贸易伙伴国的贸易额大幅下跌，仅中南贸易保持稳定，微跌 3.99%，中国从南非的第三大贸易伙伴国一跃成为南非最大的贸易伙伴国，中南贸易在南非对外贸易结构中的比例从 2008 年的 8.45% 大幅提高到 11.94%。2009 年上半年南非对中国出口 30.21 亿美元，同比增长 29.48%，南非自中国进口 38.31 亿美元，同比下跌 20.25%。据南非国税局统计，2010 年中南双边贸易额为 196.7 亿美元，增长 37.6%。其中，南非对中国出口81.4 亿美元，增长 40.3%；自中国进口 115.4 亿美元，增长 35.8%；南非逆差 34.0 亿美元，增长 26.1%，中国为南非第一大贸易伙伴、第一大出口目的地和第一大进口来源地。矿产品一直是南非对中国出口最主要产品，2010 年出口额为 57.9 亿美元，增长 56.9%，占南非对中国出口总额的71.2%。矿产品以金属矿砂为主，矿物燃料出口相对较少，但出口增长超过一倍。贱金属及制品是南非对中国出口的第二大类商品，出口额 13.7 亿美元，增长 3.3%，占南非对中国出口总额的 16.9%。贵金属及产品对中国出口小幅增长 3.6%，为南非对中国出口的第三大类产品。化工产品和机电产品对中国出口大幅增长，增幅分别为 72.4% 和 176.1%。 南非自中国进口的主要商品为机电产品、纺织品和贱金属及制品，2010 年合计进口 72.7亿美元，占南非自中国进口总额的 63.0%。除上述产品外，家具玩具制品、化工产品、鞋靴等也为南非自中国进口的主要大类商品（HS 类），在进口中所占比重均在 5% 以上。全年来看，中南双边贸易稳定快速增长，双边贸易增幅高出南非总体贸易增幅 10% 左右，且进出口增速趋于均衡，扭转了此前出口增长较快、进口增长较慢的局面。

随着南非经济近些年进一步与全球经济接轨，南非制造业的竞争力受到了一定的冲击。南非统计局的数据显示，南非制造业曾在 1993 年贡献了国内生产总值的 19%，2014 年这个数据下滑至 13.9%。在这样的背景下，中国公司的到来，为南非制造业带来了急需的技术、投资和工作机会。

中国企业近年来对南非制造业投资已涉及汽车、家电、建材、光伏等多个行业。2013 年，海信南非家电产业园开普敦工厂举行开业仪式，工业园可

在南非伊丽莎白港市的库哈工业园区，中国一汽工厂工人正在组装生产卡车

年产电视和冰箱各 40 万台；2014 年，中国汽车集团在东开普省曼德拉湾市的库哈工厂举行了首辆重型卡车下线仪式；2015 年，中国中车南非工厂完成了首批 95 台电力机车的全部组装。

中国在中非合作论坛前与南非签署了价值 940 亿兰特（约合 419 亿元人民币）的 26 项合作协议，合作范围涵盖采矿、旅游、电力等各个领域，合作协议将极大推动南非增长乏力的经济。中国助力南非引领中非产能合作、促进非洲工业化的努力，支持金融机构扩大对南非融资规模，创新金融合作，支持加快金砖国家新开发银行非洲区域中心筹建工作，为南非和非洲国家发展发挥积极作用。

产能合作是中国与南非开展经贸合作的突破口。南非工业化薄弱，其高达 20% 的失业率及一人一票的民主体制，使南非非常需要能够帮助创造就业的制造业。实际上，南非政府也在营造有利于中国投资者的营商环境，出台了众多优惠政策。南非劳动力成本较低，有庞大的市场需求及辐射周边的区位优势，原材料廉价而丰富。同时，筹备中的非洲自由贸易区给制造业提供了很多机会。南非中国经济贸易促进委员会协助开发的方圆 220 平方公里的五大园区，正适合容纳这些制造业的转移。

能源项目存在广阔发展空间。电力供应不足是制约南非经济发展的瓶颈之一。太阳能、核能、火电站、风能、水能，南非都非常欢迎。而且南非的自然条件非常适宜容纳这些资源。南非光照时间充足，铀矿丰富，非洲80%的电煤都蕴藏在南非，风能充足，水流充沛。投资矿产也是很好的机会，南非是世界上矿产种类最丰富且产量最多的国家之一。

中国-南非能源行业合作研讨会在南非约翰内斯堡举行

2016湖南·非洲国际产能合作暨工商企业跨境撮合对接会在长沙举行

三、合作领域和合作重点

2015年12月在南非举行的中非合作论坛宣布，将在3年内向中非10大合作计划提供600亿美元。其中100亿美元是新成立的中非产能合作基金。南非中国经济贸易促进委员会秘书长杨冰指出，中国国家主席习近平非常重视中国与南非的产能合作。中方愿助力南非引领中非产能合作、促进非洲工业化，支持金融机构扩大对南非融资规模，2014年12月，习近平主席与南非总统祖马共同见证了《中华人民共和国和南非共和国5—10年合作战略规划2015—2024》以及经贸、投资、农业等领域多项合作文件的签署。

2015年南非国际投资指数为36.73，在108个样本经济体中排名第67位，这说明南非的整体市场环境呈中等水平，潜力一般，对外商投资的吸引力不会太强。在11大板块贡献度排名中，前三位分别是宏观经济板块、投融资环境板块和社会环境板块。完善的投融资环境、稳定的宏观环境和社会环境是吸引外商直接投资的先导因素。其他方面，南非在贸易板块、自然环境板块、要素需求板块和政治板块极弱，投资时需要关注。

进一步使用经济学模型测算各个板块2015年发生的概率，测算方法是衡

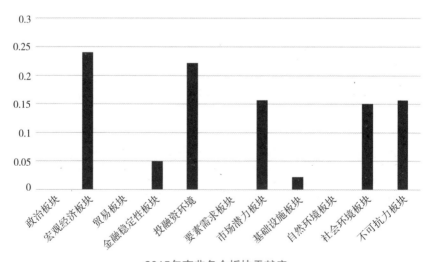

2015年南非各个板块贡献度

资料来源：武汉大学国际投资研究中心。

量主要指标的变动是否超出了预定值。如果超过，说明发生概率较大，反之发生概率较小，南非计算结果见下图。从各板块发生的概率来看，不可抗力板块、市场潜力板块、社会环境板块和投融资环境板块发生的概率显著超过了 0.5，这些领域在未来的发展趋势尤其需要密切关注。

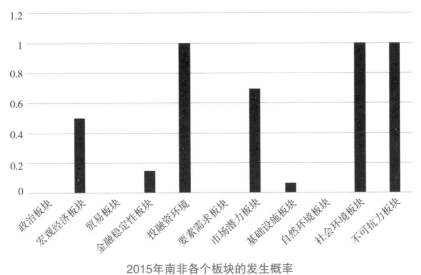

2015年南非各个板块的发生概率

资料来源：武汉大学国际投资研究中心。

南非能源部副总司长Zizamele Mbambo在研讨会上发言

由以上可见，南非的投融资环境、宏观环境和社会环境较为稳定健康，在此利好条件下，是两国互补合作的好时机。

四、政策分析

（一）政策支持

中国与南非产能合作项目数快速增长，南非同时出台政策加快合作进程。

为外国企业总部提供特别的税收减免，同时加强税收征管。2015 年 3 月，南非税务总局发布公告，规定企业总部不受南非所得税法中受控外国公司规则的管辖，转让定价规则也相对宽松，并为企业总部提供了特别的税收减免：企业总部取得的外国股息免交企业所得税，同时可以忽略处置外国公司股权的资本损益，外籍人士从企业总部收到的利息或特许权使用费在特定情况下免征预提税。11 月，南非税务总局发布了对 2015 年税收征管法修正案的解释性备忘录，要求南非金融机构基于国际税收标准对外国居民纳税人持有或控制的账户进行报告。基于 2017 年实现国际税务信息交换的考虑，南非 2016 年预算案进一步明确，未实行信息自动交换的纳税人自愿披露其海外资产和收入的（自愿信息披露特别计划从 2016 年 10 月 1 日到 2017 年 3 月 31 日）可获得额外的税收减免。

上调钢铁进口关税，提高矿业开采、加工税率。2015 年 9 月，南非贸工部上调钢铁产品（包括镀锌钢材、镀铝锌钢材，以及彩钢）关税，从免关税上调至 10% 进口从价税，同时规定了数项苛刻条件（如要求生产商不许提高产品价格，并降低部分产品价格等）。

南非规范投资方面的主要法律为《出口信贷与外国投资、再保险法》《贷款协定法》和《外汇管制特赦及税收修正法》。其他与外资管理相关的法律还包括《公司法》《税收法》《金融机构投资基金法》《劳工法》《竞争法》和《环境管理法》。此外，南非贸易工业部是管理投资的主要政府部门，其他投资管理部门还包括：南非税务总局、南非劳工部、地区工业发展委员会等。此外，根据南非科技部 2007 年颁布的《技术创新机构法案》，南非成立了技术创新机构，为从事技术创新和发明的个人、协会或企业提供必要的融资资助等方式的援助。

目前，南非实行按居住地征税的政策。根据与不同国家签署的避免双重征税协议，非南非居民仍需就在南非的收入纳税。南非的税种主要分为直接税和间接税。直接税包括所得税、资本收益税等四种税费；间接税包括增值税、消费税及进口税等八种税费。目前，南非的公司所得税税率为30%，增值税为14%。

（二）优惠措施

南非现有的产业投资促进措施主要包括：

1）外国投资补贴。南非贸易和工业部对在南非投资新兴制造业的外国投资者免除引进机械设备的15%的成本，最高限额为300万兰特。

2）外包和离岸计划。根据2006年南非政府的备忘录，为了吸引外资在南非开展外包和离岸业务，南非对外包和离岸业务投资者提供资金援助。援助额度为每个员工3.7万~6万兰特，同时每培训一名员工补助1.2万兰特。

3）重要基础设施计划。南非贸易和工业部对符合条件能改善南非重要基础设施建设的项目进行资助。重要基础设施包括交通、电力、电信、下水道、垃圾处理、燃料供给等项目。资助额度为项目成本的10%~30%。

4）电影电视制作退费计划。根据2008年南非贸易和工业部发布的电影电视制作激励政策，符合规定的外国独家制作和合作制作电影电视将退回一定的制作支出。其中故事片、电视连续剧、纪录片和卡通片等外国独家制品将实行返还15%支出的政策，合作制作的制品将获得制作支出35%的返还（600万以内）和25%的返还（超过600万的部分）。

5）行业特别扶持计划。该计划提供80%的成本激励，并对行业中的从事研究工作的非营利商业机构提供融资援助。

南非现有的一般性税收优惠措施主要包括：

1）工业发展区计划。工业发展区与国际港口相连，该区域内的出口制造企业可以享受到宽松的投资环境和灵活的政策。其中，国际港口的保税区内免除机械和原材料的增值税和进口关税。

2）出口市场和投资援助计划。该计划对出口商因扩大南非产品在外国市场的行为而产生的部分成本进行补偿。出口商可以享受市场研究、贸易考察和参加国际会展等方面的融资援助。具体计划包括出口活动中所产生的空运、样本传递、每日佣金、展览和宣传册影印等方面。

3）黑人商业供应商发展计划。该计划为南非贸易和工业部 2003 年发布的投资促进政策。对南非黑人所有权比例超过 51% 的公司提供一次性 80% 的成本抵扣，帮助企业增加管理、营销、生产、标准、物流等方面的核心竞争力。最大抵扣额为 10 万兰特。

4）合资激励计划。为实现 2004 年南非政府合作发展战略提出的 2014 年目标，南非政府对合资公司进行投资激励措施。对符合条件的合资公司进口机械设备提供 90% 的成本抵扣，最高额为 300 万兰特。

作为投资市场，由于其经济体制和社会等原因，南非还存在着一些不足，可能对外国投资者造成困扰。首先，南非法律规定，投资银行和保险公司要符合当地最低股本要求；出于对本国产业和国家经济的保护，外国公民经营或者控股不低于 75% 的企业是受限制的。其次，南非政府尚未签署 WTO《政府采购协议》，在政府采购的具体执行过程中存在不公正和不透明等问题。出于扶持本国产业的考虑，南非政府在政府采购过程中往往以当地成分为由对进口产品和服务进行限制，无法为外资企业提供完全公平公正的竞争环境。再者，南非是世界上对华反倾销比较严重的国家之一，高额的反倾销税迫使很多中国产品退出南非市场。最后，南非技术性贸易壁垒较高，强制性标准约 60 项，国家标准约 5000 项，增加了进驻南非的难度。

五、合作案例

与南非的产能合作项目主要是针对水泥、电器、巴士生产等，切实满足当地需求。

（一）水泥

南非有着再工业化的迫切需求，目前该国水泥产能为 1500 万吨 / 年，产能不足，水泥需求增量十分可观。冀东发展集团兴建了日产 2800 吨熟料水泥生产线项目，年产 100 万吨熟料水泥。该项目还自带 6 兆瓦余热发电。冀东发展集团有限责任公司南非项目部经理张兴华介绍说："冀东发展集团在南非兴建的曼巴水泥厂是南非第一条带余热发电的水泥生产线，综合电耗较传统水泥厂降低 30% 以上。"

（二）电器行业

海信南非公司在开普敦亚特兰蒂斯工业园投资兴建了占地面积 10 万平方米的工厂。海信南非分公司总经理介绍说："该工厂具有年产 40 万台彩电和 40 万台冰箱的能力，在当地工厂的技术、设备、产品都是最新的。"2014 年，海信的冰箱、电视机销售量在南非的市场份额均攀升至第二。未来海信将以南非为基地向非洲市场销售，还将进一步对工厂进行扩建和投资。

海信南非家电产业园开普敦工厂内生产线上正在工作的当地员工

（三）巴士生产

16 座的巴士是南非公共交通的主力。北京汽车制造厂有限公司投资兴建了"中国—南非汽车制造厂"，该厂产品正成为南非出租车市场的新兴挑战者。由于订单太多，产品供不应求，目前这种巴士月产量已经从 200 台上升至 350 台，未来将提高到 1000 台，拉平甚至超越在当地的最大竞争对手。

（四）钢铁行业

河北钢铁集团作为国内规模最大的钢铁企业，也踏上了非洲土地。河钢集团依托已掌控的南非 PMC 矿业公司铜、铁矿资源，通过与南非工业发展公司、中非发展基金合作，启动了南非 500 万吨钢铁项目建设：一期长材 300 万吨，计划 2015 年开工建设，2017 年年底前投产；二期板材、H 型钢或钢轨 200 万吨生产线，计划 2019 年投产。这是迄今为止我国海外投资建设的最大规模全流程钢铁项目。

（五）基础建设

为推进中非全面战略合作伙伴关系建设，中方在未来 3 年同非方重点实施"十大合作计划"，坚持政府指导、企业主体、市场运作、合作共赢的原则，着力支持非洲破解基础设施滞后、人才不足、资金短缺三大发展瓶颈，加快工业化和农业现代化进程，实现自主可持续发展。

为确保"十大合作计划"顺利实施，中方提供总额 600 亿美元的资金支持，包括：提供 50 亿美元的无偿援助和无息贷款；提供 350 亿美元的优惠性质贷款及出口信贷额度，并提高优惠贷款优惠度；为中非发展基金和非洲中小企业发展专项贷款各增资 50 亿美元；设立首批资金 100 亿美元的"中非产能合作基金"。

1）中非工业化合作计划。鼓励支持中国企业赴非洲投资兴业，合作新建或升级一批工业园区，向非洲国家派遣政府高级专家顾问。

2）中非农业现代化合作计划。中方将在非洲 100 个乡村实施"农业富民工程"，派遣 30 批农业专家组赴非洲，建立中非农业科研机构"10+10"合作机制。

3）中非基础设施合作计划。支持中国企业积极参与非洲铁路、公路、区域航空、港口、电力、电信等基础设施建设，提升非洲可持续发展能力；支持非洲国家建设 5 所交通大学。

4）中非金融合作计划。鼓励中国金融机构赴非洲设立更多分支机构，以多种方式扩大对非洲投融资合作，为非洲工业化和现代化提供金融支持和服务。

5）中非绿色发展合作计划。支持非洲实施 100 个清洁能源和野生动植物保护项目、环境友好型农业项目和智慧型城市建设项目。中非合作绝不以牺牲非洲生态环境和长远利益为代价。

6）中非贸易和投资便利化合作计划。中方将实施 50 个促进贸易援助项目，支持非洲改善内外贸易和投资软硬条件。

7）中非减贫惠民合作计划。中方将在加强自身减贫努力的同时，增加对非援助，在非洲实施 200 个"幸福生活工程"和以妇女儿童为主要受益者的减贫项目。

8）中非公共卫生合作计划。支持中非各 20 所医院开展示范合作，为非洲提供一批复方青蒿素抗疟药品；鼓励支持中国企业赴非洲开展药品本地化生产，提高药品在非洲可及性。

9）非人文合作计划。中方将为非洲援建 5 所文化中心，为非洲 1 万个村落实施收看卫星电视项目；为非洲提供 2000 个学历学位教育名额和 3 万个政府奖学金名额；每年组织 200 名非洲学者访华和 500 名非洲青年研修；每年培训 1000 名非洲新闻领域从业人员；支持开通更多中非直航航班。

10）中非和平与安全合作计划。中方将向非盟提供 6000 万美元无偿援助，支持非洲常备军和危机应对快速反应部队建设和运作。中方将继续参与联合国在非洲的维和行动；支持非洲国家加强国防、反恐、防暴、海关监管、移民管控等方面的能力建设。

肯尼亚

一、基本国情介绍

（一）地理环境

肯尼亚位于非洲东部，赤道横贯其中部，东非大裂谷纵贯南北。东邻索马里，南接坦桑尼亚，西连乌干达，北与埃塞俄比亚、南苏丹交接，东南濒临印度洋，海岸线长 536 公里。境内多高原，平均海拔 1500 米。全国面积为

582646 平方公里。

首都内罗毕位于东 3 时区，比北京时间晚 5 小时。不实行夏令时。

2013 年 3 月大选结束后，肯尼亚全国撤销省级建制，划分为 47 个郡进行治理。首都内毕罗，面积 648 平方公里，海拔 1680 米，人口约 350 万，是全国政治、经济、文化、工业和交通中心。

其他主要经济中心城市有蒙巴萨、基苏木和纳库鲁等，其中蒙巴萨是肯尼亚第二大城市，东非最大的港口；基苏木是肯尼亚第三大城市，西部经济和交通中心，拥有维多利亚湖港口；纳库鲁，中部工农业中心；埃尔多雷特，农业和畜牧业发达，是肯尼亚的"粮仓"。

（二）自然资源

肯尼亚是非洲著名的旅游国家。美丽的自然风光、浓郁的民族风情、独特的地貌景观以及无数珍禽异兽吸引着世界各地的旅客前往观光。位于国家中部的非洲第二高峰肯尼亚山是世界著名的赤道雪山，山势雄壮巍峨，景色美丽奇特，肯尼亚国名即来源于此。全国 40 多个部族，孕育着多姿多彩的传统文化。有"地球大伤疤"之称的东非大裂谷如刀削斧劈一般，南北纵贯肯尼亚全境，与赤道交叉，堪称一大地理奇观；数十个国家级天然野生动物园和自然保护区是众多野生动物和 1000 多种鸟类的天堂，是世界上最受欢迎的野生动物巡游胜地之一。

肯尼亚矿藏主要有纯碱、盐、萤石、石灰石、重晶石、金、银、铜、铝、锌、铌和钍等。近年，肯尼亚西部和东部地区探明大型金矿、煤矿、稀土和钛矿等资源，英国、加拿大和澳大利亚等跨国企业在肯尼亚矿业领域投资较多。澳大利亚贝斯矿业公司位于夸莱郡的钛铁矿已正式投产，并向中国出口。2012 年，英国图洛公司在肯尼亚西北部图尔卡纳郡的洛基盆地发现石油资源，初步探明石油储量为 7.5 亿桶；英国燃气公司在拉穆海上区块同时发现石油和天然气资源。

肯尼亚森林面积 8.7 万平方公里，占国土面积的 15%，林木储量 9.5 亿吨。

肯尼亚地热、太阳能、风能等清洁能源储量丰富，大裂谷地带蕴藏的地热资源可发电 7000~10000 兆瓦。肯尼亚目前地热发电装机容量共计 798.7 兆瓦，已占肯尼亚发电量的 50%；正在建设的图尔卡纳湖风电场是非洲最大风电场，设计发电能力 310 兆瓦；已建成的 Kericho 郡太阳能发电厂是东非最大发电厂，发电能力 1 兆瓦；江西国际承建的我优惠贷款项目加里萨太阳能电站装机容量 50 兆瓦，有望在 2016 年 8 月开工建设。

（三）人口民族

根据 2015 年《伦敦经济季评》统计，肯尼亚总人口约为 4610 万，人口分布比较集中的城市有首都内罗毕，350 万人；蒙巴萨，94 万人；基苏木，39 万人；纳库鲁，31 万人；埃尔多雷特，29 万人。

据中国驻肯尼亚大使馆统计，在肯尼亚生活的华人约 3 万人，主要分布在内罗毕、蒙巴萨、基苏木等大城市。

肯尼亚全国共有 42 个民族，分为班图、尼罗和库施特三大语系，其中基库尤族为最大民族，约占总人口的 17%。其他民族主要有卢希亚族（约14%）、卢奥族（约 10%）、卡伦金族（约 13%）、康巴族（约 10%）等。此外，还有少数印巴人、阿拉伯人和欧洲人。印度裔最多，有 20 多万人。目前的执政党联盟"朱比利联盟"主要代表基库尤族与卡伦金族联盟，主要反对党联盟"改革与民主联盟"代表卢奥族与康巴族联盟。

华人在肯尼亚主要从事商贸、旅游、餐饮和医疗等行业。据当地华人华侨工商联合会统计，在肯尼亚经营餐饮、旅游和医疗的个体商户各有 20 余家，从事进出口贸易的个体商户约有 100 余家。

（四）政治制度

肯尼亚实行总统制，总统为国家元首、政府首脑兼武装部队总司令，由直接普选产生，每届任期 5 年。内阁由总统和总统任命的副总统、各部部长、副部长以及总检察长组成。

议会成立于 1963 年，为肯尼亚最高立法机构，最初设有参、众两院，之后合并为国民议会。2010 年新宪法规定增设参议院。2013 年 3 月大选后，组成了由国民议会和参议院构成的第十一届议会，议员任期 5 年。

国民议会由议长和 349 名议员组成，其中民选议员 290 名，代表全国 47

个郡的民选妇女代表 47 名、指定议员 12 名（根据国民议会各政党席位比例分配）。国民议会议长和副议长由各党分别从本党非议员和议员中提名，由全体国民议会议员选举产生。国民议会中最大政党或联盟领袖为多数党领袖，第二大政党或联盟领袖为少数党领袖。国民议会主要职能为立法、决定国家税收分配、监督国家财政支出、监督政府、批准战争和延长国家紧急状态、弹劾总统和副总统、批准总统重要人事任命等。国民议会议长为朱比利联盟的穆图里。

参议院由参议长和 68 名参议员组成，其中民选议员 47 名（每郡 1 人）、女议员 16 名（根据参院各政党议席比例指定）、青年议员 2 名（1 男 1 女）、代表残疾人的议员 2 名（1 男 1 女）。参议长和副参议长由各党分别从本党非议员和议员中提名，由全体参议院选举产生。参议院主要职能为代表各郡及郡政府的利益、参与议会关于郡事务的立法、审议和通过涉郡事务议案、审议和通过国家税收在各郡的分配计划、监督郡政府财政支出、弹劾总统和副总统等。参议长为朱比利联盟的埃苏罗。

法院分为四级，即地区法院、驻节法院、高等法院和上诉法院。在穆斯林人口占多数的地区设伊斯兰法院。首席大法官威利·穆通加，2011 年 6 月任职。

（五）外交关系

肯尼亚奉行和平、睦邻友好和不结盟的外交政策，积极参与地区和国际事务，大力推动地区政治、经济一体化，反对外来干涉，重视发展同西方及邻国的关系，注意同各国发展经济和贸易关系，开展全方位务实外交，强调外交为经济服务。近年来，提出以加强与中国合作为重点的"向东看"战略。

肯尼亚是联合国、非洲联盟、不结盟运动、七十七国集团和英联邦成员国，也是东非政府间发展组织（伊加特）、东非共同体、东部和南部非洲共同市场、环印度洋地区合作联盟、萨赫勒 – 撒哈拉地区国家共同体等区域性组织成员国。截至 2008 年，肯尼亚同 107 个国家建立了外交关系。15 个联合国系统机构、52 个其他国际组织在肯尼亚设立总部、地区办事处或代表处。

（六）经济环境

肯尼亚地处东非门户，自 1963 年独立以来政局一直保持稳定，是撒哈拉以南非洲政局最稳定和经济基础较好的国家之一。20 世纪 90 年代以来，肯尼亚在经济领域实行自由化，对国有企业进行私有化改造，并逐步开放允许外国投资的行业。肯尼亚政府为鼓励外国直接投资，除制定有《外国投资保护法》外，还采取了一系列鼓励投资措施，如取消进出口许可证，降低进出口关税税率，取消出口关税和废除外汇管制，设立出口加工区等。肯尼亚投资法规比较完善，有 30 多个法律法规保护外国投资者利益，2005 年颁布了新的《投资促进法》。肯尼亚还与包括中国在内的 10 多个国家签订了双边投资保护协定。

肯尼亚实行以私营经济为主体的"混合型经济"体制，私营经济在整体经济中所占份额超过 70%。农业是肯尼亚第一大创汇行业，其中园艺产品（花卉、蔬菜、水果）、茶叶和咖啡为肯尼亚主要出口创汇产品。肯尼亚旅游业较发达，是第二大创汇行业。侨汇是肯尼亚第三大外汇来源。肯尼亚工业在东非地区相对发达，国内日用消费品基本自给。

据肯尼亚统计局最新发布的数据显示，2015 年肯尼亚进出口额达 219.9 美元，同比略有增长；其中进口额约为 160.7 亿美元，同比下降 3%；出口额约为 59.2 亿美元，同比增长 8%。

据中国海关统计，2015 年中肯双边贸易总额达到 60.16 亿美元，同比增长 20.12%；其中，中国对肯尼亚出口 59.18 亿美元，同比增长 20%；中国从肯尼亚进口 0.99 亿美元，同比增长 27.65%。中肯贸易持续三年快速增长，2015 年为 32.75 亿美元，2014 年为 50.09 亿美元，肯尼亚在中国贸易伙伴排名中从第 88 为跃升为 64 位，跻身成为中国在非第六大贸易伙伴；中国也超过印度，成为肯尼亚第一大贸易伙伴。近年来，中肯双边政治互信加强，文化交流加大，经济交往加深，进入历史以来最好时期。

肯尼亚是一个有潜力的市场，肯尼亚政府在其 2030 年远景规划中，将能源业、基础设施和建筑业、农业、制造业、采矿业、旅游业、批发和零售业、金融服务业和信息产业等列为重点发展领域，中资企业和个人可加强与肯尼亚在上述领域的合作。

年份	GDP（亿美元）	人口总数	人均GDP（美元）	GDP增长率（%）
2008	358.95	38244442	938.57	12.32
2009	370.22	39269988	942.76	3.14
2010	400	40328313	991.86	8.04
2011	419.53	41419954	1012.87	4.88
2012	504.1	42542978	1184.92	20.16
2013	551.01	43692881	1261.10	9.31
2014	613.95	44863583	1368.48	11.42
2015	633.98	46050302	1376.71	3.26

数据来源：世界银行。

二、产能合作现状分析

（一）引进外资情分析

根据肯尼亚投资促进局的统计，2008~2012 年，本地和外国投资者对肯尼亚投资约 66 亿美元，创造就业机会 65000 个。2013 年，受益于和平大选、油气矿产资源开发等因素，肯尼亚吸收外资达 12.6 亿美元，比 2012 年的 6.98 亿美元增长 80.5%。

根据非洲开发银行（AFDB）发布的《非洲经济展望报告 2015》，肯尼亚 2014 年吸收外商直接投资（FDI）居非洲第六位，达 12 亿美元，比 2013 年增加一倍多。

据联合国贸发会议发布的 2015 年《世界投资报告》显示，2014 年，肯尼亚吸收外资流量为 9.9 亿美元；截至 2014 年年底，肯尼亚吸收外资存量为 43.7 亿美元。

英国、美国、德国、法国、日本、加拿大等西方国家在肯尼亚开设有数百家公司，投资涉及农业、工业、商业、金融、旅游、交通、医药等主要经济领域。近年来，中国等新兴市场国家加大对肯尼亚的投资力度。2011~2012 年，中国成为肯尼亚第一大外资来源国，当年的投资额约为 2.5 亿美元；其次是德国，约 1.94 亿美元；英国第三，约 8600 万美元；也门第四，约 5930 万美元。

据肯尼亚财政部数据，2013/2014 财年，肯尼亚接受外援预算 29.89 亿美元。前 5 位援助伙伴及援助金额占比为世界银行国际开发协会（30.3%）、中国（13.3%）、非洲开发银行（12.6%）、全球基金（6.1%）和日本（6.1%）。

（二）中肯产能合作现状分析

中肯两国于 1963 年 12 月 14 日建交，签署有《经济技术合作协定》《贸易协定》和《投资保护协定》，建立了双边经贸混委会机制。中肯经贸关系发展良好。

据中国海关统计，近年来，中国对肯尼亚出口商品主要类别包括：①电机、电气、音像设备及其零附件；②机械器具及零件；③车辆及其零附件，但铁道车辆除外；④钢铁制品；⑤塑料及其制品；⑥橡胶及其制品；⑦化学纤维长丝；⑧鞋靴、护腿和类似品及其零件；⑨棉花；⑩钢铁。

据中国海关统计，近年来，中国从肯尼亚进口商品主要类别包括：①矿砂、矿渣及矿灰；②铜及其制品；③生皮（毛皮除外）及皮革；④咖啡、茶、马黛茶及调味香料；⑤其他植物纤维，纸纱线及其机织物；⑥塑料及其制品；⑦木及木制品，木炭；⑧杂项食品；⑨虫胶、树胶、树脂及其他植物液、汁；⑩鱼及其他水生无脊椎动物。

据中国商务部统计，2014 年当年中国对肯尼亚直接投资流量 2.78 亿美元。截至 2014 年年末，中国对肯尼亚直接投资存量 8.54 亿美元。目前中国在肯尼亚的投资企业主要有：北京输变电公司投资设立的水泥电线杆厂，这是东非第一家水泥电线杆厂，年产水泥杆 2.5 万根；青岛麦克威尔贸易有限公司投资建立的电视机组装厂，年产电视机 10 万台，产品规格包括黑白电视及 34 英寸（1 英寸等于 2.54 厘米）以下型号彩色电视机；康登高科技有限公司投资建立的电视机组装厂和卫生纸及餐巾纸生产线；湖南湘辉进出口公司投资的汽车蓄电瓶、太阳能电瓶、燃料油等生产项目；北京四达时代软件技术有限公司投资设立四达时代传媒（肯尼亚）有限公司，在肯尼亚经营数字电视。

中国在肯尼亚的承包工程业务自 1985 年起步以来取得较快发展，工程承

中肯两国对产能合作项目进行剪彩

包市场逐年扩大，合同总额逐年增加。

据中国商务部统计，2014 年中国企业在肯尼亚新签承包工程合同 102 份，新签合同额 53.51 亿美元，完成营业额 16.96 亿美元；当年派出各类劳务人员 1832 人，年末在肯尼亚劳务人员 4938 人。新签大型工程承包项目包括：中国路桥工程有限责任公司承建蒙巴萨至内罗毕标轨铁路项目，中国江西国际经济技术合作公司承建肯尼亚加里萨太阳能电站，特变电工股份有限公司承建肯尼亚内罗毕环网改造项目等。较早进入肯尼亚市场的中国企业有中国路桥、四川国际、江苏国际、中国海外、中国武夷等公司。近年来，随着肯尼亚经济好转，工程量增加，其他中国公司纷纷进入，工程承包领域从传统的公路、房建项目扩展到电力改造、咨询设计、供排水、地热井、石油管道和机场扩建等。

三、合作领域和合作重点

据世界银行 2016 年 4 月发布的调查报告显示，中国在肯尼亚投资企业达 400 户，成为对肯尼亚制造业投资数量最多的国家。中国对肯尼亚制造业投资占所有对肯投资的 64%，主要集中在汽车零部件、食品、消费电子产品和通信器材方面。中国中型企业为肯尼亚提供了众多低技术含量的制造业职位。

如通信器材下游产业提供就业 931 个，汽车零部件制造方面提供就业 500 个，金属工业方面提供就业 342 个等。报告也指出，中国在肯尼亚的基础设施建设不属于直接投资。

目前，肯尼亚对中国出口商品主要集中在动物皮毛、植物纤维、茶叶、咖啡等原材料方面；虽然化学和塑料产品也进入了中国市场，但附加值较低。

2015 年肯尼亚国际投资指数为 23，在 108 个样本经济体中排名第 23 位，这说明肯尼亚的整体市场环境较好，潜力较强，对外商投资具有一定的吸引力。在 11 大板块贡献度排名中，前三位分别是贸易板块、市场潜力板块和社会环境板块。优良的贸易情况是吸引外商直接投资的先导因素，而市场潜力是吸引外商直接投资的必要因素。其他方面，肯尼亚在自然环境板块、政治板块、投融资环境等板块的贡献度排在中游，而金融稳定性板块、基础设施板块和不可抗力板块相对较弱，说明肯尼亚金融环境较为不稳定。

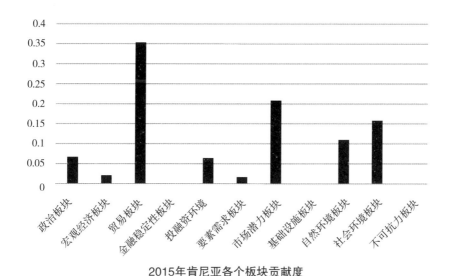

2015年肯尼亚各个板块贡献度

资料来源：武汉大学国际投资研究中心。

进一步使用经济学模型测算各个板块 2015 年发生的概率，测算方法是衡量主要指标的变动是否超出了预定值，如果超过，说明发生概率较大，反之发生概率较小，肯尼亚计算结果见下图。从各板块发生的概率来看，贸易板块、自然环境板块发生的概率显著超过了0.5，这些领域在未来的发展趋势尤其需要密切关注。

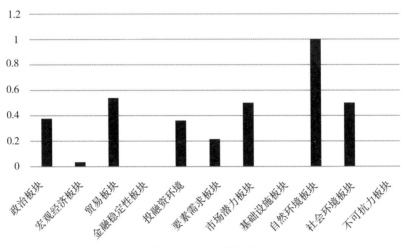

2015年肯尼亚各个板块的发生概率

资料来源：武汉大学国际投资研究中心。

以上表明，肯尼亚市场潜力较大，自然环境较好，贸易较为发达。所以我国应加强与肯尼亚的贸易往来，并可协助肯尼亚的对其旅游资源进行开发，而且肯尼亚的社会环境较好，有利于外国投资企业对其进行投资。肯尼亚的市场潜力较大，故对肯尼亚的投资将会带来较大的市场空间，为企业的长远发展带来重大利好。

四、政策分析

（一）投资行业的规定

肯尼亚鼓励投资的相关法律为《外国投资保护法》。该法制定于1964年，经过多次修订。鼓励投资的领域有：农牧渔业、旅游业、基础设施、交通运输、信息与通信技术、能源、水资源与卫生服务、制造业、服务于培训、金融等。

涉及约束外国企业和个人在肯尼亚投资的法律法规有：

1）《投资促进法》规定外国投资者在肯尼亚投资必须获肯尼亚投资促进

局批准，最低投资额为 50 万美元，所投资项目必须合作且对肯尼亚有益。

2）《竞争法》规范企业兼并和收购行为，防止不正当集中和滥用垄断地位。新《竞争法 2010》于 2011 年 7 月 1 日起实施。

3）《麻醉和神经药品法》禁止生产和经营麻醉和神经药品。

4）对于保险公司、电信公司和在内罗毕证券交易所上市的公司，外国企业持股总额分别不得超过 66.7%、70% 和 75%。

5）《渔业法》规定外国企业拥有渔业公司有表决权的股份不得超过 49%。

6）《火器法》和《炸药法》规定制造和经营火器（包括军火）及炸药的企业需要获得特殊许可证。

肯尼亚政府还规定，在限制领域进行投资时必须首先得到相关主管部门同意，方可办理投资注册手续。这些投资活动包括：

1）对于可能对安全、健康或环境有影响的投资项目，必须先得到主管部门的同意后方可批准，如对环境有影响的项目需得到肯尼亚国家环境管理局的批准，对公共健康有影响的项目需得到公共健康管理机构的批准等。

2）生产需缴纳消费税的商品，需征得海关和消费税部门的同意。

3）涉及森林产品和采矿业的投资，需得到环境与自然资源部门的批准。

4）涉及能源和石油产品的投资，需得到能源部门的批准。

5）在海关保税区内的投资，需得到财政部的授权。

2015 年 7 月，肯尼亚财政部长宣布废除外资对本地公司所有权限制，以吸引外国投资。此后，除战略性行业外，外资可以百分之百拥有肯尼亚当地上市公司股份，之前该比例为 75%。但同时，肯尼亚没有明确哪些行业属于战略性行业。

（二）投资方式的规定

肯尼亚主要的企业形式有：公司（包括有限责任公司和股份有限公司），在肯尼亚境外注册公司的分公司，合作组织。

有限责任公司是一个独立的法人实体，在公司清算时，股东仅对其认缴的股份承担有限的责任，股份在不影响业务发展的前提下可自由转让。有限责任公司不得招募公众认筹其股份，成员不得超过 50 人。股份公司可招募公众认购股份，成员没有最高人数限制，但不得少于 7 人。肯尼亚法律未规定有限责任公司最小股本数额。有限责任公司必须向肯尼亚总检察长办公室公司注册人处提交年度报告，包括公司董事、秘书、股东及公司资产情况。另外，股份有限责任公司必须向注册人处提交年度财务报表。

肯尼亚对外国自然人在当地开展投资并无特殊限制。

肯尼亚是一个有潜力的市场，肯尼亚政府在其 2030 年远景规划中，将能源业、基础设施和建筑业、农业、制造业、采矿业、旅游业、批发和零售业、金融服务业和信息产业等列为重点发展领域，中资企业和个人可加强与肯尼亚在上述领域的合作。在此提醒中资企业在肯尼亚开展投资合作须注意如下事项：

一是守法合规经营，积极履行社会责任。在肯尼亚投资经营要充分了解肯尼亚法律法规，尊重肯尼亚社会风俗，多为当地创造就业岗位、转移技术和培训人员。积极履行社会责任，多为当地做好事，融入社区，融入社会。

二是防控安全风险。密切跟踪和研判肯尼亚政治经济形势，关注安全风险信息，积极做好政治、经济、政策和自然等风险防范工作。

三是注意环境保护。肯尼亚环境保护要求较高，在肯尼亚经营要严格按照法律取得有关环评证书，认真估算环保成本，并在施工中做好环境保护工作。

五、合作案例

（一）人员培训

2015 年 9 月 17 日，由中国商务部主办的肯尼亚经济与社会可持续发展部级研修班在北京开课，22 名来自肯尼亚各部委的高级学员将接受为期一周的培训学习和实践考察。这个高级研修班也是 2015 年中国对肯尼亚培训援助中级别最高的一个。

据介绍，中国援外培训已经有半个多世纪的历史，是对外援助的重要方式之一，与其他援助方式一起共同构成了服务国家对外战略的重要途径。通过人力资源开发合作等方式，与其他发展中国家分享发展经验和实用技术，帮助发展中国家培养人才，达到"授人以渔"的效果，是中国援外培训坚持的理念。中国驻肯尼亚大使馆经济商务参赞处参赞郭策表示，对发展中国家进行培训援助是中国大国责任的体现："中国经济不断发展，目前是世界第二大经济体。虽然我们还是发展中国家，但在南南合作框架下，对其他发展中国家承担着更多的义务。我们有义务帮助其他发展中国家在经济社会发展、减少贫困、能力建设等方面有一个突破性进展，这也是大国责任的体现，也是中国援外培训近几年来在援外的整体框架之下快速发展的一个原因。"

肯尼亚是中国开展对非"三网一化"和产业产能合作的先行先试示范国家之一。2015年中方对肯方援助培训的各类管理和技术人员计划达534名，是以往年度的两倍以上，培训的主要领域包括农业、工业、专业技术、经贸财税、旅游、安全、交通、基建、教育、医疗卫生、环保、行政、文化、妇女能力建设及人力资源管理等众多领域。郭策说，注重能力提升是中国援外培训的重点："中国有句俗语叫'授人以鱼不如授人以渔'，中国的援外培训更关注能力的提升。一个国家人员能力的提升对这个国家的发展是有潜力的、是有后劲的。所以从近年开始，尤其在中非合作论坛框架之下，我们加大了对非洲国家的培训力度，增加了培训的规模。"

郭策介绍说，关注民生是中国援非、援肯培训的重要特点："我们的培训始终关注着受援国的医疗、卫生、农业、科技、基础设施等民生工程。我们认为，民生工程对一个国家的重要性是不言而喻的，我们对肯尼亚的援助培训也体现了这一特点。今年以来，我们已经送了47名农林牧副渔方面的官员和专业技术人员去中国；在卫生、医药、医疗方面，我们目前送了59人去中国培训；在环境保护、气象、灾害控制和生态建设方面，我们送了41人去中国培训。"

郭策表示，中方在援外培训中特别关注参加培训的受援国政府官员和专业技术人员的能力提升和能力建设，以促进当地的经济发展。

"中国经过三十多年的改革开放，经济发展取得了突出的成就。我们很希望和其他发展中国家来分享这种经验。因此，对于经济建设方面的研修也是中国援外培训的一个重点。对肯尼亚来讲，赴华培训的工业、科技技术人员是最多的。"

据了解，为了帮助肯尼亚更多的专业人士得到能力提高的机会，中方还选派了在肯尼亚中资企业中优秀的当地员工及几所大学孔子学院的优秀学生赴华培训。除短期专业能力培训项目外，还针对高精尖人才提供了研究生等高等教育奖学金项目，2015年共有26人通过严格审查，前往中国知名高校参加1~2年的研究生奖学金项目学习。

（二）电力行业产能合作

中资民营企业友盛集团旗下变压器工厂2016年10月5日在肯尼亚首都内罗毕正式开业。这是肯尼亚第一家具备自主生产能力的变压器厂，揭开了中肯电力行业产能合作的新篇章。

友盛集团在肯尼亚首都内罗毕正式开业

肯尼亚能源部长霍恩·查尔斯·凯泰尔在致辞中说，肯尼亚"2030年愿景"提出实现国家工业化和现代化的发展目标，发展制造业是其中重要一环。新工厂的开业打破了肯尼亚变压器依赖进口的局面，使肯尼亚首次实现了电力设备的本地制造，增强了肯尼亚人民对"肯尼亚制造"的信心。

据了解，过去40多年来，肯尼亚变压器产品全部依靠进口，其中70%的产品来自印度。

据友盛集团介绍，新开业的变压器厂本地制造及维修业务年产值预计将达2000万~2500万美元，直接创造本地就业岗位约150个，团队本地化比例高达85%。此举还将带动整个肯尼亚电力产品设备上下游产业链的形成，间接创造就业岗位超过 1000 个，还将大量增加肯尼亚当地税收。

中国驻肯尼亚大使馆经济商务参赞处参赞郭策表示，此次在肯尼亚成立第一家具备自主生产能力的变压器厂具有里程碑式意义，体现了中方携手肯尼亚政府及电力企业发展肯尼亚乃至东非电力能源行业的决心和信心，将深化中肯双方在电力行业的产能合作。

友盛集团总裁余洋说："我们将把中国先进的机电设备制造技术、高效的生产管理经验带给非洲大陆，肯尼亚制造的机电设备将同样具备国际一流品质。"

（三）互连电线项目

中国华北电力公司 2016 年与肯尼亚电力传输公司签署项目合同，承建肯尼亚—坦桑尼亚传输电线项目肯尼亚段。项目总额为 2600 万美元，总长度为96 公里。

据悉，该传输电线项目由肯尼亚段连接坦桑尼亚段组成，总长度为 510公里，其中 96 公里位于肯尼亚，414 公里位于坦桑尼亚。肯尼亚段将由肯尼亚政府、非洲开发银行共同出资。

肯尼亚电力传输公司负责人表示，该项目的完成将使得肯尼亚可以从坦桑尼亚等邻近国家进口价格低廉的电力资源，同时将有助于推动区域内电力能源贸易。

（四）水泥生产商生产线扩建项目

2016 年 10 月 20 日，肯尼亚最大水泥生产商 Bamburi 宣布将斥资 9.02亿肯先令（约合 8900 万美元）扩大内罗毕工厂生产线，以满足市场需求的增加，特别是标准轨铁路（SGR）等大型基础设施项目的需要。肯尼亚媒体称肯水泥市场已经供过于求，此举将进一步增加水泥市场竞争，从而进一步压低价格，给建筑部门及房建部门带来好处。据了解，中信重工机械股份有限公司正与Bamburi 公司就商务合同进行谈判，作为 EPC 承包商承建该项目。

目前肯尼亚共有 6 家设施完善的水泥厂，其中 Bamburi 为法国 / 瑞士公司拉法基豪瑞（Lafarge Holcim）持股。分析人士称 Bamburi 此举为意料之中，因其有充足的现金流和引进新产品的需要。如今肯尼亚水泥销售价格比 2006

年下降了 10%，但水泥公司利润持续增加，表明水泥价格一直虚高。

（五）蒙内铁路运营权项目

2016 年 6 月，蒙内铁路运营权项目取得新进展。由肯尼亚交通部、财政部、总检察长办公室、港务局和铁路公司组成的工作组将赴中国和澳大利亚对中国交通建设集团及 John Holland 公司进行尽职调查，对两公司的铁路运营能力等进行实地调查。目前，肯尼亚政府已基本确定将蒙内铁路交由中国交通建设集团和 John Holland 运营，第一期运营时间为 5 年。据了解，John Holland 是一家澳大利亚铁路运营公司，2015 被中国交通建设集团收购，拥有 65 年的铁路维护、运营和管理经验。

中国交建·中国路桥肯尼亚留学生铁道工程班开学典礼

津巴布韦

一、基本国情介绍

（一）地理环境

津巴布韦位于非洲东南部，系内陆高原国。北和西北以赞比西河为界，与赞比亚为邻（边界长 700 公里）；东和东北与莫桑比克接壤（边界长 1300 公里）；西与博茨瓦纳毗邻（边界长 640 公里）；南以林波波河与南非为界（边界长 250 公里）。国土面积约 39 万平方公里，全境内 80% 的地区海拔在 600 米以上，其中 1/4 高于 1200 米。

津巴布韦首都哈拉雷属于东 2 时区，比北京时间晚 6 小时。没有夏令时。

（二）自然资源

津巴布韦矿产资源丰富，主要有黄金、铂族金属、镍、铬、钻石、石棉和花岗岩等近 80 种，已探明约 40 种，钻石、铂族金属、铬、黄金、镍、铜、铁矿和煤炭等 8 个矿种是津巴布韦的优势资源，其著名的大岩墙地区（Great Dyke）蕴藏着丰富的矿产。

由于津巴布韦政府没有详细勘探资料，各方公布的数据差别极大，只能作为非常初步和粗略的参考，根据津巴布韦矿产部提供的数据和其他来源资料，津巴布韦主要矿产预计资源情况如下：

钻石：津巴布韦于 2008 年正式开始开采并出口毛钻，产量增长迅速。2008 年毛钻产量仅 60 万克拉，2013 年增加至 1690 万克拉，当年产量居世界第一位，占全球总产量的 13%；但因品质较低，平均售价仅 33 美元 / 克拉，低于世界平均 93 美元 / 克拉，总销售额仅占全球的 4.6%。另外，因易开采的表层冲击矿资源在逐步减少，表层资源枯竭后，需转入地下开采，预计今后产量将逐年下降。2015 年，津钻石产量 321.4 万克拉，较 2014 年 477.3 万克拉减少 32.7%。因津巴布韦钻石企业和津巴布韦矿业部均从未公布钻石产量，以上数据均为估计值。2016 年 3 月，津巴布韦总统穆加贝宣布，该国政府将接管国内所有的钻石矿，取消私营公司的开采权。

铂族金属：矿石量 28 亿吨，平均品位 4 克 / 吨，储量居世界第二位。（因 2014 年 7 月津巴布韦最大的铂金矿业公司 Zimplats 的 Bimha 铂金矿发生倒塌，当年铂金产量 44 万盎司，较 2013 年 46 万盎司减少 4.5%，2015 年铂金产量略有上升，为 44.3 万盎司；受国际市场铂金价格疲软影响，铂金收入 3.81 亿美元，较上年 4.95 亿美元减少 23%。）津巴布韦有 3 个主要的铂金矿业公司，分别为南非 Implats 公司控股的 Zimplats 公司，位于 Zvishavne 地区的 Mimosa 公司，以及英美铂金旗下的 Unki 铂金矿。其中，Zimplats 公司最大，其铂金产出占津巴布韦全部产出的 40% 左右。

铬矿：推算资源储量为矿石量 32.6 亿吨，Cr_2O_3 含量 40%~50%，铁铬比 1：2~1：3，铬铁储量 9.3 亿吨，储量居世界第二位。铬矿年开采能力 150 万吨，2015 年实际开采 26.7 万吨，较 2014 年 40.8 万吨下降 34.6%。

黄金：推算的资源储量为黄金储量 1.3 亿吨。津巴布韦黄金历史最高年产量曾达到 27.5 吨，2015 年黄金产出 20.02 吨，较上年 15.39 吨增长 30.1%；但因国际市场黄金价格疲软，收入 7.37 亿美元，较上年 6.16 亿美元增长 20%，收入涨幅不及产量涨幅。黄金产业还面临生产成本上升和无法获得长期投入等问题。

镍矿：推算资源储量为镍金属储量 76.1 万吨。2014 年产量 1.66 万吨，收入 2.02 亿美元；2015 年，镍矿产量 1.61 万吨，较 2014 年 1.66 万吨减少 3.2%，收入 1.42 亿美元，较 2014 年 2.02 亿美元减少 30%。

铁矿石：预计资源储量为矿石量 380 亿吨以上，平均品位 40%~50%，因其唯一的钢铁厂自 2008 年停产，目前基本没有开采。

煤矿：预计资源储量大于 300 亿吨，其中焦煤大于 10 亿吨。2015 年煤炭产量 432 万吨，较 2014 年的 635.3 万吨降低 32%；收入 7800 万美元，较上年 9700 万美元降低 19%。

铜矿：预计资源储量为铜金属储量 520 万吨，矿石量 28.3 亿吨，平均品位 1.18%。2014 年铜产出 8261 吨，与上年 8274 吨基本持平；收入 3990 万美元，较上年 4420 万美元减少 10%。

煤层气：津巴布韦近年发现大量的煤层气资源，虽未进行过详细勘探，但粗略估计至少应有数亿立方米。

津巴布韦矿业规划总目标及发展方针提出：充分利用矿产资源，实现社会和经济发展；加强吸引国际资金投资矿产开发及深加工；限制原矿出口等。预计 2016 年矿业增长率为 1.6%，主要矿产品规划产量为：黄金 24.24 吨，铂金 17.28 吨，钯金 13.85 吨，镍矿 1.65 万吨，煤炭 372.6 万吨。

（三）人口民族

津巴布韦自 1982 年起每 10 年进行一次人口普查，1982 年普查结果为 760 万人口，1992 年为 1040 万，2002 年为 1163 万。最近一次普查为 2012 年，人口为 1306 万，人口密度 33 人/平方公里，其中城市人口占 33%，农村人口占 67%；男性占 48%，女性占 52%。2015 年世界各国人口增长率统计数据分析表明，津巴布韦人口自然增长率为 4.36%，居世界第 2 位。

华人在津巴布韦人口无准确统计数据，约 1 万人，主要分布在哈拉雷、布拉瓦约、奎鲁、奎奎等城市。

省	该省城市人口数量（万人）	省会
哈拉雷市	201	哈拉雷
布拉瓦约市	65	布拉瓦约
中部省	39	奎鲁
西马绍纳兰省	37	奇诺伊
马尼卡兰省	29	穆塔雷
东马绍纳兰省	18	马隆德拉
马旬戈省	14	马旬戈
南马塔贝莱兰省	8	关达
中马绍纳兰省	7	宾杜拉
北马塔贝莱兰省	7	卢帕内

资料来源：津巴布韦2012年人口普查报告。

津巴布韦主要民族有：绍纳（Shona）族，占 84.5%；恩德贝莱（Ndebele）

族，占 14.9%。

（四）政治制度

津巴布韦现行宪法于 1979 年 12 月在英国主持下由津巴布韦各主要党派在伦敦兰开斯特大厦举行的制宪会议上制定，独立时开始生效，后经数次修改。根据宪法规定，津巴布韦实行总统内阁制，内阁成员由总统任命。2005年，国民议会通过第 17 号宪法修正案，增设参议院，规定津巴布韦议会实行两院制。2007 年，津巴布韦议会通过第 18 号宪法修正案，规定总统任期由 6年改为 5 年，与议员任期相同；总统、议会和地方政府选举同时举行，并对议会议席数量和产生方式进行调整。根据 2008 年 9 月 15 日津巴布韦两党三方签订的分权协议，津巴布韦议会于 2009 年 2 月通过了第 19 号宪法修正案，确立联合政府的框架结构，并将在津巴布韦联合政府成立两年内完成制定新宪法。2013 年 3 月，津巴布韦新宪法草案顺利通过全民公投，并于 5 月经穆加贝总统签署生效。新宪法对总统权力予以限制，规定总统任期不得超过两届（十年后生效），总统作出解散议会等重大决定须经议会三分之二多数通过等。

总统罗伯特·加布里埃尔·穆加贝，1987 年 12 月就任，1990 年 3 月、1996 年 3 月、2002 年 3 月总统选举后连任。2009 年 2 月任联合政府总统。2013 年 8 月在大选中获胜连任。

法院体制分 4 级：最高法院、高等法院、地方法院和初级法院，最高法院是终审上诉法庭。

（五）外交关系

津巴布韦外交政策奉行积极的不结盟政策。推行睦邻友好方针，以发展同非洲国家特别是南部非洲国家关系为外交重点。近年来大力推行"东向"政策，加强与其他发展中国家尤其是亚洲国家的关系。近年来与西方国家关系紧张，受到英国、美国及欧盟等制裁。积极参与地区和国际事务，是不结盟运动、七十七国集团、非洲联盟、南部非洲发展共同体成员国。同约 100个国家建立了外交关系。

中华人民共和国与津巴布韦共和国于 1980 年 4 月 18 日津巴布韦独立当天建交。建交以来，两国关系发展顺利。中津两国政府间签有经济技术合作、贸易、投资保护等协定，设有经济贸易混合委员会。

两国建交以来，中国援助津巴布韦建设了哈拉雷国家体育场，以及医院、学校、水坝、水井、服装厂等。2015 年，双边贸易额达 13.08 亿美元，同比增长 5.4%。其中我国出口 5.46 亿美元，进口 7.62 亿美元。中津签有文化协定、高等教育合作协定和航空协定。

（六）经济环境

津巴布韦曾经历了严重的恶性通货膨胀，但从 2009 年用美元和南非兰特替代本国货币后，通货膨胀开始逐渐趋于稳定。

津巴布韦是非洲工业较发达的国家，制造业、农业、矿业为经济三大支柱，津巴布韦以出产优质鳄鱼皮而闻名，有"鳄鱼之乡"的誉称。该国自然资源丰富，工农业基础较好。

自 1980 年独立以来，津巴布韦政府一直致力于经济改革与发展。2000 年以前，津巴布韦曾是南部非洲重要的农矿产品出口国，其经济实力在该地区位于最前列。2000 年后，津巴布韦实施快速土改，同英美等西方国家关系恶化，并受到其制裁。随着对外经济环境的恶化，2000~2008 年，津巴布韦经济逐年下滑，通货膨胀日益严重，农业、制造业及矿业等支柱行业遭受严重打击，经济体系和基础受到较大破坏。2009 年，联合政府成立后，新政府开始着力恢复经济，实现了连续四年的快速增长。2013 年 7 月，津巴布韦成功举行了总统、国会和地方"三合一"选举，新旧政府平稳交接，为今后 5 年津巴布韦政治和社会形势保持稳定奠定了基础。

津巴布韦法律体系较为健全，但经济政策稳定性差，尤其是涉及本土化、矿业出口、税费等方面的重要政策变化，对吸引外资和企业经营产生了较大影响。近年来，津巴布韦实施较为严格的签证政策，并且在具体执行过程中存在不规范行为，对中国在当地的投资造成了一定影响。目前，津巴布韦居民可支配收入不高，购买力十分有限，加上使用以美元为主的货币体系造成的流动性短缺，国内消费需求较为低迷。

年份	GDP（亿美元）	人口总数	人均GDP（美元）	GDP增长率（%）
2008	44.16	13495462	327.22	−16.55
2009	81.57	13720997	594.49	84.71
2010	94.22	13973897	674.26	15.51
2011	109.56	14255592	768.54	16.28
2012	123.93	14565482	850.85	13.12
2013	134.90	14898092	905.49	8.85
2014	141.97	15245855	931.20	5.24
2015	138.93	15602751	890.42	−2.14

数据来源：世界银行。

津巴布韦具有丰富的农业、矿业资源，公民受教育水平普遍较高，是非洲识字率最高的国家之一，未来经济和发展潜力较大。津巴布韦的发展潜力与中国的资金、技术、市场等优势形成良性互补，两国未来合作潜力巨大，前景广阔。同时，政策多变、本土化政策、签证困难、基础设施老化、政府效率不高等因素也为合作带来了一定的不确定性，需要给予足够的重视。

（七）社会治安

津巴布韦社会治安状况总体较好，2013年未发生过恐怖袭击，也未有直接针对中国企业或公民的恐怖袭击及绑架案件。由于近几年经济的持续恶化，导致盗窃和抢劫案件增多。2006年，津巴布韦中央警察局成立中国科，专门协调解决针对中国人发生的各类案件。津巴布韦法律规定，符合条件的个人经批准可持有枪支，枪支转让必须经过相关部门批准，新持有人必须申请枪支使用证。

二、产能合作现状分析

（一）引进外资情况分析

自2000年以来，受西方制裁以及国际主要经济组织停援停贷的影响，外国直接投资持续维持低迷状态。但近年来，随着国外资本对资源型产品的投入加大，外国对津巴布韦直接投资也大幅上涨。

2014 年，南部非洲吸引外资 107.58 亿美元，前三位依次为南非 57.12 亿美元、莫桑比克 49.02 亿美元、赞比亚 24.84 亿美元，津巴布韦位列第四。

根据联合国贸发会议发布的 2015 年《世界投资报告》显示，2014 年，津巴布韦吸收外资流量为 5.5 亿美元；截至 2014 年年底，津巴布韦吸收外资存量为 35.5 亿美元。吸收外资领域主要是矿产业、农业、制造业和服务业。2014 年津巴布韦投资局核准投资项目 157 个，主要外资来源国为中国、荷兰、南非、俄罗斯、英国等。

2013 年，津巴布韦实际收到援助金额为 8.11 亿美元，相比于 2012 年 10.01 亿美元，数额有所下降。其中，英国是津巴布韦最大援助国，援助金额 1.92 亿美元，随后是美国（1.65 亿美元）和全球基金（1.62 亿美元）。援助项目上，社会基础设施建设与服务接受援助占比 33%，健康和人口方面占比 26%，人道主义援助占比 18%。

（二）中津产能合作现状分析

截至 2015 年 6 月，中国政府和津巴布韦政府之间共签署关于贸易、成立经济技术和贸易合作混合委员会、鼓励和相互保护投资等 3 个主要的经贸协定。

2015 年 8 月，中津双方草拟了《津巴布韦经济特区法案》并就签署中津产能与投资合作框架协议达成共识，同意在已建立中津合作机制的框架下，共同推动建立中津产能与投资合作机制，并尽快择机签署两国产能与投资合作框架协议。

在矿产方面，津巴布韦全国约 60% 的陆地表面覆盖着丰富的矿产资源，其出口比例占总出口的 60%，但绝大多数是原矿或初级矿产品，因此政府正把矿业列为经济复兴计划的重点领域。但由于多数矿企规模小、技术落后、资金缺乏，且面临设备陈旧、电力供应不足等问题难以开展勘探工作，迫切希望寻求中国企业进行矿业勘探合作，并确定潜在矿产开发项目。

基础建设方面，津巴布韦面临全面改造升级问题，现有供需缺口很大，落后的生产技术急需升级，这也为中国优势富余产能转移提供了空间。

近年，中津贸易快速、均衡发展。2012 年，双边贸易额首次突破 10 亿美元，达 10.2 亿，同比增长 16.1%；2013 年 11.02 亿美元，同比增长 8.53%；2014 年 12.4 亿美元，同比增长 12.5%。

中国对津巴布韦贸易一直保持逆差趋势，2013 年中国出口 4.14 亿美元，进口 6.88 亿美元，逆差 2.74 亿美元；2014 年，中国出口 4 亿美元，进口 8.4 亿美元，逆差 4.4 亿美元。

中国主要出口机电产品和高科技产品；主要进口烟草、矿产品和棉花等。

据中国商务部统计，2014 年当年中国对津巴布韦直接投资流量为 1.01 亿美元。截至 2014 年年末，中国对津巴布韦直接投资存量 16.96 亿美元。中国对津巴布韦投资多集中在矿业和农业领域。

据中国商务部统计，2014 年中国企业在津巴布韦新签承包工程合同 47 份，新签合同额 20.5 亿美元，完成营业额 3.06 亿美元；当年派出各类劳务人员 324 人，年末在津巴布韦劳务人员 693 人。新签大型工程承包项目包括：中国电力建设股份有限公司承建津巴布韦旺吉电站扩机项目，南通建工集团股份有限公司承建津巴布韦大学主校区工程，中国电力建设股份有限公司承建津巴布韦马库姆煤矿覆盖层剥离项目等。

三、合作领域和合作重点

2015 年津巴布韦国际投资指数为 6.61，在 108 个样本经济体中排名第 107 位，这说明津巴布韦的整体市场环境很差，潜力很弱，对外商投资几乎没有吸引力。在 11 大板块贡献度排名中，前三位分别是贸易板块、市场潜力板块和社会环境板块。完善的市场潜力和稳定的社会环境是吸引外商直接投资的先导因素，而贸易是显示一国对外开放和参与经济全球化进程的重要窗口。其他方面，津巴布韦在政治、自然环境、投融资环境等板块的贡献度排在中游，而金融稳定性板块和基础设施板块非常弱，说明津巴布韦的基础设施和金融亟需较大改善。

进一步使用经济学模型测算各个板块 2015 年发生的概率，测算方法是衡量主要指标的变动是否超出了预定值，如果超过，说明发生概率较大，反之发生概率较小，津巴布韦计算结果见下图。从各板块发生的概率来看，贸易

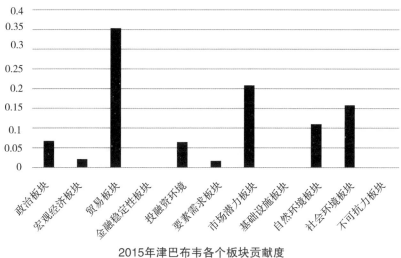

2015年津巴布韦各个板块贡献度

资料来源：武汉大学国际投资研究中心。

板块、市场潜力板块、自然环境板块和社会环境板块发生的概率显著超过了0.5，这些领域在未来的发展趋势尤其需要密切关注。

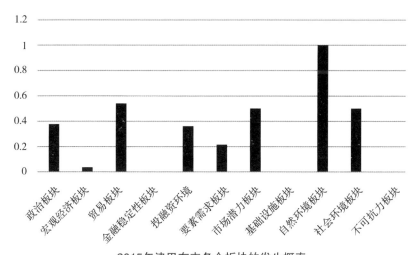

2015年津巴布韦各个板块的发生概率

资料来源：武汉大学国际投资研究中心。

从以上两幅图可知，津巴布韦的贸易板块、市场潜力板块、自然环境板块数值较大。所以中国可以加大与津巴布韦的贸易合作和投资，主要涉及矿业、农业、电信、工程承包、零售、餐饮和旅游业等领域。

四、政策分析

津巴布韦工商部宣布自 2015 年 7 月 27 日起执行进口商品检验制度，范围包括食品和农业产品、建筑工程材料、汽油和柴油、包装材料、电子产品、身体护理用品、车辆、纺织品和服装、工程设备、玩具等 10 类商品，名单内商品在发运前，必须取得法国 BV 公司出具的检验证书，若无证书商品将被禁止入境。其中 2015 年 7 月 27 日 ~10 月 31 日为缓冲期，期间若检验证书不合格仍然可以入境，但进口商必须通知出口商产品不合格；2015 年 10 月 31 日之后，所有商品必须取得合格检验证书。

2015 年 12 月 24 日，津巴布韦财政部长奇纳马萨在政府公报上发布津巴布韦本土化和经济授权法实施框架、程序和指导方针。公报表示，该文件是津巴布韦财政部、青年、本土化与经济授权部、储备银行取得一致意见后发布的。目的是在津巴布韦总统穆加贝的"十点计划"指导下，鼓励私人领域的投资，经济上保护本地民众利益，确保相关人士遵循法律。

重申津巴布韦所有企业中当地企业或当地人必须持有 51% 股份的政策，但对不同行业区别对待。

（一）具体政策

1. 资源行业（Resources-Based Sector）

必须将至少 51% 股份出售给政府指定的一些企业和基金。这些企业和基金包括：国家本土化和经济授权基金（National Indigenisation and Economic Empowerment Fund）、主权财富基金（Sovereign Wealth Fund）、员工股权基金（Employee Share Ownership Trust）、社区基金（Community Share Ownership Trust）、津巴布韦矿业发展公司（ZMDC）、津巴布韦整合钻石公司（ZCDC）和任何其他政府企业或政府控股企业。

资源行业包括：空气、土壤、水资源、矿物；哺乳动物、鸟、鱼和其他动物；

树木、草和其他植物;泉水、小湖、海绵、芦苇地、泥地、沼泽湿地和公共溪流;任何或具有美感、或具有历史、考古价值和景观价值的景观,风景或场所;旅游业,如果全部依赖于开采的自然资源的,应按资源行业对待。

2. 非资源行业(Non-Resources Sector)

也应满足本土化要求,但可给予5年宽限期(能源行业为20年)。非资源行业包括制造业、金融服务业、旅游业、建筑业、能源业和其他行业。

3. 保留行业(Reserved Sector)

仅能够由当地企业或当地人经营。不再新批准外国人经营这些行业,除非内阁决定或批准。保留行业包括:农业(初级粮食和经济作物的生产)、交通运输业(客运公交、出租车、汽车租赁服务)、零售和批发贸易、美容美发、就业代理、地产代理、面包店、广告公司、当地艺术和工艺的提供、市场推广和营销、烟草分级和包装、卷烟制造、代客泊车、牛奶加工、粮食加工、燃油零售(新加)、除钻石外的手工采矿(新加)。

(二)经济授权费

对所有企业征收经济授权费。费用尚未确定。

(三)未能达到本土化要求的企业

现有的未能达到本土化要求的外资企业仍能够继续运营,但应缴纳本土化合规费用。所收费用将用于奖励已满足本土化要求的企业。

(四)投资申请程序

1)所有投资申请均应向津巴布韦投资局提交。

2)所有尚未提交本土化实施计划的企业应在2016年3月31日前提交计划。

3)投资局收到本土化实施计划后,会咨询相关部委以及国家本土化和经济授权委员会,然后做出相关决定。

4)未能遵循既定框架的申请,将递交国家本土化和经济授权委员会会同相关部委,由内阁做出裁定。

（五）采购

1）所有政府部门、法定机构及公司在采购时，都要求遵循采购法，至少50%的商品和服务都要从当地企业采购。

2）本土化与经济授权部将会同相关部门对相关情况进行监督，确保有效实施。

在开展对津巴布韦投资合作时，需要注意以下几点：一是开展投资合作之前，做好项目风险考察、分析、评估工作，项目执行过程中要做好风险规避和管理工作，采取多种手段，规避投资风险，保护好自身利益；二是要严格遵守当地法律，不要有投机取巧、规避法律的心理和行为。要研究好、用好当地法律，充分利用法律保护自身的合法权益。选择当地合作伙伴时，要对对方的信用、能力和背景有充分的了解。在项目合作中，要注意尽量将公司规章制定得明确、详细，不要存留模糊解释的空间，并加以严格执行；三是要充分履行企业社会责任，按照"多予少取"的原则，多开展向当地社会进行慈善捐助、多创造当地就业机会、促进中津两国员工交流等形式的活动，为企业在津巴布韦经营创造良好社会影响和环境；四是要尊重当地的风俗习惯，保护好环境，要像爱护自己的家园那样爱护美丽的津巴布韦；五是要树立正确的义利观，不能只看眼前利益；六是推荐中资企业加入在津巴布韦的中资企业商会。中资企业商会一直致力于加强中国企业内部交流和信息沟通，共同制定内部行业规范，开展整体对外交涉，更好地为中国企业服务。

五、合作案例

（一）医疗卫生领域合作

中国与津巴布韦 2016 年 7 月 23 日在哈拉雷签署两份协议，分别涉及中国支持津巴布韦建立一流的泌尿系统疾病治疗中心和加大中津两国在妇幼健康领域的合作。

协议的签署旨在落实 2015 年中非合作论坛约翰内斯堡峰会有关开展中非公共卫生合作计划，推动中非建立对口合作医院以及开展妇幼健康合作的承诺。

根据计划，津巴布韦帕里雷尼亚图瓦公立医院和中国湖南湘雅医院将建立对口合作关系，双方将专注于泌尿专科领域的诊疗合作，中方将派遣专家组进行手术、义诊和指导工作，提供开展项目所需仪器设备，并培训当地医务人员。

中国赴津巴布韦"对口医院合作"创新项目考察组

代表中方签署协议的中国国家卫生和计划生育委员会副主任刘谦说，希望通过中方帮助，津巴布韦泌尿外科腔镜手术和科研能力可以达到非洲一流水平。

津巴布韦卫生部副部长穆西伊瓦说，在泌尿外科诊疗领域，津巴布韦现有的治疗仪器和医护人员专业水平都有待提高，希望通过与中国的合作弥补差距。

中津双方当天还签署了一项涉及妇幼健康工程的合作意向协议，中方将通过派遣专家赴津巴布韦义诊、开展培训和公共卫生活动来提高津巴布韦妇幼卫生水平。刘谦表示，妇女儿童健康是一个国家卫生工作的"窗口"指标，希望这一合作能够提高当地的妇幼保健水平。

穆西伊瓦说，津巴布韦感激中国在医卫领域给予的帮助和支持。中国政府自20世纪80年代就开始向津巴布韦派遣医疗队；2013年年初在津巴布韦中部马胡塞夸援建的地区中心医院投入使用；中方提供的医疗设备也正陆续送达津巴布韦全国约90所医疗机构，造福当地老百姓。

（二）合作兴办水泥厂

津巴布韦华津水泥厂由中国建材工业对外经济合作公司和津巴布韦工业公司联合投资5100万美元于1998年4月开始兴建，目前日产水泥700吨，由中方控股，华津水泥厂是以援外合作专项资金兴办的大型合资企业。

（三）烟草合同种植

津巴布韦是一个农业国家，烟草种植是其农业发展的重要支柱。中国烟草总公司充分利用津巴布韦的农业资源，结合自身的专业优势在津巴布韦成立天泽烟草有限责任公司。该公司从2005年开始在津巴布韦开展合同种植。据统计，2012年津巴布韦全年烟草出口额7.25亿美元，其中向中国出口4.66亿美元。天泽公司通过这种合作模式不仅保护了当地烟农的利益，为他们创造了财富增值的机会，而且打破了其他烟草商原有的垄断，实现了自身的发展。

中津两国签署烟草生产技术合作协议

（四）跨国收购世界级冶金企业股份

中国中钢集团公司已获得津巴布韦最大的铬矿生产商Zimasco控股公司（Zimasco Holdings）股份，根据协议，中钢集团以1亿美元购入Zimasco控股公司母公司Zimasco联合企业公司（Zimasco Consolidated Enterprises）

92% 的股份。Zimasco 控股公司曾经是全球第五大高碳铬铁生产商，其铬矿储量在 7000 万 ~8000 万吨，该公司高碳铬铁年产量 21 万吨，大多产自津巴布韦大岩墙（Great Dyke）地区，占全球铬铁产量的四分之一。

（五）合作开发矿产资源

中国北方工业公司下属北方国际和欧亚自然资源公司（Eurasian Natural Resources Corp.）以及津巴布韦矿业发展公司（Zimbabwe Mining Development Corp.）联合开展铂金生产，生产许可证从英美铂金公司（ADR）和英帕拉铂金控股公司（IMP）处获得。津巴布韦是全球第二大铂金产地，目前其产量占全球市场份额 6%。根据津巴布韦矿业部门的报告，2013 年该国铂金产量达到 36.5 万盎司。

（六）合资发展能源产业

津巴布韦煤炭资源丰富，中国拥有先进的煤炭能源技术，近年来中国和津巴布韦煤炭能源企业合作成果丰硕。中国平顶山煤矿集团与津巴布韦国家电力有限公司以及中国航空技术进出口总公司三方于 2007 年 10 月共同出资成立合资公司，其中平煤国际矿业投资有限公司出资 45%，为控股股东。

合资公司对津巴布韦西部煤田以及辛那马塔拉煤田进行开发经营，并开展相关国际贸易。山东泰山阳光集团公司与津巴布韦政府所属的"磐石投资私人有限公司"共同成立合作公司——中非阳光开发公司。根据协议，公司将在卢帕内地区一个煤炭储量约为 20 亿吨的 10 万公顷的矿区进行煤炭和煤层气的开发，2013 年 7 月建成一个年产 300 万吨的小型露天煤矿，同年 9 月开始建设一个 600 兆瓦燃煤电厂和一个 400 兆瓦的煤层气发电厂，燃煤电厂将于 2015 年竣工。此外，该项目还包括建设一个年产 30 万吨的焦炭厂，项目建成后可为当地提供 4000 多个就业机会。

2015 年 12 月初，中津双方在哈拉雷签署总投资额约 14.35 亿美元的旺吉燃煤电站扩机融资协议。中国工程承包商将出资该项目建设并参与长期维护和运营，这标志着中国公司投资非洲电力行业迈开产能合作转型的重要一步。

旺吉燃煤电站位于哈拉雷西北 800 公里处，始建于 1973 年，但是直至 20

世纪 80 年代才完工，总装机容量 92 万千瓦。由于年久失修、半数以上机组老化，电站不能正常运行，实际发电量仅为设计发电的一半左右。

根据扩机融资协议，中国水电建设集团国际工程有限公司（简称中国水电国际）将为旺吉燃煤电站新装两台单机 30 万千瓦燃煤发电机组及系列配套工程，这将使这座津巴布韦最大火电站的总装机容量增至 152 万千瓦。

津巴布韦电力供应长期短缺，每年平均用电需求预计在 200 万千瓦左右，但是近年来其国内总发电量仅维持在 120 万千瓦左右。2015 年由于遭遇罕见的大旱，水电站普遍难以满荷运行，全国实际发电量降至 90 万千瓦。

供电不足极大限制了津巴布韦经济发展，不少制造业企业无法正常开工，维系经济命脉的矿业企业 2015 年也被政府要求缩短开工时间。津巴布韦工业联合会表示，受供电影响，2015 年工业企业开工率可能降至近五年来最低点。

津巴布韦电力公司总裁齐芳巴说，津巴布韦大多电站机组服役时间超过 50 年，这些老旧机组将在 5~10 年内彻底关停，因此新电站建设任务十分紧迫，旺吉燃煤电站扩机融资协议的签署标志着项目建设有望顺利启动。

据中国水电国际母公司、中国电建集团董事长晏志勇介绍，旺吉燃煤电站扩机项目暂定于 2016 年下半年开工，工期 42 个月，建成后将极大缓解津巴布韦缺电现状，改善当地民生，解决制约经济发展的瓶颈问题。

据非洲开发银行报告，撒哈拉以南非洲 48 个国家总装机容量仅为 6800 万千瓦，仅五分之一人口用得上电，逾 30 个国家经常停电或限量供电，电力供应不稳定给非洲国家带来的经济损失平均为国民生产总值的 2%。

在为非洲国家"充电"过程中，中国电力工程企业做出巨大贡献。在中国金融机构和国家政策大力支持下，大批中国企业跻身非洲最有实力的工程承包商，但是目前多数项目仅局限于建设施工，很少涉及项目的经营管理。

中国国务院出台关于推进国际产能和装备制造合作的指导意见，明确提出企业在继续发挥传统工程承包优势的同时，应充分发挥资金、技术优势，积极开展"工程承包＋投资""工程承包＋投资＋运营"等合作。

晏志勇说，旺吉燃煤电站扩机项目就是采用了"工程承包＋投资＋运营"模式，中国水电国际拟自身投资 1.76 亿美元，并与津方共同组建项目运营维护公司，在电站扩建并投入使用后切实参与项目运营、维护和管理。除旺吉燃煤电站扩机项目，中国水电国际还将在津巴布韦南方能源燃煤电站项目中采用"工程承包＋投资＋运营"模式。两个项目将给中国水电国际这一传统电力工程承包企业积累宝贵经验，在转型之路上少走弯路。

上述项目契合中国企业资金和技术"走出去"以促进海外产能合作总体战略需要，同时有助于提升当地企业管理和技术水平，增强津巴布韦经济内生发展动力和造血能力，符合中非合作共赢、共同发展战略目标，对发展与其他非洲国家务实合作产生重要带动和示范效应。

在津巴布韦中资企业单位和会员列表

序号	会员单位名称（中文）	公司英文名称
1	天泽烟草有限责任公司（中烟）	Tian Ze Tobacco Company P/L
2	中钢津巴布韦铬业控股公司	Zimasco
3	华安津巴布韦有限公司	Sogecoa Zimbabwe P/L
4	华津水泥有限公司（中材）	SINO Zimbabwe Cement Company
5	南通建工集团股份有限公司津巴布韦分公司	Zimbabwe Nantong International
6	中航技进出口公司驻津巴布韦代表处	China National AERO-Technology Import & Export Corporation
7	中国北方工业公司津巴布韦代表处	NORINCO Zimbabwe Office
8	中国江苏国际经济技术合作公司津巴布韦分公司	Zimbabwe Jiangsu Int. P/L
9	华陇建筑津巴布韦有限公司	Hualong Construction Ltd.
10	华为技术有限公司驻津巴布韦代表处	Zimbabwe Liaison Office for Huawei Tech. Investment Co., Ltd
11	中国医疗队	Chinese Medical Team
12	江西国际经济技术合作公司驻津巴布韦代表处	China Jiangxi Corporation
13	中国首钢国际贸易工程公司驻津代表处	China Shougang International
14	晶牛集团	Jingniu Glass
15	中兴通讯股份有限责任公司驻津巴布韦代表处	ZTE CORPORATION
16	中国十七冶津巴布韦公司	Number Seventeen Metallurgical Construction P/L
17	中国机械设备工程股份有限公司驻津巴布韦代表处	China Machinery & Engineering Corporation

序号	会员单位名称（中文）	公司英文名称
18	中工国际工程股份有限责任公司驻津巴布韦代表处	China CAMC Engineering Co., Ltd.
19	中国冶金建设集团公司驻津巴布韦代表处	MCC
20	山西路桥国际工程公司津巴布韦代表处	Shanxi Road & Bridge International Engineering Company
21	保利公司驻津巴布韦代表处	Poly Group
22	中国水电建设集团国际工程有限公司驻津巴布韦代表处	Sino-Hydro Corporation Ltd. Zimbabwe Office
23	中国水利水电对外公司河南公司驻津巴布韦代表处	China International water & Electric Corp.
24	欧星电器有限公司	Eurostak Electric Co., Ltd.
25	康利克投资有限公司（自行车厂）	Connick Investment （PVT） Ltd.
26	中津国际矿业有限公司	China-Zim International Minerals Corporation
27	中国南昌工程有限责任公司	Chian Nanchang Engineering P/L
28	津恩国际（津巴布韦）有限公司	Jin En International （Zim） （PVT） Ltd.
29	津巴布韦联丰公司（湖北农垦）	Zimbabwe Lian Feng Company P/L Ltd.
30	中国农业技术示范中心（中机美诺科技）	China-Aid Agricultural Technology Demonstration Centre In Zimbabwe
31	中纺联合进出口股份有限公司驻津巴布韦代表处	Sinotex United Import and Export Co., Ltd.
32	中国金佰利矿业公司（河南海外工程）	China Jin Bei Li Mining Company
33	富诺私人企业	FUNO （pvt） LTD.
34	中国有色金属资源（津巴布韦）公司	Sino Non Ferrous Resource （PVT） Co., Ltd.
35	（中津）皖津农业发展公司	（Zim-China） Wanjin Agricultural Development Company
36	江西南方矿业有限公司	Hamque Investment Company
37	Timsite Enterprices （Pvt） Ltd.	Timsite Enterprises （PVT） Ltd.
38	安徽润南集团（津）代表处	Gold Diamond Mine Development P/L
39	中非阳光能源有限责任公司	China Africa Sunlight Energy Ltd.
40	三和矿业津巴布韦有限责任公司	San He Mining Zimbabwe P/L
41	津鼎（津巴布韦）矿业公司	Jinding Mining Zimbabwe （PVT） LTD
42	中铁七局集团有限责任公司	

坦桑尼亚

一、基本国情介绍

（一）地理位置

坦桑尼亚全称为坦桑尼亚联合共和国（The United Republic of Tanzania），是人类发源地之一。位于非洲东部、赤道以南。英联邦成员国之一。公元前即同阿拉伯、波斯和印度等地有贸易往来。北与肯尼亚和乌干达交界，南与赞比亚、马拉维、莫桑比克接壤，西与卢旺达、布隆迪和刚果（金）为邻，东临印度洋。国土面积94.5万平方公里，截至2015年全国总人口5350万人。坦桑尼亚全国共有31省，133县，其中大陆26省，桑给巴尔5省。首都达累斯萨拉姆是坦桑尼亚第一大城市和东非重要港口，是全国政治、经济、文化中心，人口430万，年平均气温25.8℃。阿鲁沙是国家旅游城市，也是坦桑尼亚外交和国际关系的重要中心，审判卢旺达种族大屠杀的联合国国际刑事法庭以及东非共同体的总部都位于此地。

（二）自然资源

坦桑尼亚矿产资源丰富，现已查明的主要矿产包括黄金、金刚石、铁、镍、铀、磷酸盐、煤以及各类宝石等，总量居非洲第5位。坦桑尼亚的天然气资源储量也非常巨大，目前坦桑尼亚已探明的天然气储量达1.62万亿立方米。坦桑尼亚旅游资源丰富，拥有维多利亚湖、坦噶尼喀湖和马拉维湖非洲三大湖泊、非洲第一高峰乞力马扎罗山和多个天然野生动物园。

坦桑尼亚东部沿海地区和内陆的部分低地属热带草原气候，西部内陆高原属热带山地气候，全年温差较小，年平均气温在21~25℃之间。桑给巴尔的20多个岛屿属热带海洋性气候，终年湿热，年平均气温26℃。每年12月至次年3、4月很热，6~9月比较凉爽。全国雨量偏少，80%的地区年降水量不足 1000 毫米。

（三）人口民族

坦桑尼亚总人口约 5350 万（2015 年），其中桑给巴尔 130 万。分属 126 个民族，人口超过 100 万的有苏库马、尼亚姆维奇、查加、赫赫、马康迪和哈亚族。另有一些阿拉伯人、印巴人和欧洲人后裔。城市人口占 26%，农村人口占 74 %。人口年均增长率约 2.7%。人口分布比较集中的城市有：达累斯萨拉姆（约 436 万）、姆瓦扎（约 70 万）、阿鲁沙（约 41 万）、多多马（约 41 万）、姆贝亚（约 38 万）。在坦桑尼亚华人约 5 万人，主要集中在达累斯萨拉姆地区。在坦桑尼亚的中资企业员工共有 3000 多人，主要从事公路、桥梁、房建、供水等工程承包业务；另据坦桑尼亚中华总商会估算，在坦桑尼亚的华人华侨主要从事投资与贸易。投资领域涉及摩托车、鞋类、餐具、箱包、编织袋、钢管、塑料管、卫生用品等，以及农业、矿业开发、发电、基础设施建设等；贸易涉及各类生活用品的批发，产品还销往其他东非共同体成员国家等邻国。

（四）政府机构及政治制度

设有联合政府和桑给巴尔政府。联合政府实行总统制，内阁由总统、副总统、总理、桑给巴尔总统和各部部长组成。本届联合政府于 2015 年 12 月 10 日成立，现有 19 位部长、15 位副部长。

主要成员有：总统约翰·蓬贝·约瑟夫·马古富力，副总统萨米娅·苏卢胡·哈桑，总理马贾利瓦·卡西姆·马贾利瓦，外交、东非、地区和国际合作部部长奥古斯丁·马希加，财政计划部部长菲利普·姆潘戈，工贸部部长查尔斯·姆维贾盖，农业、畜牧业和渔业部部长姆维古卢·恩琴巴，自然资源和旅游部部长朱马内·阿卜杜拉·马根贝，能矿部部长索斯佩特·穆洪戈，工程、交通和通讯部部长马卡梅·姆巴拉瓦，卫生、社区发展、性别和老幼部部长乌米·阿里·姆瓦利穆（女），教育、科技和职业培训部部长乔伊丝·恩达利查科（女），土地、住房和人居发展部部长威廉·卢库维，新闻、文化、艺术和体育部部长纳普·恩瑙耶，国防和国民服务部部长侯赛因·阿里·姆维尼，内政部部长查尔斯·基图万加，宪法和法律事务部部长哈里森·姆瓦基延贝等。

本届桑给巴尔政府于 2016 年 5 月组成，主要成员有：总统阿里·穆罕默德·谢因，第一副总统暂空缺，第二副总统塞义夫·伊迪。

1977 年 4 月制定联合共和国宪法，后经 14 次修改。联合共和国分设联合政府和桑给巴尔地方政府。1992 年第 8 次宪法修正案明确提出，坦桑尼亚是多党民主国家，奉行社会主义和自力更生政策。1994 年第 11 次宪法修正案规定，联合共和国政府设总统和 1 名副总统，总统为国家元首、政府首脑和武装部队总司令，由选民直选产生，获简单多数者当选，任期 5 年，可连任一届。总统与副总统必须来自同一政党，并分别来自大陆与桑给巴尔，副总统不能由桑总统或联合共和国总理兼任，每届任期 5 年，连任不得超过两届。总统任命总理，由总理主持联合政府日常事务。2000 年第 13 次宪法修正案重新界定了坦政治体制，确认原宪法中的"社会主义"和"自力更生"等原则代表民主、自立、人权、自由、平等、友爱、团结。2010 年大选后，坦桑尼亚国内修宪呼声不断。2011 年 11 月，《宪法修订法案》获议会通过。2012 年 4 月，修宪委员会成立。6 月和 12 月，新宪法一稿和二稿先后出台，提出设立坦噶尼喀、桑给巴尔和联合政府三个政府、缩减联合事务、限制总统权力等重大修改。2014 年 10 月，制宪会议通过新宪法草案，决定维持两政府架构。新宪法草案原定于 2015 年 4 月进行公投，但因技术原因被无限期推迟。

桑给巴尔现行宪法于 1979 年制定，后历经修订。根据 2010 年修订的桑给巴尔宪法，桑给巴尔总统为桑给巴尔团结政府首脑，取消首席部长设置，新设第一和第二副总统。桑给巴尔选举与联合共和国总统大选同时举行，桑给巴尔总统候选人由桑给巴尔各政党提名，经桑给巴尔全体选民直选，获 1/2 以上选票者当选，任期 5 年，可连任一届。总统对政府事务拥有决定权，第一和第二副总统向总统负责。第一副总统由在大选中获代表会议第二大议席的政党的成员出任。第二副总统由与总统来自同一政党的议员担任，经总统任命，作为总统的主要助手并在代表会议中负责政府事务，在总统逝世或无法履行公务时代行职权。总统和副总统根据各政党的议席比例分配和任命内阁部长。桑团结政府有权处理除外交、国防、警务、税收、银行、货币、外汇、航空、港口和邮电等 22 项联合事务以外的桑内部事务。

议会为一院制，称国民议会，是联合共和国最高立法机构。议会选举与总统选举同时进行，每5年举行一次。总统有权任命10名议员。本届议会是独立后的第十一届议会，2015年11月成立。现任议长乔布·尤斯蒂诺·恩杜加伊。

桑给巴尔人民代表会议为桑给巴尔立法机构，拥有联合事务以外的桑给巴尔事务立法权。本届代表会议于2016年3月选出，法定代表共85人，其中革命党81人。议长祖贝尔·阿里·毛利德。

司法机构设有宪法特别法院、上诉法院、高级法院、地方法院以及检察院、司法人员委员会和常设调查委员会。桑给巴尔岛和奔巴岛各设一伊斯兰教法庭，处理违反伊斯兰教义案件。大法官穆罕默德·钱德·奥斯曼，总检察长弗莱德里克·威瑞玛。

桑给巴尔独立行使司法权，但上诉案件由联合共和国上诉法院审理。桑给巴尔大法官哈米德·马哈姆德·哈米德，总检察长伊迪·潘杜·哈桑。

（五）外交关系

坦桑尼亚曾是著名的"前线国家"，为非洲大陆的政治解放做出过重大贡献。奉行不结盟和睦邻友好的外交政策，主张在互不干涉内政和相互尊重主权的基础上与各国发展友好合作关系。近年务实倾向增强，强调以经济利益为核心，发展同所有捐助国、国际组织和跨国公司的关系，谋求更多外援、外资。重点营造睦邻友好，全力促进区域经济合作，积极参与调解与其利益相关的地区问题。重视与亚洲国家关系，学习和借鉴亚洲国家的发展经验。是联合国、不结盟运动、英联邦、非洲联盟、东非共同体、南部非洲发展共同体及环印度洋地区合作联盟等组织的成员国。同115个国家建有外交关系。

同美国的关系：坦、美于1961年建交。近年来，两国关系持续改善。美国重视坦桑尼亚地区大国的作用和发展潜力，支持其经济改革，是坦桑尼亚主要投资和援助国之一，并免除了坦美双边债务。2008年2月，布什总统访坦，宣布美国在5年内向坦桑尼亚提供6.98亿美元援助，帮助坦桑尼亚改善道路、供电及供水等基础设施建设。这是美国"千年挑战账户"设立以来美国向单个国家提供的最大一笔经济援助。坦桑尼亚反对美国在非洲建立美军司令部。2009年5月，基奎特总统访问美国，美国总统奥巴马与其会见，基奎特成为奥巴马任美国总统后会见的首位非洲国家元首。2011年6月，美国国务卿希拉里访坦，承诺向坦桑尼亚提供总计1亿美元的援助，用于坦桑尼亚农业发展和粮食安全以及应对艾滋病等项目。2011年，美军非洲司令部司令、国务卿希拉里相继访坦，并承诺向坦桑尼亚提供1亿美元援助。美国总统奥巴马致电基奎特总统祝贺坦桑尼亚大陆独立50周年。2012年5月，基奎特总统赴美进行工作访问。2013年7月，美国总统奥巴马对坦桑尼亚进行了国事访问。

同英国的关系：坦英关系密切。英国是坦桑尼亚主要贸易伙伴和援助国，每年援助额约8000万美元。英国免除了坦桑尼亚所欠全部债务，积极支持国际货币基金组织和世界银行等国际金融机构减免坦债务。

同邻国及其他非洲国家关系：在地区事务中奉行"广交友、不树敌、促和平、谋发展"政策。重视与周边邻国发展睦邻友好关系，同肯尼亚、乌干达、埃塞俄比亚等国关系密切。重视在地区事务中发挥影响，致力于维护地区和平与稳定。积极参与调解肯尼亚选后危机、津巴布韦大选政治危机，大力斡旋刚果（金）、马达加斯加问题，关注索马里和平进程，为非盟驻索马里维和部队提供培训，参与调解南苏丹问题和布隆迪问题。参与联合国在向苏丹达尔富尔、刚果（金）、科特迪瓦和南苏丹等维和任务。

同亚洲国家的关系：坦桑尼亚重视发展与亚洲国家的关系。2004年12月，姆卡帕总统对越南进行正式访问。2004年9月，印度总统卡拉姆对坦桑尼亚进行国事访问。2006年9月，坦桑尼亚总理洛瓦萨访问泰国、越南。2011年5月，印度总统辛格访坦，宣布向坦桑尼亚提供1.9亿美元经济援助。日本每年向坦桑尼亚提供约1亿美元无偿援款，并派出专家和志愿者。2013年5月底、6月初，坦桑尼亚总统基奎特出席第五届东京非洲发展国际会议并与日本首相安倍晋三举行会谈。2014年3月，日本宣布向包括坦桑尼亚在内的10个非洲国家派驻投资顾问，促进日本在这些国家的投资。坦桑尼亚同朝鲜关系良好。前总统尼雷尔和姆维尼及桑给巴尔总统萨勒明等均访问过朝鲜。朝鲜援助坦桑尼亚的主要项目有革命党多多马会议大厦、水稻农场、奔巴考贾尼体育场等。

同中国的关系：中国于1961年12月9日与坦噶尼喀建交，1963年12月11日与桑给巴尔建交。1964年4月26日，坦噶尼喀与桑给巴尔联合，中国自然延续与二者的外交关系，将1964年4月26日联合日定为与坦桑尼亚联合共和国建交日。建交以来，两国关系友好密切，人员往来频繁。

近年来，两国高层交往密切。2013 年 3 月，习近平主席就任国家主席后首次访问非洲，并首站对坦桑尼亚进行国事访问，其间与基奎特总统举行会谈，会见桑给巴尔总统谢因和坦桑尼亚前总统姆卡帕，在尼雷尔国际会议中心发表面向全非的演讲，向中国援坦专家公墓献花圈。2013 年 5 月，中国公安部副部长杨焕宁访坦桑，中坦安全部门决定在巩固两国安全、打击象牙和毒品贸易等跨国有组织犯罪等方面进一步加强合作。习近平主席访坦以来，中坦高层领导人互访不断。坦桑尼亚总理平达 2013 年 10 月访华，共签署了 12 项双边协议，涉及能源、输变电、出口工业区、房地产和科技等领域。桑给巴尔总统谢因于 2013 年 5 月 27 日至 6 月 2 日对中国进行工作访问，代表桑给巴尔革命政府和中国政府签署了包括卫生、海洋、信息技术、通信领域四个方面的发展协议及培训协议。2014 年 6 月 21 日至 26 日，李源潮副主席应坦桑尼亚副总统比拉勒邀请访问坦桑尼亚。此访是继 2013 年 3 月习近平主席访坦后，中国国家领导人对坦桑尼亚的又一次重要访问，也是庆祝中坦建交 50 周年的一项重要活动。2014 年 10 月，坦桑尼亚联合共和国总统基奎特应国家主席习近平邀请对中国进行国事访问。两国元首一致同意，继往开来，携手推动中坦互利共赢的全面合作伙伴关系发展。

（六）坦桑尼亚吸引外资的主要优势

1. 政治社会稳定

近年来，坦桑尼亚国内政局稳定，大力发展睦邻友好关系，是非洲国家少有的内政稳定的国家之一。坦桑尼亚共有 126 个民族，从来没有发生过民族冲突；坦桑尼亚境内的基督教徒和伊斯兰教徒总体和睦；坦桑尼亚民主制度发展较为健全，被西方赞为非洲国家民主化的样板，政局发生动荡的可能性较小。虽然坦桑尼亚 2015 年的大选比以往更加激烈，但国家总体和平稳定的局面没有受到大选影响。

2. 自然资源丰富

坦桑尼亚有着丰富的农业、矿业以及旅游业资源。农林渔业方面：坦桑尼亚拥有可耕地 4400 万公顷；拥有森林和林地面积共 3350 万公顷，其中 8 万公顷人工林场和 1140 万公顷天然森林可进行商业采伐；拥有 6.4 万平方公里的印度洋领海水域，22.3 万平方公里的印度洋专属经济区水域以及 5.8 万平方公里的淡水湖面，海水和淡水捕捞的潜力巨大。矿业方面：坦桑尼亚矿产资源丰富，现已探明的主要矿产包括黄金、金刚石、铁、镍、磷酸盐、煤以及各类宝石等，总量居非洲第 5 位。坦桑尼亚的天然气资源储量也非常巨大，目前坦桑尼亚已探明的天然气储量达 1.62 万亿立方米。旅游业方面：坦桑尼亚的旅游资源得天独厚，不仅拥有风光旖旎的坦噶尼喀湖、维多利亚湖、马尼亚纳湖和马拉维湖国家公园等景点，还拥有乞力马扎罗山、东非大裂谷等雄奇的自然景观以及塞伦盖蒂国家公园、米库米野生动物园等著名野生动物观赏区。

3. 政府鼓励

坦桑尼亚政府将其鼓励投资的领域分为最惠领域和优先领域。最惠领域包括农业和以农业为基础的工业、采矿业、石油天然气、旅游、基础建设、交通、航空、通信、金融和保险服务等领域。在这些领域的投资，其资本货物免缴进口关税。优先投资领域包括能源、化工、制造业、纺织与皮革生产、自然资源开发、渔业、林业、人力资源、建筑、房地产开发、管理咨询、电视广播以及以出口为导向的项目等领域；在这些领域的投资，其资本货物只需交纳 5% 的进口关税。坦桑尼亚还根据 1997 年通过的投资法，成立了国家级的投资中心，为外国投资者提供"一站式"服务。

4. 地区辐射能力较强

坦桑尼亚地处非洲东海岸中部，地缘优势明显。作为东非共同体成员国之一，坦桑尼亚优越的地理位置是进一步向周边国家辐射的良好条件，因而投资坦桑尼亚市场有其战略意义。特别令人关注的是，坦桑尼亚已经与美国、欧盟等达成了开发市场的有关协定。因此，在坦桑尼亚投资所生产的产品，可以免关税，快捷地出口到美国、欧盟。

（七）较具潜力的投资领域

坦桑尼亚近年来具有潜力的投资领域包括：

1. 制造业

坦桑尼亚希望能够利用其区位优势,成为整个东非的制造业基地。近年来,随着坦桑尼亚大量天然气资源的发现,越来越多的外资开始看好坦桑尼亚市场,来坦桑尼亚投资创业的人越来越多。目前,工业增加值占 GDP 的比重已从以前的 10% 提高到 22.2%,但同时,当地多数基本生产和生活品还是主要依靠进口,当地工业产品替代进口的潜力依然很大。

2. 农业

坦桑尼亚政府高度重视发展农业,农业是坦桑尼亚吸引外资的最惠领域。2009 年 6 月,坦桑尼亚总统基奎特提出"农业第一"的发展理念,将农业预算提高到财政预算的 10%。2011 年 1 月,坦桑尼亚政府提出"南方农业发展走廊"的规划蓝图,吸引外资到坦桑尼亚投资农业开发、种植及农产品加工等行业。坦桑尼亚拥有 4400 万公顷可耕地。

3. 旅游业

近年来,坦桑尼亚旅游业在其国民经济中发挥日益重要的作用,坦桑尼亚政府将其作为国家减贫战略的重要组成部分来推进,鼓励外资投资于旅游业,重视发挥私营企业在旅游业发展中的主导作用。政府在提供和改善基础设施、引导投资方面发挥促进作用。坦桑尼亚旅游资源丰富,在发展旅游业方面有得天独厚的优势,但面临旅游基础设施落后、旅游专业从业人员匮乏、旅游市场开发和宣传滞后等问题。

4. 基础设施

落后的基础设施状况严重影响坦桑尼亚经济发展,基础设施项目成为坦桑尼亚吸引外资的主要行业,包括公路、电力、桥梁和港口等。中国企业自 20 世纪 90 年代初进入坦桑尼亚工程承包市场,经过 20 年发展,逐渐占领坦桑尼亚工程承包市场 80% 以上份额。目前,在坦桑尼亚有 30 多家中资工程承包企业,2500 多名中国工程技术人员和管理人员。大规模的基础设施建设使得坦桑尼亚对水泥、瓷砖等建筑材料的需求量较大,中国建材设备制造企业可积极参与坦桑尼亚建材行业工程的承包和投资。

5. 矿业

据已有资料来看，坦桑尼亚矿产资源潜力巨大，已知矿产的埋藏深度大多在 200 米之内，还有很多露天矿藏，较易开采。黄金是现在坦桑尼亚第一大出口创汇产业，已经有 50 年的开采历史，但开采量还不到存储量的 10%。由于资金和技术等原因，坦桑尼亚无力自主开发其丰富的矿产资源，非常希望外国投资者带来资金和技术，并从事勘探、采矿和矿产品加工等作业。坦桑尼亚政府非常重视矿业发展，将矿业列入特惠投资领域，在外资的投资选择和持股比重上，除规定政府参股最高可达 20% 外，没有其他限制，还可享受如 100% 资本返还、所得股息和分红可自由汇出等优惠政策。

世界经济论坛《2014—2015 年全球竞争力报告》显示，坦桑尼亚在全球最具竞争力的 144 个国家和地区中，排第 121 位。

（八）坦桑尼亚政府发展规划

1999 年姆卡帕政府制定了《坦桑尼亚国家发展愿景 2025》(The National Development Vision 2025，以下简称《愿景 2025》)，明确了未来 25 年的经济发展目标。2011 年，政府首次制订并向议会呈报了《愿景 2025》第一个五年发展规划（2011/2012—2015/2016 财年），经议会审议通过后开始实施。《愿景 2025》确立了坦桑 2025 年实现人均收入 3000 美元、成为中等收入国家的发展战略目标。

第一个五年发展规划指导思想是"释放坦桑尼亚发展潜力"，主要目标包括：消除阻碍经济增长的障碍；增强国力，实现最理想的经济增长，尽快减少贫困；培养有效利用机会的能力，充分利用本国、地区一体化及全球化机会；创造更多就业机会，解决青年就业问题。

第一个五年发展规划确立了 4 个战略支柱：①维护当前经济稳定局势，巩固已有成绩。②利用资源，发展经济。优先发展绿色农业、畜牧业、渔业及利用本国原材料和自然资源发展工业。③有效利用本国地理位置潜力，将坦桑尼亚打造成大湖区经济、贸易和服务领头羊。④开发人力资源，扩大科技应用，提高经济服务、政府、社会活动的效益和效率。

第一个五年发展规划确定了6个优先发展领域的目标为农业、基础设施、工业、旅游、人力资源和信息通信。

第一个五年发展规划明确了保障上述发展目标实现的经济环境，其中包括坚实的经济、财政和预算政策、良政、良好的投资环境和医疗卫生服务。规划确定的主要经济指标为：经济年增长率8%~10%，通胀率低于5%，出口占国民收入25%以上，国内收入占国民收入19%以上，外汇储备足以支付6个月以上货物与服务进口，人均收入增至650美元，对外国援助依赖度由25%降至10%等。

（九）宏观经济

年份	GDP（亿美元）	人均GDP（美元）	GDP增长率（%）
2008	273.68	657.729	5.567
2009	285.74	665.344	5.382
2010	314.08	708.522	6.359
2011	338.79	740.384	7.905
2012	390.88	827.529	5.141
2013	443.33	909.33	7.263
2014	480.3	954.619	6.965
2015	448.95	864.858	6.968

数据来源：世界银行。

坦桑尼亚经济以农牧业为主，结构单一、基础薄弱、发展水平低下，是联合国公布的48个世界上最不发达国家之一。全国约有34%的人口处于贫困状态。经济增长率：近5年来，坦桑尼亚GDP年均增长率约7%，世界银行等国际机构预计坦桑尼亚GDP未来几年仍将保持在7%左右。2013/2014年财年，坦桑尼亚GDP约438亿美元，增长率7%，人均GDP约768美元。产业结构：2013/2014年财年，农业、工业和服务业对GDP贡献率分别是21.7%、22%和51.1%。财政收支：2013/2014年财年，国家预算收入70亿美元，预算支出101.28亿美元，预算赤字占GDP的7%。外债：截至2014年6月，坦桑尼亚外债余额约140.21亿美元，占GDP的比重32；内债39.61亿美元，占GDP的比重11%。坦桑尼亚贷款主要来自美国、欧盟、日本、印度和中国等。通货膨胀率：2014年，坦桑尼亚全国通货膨胀率为7.6%。失业率：2012年，失业率估算为10.7%。

外国援助在坦桑尼亚国民经济中占有重要地位，近年来坦桑尼亚每年接受外援9亿美元左右，其中发展伙伴（Development Partners）通过总体预算支持（General Budget Support）等方式向坦桑尼亚提供援助。主要发展伙伴有英国、印度、南非、荷兰、肯尼亚、美国、加拿大、意大利、德国和国际货币基金组织、世界银行、欧盟、非洲开发银行等。坦桑尼亚是国际货币基金组织和世界银行已批准的符合重债穷国倡议援助条件的国家。

二、产能合作现状分析

（一）坦桑尼亚引进外资情况

据联合国贸发会议发布的2015年《世界投资报告》显示，2014年，坦桑尼亚吸收外资流量为21.4亿美元；截至2014年年底，坦桑尼亚吸收外资存量为170.1亿美元。外资主要集中在矿业、旅游业、农业、制造业和通讯业等领域。坦桑尼亚政府鼓励外商更多投资于农业、教育、医疗，以及公路、铁路、机场和旅馆建设等项目。目前，英国、中国、印度、肯尼亚、南非等是坦桑尼亚主要的外资来源地，其中来自中国、南非、印度等新兴经济体的投资较为活跃。根据2013年数据，中国成为坦桑尼亚第二大外资来源国，仅次于英国。在坦桑尼亚投资的跨国公司主要有：南非ANGLO公司和加纳ASHANTI公司合资的GEITA黄金矿业公司、澳大利亚RESOLUTE公司投资的GOLDEN PRIDE矿业公司、加拿大BARRICK公司投资的BULYANHULU矿业公司、PLACERDOME公司在MARA北部地区投资的金矿公司，以及加拿大在TULAWAKA和MEREMETA投资的金矿公司。

（二）与中国产能合作现状

2014年10月，基奎特总统成功回访中国，两国元首见证签署8份双边协议也在逐步推进中。随着巴加莫约港、天然气发电、输变电及天然气输气管道等项目的开竣工，中坦经贸合作将迎来新一轮快速发展时期。

目前，在坦桑尼亚中资企业超过 500 家，其中国有企业近百家，主要从事工程承包和大型投资以及优惠性质贷款项目。中资企业在坦桑尼亚投资空前活跃，主要涉及矿业、制造业、加工业、发电和输变电、基础设施建设和房地产开发、农业、贸易、物流等领域。中方投资项目主要包括剑麻农场、现代农业产业园、煤铁电一体化、巴加莫约港综合开发区、K—I 和 K—W 天然气电站、Songea 水电站及多个大型房地产开发项目等，预计在建和待建项目总投资金额超过 15 亿美元。

坦桑尼亚可以说是第一批加入中国国际产能合作进程的非洲国家。2016年 4 月底，国家发展和改革委员会派出代表团访问坦桑尼亚，考察中坦产业合作情况。4 月 28 日，国家发展和改革委员会与坦桑尼亚总理府草签了关于产能合作框架协议。坦桑尼亚正在制定的 5 年规划的核心就是工业化，这与中国提出的国际产能合作正好相符。

作为与中国关系最亲密的非洲国家之一，依仗坦赞铁路 40 年前的传统，中坦在产能上的合作相较其他国家要多得多，而近些年更在飞速发展。2011 年，中坦贸易额不足 20 亿美元，投资额仅 7 亿美元；2014 年分别提升到 43 亿美元和 40 亿美元。另外，中国还为坦桑尼亚急需发展的基础设施建设和重大民生项目提供 20 多亿美元优惠贷款。

中坦双方签署合作协议

目前，中国已成为坦桑尼亚第一大贸易伙伴和第二大投资国，中资企业中的坦桑尼亚员工人数超过15万，有超过35万坦桑尼亚人从事与中国贸易相关工作。中资企业在坦桑尼亚投资的各行业中，基建算是最大的一块。中资目前几乎占据了整个坦桑尼亚基建市场的70%。此外，电信、制造业、矿产也成为中资企业的优势产业。

到目前为止，加入坦桑尼亚出口加工区的企业达到117家，其中包括来自中国的12家企业。作为坦桑尼亚经济特区和出口加工区的管理主体，出口加工区管理局期待吸引更多的中国人到这些区域办厂。中坦两国都希望更多的中国人到坦桑尼亚建厂，特别是在巴加莫约经济开发区内。这个经济开发区是由中坦两个国家合资建设的，包括区域内将建的新港口。2016年3月，坦桑尼亚投资推介会在中国江苏省常州市举行。坦桑尼亚多名政府官员及企业代表出席此次活动，为该国巴加莫约经济特区等项目做宣传，并积极为相关项目的开发寻求来自中国的合作伙伴。为助推优势产能走向海外，河北省出台《钢铁水泥玻璃等优势产业产能境外转移工作推进方案》，指明了三大行业"走出去"的目的地和路线图，提出"到2017年，实现全省转移境外钢铁产能500万吨，水泥产能500万吨，玻璃产能300万重量箱。到2023年，力争实现全省转移境外钢铁产能2000万吨，水泥产能3000万吨，玻璃产能

天宇地质测试中心（坦桑）有限公司开业典礼

1000 万重量箱"。民营企业河北壮大玻璃公司，在坦桑尼亚多多马市建设年产 60 万重量箱玻璃项目，2015 年投产。

中国政府鼓励中资企业到坦桑尼亚开展投资合作，进一步推动两国经贸合作向更深层次发展。中国驻坦桑尼亚经济商务代表处鼓励、支持并积极引导在坦桑尼亚中资企业和华人华侨组建商协会等自律组织，先后成立了在坦桑尼亚的中资企业承包商会、中资企业矿业协会、卡利亚口商会、中华总商会、华人华侨联合会等 10 多个商协会。各商协会均在坦桑尼亚合法注册，实行自我管理和自我约束，取得了良好成效。中国驻坦桑尼亚经济商务代表处号召新到企业"人员入会，项目入园，行为合规"，即应根据自身业务性质选择加入相应的商协会，遵守行业自律规则，自觉维护中国企业和公民的良好形象。

代表处还将继续引导所有在坦桑尼亚中资企业和华人华侨履行社会责任，回馈当地社会，促进坦桑尼亚经济发展，助其实现减贫目标，从而为促进中坦关系的进一步发展做出积极贡献。

三、合作领域和合作重点

2015 年坦桑尼亚国际投资指数为 47.12，在 108 个样本经济体中排名第 33 位，这说明坦桑尼亚的整体市场环境较好，属于中等偏上水平，潜力较强，对外商投资具有一定的吸引力。在 11 大板块贡献度排名中，前几位分别是市场潜力、基础设施、投融资环境和宏观经济等板块。坦桑尼亚作为一个非洲国家其市场的潜力是巨大的，同时国内的投融资环境和宏观经济相对较好为投资者提供了一个稳定的大环境，而基础设施板块则是衡量一个国家是否有产能合作潜力的一个重要指标。其他方面，坦桑尼亚在金融稳定性、不可抗力、贸易等板块的贡献度排在中上游，而要素需求和自然环境板块相对较弱，说明坦桑尼亚自然环境和生产要素不太乐观。

进一步使用经济学模型测算各个板块 2015 年发生的概率，测算方法是衡量主要指标的变动是否超出了预定值，如果超过，说明发生概率较大，反之发生概率较小，坦桑尼亚计算结果见下图。从各板块发生的概率来看，不可

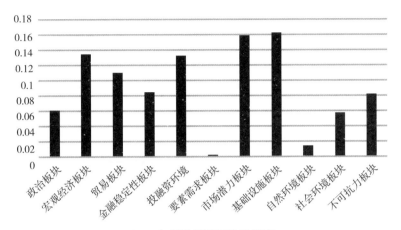

2015年坦桑尼亚板块贡献度

资料来源：武汉大学国际投资研究中心。

抗力、市场潜力、政治、宏观环境、投融资环境和基础设施等板块发生的概率显著超过了 0.5，这些领域在未来的发展趋势尤其需要密切关注。

坦桑尼亚在基础设施建设方面有大量产能对接需求，而且政府明确规划大力发展基础设施建设。

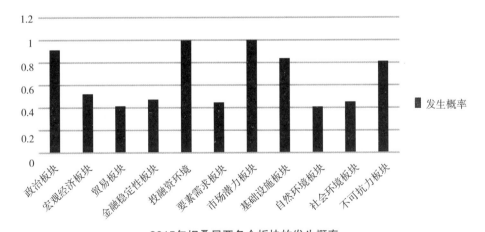

2015年坦桑尼亚各个板块的发生概率

资料来源：武汉大学国际投资研究中心。

四、政策分析

2013 年 3 月，习近平主席访问坦桑尼亚时，在两国元首见证下，中坦两国正式签署中坦投资保护协定，并已于 2014 年 3 月 18 日正式生效。坦桑尼亚政府将其鼓励投资的领域分为最惠领域和优先领域。最惠领域包括农业和以农业为基础的工业、采矿业、石油天然气、旅游、基础建设、交通、航空、通信、金融和保险服务等领域。在这些领域的投资，其资本货物免缴进口关税。优先投资领域包括能源、化工、制造业、纺织与皮革生产、自然资源开发、渔业、林业、人力资源、建筑、房地产开发、管理咨询、电视广播以及以出口为导向的项目等领域；在这些领域的投资，其资本货物只需交纳 5% 的进口关税。坦桑尼亚还根据 1997 年通过的投资法，成立了国家级的投资中心，为外国投资者提供"一站式"服务。

1. 主导行业和先导行业税收优惠政策

坦桑尼亚政府对投资主导行业和先导行业的外资企业及投资额在 30 万美元以上的外国独资或合资企业，可向坦桑尼亚投资中心申请"投资优惠证书"并可享受以下税收优惠政策：

1）私有财产会得到保护并且不会受到非商业风险的损害。

2）投资企业在投资回收前的收益免交所得税，投资回收后所得税率为 30%，分红预扣税为 10%。

3）降低投资项目的固定资产进口关税（先导行业的投资项目征收 5% 的关税，主导行业的投资项目关税为 0），对矿业等特惠领域免征资本货物进口关税。

4）每个企业可给予 5 个外国人工作许可。

5）外资企业可享有所赚取的外汇，利润和资本可以 100% 不受限制汇出坦桑尼亚。

6）外国股东所得股息和分红可自由汇出。

7）企业可享受五年亏损补偿。

8）免缴利息预扣税；股息预扣税为股息的 10%；出口加工区免缴股息预

扣税。

9）可容易地获得居住/工作许可证、生产证书和贸易证书等其他证明。

10）同时，出口加工区和拟建经济开发区享受出口加工区优惠政策。

根据 2002 年 4 月颁布的坦桑尼亚出口加工区法案，入驻出口加工区的企业可享受财政优惠、非财政优惠以及程序优惠政策。

财政优惠政策：当地政府免收出口加工区产品税、10 年的公司税、公用事业增值税和码头税；免收 10 年的租金、分红和利息税；免除关税、原材料增值税、资本产品增值税；免收企业进口一辆机动车、一辆救护车、消防设备和车辆以及两辆巴士的关税。

非财政优惠政策：出口加工区企业可获得良好、现代而可靠的服务；允许 20% 的产品在国内市场销售；公司始建阶段自动拥有 5 个外籍人员工作许可名额；装船前及到港免检；为企业成立初期带来关键技术人员、管理人员以及员工培训人员签发有效期为 60 天的临时签证；在满足有关规定条件和程序前提下，获得出口信贷；无条件转移利润和分红。

程序优惠政策：精简投资项目决策程序和项目批准程序；出口加工区现场海关检查。

外汇兑换：外国投资者在遵守坦桑尼亚《反洗钱法》和《外汇法》有关规定的前提下，可将合法所得在获得授权的银行自由兑换外汇。合法所得包括投资所得的净利润和分红；外国贷款的服务费；技术转让协议项下所得的税费；持照企业销售或清偿的汇款（税后）或利息；持照企业雇用外籍人士支付的薪资和其他福利支出。

2.优先发展的经济特区优惠政策

坦桑尼亚出口加工区管理局将参与 4 个优先发展的经济开发区投资者分为 4 类，分别享受不同的优惠政策：

A 类投资：基础设施类投资、机械、装备、重型车、建筑材料、零配件和消耗品以及其他用于开发区基础设施建设的资产类货物免税；免除开发区投资企业前 10 年的公司税；10 年的免税期到期后按《收入税法》关于税率的规定收取公司税；免除开发区投资企业前 10 年的租金税、分红和利息税；

免除物业税；免除进口一辆商务车、一辆救护车、一辆运货车、一辆消防车、两辆公司员工通勤巴士的关税、增值税以及其他购买这些车辆应交纳的税款；免除经济开发区内的印花税；企业建立初期自动拥有 5 个工作许可名额，之后，每增加 1 个工作许可名额，需向管理局申请，同时需征求移民局意见。审批单位在综合考虑当地人意见、投资人所使用技术的复杂性、申请人与投资人之间协议等多方面因素后，才可授予新的工作许可证；免除公共事业与服务的增值税。

B 类投资：商务活动、服务和生产出口产品的投资进入开发区的原材料、零部件、资产性物资，免除关税、增值税及其他税项；免除国外贷款的利息税；免除进口一辆商务车、一辆救护车、一辆运货车、一辆消防车、两辆公司员工通勤巴士的关税、增值税以及其他购买这些车辆应交纳的税款；装船前及到港免检；享受货运现场清关；为关键技术人员、管理人员和培训人员提供最长 2 个月的商务签证。签证到期后，可按照 1995 年颁布的《移民法》申请居留证。

企业建立初期自动拥有 5 个工作许可名额，之后，每增加 1 个工作许可名额，需向管理局申请，同时需征求移民局意见。审批单位在综合考虑当地人意见、投资人所使用技术的复杂性、申请人与投资人之间的协议等多方面因素后，才可授予新的工作许可证。

C 类投资：面向出口市场的生产型企业在符合申请条件的情况下，可获得出口信贷；免除与开发区生产相关的原材料、零部件、资产类物资和耗材的关税、增值税及其他税收；免除开发区投资企业前 10 年的公司税。10 年的免税期到期后按《收入税法》的规定缴纳公司税；免除开发区投资企业前 10 年的租金税、分红和利息税；免除开发区投资企业前 10 年所有由当地政府征收的税；装船前及到港免检；享受货运现场清关；为关键技术人员、管理人员和培训人员提供最长 2 个月的商务签证。签证到期后，可按照 1995 年颁布的《移民法》申请居留证；免除公共事业和服务的增值税。

企业建立初期自动拥有 5 个工作许可名额，之后，每增加一人都需向管理局申请，同时需征求移民局意见，在综合考虑当地人意见，投资人所使用技术的复杂性，申请人与投资人之间的协议等多方面因素后，才可授予其工作许可证。

D 类投资 : 特殊行业投资。

D 类投资者除享受 A 类投资的优惠待遇外，还享受特殊行业法律规定的优惠待遇。

总体而言，坦桑尼亚政府在世界货币基金组织和世界银行的支持下，执行经济整改计划，颁布了一些促进和保护投资的法律法规。坦桑尼亚政府分别出台新的《投资法》和《出口加工区法案》，为外来投资提供了较多优惠政策。外资企业到坦桑尼亚投资可以享受包括税收优惠、政策帮扶以及金融支持等多方面的优惠政策如外资企业可享受 100% 资本退还（即通过减免税费等形式全额返还企业的资本投入）；外国股东所得股息和分红可自由汇出；在资本投资回收前免缴所得税；出口加工区免缴股息预扣税等。

五、合作案例

中坦联合海运公司：总投资 300 万英镑，拥有 15000 吨货船 2 艘。

坦赞铁路全长 : 1860 公里。

坦中友谊纺织有限公司：总投资 2912 万美元，年产 3300 万米布。

坦中友谊纺织有限公司

坦中联合制药有限公司：总投资 205 万美元，年产抗菌素 10 亿片。

中国农垦（集团）坦桑尼亚有限公司：总投资 1505.13 万美元，剑麻种植，面积 13558 英亩（1 英亩 =4046.856 平方米）。

中国（坦桑尼亚）投资开发贸易促进中心：提供仓储、经贸咨询、商品展示等服务。

中坦合资轻型卡车有限公司：总投资 100 万美元，年产轻型卡车 100 辆。

解放汽车坦桑尼亚有限公司：总投资 150 万美元，共销售汽车 3500 辆。

埃塞俄比亚

一、基本国情介绍

（一）地理环境

埃塞俄比亚是非洲东北部内陆国。位于非洲之角的中心，东与吉布提和索马里相邻，南与肯尼亚接界，西与苏丹和南苏丹接壤，北与厄立特里亚交界。国土面积 110.36 万平方公里，地处非洲高原，高原占全国面积的 2/3，平均海拔近 3000 米，最高处 4620 米，素有"非洲屋脊"之称。最低点低于海平面 125 米。东非大裂谷将埃塞俄比亚高地分成南北两部分。

埃塞俄比亚属于东 3 时区，当地时间比北京时间晚 5 小时，不实行夏时制。采用儒略历每年 13 个月，前 12 个月每月为 30 天，余下 5 天或 6 天（闰年）为第 13 个月。

（二）自然资源

埃塞俄比亚矿产资源有黄金、铁、煤、纯碱、钾盐、钽、大理石、石油、天然气等。正在埃塞俄比亚阿法尔地区 Danakil 盆地从事勘探的英国 Circum 矿业公司宣布发现世界级钾盐矿藏，总储量约 42 亿吨，并表示这一储量及其开采成本均具有全球领先优势，有望"改变世界钾盐行业格局"。该公司计划在埃塞俄比亚建立一座年产量 275 万吨的钾盐提纯工厂。埃塞俄比亚矿产部表示这一储量尚待最后确认。除上述公司外，Allan 钾盐公司也在该地区确认发现了 32 亿吨储量，但由于国际市场钾盐价格暴跌，该公司未能筹集到足够资金进行后续工作，已同意出让其特许开采权。

马来西亚、沙特阿拉伯、英国、苏丹、约旦等国公司在埃塞俄比亚进行油气勘探开发。截至 2014 年 1 月 1 日，已探明石油储量为 43 万桶，居世界第 100 位，已探明天然气储量为 249.2 亿立方米，居世界第 71 位。其他矿产品种、储量、分布等有待进一步探明。埃塞俄比亚水资源丰富，素有"东非水塔"的美誉。河流湖泊众多，青尼罗河发源于此，但利用率不足 5%。计划到 2015 年新增 1820 万人获得洁净水供应，全国洁净水覆盖率将达到 98.5%。渔业资源迄今未得到有效商业开发。

全国境内古迹众多，旅游业发展潜力巨大，但基础设施不发达。全国有 12% 以上可耕地面积和广阔的宜牧土地，因垦荒每年减少 20 万公顷森林，目前森林覆盖率为 9%。

（三）人口民族

埃塞俄比亚是非洲人口第二大国。截至 2015 年，全国人口约为 9940 万。首都亚的斯亚贝巴为人口最密集城市。目前埃塞俄比亚约有 4 万名华人，主要是工程承包项目的管理和技术人员，以及在当地开展投资合作的中国企业家和工人。华人主要集中在首都亚的斯亚贝巴、奥罗莫州及全国大城市。

（四）政治

总统穆拉图·特肖梅，2013 年 10 月 7 日当选。2001 年 10 月埃塞俄比亚人民代表院通过的"总统法案"规定：总统由无党派人士担任，不得有任何政治组织背景，卸任后亦不得参与政党活动；总统因死亡或疾病不能履行职责时，由议会任命代总统。

埃塞俄比亚人民革命民主阵线（简称埃革阵）执政以来，创建以民族区域自治为基础的联邦政体，以发展经济为重点，注重协调稳定、发展和民族团结三者间关系。2001 年埃革阵"四大"通过新党章、党纲，确立了各民族平等参与国家事务的"革命民主"和"资本主义自由市场经济"的政治经济发展方向。2005 年 5 月第三次议会选举中，埃革阵虽继续赢得政府组阁权，但议会席位流失近 1/3。反对党以大选存在舞弊为由拒不承认选举结果，在首都等主要城市煽动暴力活动，被政府平息。此后埃革阵努力推动政治与社会和谐，促进内部稳定，积极同反对党开展对话，大赦反对党领导人，巩固和加强农村地区的群众基础，基本实现政党和解；深化各项改革，加强能力和良治建设，并实施第二个五年发展计划，执政地位得到巩固。2008 年 4 月，埃塞俄比亚举行联邦议会、地方各州议会及行政机关的补选和选举，埃革阵赢得绝大多数席位。2010 年 5 月和 2015 年 5 月，埃塞俄比亚分别举行第四次、第五次多党议会选举，埃革阵均以绝对优势获胜。目前政局总体稳定。

联邦议会由人民代表院和联邦院组成，系国家最高立法机构。人民代表院系联邦立法和最高权力机构，负责宪法和联邦法律的制定与修订，由全国普选产生，每 5 年改选一次。一般不超过 550 个议席。本届人民代表院有 547 个议席，现任议长阿卜杜拉·戈梅达，2015 年 10 月就职。联邦院拥有宪法解释权，有权决定民族自决与分离，解决民族之间纠纷。任期 5 年，由各州议会推选或人民直选产生，每个民族至少可有 1 名代表，每百万人口可增选 1 名代表。本届联邦院有 163 名议员，议长亚卢·阿巴特，2015 年 10 月就职。

本届政府于 2015 年 10 月组成。除总理海尔马里亚姆外，还有 26 名内阁成员，主要有：副总理德梅克·梅克嫩、经济事务副总理级协调人兼通信和信息技术部长德布雷齐翁·加布雷米卡埃尔、良政事务副总理级协调人兼公共服务和人力资源发展部长阿斯特·马莫、外交部长特沃德罗斯·阿达诺姆、财政和经济合作部长阿卜杜勒阿齐兹·穆罕默德等。

联邦最高法院为联邦最高司法机构，院长特格纳·格塔内，下辖联邦高级法院和初审法院。总检察长由司法部长格塔丘·安巴耶兼任。

（五）外交

埃塞俄比亚政府奉行全方位外交政策，主张在平等互利、相互尊重主权、互不干涉内政基础上与各国发展关系，强调外交为国内经济发展服务。重视加强与周边邻国的友好合作，努力发展与西方和阿拉伯国家关系，争取经济援助。注重学习借鉴中国等亚洲国家的发展经验。努力推动非洲政治、经济转型，重视在非洲特别是东非发挥地区大国作用，是非洲联盟、（东非）政府间发展组织、东部和南部非洲共同市场等组织成员，现任（东非）政府间发展组织轮值主席国。

1970年11月24日，埃塞俄比亚与中国正式建立外交关系。建交以来，埃塞俄比亚政府坚持奉行一个中国原则，重视对华关系，愿学习和借鉴中国改革开放和经济建设的经验。两国经贸合作不断加强，签署了一系列的双边合作协议，内容涉及经济、技术、教育和投资等多个领域。近年来，两国高层互访频繁。2013年3月，中国国家主席习近平在南非出席金砖国家领导人第五次会晤期间会见埃塞俄比亚总理海尔马里亚姆。5月，埃塞俄比亚副总理兼教育部长德梅克来华出席非洲驻华使团举办的非洲统一组织成立50周年庆祝活动。6月，埃塞俄比亚总理海尔马里亚姆对中国进行正式访问。11月，中国国务院副总理刘延东访问埃塞俄比亚。2014年1月，王毅外长访问埃塞俄比亚。5月，中国国务院总理李克强访问埃塞俄比亚。7月，埃塞俄比亚总统穆拉图对中国进行国事访问。10月，埃塞俄比亚人民代表院议长阿卜杜拉访华。11月，埃塞俄比亚副总理德梅克访华。2015年4月，埃塞俄比亚联邦院议长卡萨访华。9月，海尔马里亚姆总理来华出席中国人民抗日战争暨世界反法西斯战争胜利70周年纪念活动。

（六）埃塞俄比亚吸引外资的优势

埃塞俄比亚作为东非地区大国，在投资环境方面拥有诸多得天独厚的优势。因其地处东非高原，水利资源丰富，被誉为"东非水塔"；境内海拔 -148~4620 米，拥有18个生态区，生物多样性特征明显；作为非洲人口第二大国，劳动力资源丰富，国内市场潜力巨大；首都亚的斯亚贝巴等地由于海拔原因，常年平均气温为16℃，气候宜人。

此外，埃塞俄比亚还是东部和南部非洲共同市场、非洲、加勒比海和太平洋地区等区域组织成员，作为最不发达国家，还享受美国《非洲增长与机遇法》和欧盟"武器除外的全面优惠安排"等关于非洲产品免关税、免配额的政策，对周边及美欧国家出口具有一定的便利。

埃塞俄比亚政局较为稳定。埃塞俄比亚实行对外开放政策，推行经济市场化和私有化改革，4 次修改投资法律法规，通过增加投资优惠政策、降低投资门槛、扩大投资领域、实行减免税优惠等措施和为外国投资者提供保护和服务等，鼓励外商投资。

2012 年 6 月，非盟宣布埃塞俄比亚首都亚的斯亚贝巴是非洲对外国直接投资最富吸引力的城市之一，亚的斯亚贝巴市为吸引外资制定了特别优惠政策和战略规划。

世界经济论坛《2014—2015 年全球竞争力报告》显示，埃塞俄比亚在全球最具竞争力的 144 个国家和地区中，排第 118 位。

在世界银行《2015 年营商环境》公布的 189 个国家和地区中，埃塞俄比亚排名第 132 位。

（七）较具潜力的投资领域

农业：埃塞俄比亚地理具有多样性，因而发展多样化农业的潜力巨大。农业系国民经济和出口创汇的支柱，约占 GDP 的 40%。农牧民占总人口 85%以上，主要从事种植和畜牧业，另有少量渔业和林业。全国农用耕地面积1240 万公顷。以小农耕作为主，技术水平、机械化程度低，灌溉等基础设施落后。近年来，因政府取消农产品销售垄断、放松价格控制、鼓励农业小型贷款、加强农技推广和化肥使用，粮食产量有所上升。经济作物有咖啡、恰特草、鲜花、油料等。农产品出口占出口总额的 80% 左右，咖啡、油料等为主要出口产品。其中咖啡产量居非洲前列，年均产量 30 万吨左右，占世界产量的 15%，出口创汇占埃塞俄比亚出口创汇的 40%。近年来，埃塞俄比亚鲜花种植和出口大幅增长，出口额跃居非洲第二，2013/2014 财年达到 2 亿美元。埃塞俄比亚鲜花以花朵大、花期长、花茎长而受到国际市场的青睐；甘蔗的种植和综合利用极具潜力，埃塞俄比亚政府计划把埃塞俄比亚打造为非洲最大的蔗糖生产和出口基地；棉花也是埃塞俄比亚的重要农产品，棉绒较短，适合纺织牛仔布。

埃塞俄比亚还是畜牧业大国，适牧地占国土面积一半以上。主要分布在埃塞俄比亚东部和南部低洼地区，为雨水施给型，以家庭放牧为主，但由于缺乏管理，抗灾能力低，易受干旱和瘟疫的影响。产值约占国内生产总值的20%，吸收约30%的农业人口。牲畜存栏总数居非洲之首、世界第十。

工业：埃塞俄比亚工业制造业水平低，基础薄弱，配套性差。2013/2014财年，工业产值占GDP的14%，增长率为21.2%，大中型企业、能源行业等发展迅速，中小企业发展缓慢。工业门类不齐全，结构不合理，零部件、原材料依靠进口，制造业以食品、饮料、纺织、皮革加工为主，集中于首都等两三个城市。2013/2014财年，制鞋业成为埃塞俄比亚出口新的亮点，同比增长57.1%，达到2870万美元，纺织业发展情况也较为乐观，同比增长13.4%，达到1.1亿美元。近几年，埃塞俄比亚新增了数个大型集团企业，如Moenco、MIDROC、EFFORT和East Africa等，但总体规模和实力均有限。

旅游业：埃塞俄比亚有3000年的文明史，旅游资源丰富，文物古迹及野生动物公园较多,7处遗迹被联合国教科文组织列入《世界遗产名录》,号称"13个月阳光"的国家。2004年，埃塞俄比亚成为中国公民出国旅游目的地国家。

埃塞俄比亚政府已采取扩建机场、简化签证手续、加强旅游基础设施建设等措施促进旅游业发展，计划到2020年使埃塞俄比亚成为非洲十大旅游国之一。2013/2014财年的前6个月，共吸引国外游客37万人次，同比增长36%，旅游收入约13.8亿美元。

埃塞俄比亚提出五年计划打造特色旅游品牌，埃塞俄比亚旅游可持续发展项目正在策划一个长期的旅游品牌和营销战略，来帮助国家树立明确的品牌形象。战略制定的前期研究将持续7个月，直至2015年8月结束。而国家和区域旅游营销策略的具体执行将在未来5年逐步开展，该品牌的建立旨在改善国家凝聚力和塑造独特的旅游体验。埃塞俄比亚旅游局希望能够到2025年，让国家成长为非洲排名前五的旅游胜地。同时，创建国家性的旅游品牌也是埃塞俄比亚国家扶贫计划中最有力的战略之一。目前，世界银行已经确立为该项目提供资金援助，但埃塞俄比亚依然期待更多的机构能够加入其中。

（八）宏观经济

年份	GDP（亿美元）	人均GDP（美元）	GDP增长率（%）
2008	270.67	325.795	7.871
2009	324.37	380.265	5.968
2010	299.34	341.859	9.646
2011	319.53	355.598	8.336
2012	433.11	469.792	5.899
2013	476.48	503.903	7.814
2014	556.12	573.566	7.549
2015	615.37	619.144	6.926

数据来源：世界银行。

产业结构：2014 年，埃塞俄比亚农业、工业和服务业三大产业占 GDP 的比重分别为 40%、14% 和 46%。 2014 年，埃塞俄比亚固定资本投资、政府和家庭消费、出口占 GDP 的比例分别为 36.8%、91.7%、12.8%。

财政收支：2014/2015 财年，埃塞俄比亚预算总额为 1786 亿比尔（约合 92 亿美元）。与 2013/2014 财年相比，预算增加了 15.3%。埃塞俄比亚 2014/2015 年预算的基础是本国收入（税收收入和非税收收入）和外国贷款及援助。埃塞俄比亚国家计划委员会宣布埃塞俄比亚 2015/2016 财年 GDP 实际增长 8%，未实现 11% 的预期目标。经济放缓的主要原因是厄尔尼诺带来的严重干旱。

外汇和黄金储备：截至 2014 年 12 月 31 日，埃塞俄比亚外汇和黄金储备约为 37.85 亿美元。

公共债务：2014/2015 财年，埃塞俄比亚公共债务水平占政府预算的 22%，为 387 亿比尔（约合 20 亿美元），占 GDP 的比重约为 70%。

外债余额：截至 2014 年 12 月 31 日，埃塞俄比亚外债余额约为 200 亿美元。

主权信用等级：截至 2014 年 5 月 9 日，国际评级机构穆迪对埃塞俄比亚主权信用评级为 B1，展望为稳定。截至 2015 年 5 月 8 日，国际评级机构标普对埃塞俄比亚主权信用评级为 B/B，展望为稳定。截至 2015 年 4 月 10 日，国际评级机构惠誉对埃塞俄比亚主权信用评级为 B/B，展望为稳定。

通货膨胀率：因食品和非食品价格上涨，截至 2016 年 7 月，根据《伦敦经济季评》，埃塞俄比亚通货膨胀率已升至 10.1%。

失业率：埃塞俄比亚的失业率为 40%。

（九）法律

1994 年 12 月 8 日，埃塞俄比亚制宪会议通过第四部宪法——《埃塞俄比亚联邦民主共和国宪法》，1995 年 8 月 22 日生效。新宪法共 11 章 106 条，规定埃塞俄比亚为联邦制国家，实行三权分立和议会制。总统为国家元首，任期 6 年。总理和内阁拥有最高执行权，由多数党或政治联盟联合组阁，集体向人民代表院负责。埃塞俄比亚各民族平等自治，享有民族自决和分离权，任何一个民族的立法机构以 2/3 多数通过分离要求后，联邦政府应在 3 年内组织该族进行公决，多数赞成即可脱离联邦。各州可以本族语言作为州工作语言。保障私有财产，但国家有权进行有偿征用。城乡土地和自然资源归国家所有，不得买卖或转让。组建多民族的国家军队和警察部队，军队不得干政。保障公民的民主自由和基本权利。

（十）社会

埃革阵执政后，将发展教育、提升国民文化素质和培养技术人才作为政府工作重点之一。全国实行 10 年义务教育制，包括小学 8 年、初中 2 年。综合性大学数量已从 2 所增至 21 所。亚的斯亚贝巴大学是埃塞俄比亚规模最大的综合性大学。

埃塞俄比亚医疗卫生状况较差，主要疾病包括与出生和生产相关的疾病、急性呼吸道感染、疟疾、营养不良、痢疾和艾滋病。当地药品缺乏，价格昂贵。

据世界卫生组织统计，2012 年埃塞俄比亚全国医疗卫生总支出占 GDP 的 4.9%，按照购买力平价计算，人均医疗健康支出 61 美元。2007~2013 年间，平均每万人拥有护理和助产人员 3 人。人均预期寿命为 42 岁。

二、产能合作现状分析

（一）引进外资情况分析

世界银行公布的数据显示，埃塞俄比亚农业、纺织、皮革等行业利用外资能力较强。

根据埃塞俄比亚投资委员会公布的数据，1992~2013 年年底，该委员会共颁发投资项目许可 5 万余项，批准设立外商投资企业 8000 余家，占投资项目总数的 15.71%，协议投资金额约 500 亿美元。中国、印度、苏丹、德国、意大利、沙特、也门、土耳其、英国、以色列、加拿大、美国等是埃塞俄比亚外资的主要来源国。

据联合国贸发会议发布的 2015 年《世界投资报告》显示，2014 年，埃塞俄比亚吸收外资流量为 12.0 亿美元；截至 2014 年年底，埃塞俄比亚吸收外资存量为 72.6 亿美元。

近年来，埃塞俄比亚政府逐步改善投资环境，改革开放政策的实施力度不断加大，具备吸引外资的良好条件，赴埃塞俄比亚投资的外国企业日渐增多，吸引外资前景广阔。埃塞俄比亚投资委员会宣布，根据埃塞俄比亚经济增长与转型计划（GTP），投资将主要集中于制造业，并涵盖农业、建筑业和服务业。

（二）中埃产能合作现状

铁路方面：埃塞俄比亚境内的亚的斯亚贝巴 – 吉布提铁路已报废，无法使用。根据埃塞俄比亚铁路规划，计划以首都亚的斯亚贝巴为中心，在 2015 年年底前建设约 2000 公里铁路，分别连接吉布提、肯尼亚等国。由中国中铁集团承建亚的斯亚贝巴城市轻轨项目全长 31 公里，是埃塞俄比亚乃至东非地区第一条城市轻轨，也是中国公司在非洲承建的首个城市轨道交通项目。2014 年 5 月，国务院总理李克强在埃塞俄比亚总理海尔马里亚姆陪同下考察了该项目。目前，该轻轨已投入试运行。由中国中铁集团、深圳地铁集团组成的联合体与埃塞俄比亚国家铁路局已签署为亚的斯亚贝巴轻轨（一期）提供为期 41 个月的运营维护管理服务协议。

埃塞俄比亚计划建设马克雷至吉布提铁路项目，该项目共分为三段。第一段为马克雷至 Woldia，由中交公司承建。第二段为 Woldia 至 Awash，该段铁路全长 400 公里，总投资为 17 亿美元。2014 年 6 月 20 日，瑞士信贷银行与埃塞俄比亚财经发展部签署融资协议，为 Woldia 至 Awash 铁路提供 85% 的资金，约为 14.45 亿美元，其余部分资金将由埃塞俄比亚筹措。第三段 Awash 至 Tajara 段的铁路尚未获得融资。

空运方面：埃塞俄比亚的航空业发展迅速，全国共有 40 多个机场，其中亚的斯亚贝巴、迪雷达瓦和巴赫达尔为国际机场。亚的斯亚贝巴博莱国际机场是东部非洲的空运中心，多年被评为"非洲最佳机场"，向 15 家航空公司提供地勤服务。埃塞俄比亚航空公司有 72 架飞机，国际航线近 80 条，国内航线 40 多条，安全系数、管理水平和经济效益均佳。

中国至埃塞俄比亚的航线主要由埃塞俄比亚航空公司和阿联酋航空公司运营，其中，埃塞俄比亚航空公司运营北京－亚的斯亚贝巴、广州－亚的斯亚贝巴、杭州－亚的斯亚贝巴和香港－亚的斯亚贝巴航线；阿联酋航空运营北京－亚的斯亚贝巴、上海－亚的斯亚贝巴和香港－亚的斯亚贝巴航线。中国国际航空公司将于 2015 年 10 月恢复北京－亚的斯亚贝巴的航线，每周三班。

水运方面：埃塞俄比亚所有海运业务均由国有的埃塞俄比亚船运物流公司垄断经营。2010 年，该公司与中国保利集团公司签订了 9 艘民船的供货合同，包括 7 艘 2.8 万吨多用途船和 2 艘 4.15 万吨油轮。2014 年 5 月 21 日，中国保利集团公司全部交付 9 艘货轮。目前，该公司有 15 艘船。

埃塞俄比亚曾以厄立特里亚的阿萨布、马萨瓦港为主要港口。埃厄发生边界冲突后，进出海运货物全部通过吉布提港，使用该港 90% 的吞吐能力。

通信方面：埃塞俄比亚电信公司制定了未来 20 年的发展规划，计划投资数十亿比尔为全国 50 个城市提供电信服务。到 2015 年年底，2G 网络覆盖率将超过 90%。由中资公司承建的埃塞俄比亚全国电信网项目已完成三期。目前，全国手机用户超过 2000 万，互联网用户 200 多万。埃塞俄比亚电信服务水平落后于其他非洲国家，电话普及率低于 10%，且分布极不平衡，90% 集中在城市，首都亚的斯亚贝巴一地电话装机数量就占全国的 50% 以上；首都亚的斯亚贝巴的移动 4G 服务即将开通，初期可满足 40 万用户的申请及使用。该移动网络升级项目由中兴和华为分别为埃塞俄比亚电信承建，合同造价约16亿美元，到2015年年底还将为其他区域提供6000万线的3G网络服务。

埃塞俄比亚国有邮政局和部分私营捷运快递公司提供国内、国际邮政服务。

电力方面：随着经济连续几年高速增长，埃塞俄比亚电力需求大幅增加，近两年出现电力紧张情况。但作为"东非水塔"，埃塞俄比亚具有4.5万兆瓦发电潜能，未来计划大力开发水电，将电力销售给吉布提、苏丹、肯尼亚和坦桑尼亚等国。埃塞俄比亚目前发电量约为2200兆瓦，正积极建设装机600万千瓦的复兴大坝水电项目和187万千瓦的吉布3期水电项目。此外，埃塞俄比亚政府还积极开发地热、风电和太阳能等新能源，可进一步增加埃塞俄比亚的电力供应，以尽快帮助埃塞俄比亚建成区域电力中心。

埃塞俄比亚视新能源为国家电力发展重要战略，为把埃塞俄比亚打造成为非洲最大的风电基地，政府将在新的五年计划期间建设4座新的风电场，分别是位于Aysha、Mesebo–Harena、Assela和Debre Berhan四个区域，总装机容量达到54万千瓦。此举将大大提高埃塞俄比亚电力覆盖率，并为实施工业化提供强有力的保障。

2015年5月17日，由中国水电工程顾问集团和中地海外集团联营体承建

腊翊凡大使接受埃塞俄比亚国家电视台专访，就双边关系等回答提问

的阿达玛风电二期项目竣工。该项目总装机容量 153 兆瓦，合同金额约 3.45 亿美元，由中国进出口银行提供 85% 的融资支持，预计年发电量可达 5 亿千瓦时。

中国与埃塞俄比亚建交 45 年来，两国关系持续稳定发展，经贸合作关系进一步加强。近年来，双边高层交往密切，政治互信日益加深；经贸合作互利互惠，水平不断提高；在文化、卫生、教育领域，双方交流继续扩大，人力资源开发和旅游合作等均取得积极进展。2014 年双边贸易首次突破 30 亿美元。截至 2014 年年底，中国对埃塞俄比亚直接投资存量 9.15 亿美元，中国企业共签订承包合同额超过 270 亿美元。中国已连续多年成为埃塞俄比亚最大的贸易伙伴，最主要的外资来源国和工程承包商。

首先，埃塞俄比亚人民与中国人民一样，希望通过自己的努力使埃塞俄比亚变成受人尊重的现代化国家。埃塞俄比亚如抓住中国劳动力密集型产业外移的窗口机遇，就能像东亚其他经济体一样，实现 20 年、30 年的高速增长，从低收入国家跨入中等收入国家行列，进而进入高收入国家行列。其次，埃塞俄比亚的快速发展对中国来说具有深远意义。一是埃塞俄比亚是中国劳动力密集型产业最好的转移地区；二是埃塞俄比亚在其发展过程中同样有对基础设施建设和产业升级方面的巨大需求，会给中国具备竞争优势的钢筋、水泥、建筑等行业提供巨大的市场。第三，非洲是目前世界上最贫穷的大陆，非洲的发展需要一个像埃塞俄比亚这样的成功典型案例，使非洲人民相信，经过自己的努力，非洲也可以像其他国家、地区一样，实现工业化、现代化，变成高收入经济体。

三、合作领域和合作重点

2015 年埃塞俄比亚国际投资指数为 66.01，在 108 个样本经济体中排名第 6 位，这说明埃塞俄比亚的整体市场环境很好，潜力较强，对外商投资具有一定的吸引力。在 11 大板块贡献度排名中，前三位分别是投融资环境、宏观经济板块和贸易板块。完善的投融资环境和宏观经济环境是吸引外商直接投资的先导因素，而贸易是显示一国对外开放和参与经济全球化进程的重要窗口。埃塞俄比亚在贸易和投融资环境方面指数颇高，值得关注，而在金融稳定性方面则有所欠缺。其他方面，埃塞俄比亚在市场潜力、自然环境、基础设施等板块的贡献度排在中游，而政治板块和要素需求板块相对较弱，说明埃塞俄比亚政治环境和要素需求方面不太乐观。

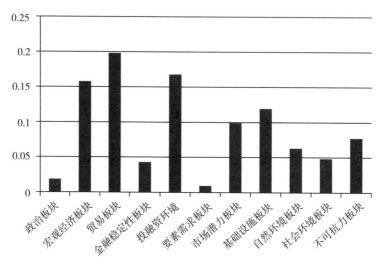

2015年埃塞俄比亚各个板块贡献度

资料来源：武汉大学国际投资研究中心。

进一步使用经济学模型测算各个板块2015年发生的概率，测算方法是衡量主要指标的变动是否超出了预定值，如果超过，说明发生概率较大，反之发生概率较小，埃塞俄比亚计算结果见下图。从各板块发生的概率来看，不可抗力、市场潜力、自然环境、贸易、宏观经济、投融资环境、基础设施等板块发生的概率显著超过了0.5，这些领域在未来的发展趋势尤其需要密切关注。

目前，影响埃塞俄比亚发展的主要因素是该国工业制造业水平落后，基础薄弱，产业配套能力低，尚不具备生产和出口制成品的能力。另外，交通运输等基础设施落后、运力低下、物流成本相对较高等也影响埃塞俄比亚商品的出口。几乎所有出口均需通过吉布提港中转，而该港吞吐能力低下也成为制约埃塞俄比亚对外贸易发展的一大瓶颈。所以中国产能在农业、工业以及基础设施、港口建设方面或有较好对接。

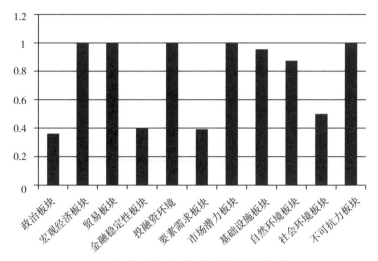

2015年埃塞俄比亚各个板块的发生概率

资料来源：武汉大学国际投资研究中心。

四、政策分析

限定由埃塞俄比亚政府经营的行业：全国输变电网输电、供电，除速递服务外的邮政业务；必须与政府合资经营的领域有：武器弹药制造、电信服务业，以及载客能力超过50人的航空运输服务；仅限埃塞俄比亚本国投资者投资的行业包括：银行和小额信贷及存储业务、保险、船运和旅行代理、广播服务、零售贸易、经纪业、批发贸易（石油及副产品以及外国投资者当地开采的石油批发业务除外）、进口贸易（液化石油气和沥青除外）、用于制造出口产品的原材料、出口从本国市场购买的生咖啡、恰特草（一种轻毒品）、油籽、豆类、皮革和非投资者饲养或育肥的活牛羊、建筑公司（具有一级资质的除外）、硝皮业、旅馆（星级酒店除外）、茶馆、咖啡店、酒吧、夜总会、餐馆（国际和特色餐馆除外）、旅游代理、贸易辅助和售票服务、租车业和出租车服务、理发馆、美容发廊、金属锻造加工作坊以及裁缝制作（制衣工厂除外）、商业公路货运和本国水上运输服务、建筑维护和车辆保养维修、木材加工、清关服务、印刷业等。

优先鼓励外商投资的领域：园艺、花卉、农产品加工、纺织服装业等；埃塞俄比亚政府鼓励的其他领域包括农业及畜牧、渔业、林业、矿业、旅游、一级资质建筑承包，以及医疗、教育等服务业。埃塞俄比亚政府也推出了国有企业私有化政策，允许将涉及制造业、建筑业、农业和农产品加工业、宾馆和矿业等部分国有企业出售给私人投资者或公私合营。

企业形式的规定：凡现行规定允许外资进入的行业，埃塞俄比亚允许外商独资或设立合资公司。

最低投资金额的规定：埃塞俄比亚法律法规规定，外国投资者对单一投资项目的最低投资金额不得少于 20 万美元。与本国投资者合资的外国投资者最低投资金额不得少于 15 万美元。投资于工程、建筑、项目研究或业务和管理咨询服务，或出版业务的外国投资者（独资）最低出资不得少于 10 万美元，与本国投资者合资的外国投资者最低资本金不得少于 5 万美元。外国投资者用其盈利或红利进行再投资，或其产品的 75% 用于出口的，不受最低投资金额限制。

（一）埃塞俄比亚政府对于外国投资者的优惠政策

埃塞俄比亚政府积极推进工业化，不断放宽投资政策，改善投资环境，加强投资服务和管理，鼓励外国投资者到埃塞俄比亚投资。某些符合要求的投资项目可以享受免征收入所得税和进口关税的优惠刺激政策。可以享受免征收入所得税的投资活动包括：

涉及制造业、农业和工业活动、信息和通信技术开发，或符合埃塞俄比亚投资委员会投资指导方向的农业产品投资者，当其产品或服务的 50% 用于出口，或其产品的 75% 作为产品或服务提供给出口商时，可在 5 年内免征收入所得税。

埃塞俄比亚投资委员会在某些特定情况下，可以做出最长免征投资者 7 年收入所得税的决定；用于出口的产品或服务不足投资者生产总量 50%，或产品及服务仅用于国内市场销售时，有些可享受免征收入所得税的优惠。

（二）行业政策优惠

投资者用于投资项目的资本货物，如机械设备、建筑材料等，以及相当于资本货物价值 15% 的零配件可免征进口关税，并可免税转让给具有同等资格的投资者。用于制造出口产品的原材料进口关税和进口货物税收可予以返还。根据投资领域、地理位置和出口产品多少，投资者可享受免征所得税 2~7 年的优惠。如免税期间发生亏损，期满后可递延免税优惠。使用利润进行再投资，可免征 2~3 年所得税。投资期间用于研究和培训费用所缴纳税收可予以返还。鼓励投资的行业和领域包括：

1.农业和农产品加工业

1）谷物类、油料、豆类、纤维作物的生产和加工。

2）咖啡、茶叶、烟草、糖类等作物的生产。

3）水果、蔬菜和鲜花等园艺类产品的生产和加工。

4）饲料作物的生产和加工。

5）家禽家畜的饲养和加工。

6）渔业养殖和加工。

7）杀虫、除草、杀真菌和制药用途植物的生产。

8）农业服务和其他农业活动。

2.制造业

1）食品与饮料。

2）纺织品、皮革和皮革制品。

3）化肥与化学产品、药品和药材。

4）金属产品、机械与设备、电力和电子产品。

5）冶金产品、能源保护和利用设备。

6）汽车产品（包括零部件）、计量和控制设备。

7）纸张、天然与合成橡胶产品、建筑材料、玻璃和陶瓷。

8）属于上述领域的其他产品。

3.采矿业

1）矿物勘探与开发。

2）石油与天然气的勘探和开发。

4.服务业

1）星级饭店和旅游业。

2）卫生、教育、体育设施和社会服务业。

3）属于上述领域的其他项目。

（三）地区政策优惠

埃塞俄比亚为实现各民族各地区之间的均衡发展，鼓励外商投资于少数民族聚居区、边远地区和不发达地区。对于落户这些地区的投资项目，根据项目所属产业和投资规模，联邦政府投资局和投资委员会将给予更长的免税期，地方政府也会在土地价格等方面给予优惠，但优惠待遇不会超过《2002年投资公告》所确定的优惠政策框架。

（四）特区政策规定

目前埃塞俄比亚没有经济特区、开发区和出口加工区等，但是，工业开发区建设已提上了政府的工作日程。由江苏永元投资有限公司投资兴建的埃塞俄比亚东方工业园遵循"政府指导、依法管理、市场运作、企业经营"的运营管理模式，全力加快基础设施和服务环境建设，大力开展招商引资。埃塞俄比亚政府对东方工业园陆续出台了有关优惠政策，包括给予入驻工业园区的企业免两年企业所得税、在工业园区设立海关方便企业通关等。截至目前，工业园完成基础设施投资8300多万美元，带动国内出口8558万美元；入园企业近20家，协议投资1.56亿美元，实际投资1.1亿美元，实现销售额1.16亿美元，上缴埃塞俄比亚政府各项税收1045万美元；东方工业园员工总人数达到3813名，为东道国创造就业岗位3400个。埃塞俄比亚制定了工业园法案。该法案是埃塞俄比亚政府经过长期调研，在政府高层实地考察中国多省工业园，并听取中国专家代表团意见的基础上推出的。与工业园相关的法案还有2014年已出台的成立投资董事会/投资委员会和成立工业园发展公司的两个法令。

五、合作案例

中国企业承揽的项目主要集中在铁路、公路、通信、电力、房建和水利灌溉等领域。中国在埃塞俄比亚的主要工程企业包括中国交通建设集团、中国水利水电建设集团、葛洲坝集团、中国中铁股份公司、中地海外集团公司、中兴、华为、北方国际公司和中国土木工程集团公司等。

工业方面：江苏永元投资有限公司投资的东方工业园、中地海外投资的汉盛玻璃厂项目、中非基金和河南黑田明亮皮革制品有限公司联合投资的中非洋皮业有限公司、中非基金与江苏永元投资有限公司投资的东方水泥厂项目、华坚制鞋项目、力帆集团投资的扬帆汽车组装公司、苏州奥特林公司投资的东方纺织印染公司等。

基础设施建设方面：中国电力技术装备有限公司承建复兴大坝 500 千伏输变电项目，中国成套设备进出口（集团）总公司承建埃塞俄比亚 OMO–Kuraz 2 糖厂项目，中国葛洲坝集团股份有限公司承建姆克莱供水开发项目。中国交通建设集团在埃塞俄比亚承建的 Addis Ababa–Adama 高速公路项目是东部非洲规模最大、等级最高、设计及部分施工标准第一次在埃塞俄比亚采用中国规范的第一条设计施工总承包高速公路项目。中国水电工程顾问集团和中地海外有限公司联营体实施的 Adama 风电工程总承包项目，是中国企业在非洲实施的首个风电项目，也是埃塞俄比亚第一个利用风能和开发利用可再生能源的典范发电项目，得到了埃塞俄比亚政府和民众的高度关注，目前已实现顺利发电。

第七章
中东欧国家"1+6"合作框架下创新发展

匈牙利

一、基本国情介绍

（一）地理环境

匈牙利地处欧洲中部，东邻乌克兰、罗马尼亚，南接塞尔维亚、克罗地亚、斯洛文尼亚，西靠奥地利，北连斯洛伐克，国土面积 93030 平方公里，边境线长 2246 公里，多瑙河及其支流蒂萨河纵贯全境。

匈牙利首都布达佩斯属于东 1 时区，当地时间比北京时间晚 7 小时；每年 3 月底至 10 月底实行夏令时，期间当地时间比北京时间晚 6 小时。

（二）自然资源

匈牙利农业基础较好，国土面积的 62% 为农业用地（欧盟平均水平为 42%），土地肥沃，主要农作物有小麦、玉米、向日葵、甜菜、马铃薯等。水资源丰富，除著名河流湖泊外，全国三分之二的地区有地热水资源。矿产资源比较贫乏，除铝矾土储量居欧洲第三外，另有少量褐煤、石油、天然气、铀、铁和锰等。全国森林覆盖率约为 20.6%。

匈牙利旅游资源丰富，美丽的自然风光与壮丽古老的建筑交相辉映，全国有 8 处被联合国列入《世界文化与自然遗产名录》，另外还有 9 处国家公园。主要旅游景点有布达佩斯、巴拉顿湖、多瑙河湾和马特劳山等。首都布达佩斯坐落在多瑙河畔，是欧洲著名的古城，被誉为"多瑙河上的明珠"。独特的自然风光和人文景观使匈牙利成为旅游大国，也使旅游业成为匈牙利重要外汇来源之一。此外，匈牙利的葡萄酒以其历史悠久、酒味醇香而闻名于世。

（三）人口民族

截至 2014 年 1 月，匈牙利人口总数为 987.7 万，人口密度 106.2 人 / 平方公里。主要民族为匈牙利（马扎尔）族，约占 90%。少数民族有斯洛伐克、罗马尼亚、克罗地亚、塞尔维亚、斯洛文尼亚、德意志等族。

（四）政治制度

政府为匈牙利国家最高行政机构。按照法律规定，各部部长由总理提名，总统任命。现政府于 2014 年 6 月组成，共设 9 个部：国防部、外交与对外经济部、内务部、国家发展部、国家经济部、人力资源部、司法部、农业部，以及民族政策不管部。

国家经济部、国家发展部以及外交与对外经济部是匈牙利经济主管部门。国家经济部的主要职能是制定国家总体经济政策和实施国家经济战略。主要涉及就业、税务、提高竞争力、预算管理、减少国家债务和促进经济发展等方面事务。国家发展部的主要职能是制定国家中长期发展规划，主管交通、能源、电信、基础设施等领域。外交与对外经济部负责外交和对外经济事务，主要包括经济外交、安全政策和国际合作、文化外交等。

国会是立法机关和国家最高权力机构，实行一院制。根据匈牙利新《选举法》规定，自 2014 年起匈牙利国会议席减少至 199 席，每四年普选一次。本届国会于 2014 年 5 月由青民盟、基民党、社会党、尤比克、绿党 5 党组成，民主联盟和集结 2014 党未获足够议席，不得组建议员团，两党议员均以独立议员身份参与国会活动。大选结果为，青民盟与基民党共占 131 席，社会党等左翼五党占 39 席，尤比克占 24 席，绿党占 5 席，独立议员占 10 席。国会下设 16 个常设委员会。国会每年分春季会期和秋季会期。国会主席格维尔·拉斯洛（青民盟），2014 年 5 月 6 日当选。

国家元首为总统阿戴尔·亚诺什，2012 年 5 月 10 日就职，任期 5 年。

总理任期四年，由总统提议，经议会选举产生，并由总统授权组织政府。总理在政府中处于权力核心。政府对各部及附属机构的工作进行指导，并负责领导监督各州政府、武装部队、警察以及其他司法和行政机构的工作。上任总理欧尔班·维克多在2014年4月大选后获得连任。

法院和检察院是国家司法机构。法院分最高法院、地区法院、州法院和地方法院四级，实行两审终审制；检察机构分最高检察院、地区检察院和州检察院三级。现任最高法院院长为道拉克·彼得，于2012年1月当选，任期6年。最高检察院检察长为博尔特·彼得，于2010年10月当选，任期6年。自1990年1月起设宪法法院，宪法法院院长为鲍佐劳伊·彼得，2008年7月就任。

（五）外交关系

匈牙利主要外交目标和任务是，保障国民安全，服务国内经济发展和改善民生；高效应对全球化挑战；加强中欧地区合作，积极参与欧洲一体化建设；加强匈牙利族人团结。在国际金融危机影响的情况下，匈牙利致力于成为亚欧贸易桥梁，视中国、俄罗斯、印度为经济外交重点。目前，匈牙利同170多个国家建立了外交关系。

同欧洲国家的关系：2004年5月1日，匈牙利正式成为欧盟成员国。匈牙利在欧洲议会中占有22个席位。2007年12月21日，匈牙利正式加入申根区。2011年1月1日至6月30日，匈牙利曾担任欧盟轮值主席国。近年来，匈牙利与欧盟其他成员国领导人互访频繁。2012年，时任总统施密特（2012年5月卸任）访问比利时；欧尔班总理访问德国、波兰、斯洛文尼亚。波兰总统科莫罗夫斯基、爱尔兰总理肯尼、瑞士外长伯克哈尔等分别访问匈牙利。2013年3月，阿戴尔总统访问德国、波兰；5月和10月，欧尔班总理分别访问芬兰、英国；同年斯洛伐克总理菲佐访问匈牙利。2014年，欧盟主席巴罗佐、时任波兰总统图斯克分别访问匈牙利；同年欧尔班总理除参加欧盟有关峰会外，还分别出访德国、希腊、罗马尼亚等国家。2015年，德国总理默克尔正式访问匈牙利。

同美国的关系：1945年9月25日，匈牙利与美国恢复了因第二次世界大战而中断的外交关系，1966年9月8日两国外交关系升至大使级。2006年，布什总统短暂访问匈牙利。2008 年及 2009 年，两国分别签订《打击恐怖主义组织信息交换协议》《刑事犯罪信息交换协议》和《匈美刑事犯罪法律援助协议》。2014 年 1 月，美共和党参议员亚力桑那访问匈牙利。

同俄罗斯和独联体国家的关系：近年来，匈牙利与俄罗斯关系进一步发展，两国领导人互访频繁。2010 年 1 月，鲍伊瑙伊总理与俄罗斯第一副总理舒瓦洛夫共同签署了"南流天然气管道工程匈牙利项目"及南流股份公司的成立协议。2010 年 11 月欧尔班总理访问俄罗斯。2012 年 2 月，欧尔班总理访问乌克兰。2013 年和 2014 年 1 月，欧尔班总理访问俄罗斯，与普京总统举行会谈，并于 2014 年会谈期间签署《和平利用核能政府间协议》，同意双方合作扩建匈牙利鲍克什核电站。2015 年 2 月，普京总统访问匈牙利，双方就能源合作等问题进行了会谈。

同中国的关系：1949 年 10 月 6 日，中国与匈牙利建立大使级外交关系。长期以来，中匈两国在平等互利基础上保持和发展友好合作关系。2013 年 11 月，欧尔班总理出席中国 - 中东欧国家领导人会晤，并与李克强总理举行双边会晤。2014 年 2 月，欧尔班总理正式访华，同年 12 月赴塞尔维亚出席中国 - 中东欧国家领导人第三次会晤。2015 年 6 月，匈牙利总统阿戴尔在布达佩斯山多尔宫会见了中国外交部部长王毅。当天，王毅同匈牙利外交与对外经济部部长西亚尔托签署了《中华人民共和国政府与匈牙利政府关于共同推进丝绸之路经济带和 21 世纪海上丝绸之路建设的谅解备忘录》。

双边贸易：近年来，中匈贸易总体呈现平稳增长态势。2014 年双边贸易额为 90.2 亿美元，同比增长 7.3%，匈牙利继续保持中国在中东欧地区第三大贸易伙伴地位。其中，中方出口 57.6 亿美元，同比增长 1.3%；进口 32.6 亿美元，同比增长 20.1；贸易顺差 25 亿美元，下降 16%，贸易结构日趋平衡。

据中国海关统计，2014 年，中国对匈牙利出口前十大类产品分别为：①电机、电气、音像设备及零件；②核反应堆、锅炉、机械器具及零件；③光学、照相、医疗等设备及零件；④车辆及其零附件（铁道车辆除外）；⑤家具、寝具、灯具、活动房；⑥针织或钩编的服装及衣着附件；⑦有机化学品；⑧非针织或非钩编的服装及衣着附件；⑨塑料及其制品；⑩钢铁制品。中国自匈牙利进口前十大类产品：①核反应堆、锅炉、机械器具及零件；②电机、电气、音像设备及零件；③车辆及其零附件（铁道车辆除外）；④光学、照相、医疗等设备及零件；⑤铁道车辆、轨道装置、信号设备；⑥药品；⑦钢铁制品；⑧橡胶及其制品；⑨家具、寝具、灯具、活动房；⑩塑料及其制品。

双向投资：随着双边贸易的不断发展，两国相互投资也稳步增长，匈牙利已成为中东欧地区中资企业最为集中的国家之一。据中国商务部统计，2014年当年中国对匈牙利直接投资流量3402万美元。截至2014年年末，中国对匈牙利直接投资存量5.56亿美元，投资行业涉及金融、化工、通信设备等。中国银行在匈牙利设立了分行和子行，山东烟台万华集团收购匈牙利宝思德化学公司，华为公司在匈牙利设立了欧洲供应中心和欧洲物流中心，中兴通讯、七星电子等企业也在匈牙利开展了相关投资经营活动。

（六）经济环境

年份	GDP（亿美元）	人均GDP（美元）	GDP增长率（%）
2008	1570.95	15649.723	0.839
2009	1297.74	12948.077	−6.559
2010	1300.94	13009.345	0.743
2011	1399.31	14032.774	1.758
2012	1271.76	12819.712	−1.689
2013	1344.02	13585.43	1.89
2014	1383.47	14021.902	3.672
2015	1206.87	12259.115	2.939

数据来源：世界银行。

经济增长率：近年来，在青民盟政府一系列"非常规"经济政策和惠民举措影响下，经济出现明显复苏态势。2012年，GDP同比下滑1.689%；2013年增长1.89%；2014年实现国内生产总值1383.47亿美元，增长3.672%。

GDP构成：2014年，匈牙利投资、消费和出口占GDP的比重分别是14.7%、29.1%和56.2%。第一、二、三产业所占比重分别为4.5%、31.1%和64.4%。

财政收支及债务：2014年，匈牙利中央财政实际收入15.16万亿福林，支出 15.99 万亿福林,赤字为 8291 亿福林,占 GDP 比重为 2.6%,低于欧盟 3% 的规定。2014 年,匈牙利国债为 24.52 万亿福林,占 GDP 比重为 76.9%,同比下降 2.3%。其中,外债 9.709 万亿福林(约合 435.4 亿美元),占 42.1 %;内债 13.359 万亿福林(约合 599.1 亿美元),占 57.9%。

信用评级:截至 2015 年 3 月 21 日,国际评级机构标普对匈牙利主权信用评级为 BB+/B,展望为稳定。截至 2015 年 5 月 22 日,国际评级机构惠誉对匈牙利主权信用评级为 BB+/B,展望为稳定。

外汇储备:2014 年年末,匈牙利官方储备资产(含黄金和外汇储备)为 409.36 亿美元。

通货膨胀率:据世界银行数据显示,2014 年匈牙利消费者物价指数(CPI) 降至 0.2%。据匈牙利中央统计局统计,2014 年 12 月匈牙利 CPI 环比下降 0.7%, 同比下降 0.9%,2014 年全年 CPI 同比平均下降 0.2%,其中家庭用能源大幅 下降 11.7%,服装鞋类、耐用消费品、食品分别下降 0.7%、0.5% 和 0.4%, 而烟酒和服务业则分别上涨 6.2% 和 1.8%。

失业率:据匈牙利中央统计局统计,截至 2015 年 5 月底,匈牙利全国失 业人口为 32 万人,同比减少 3.7 万人。失业率为 7.1%,降低 1%。男女失业 比例总体均衡,但女性失业情况正逐步好转。

(七)法律

1989 年 10 月 18 日国会通过宪法修正案,对宪法作了重大修改,确定匈 牙利实行多党议会民主制,建立独立、民主、法制的国家,执行立法、行政、 司法三权分立的原则。2011 年,青民盟推动国会通过宪法修正案,新宪法于 2012 年 1 月 1 日起生效。

(八)社会

15 岁以上公民有 98.9% 的人具有基本教育水平。匈牙利语在世界最常用 语的排名是第 40 名,在欧洲是第 12 名。实行 12 年制义务教育,幼儿免费入 托,小学免费教育。学制:小学 8 年,中学(包括职业中学)4 年,大学 4~6 年,医科大学 7 年。除公办学校外,还有教会学校、私立学校和基金会学校。1986 年 9 月实施新教育法，扩大各类学校业务上和经济上的自主权，促使学校生活民主化。1993 年通过了第一部高等教育法。2012 年教育预算支出11538 亿福林，文化预算支出 1900 亿福林。

据世界卫生组织统计，2011 年匈牙利全国医疗卫生总支出占 GDP 的7.9%，按照购买力平价计算，人均医疗健康支出 1690 美元。2006~2013 年间，平均每万人拥有医院床位 72 张。

二、产能合作现状分析

（一）匈牙利引进外资情况

20 世纪 90 年代，伴随着私有化进程，匈牙利开始实施积极引进外资的政策，一度成为中东欧地区吸收外资最多的国家，近几年势头有所减弱。

从投资领域来看，零售、金融、通信、汽车、电子等行业是外商主要投资领域，约占吸收外资总额的三分之二。目前，匈牙利移动通讯业、保险业、电力分销企业几乎全部由外资控制，银行业 80% 以上的资产由外资控制，批发零售业近一半的市场份额掌握在外资手中，95% 以上的汽车由外资企业生产。

从投资国别（地区）来看，欧洲国家是外资主要来源地。其中，德国为匈牙利第一大外资来源国，其次为卢森堡、荷兰、奥地利和法国。美国为匈牙利在欧洲以外最大投资国。亚洲地区主要对匈投资国为韩国、日本、中国和新加坡。

目前，匈牙利全国约有 3 万多家外商投资企业。外商投资的主要地区是首都布达佩斯和西部地区。外资企业增加值占匈牙利 GDP 的三分之一左右，出口额占匈牙利总出口额 70% 以上。

据联合国贸发会议发布的 2015 年《世界投资报告》显示，2014 年，匈牙利吸收外资流量为 40.4 亿美元；截至 2014 年年底，匈牙利吸收外资存量为 983.6 亿美元。

（二）与中国产能合作现状

匈牙利是最早承认中华人民共和国的国家之一。进入新世纪以来，两国高层交往频繁，双边合作不断深化。2014 年中匈贸易额达 90.2 亿美元，匈牙利是中国在中东欧地区第三大贸易伙伴，中国为匈牙利在欧盟以外第二大贸易伙伴。2014 年 12 月，中国、匈牙利、塞尔维亚三国总理在贝尔格莱德见证签署中匈塞三方合作建设匈塞铁路的谅解备忘录，双边经贸关系步入新的发展阶段。两国在金融、基础设施建设、经贸合作园区建设、高新技术等领域有着广阔的合作空间。截至目前，中国对匈牙利投资存量为 5.56 亿美元，投资领域涵盖化工、金融、通信设备、新能源、物流等行业。烟台万华集团收购的匈牙利宝思德化工公司项目，是中国在中东欧地区最大投资项目。华为公司在匈牙利设立了欧洲供应中心和欧洲物流中心，建立了覆盖欧洲、独联体、中亚、北非等地区的物流网络。中国银行匈牙利子行 2003 年开业，是中国银行在中东欧地区开设的第一家营业性金融机构，2014 年该行又取得分行牌照，业务范围进一步扩大。匈牙利还是中东欧地区个体华商最为集中的国家之一，两万多华人在这里从事商业批发零售、餐饮及房地产等业务。中国企业对匈牙利投资所面临的主要挑战包括政策环境调整、文化理念差异、市场壁垒保护、西方企业竞争等。

2016年中国—匈牙利企业家峰会暨中国(浙江)—匈牙利产业对接洽谈会

三、合作领域和合作重点

2015 年匈牙利国际投资指数为 20.11，在 108 个样本经济体中排名第 103 位，这说明匈牙利的整体市场环境较差，潜力较弱，对外商投资的吸引力相对较弱。在 11 大板块贡献度排名中，前三位分别是社会环境、不可抗力板块和市场潜力板块。匈牙利社会环境保持优势，有一定的市场潜力，贸易指数相对其他指数贡献度高，显示该国对外开放和参与经济全球化进程较为深入。其他方面，匈牙利在基础设施和要素需求板块的贡献度排在中游，而投融资环境、金融稳定性、自然环境等板块相对较弱，说明匈牙利金融环境和自然环境不太乐观。

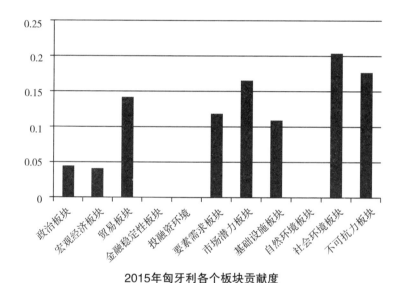

2015年匈牙利各个板块贡献度

资料来源：武汉大学国际投资研究中心。

进一步使用经济学模型测算各个板块 2015 年发生的概率，测算方法是衡量主要指标的变动是否超出了预定值，如果超过，说明发生概率较大，反之发生概率较小，匈牙利计算结果见下图。从各板块发生的概率来看，不可抗力、要素需求和社会环境等板块发生的概率显著超过了 0.5，这些领域在未来的发展趋势尤其需要密切关注。

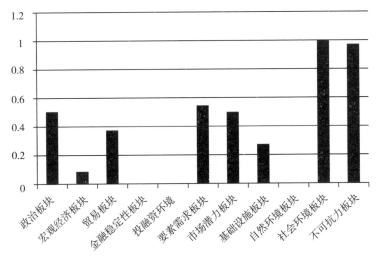

2015年匈牙利各个板块的发生概率

资料来源：武汉大学国际投资研究中心。

匈牙利经济部确定的 8 个优先领域为：①加强基础设施建设，促进贫困地区的产能扩张，增加出口型中小企业数量，提高中小企业竞争力；②支持非营利科研机构的技术开发；③发展信息和通信产业，提高政府和企业公共管理水平；④加大可再生能源利用，提高能源效率；⑤根据劳动力市场地区差异，有针对性地实施特别举措，提高就业水平；⑥针对老年人、弱势群体、来自贫困地区的残疾人和求职者，加强教育和职业培训，提高劳动力质量；⑦优先支持有特色、绿色环保的旅游项目；⑧为制造业和服务业内中小企业提供贷款、担保优惠服务。

四、政策分析

（一）匈牙利对外国投资者的限制政策和鼓励政策

限制外国投资的行业：①须获得政府批准的行业：赌博业、电信和邮政、自来水供给、铁路、公路、水运和民航。②不允许外国企业或个人购买匈牙利耕地和自然保护区，对购买作为第二居住地的不动产有严格限制。③根据《信贷机构和金融企业法案》（Act CXII of 1996），对外国银行投资及其金融服务范围有限制性规定。外国商业银行在匈牙利投资之前必须获得匈牙利央行金融机构监管部门的许可，并只能注册为有限责任公司或分行两种形式。外国银行也可设立银行代表处，但不得进行任何形式的经营活动。

2006年7月1日，为有效保护投资者的合法权益和提高企业注册效率，匈牙利颁布新的《公司法》（Act IV of 2006）和修订的《注册法》（Act CXLV of 1997），并统一适用于匈牙利国内外企业，设立公司的主要形式有无限合伙公司（Kkt）、有限合伙公司（Bt）、有限责任公司（Kft）、股份有限公司（Nyrt/Zrt）。

外国投资者还可通过并购匈牙利公司的方式进行投资。根据匈牙利《公司法》《会计法》《资本市场法》和《证券交易法》等规定，外资企业可以通过获取股份、持有表决权股份或其他权益（例如在目标公司管理中至关重要的人事权）等方式并购匈牙利企业。外国企业在匈牙利并购上市还需要符合布达佩斯证券交易所的相关规定。

任何企业并购，须取得匈牙利公平交易局（Hungarian Competition Authority，GVH）的核准。外国投资者取得另一公司股权达75%以上时，该股权变动须于15日内向法院报告。金融机构和上市公司的并购案还应事先取得匈牙利央行金融机构监管部门的核准。

优惠政策框架：外商投资在匈牙利享受国民待遇。匈牙利的优惠政策主要有5种：匈牙利政府补贴、欧盟基金补贴、税收减免、培训补贴和就业补贴。具体内容如下：

优惠政策	补贴方式	补贴金额	申请条件	申请方式	主管部门
匈牙利政府补贴	现金、事后补贴	由匈牙利政府单独决定	投资额超过2500万欧元或超过1000万欧元但无法申请欧盟基金；至少创造50个新工作岗位，或为优先发展地区创造25个新工作岗位	向匈牙利投资促进局提交关材料	匈牙利政府
欧盟基金补贴	现金、事后补贴，不能同时申请匈牙利政府补贴	最多投资额的35%，约32~320万欧元	主要针对综合技术和劳动密集型企业；最低投资额92万欧元；创造新工作岗位；在匈牙利中部以外地区	向匈牙利经济发展中心提交投标申请文件	国家发展局

优惠政策	补贴方式	补贴金额	申请条件	申请方式	主管部门
税收减免	投产后的税收减免	投产10年内，每年企业所得税减免80%	最低投资额960万欧元且最少创造150个新工作岗位。最低投资额320万欧元且在优先发展地区创造75个新工作岗位	向匈牙利投资促进局提交申请	国家经济部
培训补贴	现金、事后补贴	培训费用的25%~90%。新增工作岗位50~500人，最多补贴100万欧元；新增工作岗位超过500人，最多补贴200万欧元	新创造50个工作岗位；该决定由匈牙利政府单独做出	向匈牙利投资促进局提交意向函	国家经济部
就业补贴	现金、事后补贴	每个项目110万欧元	在优先发展地区最少创造500个新工作岗位；由匈牙利政府单独做出决定	向匈牙利投资促进局提交申请函	国家经济部

数据来源：匈牙利投资促进局。

匈牙利希望外国投资的重点领域是汽车、生物制药、电子、食品加工、可再生能源及服务业，并在优惠政策总体框架内给予支持。

匈牙利根据欧盟规定，确定了不同规模企业在匈牙利不同地区投资，政府支持资金占投资总额的比例上限。

（二）特殊经济区域的规定

匈牙利境内的特殊经济区域是指工业园区。匈牙利1996年、2005年和2007年分别通过法规对工业园的设立、取消、转让和扩大等相关方面做了明确规定。根据规定，商业组织、公共利益组织、区域发展协会和地方政府均可向国家经济部申请设立工业园。

目前，匈牙利境内共有200多个工业园区，总面积一万多公顷，入驻企业4000多个，半数以上位于高速公路附近。暂无中国企业入驻。

匈牙利的工业园区均作为独立的商业实体来运营，政府并不向其提供特殊的优惠政策。对于入驻企业，工业园区能够提供生产所需的基础设施（水电气、废水处理等)、咨询、安全保卫、办公场所等服务。由于各工业园区实际情况不同,其重点发展产业也不相同。2015年,匈牙利国家经济部制定的发展规划提出,将进一步鼓励发展绿色经济,鼓励可再生能源的开发应用,鼓励科技创新,扶持中小企业发展,强调工业部门的节能降耗。因此,匈牙利的工业园区将逐步由经济开发转向高新技术和生态园区。

五、合作案例

(一)一带一路方面

2015年6月6日,在匈牙利首都布达佩斯,中国外交部长王毅和匈牙利外交与对外经济部部长西亚尔托举行记者会并签署了《中华人民共和国政府与匈牙利政府关于共同推进丝绸之路经济带和21世纪海上丝绸之路建设的谅解备忘录》。这是中国同欧洲国家签署的第一个此类合作文件。

(二)中国企业在匈牙利主要合作和投资项目

1.厦门国际投资贸易洽谈会中匈合作项目签约

2015年9月,厦门国际投资贸易洽谈会中匈合作项目签约仪式在厦门举行,总共有泡沫铝规模化技术转让等8个项目进行签约,总投资39.8亿元。由匈牙利总理首席顾问苏契·盖佐率领的匈牙利国家代表团,是"9·8洽谈会"创办以来匈牙利首次派团参加。2015年6月,中匈两国政府签署了《中华人民共和国政府与匈牙利政府关于共同推进丝绸之路经济带和21世纪海上丝绸之路建设的谅解备忘录》,中匈两国在基建、农业、金融领域的交流合作得到进一步拓展。

2.中匈两国签署核能合作备忘录

匈牙利政府2015年5月宣布与中国国家能源局签署了一份核电合作备忘录,两国将在核电研发及人员培训方面合作。该备忘录预计将为后续中匈核电合作铺平道路。备忘录由国家能源局局长努尔·白克力和匈牙利国家发展

中匈合作项目在厦门签约

部长 Miklós Sesztákvz 签署。匈牙利政府表示，备忘录有助推进两国和平利用核能方面合作，进行核电站安装、运营、维护以及放射废弃物管理等方面的技术交换，并提升公众核能意识和接受度。

3.万华集团收购匈牙利宝思德化学公司

山东烟台万华集团是亚太地区最大的异氰酸酯生产商，匈牙利宝思德化学公司是中东欧地区最大的异氰酸酯生产企业。2011 年 1 月，万华集团投资12.6 亿欧元完成对匈牙利宝思德公司的收购，是目前中国在匈牙利最大的投资项目。收购完成后，万华集团从各方面对公司业务进行整合，并大力推进设备改造和技术升级，企业运营逐渐步入正轨。

4.华为公司及其欧洲供应中心、欧洲物流中心项目

华为匈牙利公司成立于 2005 年 9 月。经过多年发展，华为逐步在匈牙利市场树立了品牌，与匈牙利电信、沃达丰、Telenor、GTS、Pantel、Invitel 等匈牙利及欧洲电信运营商、分销商建立了合作伙伴关系，并与匈政府和企业部门建立、保持联系。2009 年，华为公司与匈牙利有关企业合作，建立欧洲供应中心，从国内进口通信设备零部件，在匈牙利组装后销往欧洲、中亚和北非等地。2013 年年底，华为公司在匈牙利比奥托巴吉市建立欧洲

万华实业集团收购匈牙利宝思德化学公司

物流中心，完善供应链建设，实现本地采购、制造、测试、组装、配送一条龙生产线。

波兰

一、基本国情介绍

（一）地理环境

波兰地处欧洲中部，北临波罗的海，南接捷克和斯洛伐克，东邻白俄罗斯，西接德国；东北和东南部则与俄罗斯、立陶宛以及乌克兰接壤。国土面积 312679 平方公里，75% 在海拔 200 米以下，全境地势平坦、广阔，河湖密布。

（二）自然资源

波兰拥有丰富的矿产资源，煤、硫黄、铜、银的产量和出口量居世界前列。截至 2012 年年底，已探明铜储量 17.93 亿吨，电解铜年产量 58 万吨（2012 年）；其他资源还有锌、铅、天然气、盐、琥珀等。截至 2012 年年底，波兰已探明硬煤储量为 482.26 亿吨，褐煤 225.84 亿吨。2014 年粗钢年产量 860 万吨。波兰天然气储量估计为 1180 亿立方米，国内天然气产量占需求量的 37% 左右。另外，据波兰地理协会评估，页岩气储量为 3460 亿 ~7680 亿立方米。

（三）人口民族

据波兰国家统计局（GUS）2014 年 6 月的数据，波兰目前的全国人口为 3848.4 万，其中男性为 1862.3 万，女性 1986.1 万，男女人口比例约为 94∶100。城市人口为 2324.5 万，占全国总人口的 60.4%，农村人口为 1523.9 万，占全国人口总数的 39.6%。人口分布比较集中的城市包括：华沙（173 万人）、克拉科夫（75.98 万人）、卡托维茨（75.03 万人）、格但斯克三联城（74.74 万人）、罗兹（70.85 万人）、弗罗兹瓦夫（63.3 万人）等。华人在波兰约 1 万人，主要集中在华沙等大城市。

（四）政治

国家元首是总统安杰伊·杜达，2015 年 8 月就职，任期 5 年。

2014 年 5 月，波兰举行欧洲议会选举，执政联盟以逾 39.5% 的得票率获胜。8 月 30 日，图斯克被推举为新一届欧洲理事会主席，12 月 1 日就任。9 月 22 日，前众议长科帕奇出任新总理。2015 年 5 月，波兰举行总统选举，最大反对党法律与公正党总统候选人杜达胜选。11 月，波兰举行地方政府选举。2015 年 10 月，波兰举行议会选举。法律与公正党以 37.58% 的得票率胜出，获得众议院 460 个议席中的 235 席；主要执政党公民纲领党获得 24.9% 选票，位列第二，获 138 席；"库齐兹"运动得票率达 8.81%，获 42 席；"现代波兰"协会得票率为 7.6%，获 28 席；人民党得票率为 5.13%，获 16 席；德意志少数民族占 1 席。11 月 16 日，波兰组成新一届政府，法律与公正党副主席谢德沃出任总理。本届政府是波兰剧变以来首个凭一党之力单独组建的政府。

1997年4月，波兰国民大会通过新宪法。新宪法于1997年10月生效。新宪法确立了三权分立的政治制度和以社会市场经济为主的经济体制，规定：众议院和参议院拥有立法权，总统和政府拥有执法权，法院和法庭行使司法权；波兰经济体制的基础为经济自由化、私有制等原则；波兰武装力量在国家政治事务中保持中立。根据新宪法，如总统否决了议会或政府提交的法案，议会可以五分之三的多数否决总统的决定。

议会由众议院和参议院组成，是国家最高立法机构，任期4年。众议院议员460名，参议员100名，均通过直接选举产生。本届议会于2015年10月成立，由5个党派组成。众议院的席位分配是：法律与公正党235席，公民纲领党138席，"库齐兹"运动42席，"现代波兰"协会28席，人民党16席，德意志少数民族1席。众议长马莱克·库赫钦斯基（法律与公正党），2015年11月就任。参议院的席位分配是：法律与公正党61席，公民纲领党34席，人民党1席，独立议员4席。参议长斯坦尼斯瓦夫·卡尔切夫斯基（法律与公正党），2015年11月就任。

本届政府于2015年11月组成，下设19个部。政府总理和部长名单如下：部长会议主席(亦称总理)贝阿塔·谢德沃(女)、第一副总理兼文化部长彼得·格林斯基、副总理兼发展部长马泰乌什·莫拉维茨基、副总理兼科学和高等教育部长雅罗斯瓦夫·戈文、财政部长保罗·萨瓦玛哈、能源部长克里什托夫·特霍热夫斯基、国库部长达维德·雅茨凯维奇、国防部长安东尼·马切莱维奇、司法部长兹比格涅夫·焦布洛、环境部长扬·什史科、教育部长安娜·扎莱夫斯卡（女）、体育和旅游部长维托尔德·班卡、劳动和社会政策部长伊丽莎白·拉法尔斯卡（女）、内务与行政化部长马柳什·布瓦什查克、农业部长克里什托夫·尤盖尔、外交部长维托尔德·瓦什奇科夫斯基、数字化部长安娜·斯特莱吉斯卡（女）、基础设施与建设部长安杰伊·阿达姆契克、卫生部长康斯坦丁·拉基维乌、海洋经济与内河航运部长马莱克·格鲁巴尔契克、总理府办公厅主任贝阿塔·坎帕。

最高法院是国家最高审判机关。最高法院对下属法院的审判活动实行监督。法官由总统任命，现任最高法院院长玛乌格热塔·盖尔斯多夫，2014年

12 月就职。1990 年 3 月，波兰众议院通过检察院法，规定检察院作为一个司隶属于司法部，由司法部长兼任总检察长。

（五）外交关系

1999 年 3 月 12 日加入北约，2004 年 5 月 1 日加入欧盟，2007 年 12 月加入申根协定。主张欧盟、北约继续东扩。2014 年，波兰政府延续理性务实的外交路线，对外政策以"服务波兰、构建欧洲、了解世界"为使命，更加注重现实利益和战略平衡；政治和经济上立足欧盟，安全和防务上倚靠北约和美国，睦邻周边，积极构建全方位外交格局，力求在欧盟和北约中发挥更大作用，在地区和国际事务中影响力上升。现同 189 个国家保持外交关系。

同欧盟关系：波兰继续以"依托欧盟促进经济与社会发展、加强在欧盟内的地位和作用"为外交重点，主张加强欧盟内部团结和共同行动。高度重视欧盟单一市场建设、能源安全，提倡建设更有竞争力、开放和安全的欧盟。主张强化欧盟机构作用，提高决策效率，推动欧盟在国际舞台上发挥更加重要的作用。在欧盟内地位和影响有所上升。2014~2020 年度共获得 1195 亿欧元欧盟资金，成功争取到包括碳排放交易免费额度在内的气变补偿。尚未加入欧元区。2014 年 8 月，波兰总理图斯克被推选为欧洲理事会主席，12 月 1 日就任，任期两年半。

同欧盟大国关系：视波德关系为波兰最重要的双边关系。两国高层交往日益频繁，各领域务实合作不断加深。德国是波兰最大贸易伙伴，也是波兰最大出口国及欧盟预算最大净出资国。波兰外资总额的五分之一来自德国。同时视法国为传统盟友，在安全、政治、经济、人文领域交流活跃。波兰重视"魏玛三角"（德国、法国、波兰）机制，利用该平台扩大波兰政治影响力。视英国为北约内重要盟友，与英国传统合作基础良好，在欧盟单一市场等方面意见相近。

同北约和美国关系：认为波美关系具有特殊重要意义，视美国为欧洲之外最主要伙伴，是仅有的 3 个坚决支持美国对伊拉克动武并在第一时间派兵参战的盟国之一。近年来，随着美国主导全球事务能力下降和战略重心转移，对美国政策更趋理性、务实。2014年6月，美国总统奥巴马访问波兰，发表讲话纪念波兰自由日25周年。波兰视北约和美国为波兰国家安全重要支柱，支持深化跨大西洋合作和北约东扩，坚持共同防御原则，积极参与制定北约新战略和阿富汗重建，向驻阿富汗国际安全援助部队（ISAF）派兵1000余人。

同俄罗斯及东部邻国关系：波俄关系历史错综复杂，纠葛颇多。2007年公民纲领党执政后，波俄关系总体较为平稳，但波兰力促的欧盟东部伙伴关系计划为乌克兰危机爆发埋下伏笔。乌危机使波俄关系在政治与经济层面遭到严重破坏，两国中断高层与政治交往，陷入制裁与反制裁的恶性循环。波兰在制裁俄问题上立场强硬。俄禁止进口欧盟农产品致波兰农产品出口损失惨重。

高度重视欧盟"东部伙伴计划"。视乌克兰为重要战略伙伴。自2013年11月乌克兰局势动荡以来，波兰积极介入调停。2014年3月，在波、德、法三国外长斡旋下，乌克兰冲突双方达成停火协议。乌克兰新政府组成后，波兰大力支持新政府稳定乌局势。

同中东欧国家关系：视中东欧为波兰在欧盟内的战略依托，重视维谢格拉德集团（波兰、匈牙利、捷克、斯洛伐克）、波罗的海国家理事会等地区组织合作。2012年7月至2013年6月，波兰担任维谢格拉德集团轮值主席国，积极加强集团内经贸合作、对欧盟政策协调、能源安全和防务合作。波兰与波罗的海三国就"东部伙伴计划"、跨大西洋关系、欧盟事务等多次对话，并积极就能源、铁路合作等交换意见。

同其他国家关系：密切关注西亚北非局势发展，大力宣扬自身民主转型经验。支持突尼斯、埃及、利比亚等国现代化、民主化进程。重视同中国、印度、日本、韩国等亚洲国家加强人员往来，加大对该地区投入，积极开展与中东、拉美、非洲地区经贸尤其是能源等领域合作。

同中国关系：中波两国具有传统友谊。1949年10月7日两国建立大使级外交关系。近年来，中波关系在相互尊重、平等互利、互不干涉内政的原则基础上稳步发展。2004年，胡锦涛主席对波兰进行国事访问，这是历史上中国国家主席首次访波，两国确立了友好合作伙伴关系。2011年年底波兰总统科莫罗夫斯基访华，两国建立战略伙伴关系，2012年温家宝总理访波，启动中国–中东欧1+16合作机制。2013年6月，波兰众议长科帕奇访华。9月，外交部长王毅与波兰外长西科尔斯基在出席联大期间举行双边会晤。11 月，李克强总理出席罗马尼亚布加勒斯特中国－中东欧国家领导人会晤期间与图斯克总理举行双边会见。12 月，波兰参议长博鲁塞维奇访华。2014 年，波兰政府高层对"一带一路"战略构想表达积极关切。2015 年 6 月，波兰外交部长格热戈日·谢蒂纳对中国进行正式访问。两国外长强调要把握机遇深化和拓展合作，打造"升级版"的中波战略伙伴关系。

中波经贸关系始于 1950 年，至今大致经历了三个发展阶段：1950~1989 年政府间协定贸易阶段，1990~2003 年经贸合作转型和发展阶段，2004 年以来中波友好合作伙伴关系框架下新的发展阶段。波兰是中国在中东欧地区最重要的经贸合作伙伴之一，是本地区首个对华贸易额突破 100 亿美元的国家。近年来，两国高层互访不断，经贸领域往来频繁，双边经贸关系发展总体上平稳顺利，贸易额持续增长，相互投资趋向活跃，合作领域不断拓宽。同时，从双方合作的潜力看，也存在贸易总量偏小、相互投资规模不大、大型合作项目少等问题。

1950 年中波签署第一个政府间贸易协定，之后陆续签订了《中华人民共和国政府和波兰共和国政府关于相互鼓励和保护投资协定》（1988 年）、《中华人民共和国政府和波兰共和国政府关于对所得避免双重征税和防止偷漏税协定》（1988 年）和《中华人民共和国政府和波兰共和国政府关于两国经济贸易关系的协定》（1993 年）。2000 年 9 月，中波签订财政合作协议。2004 年 6 月在胡锦涛主席访波期间，中波双方签订新的《中华人民共和国政府和波兰共和国政府经济合作协定》，替代了原《中华人民共和国政府和波兰共和国政府关于两国经济贸易关系的协定》。2007 年 3 月和 5 月及 2010 年 5 月，中国国家质量监督检验检疫总局与波兰农业和农村发展部先后就波对华出口乳制品、禽肉、猪肉签订检验检疫和兽医卫生条件议定书。2012 年 4 月，中波签署《中华人民共和国政府和波兰共和国政府关于加强基础设施领域合作协定》，中国商务部和波兰经济部签署《中华人民共和国商务部和波兰共和国经济部关于促进中小企业交流与合作的谅解备忘录》。

近年中波双边贸易快速增长。据中国海关统计，2014 年双边贸易额为172 亿美元，增长 16.1%。其中，中国对波兰出口 143 亿美元，同比增长

13.4%；中国自波兰进口 29 亿美元，同比增长 31.5%。波兰是中国在中东欧地区最大的贸易伙伴，欧盟中第九大贸易伙伴。据波方统计，2014 年中国是波兰在亚洲地区最大贸易伙伴，第二大进口来源地，波兰自中国进口额占其进口总额的 10.5%。中国向波兰出口前五大商品类别为机械器具、电气设备、光学仪器、家具与寝具、针织服装。中国自波兰进口前五大商品类别为铜及铜制品、电气设备、机械器具、肉及食用杂碎机、非铁道及电车道类车辆及零附件。

（六）经济环境

年份	GDP（亿美元）	人均GDP（美元）	GDP增长率（%）
2008	5301.85	13906.218	3.906
2009	4364.76	11440.578	2.565
2010	4792.43	12579.459	3.995
2011	5287.42	13891.142	4.952
2012	5002.28	13142.046	1.562
2013	5240.59	13776.455	1.326
2014	5449.82	14337.206	3.36
2015	4747.83	12494.466	3.683

数据来源：世界银行。

经济增长率：2010~2014 年，波兰经济持续增长。2014 年，国内生产总值（GDP）约合 5449.82 亿美元，本币计算 GDP 增长 3.36%；人均 GDP 为 14337.206 美元。产业结构：第一、二、三产业分别占 GDP 的比重为 3.0%、22.27% 和 74.73%。投资、消费和出口占 GDP 的比例分别为 20.2%、78.3% 和 46.9%。通胀率：2014 年度通胀率为 –1%。财政赤字：2014 年，波兰中央预算收入 2835.42 亿兹罗提，支出 3125.2 亿兹罗提，赤字 287.78 亿兹罗提；外汇储备为 1019.72 亿美元。一般政府赤字占 GDP 的 3.2%，公债占 GDP 比重为 50.1%。失业率：2014 年，波兰失业率为 11.5%。外债：截至 2014 年第一季度，波兰外债余额为 3787.33 亿美元，其中长期外债 3061.3 亿美元，占 80.83%，短期外债为 726.03 亿美元。外债占 GDP 比例为 69.14%，外债未受国际货币基金组织限制。公共债务：根据波兰中央统计局数据，按 ESA95 方法计算，2014 年公共债务 8665 亿兹罗提，占 GDP 的比重为 50.1%，与 2013 年相比，下降 5.6%。

2006 年，波兰政府公布《2007—2015 年国家发展规划》，有效利用欧盟援助资金促进经济增长，提高居民生活水平。未来几年的首要目标是，提高经济的竞争能力和创新能力、改善技术和社会基础设施状况、增加就业，提高就业质量、建设一体化社会共同体，提高共同安全，发展农村地区区域经济，加强各地区间的紧密性。

2013 年 2 月欧委会制定欧盟 2014~2020 年预算，波兰从中分得 1140 亿欧元，较 2007~2013 年预算增加 40 亿欧元，其中包括融合基金 820 亿欧元、共同农业基金 318 亿欧元，另有 2 亿欧元用于解决年轻人失业。2014 年，波兰政府通过与之配套的《2014—2020 年农村发展计划》。

2014 年 4 月，波兰政府批准了《2020 年能源安全和环境战略》。该战略旨在创造条件发展先进的能源产业、确保高水平的生活质量并合理使用自然资源。

（七）法律

1997 年 4 月，波兰国民大会通过新宪法。新宪法于 1997 年 10 月生效。新宪法确立了三权分立的政治制度和以社会市场经济为主的经济体制，规定：众议院和参议院拥有立法权，总统和政府拥有执法权，法院和法庭行使司法权。波兰经济体制的基础为经济自由化、私有制等原则。波兰武装力量在国家政治事务中保持中立。根据新宪法，如总统否决了议会或政府提交的法案，议会可以五分之三的多数否决总统的决定。

（八）社会

2012 年国民经济各部门的人均月工资为 3851.02 兹罗提（约合 1182.38 美元），工业部门企业职工的月平均工资为 3600.3 兹罗提（约合 1105.4 美元）。退休金和抚恤金月平均为 1938.09 兹罗提（约合 595.05 美元）和 1685.54 兹罗提（约合 517.51 美元）。2011 年城市人均住房面积 24.2 平方米，农村人均住房面积 25.5 平方米；2012 年平均每千人拥有小汽车 486 辆，移动电话 1409 部；全国有医师 85025 名，牙医师 12491 名，药剂师 26843 名，护士和助产士 236006 名，每千人有病床 4.92 张；年人均消费肉类食品 65.04 千克，牛奶 40.92 升，鸡蛋 150 个。

二、产能合作现状分析

（一）引进外资情况分析

波兰是中东欧地区吸收外国直接投资最多的国家，其中 50% 以上为其入盟后所得。2001~2003 年，由于大规模私有化浪潮渐弱，波兰吸收外国直接投资下降，而 2004 年加入欧盟成为波兰吸收外资的新动力。目前，波兰吸收的外国直接投资主要来自欧盟国家。

根据波兰央行目前公布的数据，截至 2013 年年底，波兰累计吸引外国直接投资 2209.6 亿美元，其中 90% 来自欧盟成员国，累计对波兰投资额排名前 5 位的国家分别是德国（387.2 亿美元）、荷兰（356.5 亿美元）、法国（263.3 亿美元）、卢森堡（213.5 亿美元）、西班牙（144.3 亿美元）。2013 年波兰净流入外国直接投资 29.32 亿美元，较 2012 年下降约 52%。当年主要外资来源国包括英国（44.4 亿美元）、德国（25.4 亿美元）、瑞士（12.7 亿美元）、奥地利（10.5 亿美元）、荷兰（8.2 亿美元）等。主要投资行业包括：信息通信（29.2 亿美元）、批发零售业及机动车修理（21.6 亿美元）、制造业（19.6 亿美元）、行政与支持服务（8.3 亿美元）等。外资企业在波兰经济中发挥越来越重要的作用。据波兰中央统计局数据，截至 2013 年年底，波兰共有外资企业 2.61 万家，雇员超过 163 万。

据联合国贸发会议发布的 2015 年《世界投资报告》显示，2014 年，波兰吸收外资流量为 138.8 亿美元；截至 2014 年年底，波兰吸收外资存量为 2451.6 亿美元。

（二）中波产能合作现状

随着中波两国高层频繁交往，波兰成为中东欧地区首个与中国建立战略伙伴关系的国家。2011 年波兰总统访华,2012 年温家宝总理访波,中国—中东欧领导人首次会晤在华沙举行,开启了中国与中东欧国家合作的新篇章,中波两国关系不断升温,为经贸合作营造了良好氛围。近年来,双边经贸合作不断增强,中国企业对波兰开展投资合作踊跃。从双边贸易看,波兰一直是中国在中东欧地区最大的贸易伙伴。双边贸易自 1990 年以来稳步增长,2004 年后增长迅速,贸易额从 23 亿美元增长至 2014 年的 172 亿美元。目前,波兰是中国在欧盟第九大贸易伙伴和中东欧地区最大贸易伙伴,中国则已成为波兰第二大进口来源地。从相互投资合作看,据中方统计,目前中国在波兰投资约 3.29 亿美元,投资领域包括机械、IT 产品、金融、电子、工艺品、商贸服务、新能源等领域,龙头企业包括柳工、华为等。同时诸如平高集团、中国水利水电建设集团等企业积极参与波兰工程承包市场,成功和失败的案例并存。

至 2012 年 3 月 12 日,旨在促进中国—波兰经济合作的战略,已经启动。作为一项倡议,GoChina 鼓励波兰企业家发展与中国的合作伙伴业务关系。

南南合作促进会会长吕新华在中国—波兰产能合作座谈会发表讲话

波兰政府意识到来自中国的充满活力的经济增长所带来的巨大商机，决定采取进一步措施以加强波兰和中国的经贸往来。作为对中国方面"GoGlobal（走出去）"战略——中国公司海外扩张的战略思维——的回应，波兰方面提出了 GoChina 项目，这是一个与中国的合作发展保持一致的战略。GoChina 项目的目的是鼓励波兰企业家拓展中国市场，并协助他们寻找中国的合作伙伴。该战略是波兰经济部的一项举措，在北京和上海的波兰大使馆贸易投资促进部门进行了推广，波兰的农业和农村发展部、体育和旅游部、波兰信息和外国投资局、波兰企业发展局和农业市场局也纷纷努力开展推广工作。因此可以从两方面扩大和波兰的产能合作：

1.加大对波兰基础设施投资力度，促进双边产能贸易进一步增长

波兰处于欧洲的心脏地带，是中国"一带一路"进入欧洲的必经之地。波兰承担着中国商品进出欧洲的物流中心功能定位，其公路运输在欧洲市场排在第 1 位。作为亚洲基础设施投资银行的创始成员国之一，波兰非常重视基础设施的更新和建设，积极吸引来自中国的投资，同时提供优惠政策。中国应积极参与波兰在公路、电力、铁路等方面基础设施建设。

2.开展与波兰合建经济园区项目，推动出口增长

波兰地理位置优越，劳动力成本较低，国民受教育水平较高。波兰是欧盟的制造中心，在汽车、电子产品、建筑材料及化工产品生产方面具有优势。对中国跨国企业而言，波兰拥有欧盟原产地优势，我国应积极开展与波兰合作建设经济园区项目，充分利用波兰的原产地优势，将国内中间产品零附件出口至合建的经济园区，经组装后出口到欧洲和世界其他国家，可以规避来自欧盟和其他国家的贸易保护主义，规避进口限制政策及歧视性关税，这有助于实现中国与波兰的双边贸易平衡，推动经济增长及就业的增加。

三、合作领域和合作重点

2015 年波兰国际投资指数为 49.21，在 108 个样本经济体中排名第 29 位，这说明波兰的整体市场环境较好，潜力中等偏上，对外商投资具有一定的吸

引力。在 11 大板块贡献度排名中，前三位分别是宏观经济、金融稳定性和基础设施等板块。强力的金融稳定性和稳定的宏观经济是吸引外商金融投资的先导因素，而基础设施板块则是衡量一个国家是否有产能合作潜力的一个重要指标。其他方面，波兰在贸易、社会环境、政治等板块的贡献度较弱，分析来看，波兰这个国际产能合作的需求是有的，但是在营商环境上的风险不容忽视。

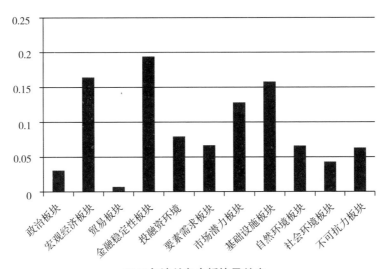

2015年波兰各个板块贡献度

资料来源：武汉大学国际投资研究中心。

进一步使用经济学模型测算各个板块 2015 年发生的概率，测算方法是衡量主要指标的变动是否超出了预定值，如果超过，说明发生概率较大，反之发生概率较小，波兰计算结果见下图。从各板块发生的概率来看，要素需求、市场潜力、自然环境、投融资环境、基础设施、金融稳定性等板块发生的概率显著超过了 0.5，这些领域在未来的发展趋势尤其需要密切关注。

波兰基础设施特别是交通领域较为落后，2013 年 1 月波兰基础设施与发展部公布《2020 交通发展战略及 2030 展望》，对下阶段交通发展做出规划。中国企业有望在波兰的基础设施建设方面进行产能对接：

公路：波兰政府将公路基础设施建设作为经济发展最重要的战略之一，主要目标包括：发展高速路和快速路；与地方政府合作发展地方道路及其与

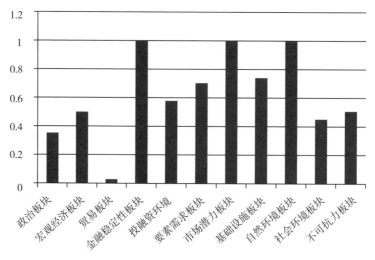

2015年波兰各个板块的发生概率

资料来源：武汉大学国际投资研究中心。

国道和省道的连接；通过建立城市环路系统，减少过境货车对于城市交通的影响；发展交通安全基础设施；发展创新科技解决方案以使交通流量最大化并消除拥堵。根据《2020 交通发展战略及 2030 展望》及《2011—2015 年公路建设规划》，波兰将投入 203 亿欧元用于新建和改造相关道路。其中，波兰东部公路建设地位突出，尤其是改善比亚韦斯托克、卢布林两大城市与华沙之间的公路状况，对提升东西欧国家间的运输基础设施质量至关重要。波兰政府优先考虑高速公路和快速路建设，将更广泛地采用公私合营（PPP）等方式建设新的高速公路，计划在 2020 年前实现加入欧盟时的承诺，最终将建成7200 公里的高速公路和快速公路网络，其中高速公路约 2000 公里。

波兰政府通过了《2023 年国家道路建设计划》，其目标是完善波兰国家道路交通网，并将连接主要城市的公路运行时间降低 15%。其中不仅将包括波兰 2023 年前的公路建设项目清单，还将涉及对道路交通安全的投资，根据计划，国家道路基金每年将投入 3 亿 ~6 亿兹罗提用于消除事故多发地的安全隐患。据悉，波兰国家经济银行从欧洲投资银行获得了 34 亿兹罗提的长期贷款用于道路基础设施建设。其中，5.5 亿欧元用于波兰西部地区 S5 快速路部分路段的建设，2.5 亿欧元用于建设华沙市内 Pulawska 到 Lubelska 街支路。此外，波兰还有望在该项目下获得另外一项用于在华沙新建一座跨维斯瓦河大桥的贷款。

铁路：未来几年，波兰计划将客运火车提速到时速 160 公里，货运火车提速到时速 120 公里，并完成华沙中央站、格丁尼亚、弗洛茨瓦夫、克拉科夫火车站的现代化改造以及华沙西站、华沙东站、波兹南 GLOWN 站、卡托维兹站、罗兹站等火车站的建设。根据《2020 交通发展战略及 2030 展望》，2020 年前，波兰政府将做出是否建设华沙 - 罗兹 - 波兹南 / 弗罗茨瓦夫的 Y 形高速铁路的决定。预计到 2030 年，波兰将完成大部分铁路系统的现代化改造，连接泛欧交通网的车辆最低时速达到 100 公里；恢复并扩建城市功能铁路，促进城市铁路与公路系统相融合；新建并扩建一批铁路联运集装箱码头。

航空：航空运输是波兰综合交通体系的重点之一，主要目标包括：增加现有机场的吞吐量，以确保航空市场参与者有效地提供服务；有效发展支线机场，特别是东部和西北部地区；提高空运在联合运输中的份额；通过执行"单一欧洲天空计划"（Single European Sky）增加空域容量；确保波兰航空市场适当发展。波兰将通过建设货运基础设施并确保其与公路和铁路的连接来实现此目标。

海运：波兰拟从以下三方面对海运发展予以引导：发展港口的陆上和海滨基础设施；加强港口的经济作用；提高海上客运、货运在运输链的重要性。为此，政府将采取以下行动：对现有深水码头设施的扩建提高现有设施的装卸能力，加强波兰与世界的海运联通；开辟包括公路、铁路及内陆航运在内的与海运港口连接的内陆运输"走廊"；对现有港口设施进行扩建。实现以下目的：①提高能源安全并执行欧盟能源政策（如 2014 年完成对希维诺乌伊希切港液化天然气码头的改造）；②调整海运港口，满足市场需求（2020 年前，完成对深水集装箱码头的改造）；③降低环保压力（加强废物管理）。

能源：根据《波兰能源 2030 规划》，波兰能源政策六大方向为：一是努力提升能源利用效率。虽然 1999~2009 年间，波兰能源消耗强度下降 30%，但单位能耗产出仍然仅为欧盟平均水平的一半，目标是经济增长但能源消耗量零增长，单位能耗产出达到欧元区 15 国的水平；二是稳定石油天然气等能源安全。规划将波兰储量丰富的煤炭作为稳定能源安全的重要砝码，同时考虑加强油气的运输和存储建设，多元化油气来源，提升与周边邻国互换电力的能力；三是多元化电力能源结构。为应对欧盟碳减排要求，将引入核电，削弱火电占比的电力结构成为方向之一。波兰规划 2020 年开始建设核电站，2030 年前建成至少两座，拥有 4500 兆瓦装机量；四是发展可再生能源。欧盟要求波兰 2020 年可再生能源占最终能源消费比例不低于 15%，发展可再生能源成为方向之一。波兰根据实际，提出到 2020 年交通领域燃料 10% 实现生物质能，鼓励源于各地的分布式发电网络，利用国库部所有的河堰发电；五是打造公平竞争的能源市场；六是消减能源工业对环境的污染。

电信：2014~2020 年，波兰国家宽带发展计划的主要目标是发展电信基础设施网络，刺激对高流量服务的需求，保证建立覆盖波兰全境的宽带网络。该计划和欧盟数字化局的目标要求保持一致，欧盟数字化局具体目标为：①到 2020 年年底保证普通互联网速度在 30 Mbit/s 以上；②到 2020 年年底 50% 以上家庭互联网用户可以获得速度在 100Mbit/s 以上的互联网服务。据波兰行政与数字化部估计，波兰建设高速宽带互联网基础设施费用为 173 亿 ~420 亿兹罗提，欧盟公共基金可能会支持 44 亿 ~105 亿兹罗提（总额的 20%~30%）。

四、政策分析

（一）投资政策规定

针对自然人的规定：在波兰没有永久居留权的外国公民，只能在波兰设立有限合伙公司、有限股份合伙公司、有限责任公司和股份公司。获准在波兰定居的外国公民享有与波兰公民同等的注册公司的权利。在投资行业、方式等方面没有针对外国投资者的特殊规定。

外商投资方式：根据波兰相关法律规定，外国企业作为法人实体在根据波兰相关法律规定，外国企业作为法人实体在波兰境内可注册的形式有代表处、分公司、有限合伙企业、有限股份合伙企业、有限责任公司和股份公司。外商投资可以以现汇、设备、技术和知识产权等在波兰开展投资合作。

不动产入股：波兰国有企业以土地、工厂、部分车间等不动产作为与外资企业合作的投入时，须向负责私有化的政府部门——国库部申请许可。

跨国并购：1991 年通过的波兰《外资企业法》及此后修订的法案规定，允许外资并购当地企业，但对外资在电信、航空、渔业、广播等领域的并购，限制外资的股份比例，实施许可制度。

1990 年《国有企业私有化法》规定：外资参与并购波兰国有企业，须由国库部拟定转让的国有企业清单，并通过国库部网站、报纸等途径向潜在投资者（包括外国投资者）发布；国有资产转让方式主要有 4 种：①公开出价转让；②公开邀请投资者通过协商谈判转让；③公开出价转让和公开邀请投资者协商谈判相结合转让；④公开招投标转让。国库部主要根据投资者出价和支付方式、投资承诺、对职工的社会责任承诺、环境保护投资计划，以及是否符合波兰入盟承诺及经济合作与发展组织成员国义务等因素，决定是否对国有企业实施私有化。

股票收购：波兰《证券法》规定，股票市场对外国投资者开放。外国投资者购买在波兰证券交易所上市公司的股票，其购买量占上市公司股份 10%以下的，不需向证券委员会报告；购买量占上市公司股份 10%以上的，每增加购买 5%都必须向证券委员会报告；购买量达到上市公司股份 25%或以上的，需证券委员会许可。

收购上市：外国企业可以在波兰收购企业上市。上市的程序是，企业向波兰证券委员会提出上市申请报告，由证券委员会组织专家对申请企业进行评估，通过专家评估后形成正式招股说明书。证券委员会成员对招股说明书进行审核，通过审核后，发表上市声明并进行公开招股，最后向证券交易所申请挂牌上市。企业申请上市程序最快的可以三周之内完成，一般需要 5~6 个月。

竞争法：波兰关于反垄断的法律主要是 2007 年 2 月 16 日的《竞争与消费者保护法》（Competition and Consumer Protection Act of 16Februray 2007），该法共 8 章 138 个条款，主要分为竞争及消费者保护两大部分，其中竞争部分与中国反垄断法较为相似，主要包括禁止限制竞争行为与经营集中。竞争与消费者保护局是《竞争与消费者保护法》的主要执行机构，主要通过对限制竞争的行为发起反垄断调查并依法予以制止及处罚的方式保护竞争。

2015 年 8 月即将离任的波兰总统布罗尼斯瓦夫·科莫罗夫斯基签署了最

后的一系列法案，其中包括一份监督并保护波兰公司反恶意收购的法案，该法案涵盖了石油、天然气、电子、化工、国防工业等领域的公司，如果公司认为存在恶意收购，则该收购受国家财政部监管。

外资并购咨询机构：在波兰开展并购可向波兰信息与外国投资局及相关专业中介机构进行咨询。波兰咨询、会计师事务所、律所等中介资源较为丰富，安永、德勤、毕马威、普华永道、麦肯锡等均在波兰设有机构，Dentons、DZP、CMS Cameron McKenna 等是当地较为知名的律师事务所。 目前尚未出现中国企业在波兰开展并购遇阻案例。

波兰政府对于外国投资者的优惠政策：

波兰在吸收外资方面态度积极，政府在欧盟允许的范围内采取不同措施鼓励外资进入，仅对少数领域实行限制。外国投资者基本可自由在波兰进行投资，而欧盟 / 欧洲贸易自由联盟的自然人或法人则享有与波兰自然人或法人同等的待遇。

波兰对外国直接投资的鼓励政策主要包括 4 种：中央政府资助、欧盟结构基金、经济特区政策及地方政府资助。

中央政府资助：根据波兰 "2011—2020 支持对国民经济有重要意义的投资计划"，投资者满足一定条件可向波兰经济部申请政府资助。若投资汽车、电子、航空、生物技术、现代服务业及研发等领域，且为新投资，则可选择以下资助进行申请。重大投资项目不受上述行业限制，均可申请资助。

中央政府资助主要有 "投资资助"（Investment grant）和 "就业资助"（Employment grant）两种形式。

此外，根据欧盟产业资助政策，波兰政府对敏感产业的改造投资项目可实行公共资助，包括矿业、汽车、造船、钢铁、化纤、邮政、音像、广播等。同时，根据欧盟水平资助政策，波兰政府对中小企业、研发、环保、劳工市场的投资项目可实行公共资助。

欧盟结构基金：欧盟关于地区发展补贴规定，在欧盟内人均 GDP 低于欧盟平均水平 75% 的地区投资，可以得到公共补贴。波兰全境均低于此平均水平，符合地区发展补贴标准，可以对投资项目给予公共资助。但在农业、渔业、矿业、运输、汽车、造船、钢铁、化纤领域里的投资项目和投资额超过 5000 万欧元的项目，不在该资助之列。

欧盟对企业在波兰投资给予"公共资助"，即财政补贴。根据欧盟地区资助规定，各地区因发展程度不同可获公共资助限额不同，较发达地区限额较低，为合格费用的30%，不发达地区限额较高，为合格费用的50%，中型企业资助限额可在原限额基础上增加10%，小型企业可增加20%，即按不同受惠地区最高分别可获投资额50%~70%的公共资助。

"合格费用"包括：土地购买费用，最高限额为项目总支出的10%；新增固定资产价格或费用，即建筑、机器、设备、工具及基建费用；已使用过的固定资产购买费用；无形资产购买费用，最高限额为上述支出的25%；固定资产的安装费用、材料和建设工程的费用等。

上述补助主要通过不同的操作计划进行，主要包括基础设施和环境操作计划、创新经济操作计划、人力资本操作计划、波兰东部开发操作计划、技术援助操作计划等。企业满足一定条件可向上述计划申请资金支持。

地方政府资助：地方政府资助主要体现在地方税的部分减免。地方政府所属土地的价格优惠、承担投资项目所在地土地基础建设等，由各地方政府自主决定。

波兰地方主要有地产税、交通工具税，另外还有如森林税、狗税等很小的税种，其中有意义的税收减免主要为地产税和交通工具税，这两项税的减免各地无统一标准，一般地产税可免5~10年。减免地产税受益人为地产所有者，地产租用者不在此列。该项优惠为"自动减免"，即企业满足一定条件后将自动享受相关税费减免，但企业应履行通报义务。

地区发展资助：东部发展规划（又称"东墙计划"）是波兰重要的地区发展规划，适用于波兰东部5省，即卢布林省、喀尔巴阡山省、波德拉谢省、圣十字省和瓦尔米亚－马祖里省。主要包括：增加东部各省投资吸引力；拓展重点大城市功能；道路基础设施建设和技术援助。资金主要源于欧盟援助资金，波兰中央政府和地方自治政府根据欧盟地区发展基金原则共同资助项目实施。

（二）波兰政府对中国投资者的相关保护政策

中国政府与波兰政府于 1988 年签订《关于对所得避免双重征税和防止偷漏税协定》与《关于相互鼓励和保护投资协定》。中国政府与波兰政府于 1995 年 5 月签订《关于植物检疫的协定》；1996 年 12 月签订《海运合作协定》；1997 年 11 月签订《动物检疫及动物卫生合作协定》；2004 年 6 月，签订《经济合作协定》；2011 年 12 月两国政府发表《关于建立战略伙伴关系的联合声明》；2012 年 4 月，两国政府签署《关于加强基础设施领域合作协定》；2012 年 4 月，中国商务部和波兰经济部签署《关于促进中小企业交流与合作的谅解备忘录》。

五、合作案例

波兰 HSW 工程机械事业部、KFLT 轴承公司分别加入广西柳工集团和湖北三环集团公司后，不仅基本保留了原有员工，更通过与中国母公司在管理、技术、市场、人才等领域实现资源共享，降低运营成本，引进先进设备，丰富产品线，提高市场知名度，两家原波兰国有企业均焕发出新的活力，跻身全球行业领先地位。

2015 年，中国资本投资约 1.81 亿美元，入股波兰上市生物制药公司 Bioton，一方面帮助企业债务重组，大力支持新一代胰岛素产品研发；另一方面签订新的中国分销合同，加强 Bioton 产品在中国市场的竞争力，力争扩大市场份额。

中国—中东欧投资基金在波兰已投资四个风电场项目，共为波兰减少约 166 万吨二氧化碳排放。仅就基金投资的 Polenergia 公司而言，该公司计划在 2020 年前完成 120 万千瓦海上风电场项目，将占 2020 年波兰新能源发电总量的约 1.5%，有助波兰达到欧盟要求的绿色能源发电比例。

华为波兰公司与本地主流运营商合作，提供全球领先的 ICT 产品和解决方案；与政府部门共同举办多场技术交流；积极参与波兰国家宽带论坛，与行业交流经验；支持 ICT 教育，与华沙理工大学、国防技术大学等 10 所理工

华为公司高级副总裁鲁勇与华沙大学ICM院长Marek Niezgódka出席签字

类高校合作，开展未来种子项目，为波兰ICT行业培养人才。

中水电承建的弗洛茨瓦夫防洪项目完工在即，不仅为当地提供了安全可靠的防洪设施，更有助于提高通航能力，保护水生动植物资源，发展旅游和休闲场所。平高波兰公司为保障项目施工期间不对当地居民的出行造成影响，在日多沃村出资重建了3573Z、356等多条公路，便利人员和车辆通行，保障周边居民出行便利和安全。

中国为波兰提供的大型集装箱货物检查设备

同方威视波兰公司已为波兰海关提供了 5 套大型集装箱 / 货物检查设备，另有 2 套大型设备正在工程执行阶段。同方威视还为波兰各机场、海关提供了数套小型安检机和液体仪，为打击和威慑各类走私及违禁品运输，保障国家税收起到重要作用。同时，同方威视正在承建波兰与白俄罗斯边境口岸火车安检系统，2016 年年底建成后，将是全球首套 3 轨火车 X 射线检查系统，可以极大地提高该口岸货物通关速度和运营效率。

中资企业热心公益事业，获得良好社会反响。如 TCL 波兰工厂 7 年来为日拉尔杜夫各项活动捐赠彩电奖品或直接捐款，总价值超过 16.2 万兹罗提；大连达伦特波兰工厂 3 年来捐助塔尔努夫体育俱乐部和学校累计超过 8.6 万兹罗提。

保加利亚

一、基本国情介绍

（一）地理环境

保加利亚位于欧洲巴尔干半岛东南部，约占该半岛面积的 22%。边界线总长 2245 公里，其中陆界 1181 公里，河界 686 公里，海岸线 378 公里，国土面积 111001.9 平方公里。多瑙河是保加利亚与罗马尼亚的界河。巴尔干山将保加利亚分为北部的多瑙河平原和南部的色雷斯低地。境内低地、丘陵、山地各约占 1/3。西南部是罗多彼山脉，其穆萨拉峰高 2925 米，是保加利亚和巴尔干半岛的最高点。保加利亚平均海拔 470 米。巴尔干山脉横贯中部，以北为广阔的多瑙河平原，以南为罗多彼山脉和马里查河谷低地。主要山脉还有里拉山脉。

（二）自然资源

保加利亚自然资源贫乏，主要矿藏有煤、铅、锌、铜、铁、锰、铬、矿盐和少量石油。森林面积约 412 万公顷，占全国总面积的约 33%。

（三）人口民族

保加利亚 2015 年统计人口为 715.37 万人。其中保加利亚族占 84%，土耳其族占 9%，罗姆族（吉卜赛）占 5%，其他（马其顿族、亚美尼亚族等）占 2%。人口较为集中的城市为索非亚、普罗夫迪夫、瓦尔纳、布尔加斯等。目前在保加利亚华人华侨共约 3000 人，绝大多数在保加利亚首都索非亚从事商品批发、零售、餐饮等。

（四）政治制度

保加利亚议会称国民议会，议会称国民议会主席。根据 1991 年通过的宪法，议会行使立法权和监督权，并有对内政外交等重大问题做出决定的权力。保加利亚议会实行一院制，共 240 个议席，按比例制通过民选产生，任期 4 年。

（五）外交关系

保加利亚于 2004 年 3 月加入北约，2007 年 1 月加入欧盟。保加利亚政府在优先发展与欧美关系的同时，积极参与地区合作，注重睦邻友好，开展多元外交，致力于加入申根区。

中国与保加利亚两国于 1949 年 10 月 4 日建交。20 世纪 50 年代，两国

中国新闻代表团访问保加利亚记协

关系发展顺利。60 年代起，双边交往一度减少。自 80 年代起两国各领域的交流与合作逐步增多，两国关系平稳发展。保加利亚历届政府均坚持奉行一个中国原则。近年来，两国高层互访不断，政治互信日益增强。2013 年 11 月，国务院总理李克强在出席中国—中东欧国家领导人布加勒斯特会晤期间同保加利亚总理奥雷沙尔斯基举行双边会晤。2014 年 1 月，保加利亚总统普列夫内利埃夫访问中国。2014 年 10 月，中保两国领导人及外长就两国建交 65 周年互致贺电。2016 年 7 月，国务院总理李克强在出席第十一届亚欧首脑会议期间同保总统普列夫内利埃夫举行双边会见。

（六）经济环境

年份	GDP（亿美元）	人均GDP（美元）	GDP增长率（%）
2008	546.67	7296.12	5.65
2009	517.83	6955.99	−4.22
2010	499.39	6752.55	0.05
2011	569.5	7750.04	1.58
2012	535.77	7333.36	0.24
2013	556.26	7656.64	1.28
2014	567.17	7851.27	1.55
2015	489.53	6819.87	2.97

数据来源：世界银行。

保加利亚是世贸组织和欧盟成员。进入 21 世纪以来，保加利亚经济整体呈较快增长态势，2000~2008 年，保加利亚年均 GDP 增速超过 6%。2009 年经历衰退之后，经济逐步复苏。传统上是一个农业国，全国耕地约占 40%。其重点和特色产业包括纺织服装业、化工业、玫瑰油产业、葡萄酒酿造业、乳制品加工业、旅游业等。保加利亚是中欧自由贸易协定组织的成员之一，属于外向型经济，总体规模小，对外依赖度高。

（七）法律

现行宪法于 1991 年 7 月 12 日通过，并于次日公布后生效。宪法规定，保加利亚为议会制国家，总统象征国家的团结并在国际上代表保加利亚。

（八）社会

全国普及 12 年制义务教育。2015/2016 学年有各类教学单位 4964 所，在校生 1249109 人，教师 101294 人。中小学校 2078 所、中等专业技术学校及职业技术培训中心 830 所、高等学校 54 所。从 1999 年 7 月起，保加利亚正式启用医疗保险基金，即每个就业人员须根据同用人单位签订的劳动合同，按月支付相当于收入 6% 的费用，其中 40% 由雇员缴纳，其余 60% 由用人单位支付。

二、产能合作现状分析

（一）引进外资情况分析

稳定的政治经济环境、低运营成本、欧盟成员国等有利条件使保加利亚受到国际投资者青睐。据保加利亚央行消息，2013 年保加利亚吸收外商直接投资额 12.29 亿欧元，同比下降 17%。荷兰和卢森堡为保加利亚外国直接投资最大来源国，分别为 6.03 亿欧元和 2 亿欧元，外资流向的主要行业为交通、仓储、通讯、批发零售、修理和制造业；英国自保加利亚撤资最多，达 1.1 亿欧元。

根据最新的联合国贸发会议 2016 年《世界投资报告》显示，2015 年保加利亚对外直接投资流入额为 17.74 亿美元，相对于 2013 年的 18.37 亿美元和 2014 年的 17.77 亿美元都有所回落。截至 2015 年，保加利亚吸引对外直接投资存量为 421.06 亿美元。

近年来，保加利亚经济保持低速增长，投资环境不断优化，国际评级机构对其评级稳步提高，良好评价使保加利亚成为众多外资瞩目的投资目的地国。保加利亚实行 10% 的欧盟最低企业税和单一的个人所得税（10%），为欧盟国家最低。保加利亚在世界银行《2015 年营商环境报告》中名列第 38 位。世界经济论坛《2015—2016 年全球竞争力报告》显示，保加利亚在全球最具竞争力的 144 个国家和地区中，排第 54 位。上述排名可以看出，保加利亚的营商环境较好，竞争力也较强。同时，保加利亚物价低廉，经营成本较低。据欧盟统计局数据，保加利亚是欧盟成员国中物价最低的国家，保加利亚物价仅为欧盟平均水平的 50%。保加利亚是该地区电力出口大国，其工业用电价格是欧盟平均水平的 71%，工业用天然气成本是欧盟平均水平的 84%，工业用地租金是欧盟最低。

（二）中保产能合作现状

目前，在保加利亚开展投资、承包工程的主要中资企业有 20 余家。2013 年，中国企业在保加利亚投资主要集中在以下五大领域：一是汽车制造，如销售情况良好的长城汽车项目；二是工程承包，如浙大网新烟气脱硫项目、中材国际（天津）代夫尼亚水泥厂总承包项目；三是农业合作，如天津农垦在保加利亚农业项目等；四是通信领域，如华为、中兴在保加利亚项目；五是可再生能源项目，如伊赫迪曼光伏项目等。

据中国商务部统计，2014 年当年中国对保加利亚直接投资流量 2042 万美元。截至 2014 年年末，中国对保加利亚直接投资存量 1.70 亿美元。

据中国商务部统计，2014 年中国企业在保加利亚新签承包工程合同 18 份，新签合同额 6211 万美元，完成营业额 2.09 亿美元；当年派出各类劳务人员 86 人，年末在保加利亚劳务人员 214 人。新签大型工程承包项目包括华为技术有限公司承建保加利亚电信，浙江正泰太阳能科技有限公司承建保加利亚 47.8 兆瓦太阳能电站等。

2016 年 6 月中国中部国际产能合作论坛暨企业对接洽谈会在武汉开幕，中外企业代表交流、洽谈，数十个重大项目签约。其中，湖北新丝绸之路国际合作交流促进会对接签订了保加利亚的两个项目，中医产业将被引进保加利亚。促进会签约的两个项目是保加利亚军用机场改扩建民用物流空港项目和保加利亚合资建设综合性医院项目。其中，保加利亚合资建设综合性医院项目是保加利亚重点优质合作项目。合作内容包括，保加利亚首都索非亚一大医院的改扩建、新增医疗设备、新增"中医保健"科目等。此次合作项目将投资 5000 万美元。从地理位置上看，此次建设医院辐射人群大，项目规划总投资 1 亿美元。签约项目涵盖新材料、新能源、高科技、生物医药、基础设施建设等多个领域，均是湖北省具有很强竞争力的产业。这些项目布局海外，既有利于湖北企业降成本、转型升级，也能帮助当地解决就业，改善民生，提高经济发展水平，实现共赢。

在中国—中东欧合作框架下，保加利亚政府对2012年时任国务院总理温家宝提出的"十二项举措"和2013年李克强总理宣布的"中国—中东欧合作布加勒斯特纲要"积极呼应。作为中国在东南欧地区的重要合作伙伴，中国与保加利亚的经贸关系稳定健康发展。贸易结构逐步改善，贸易额增长较快，能源、电信、汽车、制造、农业、工程承包等投资与合作项目陆续展开并取得实效。合作形式日趋多样，内容更加丰富。保加利亚潜在的发展空间和欧盟市场地位受到众多中国企业的青睐和认可。然而，由于历史原因，中国国内企业对于保加利亚了解还不多，目前双边投资合作还处于探索磨合阶段，合作项目数量偏少，合作领域还比较局限。但可以肯定的是，中国产能将在保加利亚乃至整个中东欧地区的发展进程中发挥越来越重要的作用。

三、合作领域和合作重点

中国"一带一路"战略的提出和项目的实施，以及保加利亚政府在促进中保交流与合作方面也采取了更多具体行动，包括政府间有关协议的签署、地方合作机制的建立等，都为双方的经贸合作向更高、更快方向发展。作为中国在东南欧地区的重要合作伙伴，中国与保加利亚的经贸关系稳定健康发展。贸易结构逐步改善，贸易额增长较快，能源、电信、汽车、制造、农业、工程承包等投资与合作项目陆续展开并取得实效。合作形式日趋多样，内容更加丰富。

2015年保加利亚国际投资指数为26.16，在108个样本经济体中排名第90位，这说明保加利亚的整体市场环境是较差的，充满挑战与风险。在11大板块贡献度排名中，前三位分别是市场潜力板块、不可抗力板块和贸易板块。说明保加利亚的这三个板块在国际投资中有较强的竞争性。近年来，保加利亚经济保持着低速增长，投资环境不断优化，国际评级机构对其评级稳步提高。再加上保加利亚与欧盟其他国家相比，经济基础仍较落后，创新能力较低，存在一定的投资政策风险。但保加利亚的人口素质较高，80%的就业人口拥有中学或大学学历，劳动成本相对较低，再加上其经营成本较低，其工业用天然气价格是欧盟平均水平的71%，工业用天然气价格是欧盟平均水平的84%，工业用地租金是欧盟最低的。因此其市场潜力还是很大的。较大的市场容量是外商投资所参考的重要因素。贸易则较好地衡量了一个国家对外开放的程度。据保加利亚央行数据统计，2015年，保加利亚出口为219.2亿欧元，较2014年增长4.2%；进口为245.4亿欧元，较2014年增长3.1%。

其他方面，保加利亚在基础设施、社会环境、自然环境等板块的贡献度排在了中游位置，而宏观经济板块和金融稳定性板块相对较弱。该国目前还处在地区经济一体化的过渡阶段，据统计，2016年9月，保加利亚失业率为7.8%。2014年，国际三大评级机构标准普尔、穆迪和惠誉对保加利亚主权信用评级分别为BB+稳定、Baa2稳定和BBB-稳定，均为投资级。截至2015年7月7日，国际评级机构标准普尔对保加利亚主权信用评级为B-/C，展望为负面。由此看出基于其转轨过程中积淀下来的矛盾和问题，其政治、经济、社会发展的基础还显脆弱，体制机制建设仍待完善，整体商业环境仍存在诸多先天不足。

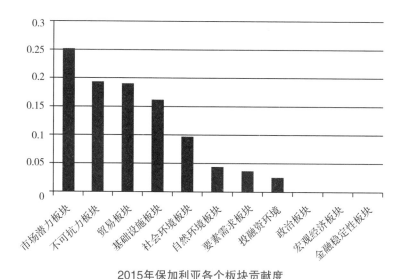

2015年保加利亚各个板块贡献度

资料来源：武汉大学国际投资研究中心。

进一步使用经济学模型测算各个板块 2015 年发生的概率，测算方法是衡量主要指标的变动是否超出了预定值，如果超过了，则说明发生的概率较大，波动比较剧烈，反之发生的概率较小。保加利亚计算结果见下图。从各个板块发生的概率来看，金融稳定性、要素需求、政治等板块发生的概率显著超过了 0.5。说明这些领域不稳定性增强，同时也说明这些领域的投资机会较大。因此在未来的发展趋势中尤其需要密切关注。

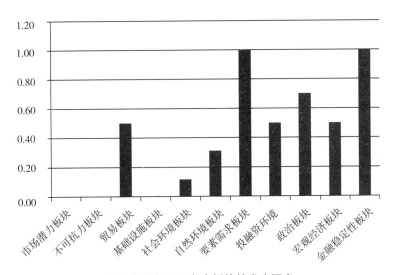

2015年保加利亚各个板块的发生概率

资料来源：武汉大学国际投资研究中心。

中国是保加利亚最重要的贸易伙伴之一，中国可以让保加利亚成为中国企业和产品进入欧洲市场的平台。

中保两国合作前景广阔。保加利亚公路、铁路、港口、机场等大部分基础设施修建于 20 世纪 60~80 年代，由于近些年投资不足，普遍存在老化、失修、设备陈旧的现象，这在一定程度上制约了保加利亚的经济发展。中国可积极参与保加利亚提出的高速铁路、环黑海高速公路等互联互通基础设施大项目建设，探讨开展核电领域三方合作，积极拓展农产品贸易、旅游等合作，进一步密切人文交流，实现共同发展和繁荣。

四、政策分析

（一）优惠政策框架

保加利亚政府 1991 年颁布《投资促进法》，规定不论是外国投资还是本国投资，享受同等待遇。2007 年 9 月，考虑到入盟后的新形势和新情况，第七次修改了《投资促进法》，再次强调外资企业可以享受国民待遇，增加了对高科技领域、在高失业率地区投资的支持力度，提出了在制造业、可再生能源、信息产业、研发、教育以及医疗 6 个行业投资的外国公司将得到优惠政策的支持，同时取消了对钢铁、船舶、化纤制造行业的外商投资优惠政策。

在保加利亚投资的外国企业可申请欧盟基金，但不享受欧盟其他优惠政策。中国企业应该重点加以研究，慎重做出投资选择。

（二）行业鼓励政策

保加利亚行业鼓励政策主要体现在对大型投资项目的支持政策中，主要集中于再生能源制造工业、能源产业、计算机技术研发、教育和卫生保健等领域。对于在保加利亚投资固定（非固定）资产，并且满足以下条件的投资项目，在获得主管部门颁发的投资证书后，都将获得优惠政策鼓励，有效期为 3 年。投资项目应以建立新企业、扩大现有企业规模、开拓新产品、根本性改变生产流程或使原来的产品、服务更加现代化为目标，或属于可再生能源制造工业、发电产业、计算机技术研发、教育和卫生保健领域。投资项目总销售额的 80% 须来自以上行业，投资总额的 40% 来自投资人及其贷款，投资项目在保加利亚持续 5 年以上，在 3 年内创造并保持就业岗位。保加利亚《投资促进法》还降低了在高科技领域、高失业率地区的投资门槛。

根据保加利亚《投资促进法》的规定，投资分 A、B 级和有限投资项目。2000 万列弗以上为 A 级，1000 万列弗以上为 B 级，工业高科技业务的门槛分别降至 700 万列弗和 400 万列弗，服务业高科技业务分别为 400 万列弗和 200 万列弗。优先投资项目的要求是投资 1 亿列弗，雇用劳动力 200 人，如果为高科技园区项目，则降至 3000 万列弗和 50 名雇员；高科技和知识密集型服务（如教育、研发等）为 2000 万列弗和 50 名雇员。根据雇员人数和具体所在地的经济发展和就业状况，投资额门槛还可以进一步降低。被评为 A、B 级以及优先投资项目可以得到保加利亚政府相应的政策支持。一是缩短行政审批时间；二是在办理房地产所有权及其他权利时，标准相应降低；三是政府财政支持在投资项目中就业的 29 岁以下人员进一步参加职业培训。此外，A 级投资项目还享受保加利亚政府提供的个性化行政服务以及在投资项目的基础设施建设方面提供的财政支持。优先投资项目在不动产买卖中可不经过招标程序，并可获得其他政府支持，符合条件的项目其教育和研发活动还可以申请国家补助。

（三）地区鼓励政策

保加利亚地区鼓励政策的主要对象以高失业地区为主。为更好地吸引外资，保加利亚政府在全国各主要城市陆续建立工业园区。保加利亚政府鼓励外资流向保加利亚高失业地区（失业率高于全国平均水平 35% 以上的地区）。如在此类地区获得减税和其他形式的国家补助总额超过 7500 万列弗（3750 万欧元），需国家竞争委员会出具书面证明方可获得税收优惠。如果高失业地区获得的减税和其他形式的国家补助总额不超过 20 万欧元，那么在此投资的外资公司获得的税收优惠相对较少。保加利亚政府对在失业率高于全国平均水平 35% 以上的地区投资，而且满足以下条件的生产型企业免征企业所得税：一是公司的生产活动都集中在高失业地区；二是公司在申请免除公司所得税当年不负有不可推卸的其他税务、社保、罚款等责任。免缴的企业所得税需在该财务年度结束后的 3 年内再投资到生产中，有效地投资包括固定资产和许可、专利、技术等非固定资产投资，但投资非固定资产的额度不得超过投资固定资产额度的 25%，同时企业须投入不低于再投资资产总额的 25% 作为配套资金，而且这些再投资资产不允许在 5 年内卖掉，除非是由于企业的失业率高于全国平均失业率 50% 以上时进行合并重组。

（四）特殊经济区域的规定

为吸引外资入户保加利亚，保加利亚政府在全国各个主要城市建设了 24

个工业园区，提供良好的交通、水、电、电信、办公楼和厂房条件等。所有工业园区均紧靠重要的泛欧洲走廊和国际公路，运输便利且毗邻海运、河运港口或机场，拥有较好的劳动力资源，位于或邻近制造业、服务业高度集中的城市，且在投资和收入上享受优惠待遇。例如在保加利亚投资的中国华为技术有限公司就选址在工业区内。

对于有意进入或已经进入保加利亚市场的中资企业，保加利亚目前也存在着许多像汇率、基础设施、劳资关系等利益攸关的薄弱环节。因此在保加利亚开展投资、贸易、承包工程和劳务合作的过程中，要特别注意事前调查、分析、评估相关风险，事中做好风险规避和管理工作，切实保障自身利益。

（五）竞争力分析

根据世界经济论坛发布的《2015—2016年全球竞争力报告》，保加利亚在全球最具竞争力的140个国家和地区中，排名第54位，与2014—2015年度144个国家和地区中排名第54位持平。竞争力可以理解为有一定增强，但仍有较大的上升空间。在影响企业经营的要素中，获取融资的不方便、政府低效等是比较突出的因素。

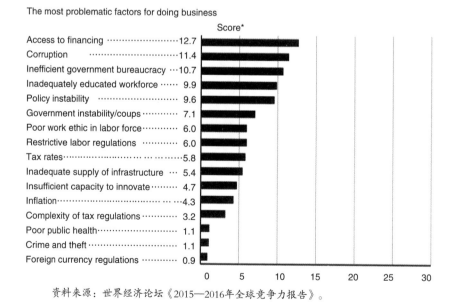

The most problematic factors for doing business

Score*

Access to financing ·················12.7
Corruption ···········11.4
Inefficient government bureaucracy ··10.7
Inadequately educated workforce ·····9.9
Policy instability ···········9.6
Government instability/coups ·······7.1
Poor work ethic in labor force·······6.0
Restrictive labor regulations ·······6.0
Tax rates···············5.8
Inadequate supply of infrastructure ··5.4
Insufficient capacity to innovate·······4.7
Inflation················4.3
Complexity of tax regulations ·······3.2
Poor public health············1.1
Crime and theft ············1.1
Foreign currency regulations ·······0.9

资料来源：世界经济论坛《2015—2016年全球竞争力报告》。

五、合作案例

（一）电信行业合作

华为公司早在 2004 年就把开拓保加利亚市场作为其全球发展战略的重要举措之一，华为保加利亚子公司 2004 年 2 月正式进军保加利亚电信市场，凭借华为强大的技术实力和良好的品牌基础，经过全体员工 10 多年艰苦拼搏，在保加利亚电信市场实现了全线通信产品和规模应用，为本地主流运营商提供可靠、安全的电信基础设施，并建立起长期战略伙伴关系，成为保加利亚最大的通信运营商之一。同时还为当地提供了就业机会。华为保加利亚子公司目前有 100 多人，其中 80% 以上是保加利亚当地员工。从 2014 年开始，华为公司在五年内每年向杰出的保加利亚大学生提供中国留学的奖学金，以促进中保教育和文化的交流。

生活在保加利亚的"华为人"

（二）机电行业合作

湘电集团有限公司享有"中国机电产品摇篮"的美誉。经过几十年的发展，已经成为我国电工行业的骨干企业、国家重大技术装备的生产、研制基地、国防装备定点生产厂家。保加利亚属于欧盟成员国，根据欧盟促进可再生能源开发的 2009/28/EC 指令，保加利亚 2020 年新能源占比必须达到 16%，而目前保加利亚新能源占比仅为 6.5%，风电等新能源新增装机发展空间巨大。由于特别重视安全和环保，保加利亚于 2010 年关闭了一座大的核电站，导致原本紧张的电力供给出现很大缺口。根据新能源发展计划，保加利亚未来几年风电装机需要达到 3000 兆瓦，目前已装机风电仅 315 兆瓦，风电市场发展空间较大。同时可以为保加利亚提供更多的就业岗位。湘电集团立足国内优势，坚持互利共赢，积极推动与保加利亚风电项目开展合作，以进一步拓展海外业务，增强企业综合实力及全球竞争优势。湘电集团以"总体规划、分段实施、先易后难、先小后大"的基本思路推进对保加利亚风电场项目的收购和开发建设，投资总额约为 167.18 亿人民币。

开发建设 1032 兆瓦风电场项目，预计可带动湘电集团生产的兆瓦级直驱式风力发电整机 500 余台套及相关配套产品的出口，大幅提升湘电集团风力机的全球市场占有率，全面提升该集团在国际风电行业地位和市场影响力。受能源、环境危机及日本福岛核电危机影响，包括保加利亚等世界主要国家纷纷制定了风能等新能源优先发展战略，世界风电开发正迎来新一轮高速发展时期。投资开发建设保加利亚风电场，不仅可充分体现我国政府对世界清洁可再生能源开发的支持力度，也可以充分显示我国企业在新能源领域的快速发展成果和技术实力，有利于增强我国政府和企业在世界能源发展中的良好形象，在国际和国内均可取得良好的社会和政治效益。另外，保加利亚具有较大的风电市场和地域、产业和市场辐射优势，湘电集团通过成功收购该国 1032 兆瓦风电场项目及其后续投资开发建设，可以大幅提升湘电集团在国际风电市场的占有率和市场影响力，可作为该公司切入欧洲风电市场开发的突破口，将极大地促进湘电主导产品及技术在东欧及欧盟市场的拓展，从而抢滩东欧，辐射欧盟，为开发国际风电市场，提升湘电国际竞争力打下坚实基础。

（三）农产品行业合作

共建"一带一路"，将促进形成国际农业合作新格局、农业贸易投资新机遇以及全球农业治理新秩序，为沿线发展中国家粮食安全以及农业食品产业发展带来新机遇。促进沿线国家农业食品产业的产能合作。通过农业食品的国际产能合作，把国内农业食品产业的价值链，通过投资、合作等方式延伸到境外，形成覆盖"一带一路"区域的农业供应链，逐步促进沿线国家农业食品产业升级、结构优化，既符合沿线国家的利益，也是中国国内农业产业发展的需要。

中保商会秘书长伊琳娜女士表示希望中国能够在农业方面与保方加大合作力度，尤其是农产品加工和乳产品推广方面，期待更多保加利亚产品能够进入中国市场。天津农垦集团 2012 年开始与保加利亚洽谈农业合作项目，于 2014 年在保加利亚第二大城市普罗夫迪夫市正式设立农场，通过购买与租赁的方式，经营着 15 万亩（1 亩 =0.067 公顷）土地，主要种植小麦、向日葵等作物。农业作为基础产业，投入大，收益慢。但经过两年的悉心经营与管理，目前农场已实现收支平衡。天津农垦驻保加利亚的负责人王建民对农业走出去充满信心。他介绍说，农场现有的 70 余名员工中，除了 6 名中方经理，其余全部是当地人，管理决策由中方管理层与保方经理共同商定，具体耕种全部由熟悉机械化作业的当地人操作。天津农垦为本地员工提供较高福利保障的同时，也借鉴了国内先进的管理经验，通过提高当地人的参与度，激发当地人的参与热情。王建民说，农业"走出去"不是中国人到外国去种地，而是要以我国的技术和资金去支持当地发展农业。

早在 20 世纪 50 年代，保加利亚便在天津建立了中保友谊农场。半个多世纪后，保加利亚的人文、土地和社会状况都发生了变化。天津农垦集团为摸清状况先后 4 次派团实地考察，结论是保加利亚的土壤、气候、人文条件比较理想。经过化验，这里生产的苜蓿所含蛋白质不比美国差，且颇具价格优势。经过调研和考察，集团决定落户保加利亚。这是中国在欧盟国家实施的第一个农业实体项目。2011 年，天津农垦集团总公司保加利亚公司租用 10 万亩耕地种植苜蓿、玉米等农作物，打造奶牛业海外饲料生产基地。为实施大规模生产，集团在水路运输极为方便的多瑙河畔投入了 1000 万欧元，集团派出技术管理人员，添置现代化的农机具，雇用当地劳动力，产品通过海运回国，供集团畜牧业使用。天津农垦集团此举受到了保加利亚各界欢迎，总理鲍里索夫予以高度评价，农业部长伊德诺夫亲临公司开业仪式表示祝贺。天津农垦集团董事长白智生坦言，集团投资保加利亚的长远目标是在欧盟国家找到长期立足点。2016 年 4 月，农垦集团表示了对普机场特许经营权的投资兴趣，并有意建立一个农业工业园区，以存储和加工农产品及农业设备。

近年来，天津农垦集团总公司以开放促开发、促发展，全方位、多层次、宽领域招商引资的步伐明显加快。为落实天津市委、市政府"走出去"的战略，加快调整产业结构，进一步转变发展方式，壮大农垦经济，通过深入调研、反复论证和考察，集团决定在保加利亚组建公司，利用保加利亚丰富肥沃的土地资源，从事粮食、饲草及葡萄酒等生产，以满足集团畜牧养殖、酒业生产的需求。同时利用该国良好的生态环境和加入欧盟零关税等优势，择机发展畜牧养殖业、精品有机农业等项目并进行相关的贸易。农业部、天津市委、市政府对该项目高度重视，保加利亚政府给予了大力支持。在保加利亚成立公司，建设综合性农场，标志着农垦集团积极落实天津市委、市政府"走出去"战略，跨出国门，实现经济多元化发展迈出了新的一步。公司将进一步加强与保加利亚的合作，全力实施好这一项目，在境外打造天津农垦品牌，利用国际国内两种资源、两个市场，优化资源配置，拓宽发展空间，做强做大天津农垦产业。

（四）汽车行业合作

2012 年，中国长城汽车在保加利亚的工厂正式投入运行，成为中国车企在欧盟地区设立的首家整车厂。该厂由长城汽车与当地合作伙伴利泰克斯汽车公司（Litex Motors）共同建立，以 KD（Knocked Down）形式进口长城散件进行组装生产。项目与 2009 年 5 月启动。利泰克斯汽车公司营销总监德考夫称："这是中国车企第一家在欧洲设立并面向欧洲市场生产的整车厂。由于当地及欧洲其他地区（主要指东欧）车市需求不断增长，未来产能将相应提升。"根据其提供的数据，保加利亚新车销量与旧车保有量比例为 1：10，欧洲其他地区为 1：3，具备充裕的市场潜力；而长城车型具有低价、5 年保修等有利条件，因此前景受到看好。长城汽车与利泰克斯的合作可谓各取所需。利

长城汽车保加利亚KD工厂开业典礼剪彩仪式

泰克斯公司发言人之前披露,新厂最初仅从中国进口零部件,从长期角度而言,则希望在本地制造部分零部件,目前已经与多个转包商谈判,未来2~3年内将逐渐实现在保加利亚采购零部件。

捷克

一、基本国情介绍

(一)地理环境

捷克是欧洲中部内陆国家。东部同斯洛伐克接壤,南部毗邻奥地利,西部同德国相接,北部毗邻波兰,国土面积78866平方公里。捷克西北部为高原,中部为河谷地,东部为喀尔巴阡山脉。首都布拉格,是全国最大的城市。该市地处欧洲大陆的中心,在交通上一向拥有重要地位,与周边国家的联系也相当密切。捷克的主要经济中心城市有布拉格、布尔诺、奥斯特拉发和皮尔森等。

（二）自然资源

褐煤、硬煤和铀矿蕴藏丰富，其中褐煤和硬煤储量约为 134 亿吨，分别居世界第三位和欧洲第五位。石油、天然气和铁砂储量甚小，依赖进口。其他矿物资源有锰、铝、锌、萤石、石墨和高岭土等。森林面积 265.1 万公顷，约占全国总面积的 34%。伏尔塔瓦河上建有多座水电站。

（三）人口民族

捷克人口 1057 万（2016 年）。其中约 90% 以上为捷克族，斯洛伐克族占 2.9%，德意志族占 1%，此外还有少量波兰族和罗姆族（吉普赛人）。官方语言为捷克语。主要宗教为罗马天主教。

（四）政治制度

议会是国家最高立法机构，实行参众两院制。众议院共有议席 200 个，任期 4 年。参议院共有议席 81 个，任期 6 年，每两年改选 1/3 参议员。本届众议院于 2013 年 10 月选举产生，有 7 个政党进入议会：社会民主党 50 席、ANO2011 运动 47 席、捷克和摩拉维亚共产党 33 席、TOP 09 党 26 席、公民民主党 16 席、曙光党－直接民主党和基督教民主联盟－捷克斯洛伐克人民党各 14 席。主席扬·哈马切克（Jan HAMAČEK），系社民党副主席。2017 年秋季将举行议会众议院选举。1996 年 11 月，捷克举行了战后首次议会参议院选举。2016 年 10 月举行了 1/3 参议员换届选举后，议席分布情况如下：社会民主党 25 席、基督教民主联盟—捷克斯洛伐克人民党 16 席、市长联盟 11 席、公民民主党 10 席、ANO2011 运动 7 席、独立议员 7 席、无党派人士 5 席。主席米兰·什捷赫（Milan ŠTĚCH）。

（五）外交关系

捷克是最早承认中华人民共和国的国家之一。1949 年 10 月 6 日，中国同原捷克斯洛伐克建交。1957 年 3 月 27 日，双方签订了中捷友好条约。1989 年 11 月捷克剧变后，中捷两国在和平共处五项原则基础上保持和发展友好合作关系。1992 年年底捷斯联邦议会通过联邦解体法后，中国政府即照会捷克共和国国际关系部，决定从 1993 年 1 月 1 日起承认捷克共和国，并与其建立大使级外交关系。两国通过换文确认，中国同捷斯联邦签署的条约协定继续有效。2012 年 4 月，温家宝总理在华沙出席中国—中东欧国家领导人会晤期间同捷克总理内恰斯举行双边会晤。2012 年 11 月，温家宝总理在万象出席第九届亚欧首脑会议期间同捷克总统克劳斯寒暄。2014 年 2 月 7 日，正在俄罗斯出席冬奥会的中国国家主席习近平在索契会见捷克总统泽曼。2014 年 4 月 29 日，两国外交部发表《中捷外交部新闻公报》，双方重申高度重视中捷关系，愿以两国建交 65 周年为契机，在相互尊重、平等相待、照顾彼此核心关切基础上，本着中华人民共和国政府和捷克共和国政府于 1999 年和 2005 年发表的联合声明中确定的原则进一步深化合作，为两国传统友好关系发展注入新动力。2014 年 8 月，张高丽副总理访问捷克，期间，两国对口部门恢复召开中捷经济联委会例会。2014 年 10 月，捷克总统泽曼访华。

（六）经济环境

年份	GDP（亿美元）	人均GDP（美元）	GDP增长率（%）
2008	2352.05	22649.379	2.711
2009	2057.3	19698.492	−4.842
2010	2070.16	19763.964	2.295
2011	2273.13	21656.941	1.967
2012	2064.42	19640.929	−0.9
2013	2083.28	19813.872	−0.528
2014	2052.7	19502.417	1.978
2015	1811.11	17231.282	4.198

数据来源：世界银行。

捷克是传统工业国家，工业在国民经济中占据重要地位。2004 年 5 月捷克加入欧盟，2006 年被世界银行列入发达国家行列。捷克主要工业包括汽车及其零配件、机械制造、电气、飞机制造、制药和生物技术、纳米技术和新材料等。捷克工业产品以出口为主、主要市场在欧盟，特别是德国；近年来，开始拓展中国等亚洲市场。

（七）法律

全国设宪法法院、最高法院和最高监察院，院长均由总统任命。宪法法院院长帕维尔·里赫茨基，最高法院院长伊娃·布罗诺娃，最高监察院院长帕维尔·泽曼。县（区）均设法院、检察院、公证机关和经济仲裁机关。

（八）教育

捷克实行九年制义务教育。高中、大学实行自费和奖学金制，但国家对学生住宿费给予补贴。根据1990年颁布的有关法律，允许成立私立和教会学校。著名大学有查理大学、捷克技术大学、马萨里克大学、布拉格经济大学和帕拉茨基大学。2013年，捷克共有71所大学，其中26所公立大学，45所私立大学。大学在校生36.8万，其中外国留学生4万。位于首都的查理大学是中欧最古老的学府，创办于1348年，现有16个院系（其中4个在外地）。创办于1707年的捷克技术大学，在中欧同类大学中也拥有最悠久的历史。

二、产能合作现状分析

（一）引进外资情况分析

捷克是中东欧地区吸引外资最成功的国家之一。1993~2012年，在中东欧地区10个新入盟成员中，捷克人均吸引外商直接投资排名第二，外资获利排名第一。1998年，捷克实施《投资鼓励法》，鼓励外国直接投资进入捷克。据捷克央行统计，自1993年至2012年年底，捷克累计吸收外国投资存量达77.8亿欧元。其中2012年新增外商投资项目数340个，总投资额260亿克朗。2013年，吸引外资约50亿美元，较2012年下降37.5%，外资仍以利润再投资为主，新投资较少。

据联合国贸发会议发布的2016年《世界投资报告》显示，2015年，捷克吸收外资流量为12.23亿美元；截至2015年年底，捷克吸收外资存量为1130.57亿美元。

捷克属于申根签证国家，与周边国家交通便捷。捷克地理位置优越，教育水平高，科技大学较多，拥有训练有素的技术工人，加上良好的基础设施，使捷克在综合成本上具有竞争力。捷克生活质量在中东欧地区名列前茅，加上利率较低，对外资很有吸引力。捷克利用外资已从初级生产、组装向先进制造业、高附加值服务业发展。捷克鼓励投资的投资领域包括：高技术制造业（电子、微电子、航空航天、高端设备制造、高技术汽车制造、生命科学、制药、生物技术和医疗设备等）；服务业（软件开发中心、专家解决方案中心、地区总部、客户联系中心、高技术维修中心和共享服务中心等）；技术（设计）中心（创新活动、应用研发等）。

（二）中捷产能合作现状

近几年，中捷经贸合作水平不断提升，合作领域不断拓宽，合作方式不断创新，相互投资不断扩大。据中国商务部统计，2014 年当年中国对捷克直接投资流量 246 万美元。截至 2014 年年末，中国对捷克直接投资存量 2.43 亿美元。目前，中国在捷克主要投资企业有：华为技术（捷克）有限公司、中兴（捷克）有限公司、长虹欧洲电器有限公司（电视机组装厂）、上海梅林（捷克）有限公司（罐头厂）、运城制版捷克有限公司、大连橡胶塑料机械股份有限公司联合天津机械进出口公司收购捷克橡胶机械厂、诺雅克电气欧洲有限公司、亚普捷克汽车系统有限公司等。2014 年 10 月，中国华信能源公司与捷克第二大金融集团 J&T 公司签约，注资 6.4 亿欧元，持有 J&T 公司 30% 股份；2015 年 1 月，西安陕鼓动力股份有限公司开始分阶段购买 EKOL 公司 100%的股权，三年内投资约 5 亿元人民币。

据中国商务部统计，2014 年中国企业在捷克新签承包工程合同 11 份，新签合同额 5749 万美元，完成营业额 4618 万美元。新签大型工程承包项目包括华为技术有限公司承建捷克电信等。

2015 年中捷签署了共同推进"一带一路"建设的政府间合作谅解备忘录，捷克成为 16 个中东欧国家中首个与中国签署此类合作文件的国家。在中捷共同努力下，一些具体合作项目正在稳步推进。数据显示，2015 年，中捷双边贸易额达到 110 亿美元，中国连续多年是捷克在欧盟外第一大贸易伙伴，捷克是中国在中东欧地区第二大贸易伙伴。除了数据上的突破，合作领域也在不断拓宽，目前，中捷已在核电、金融、航空、科技、农业等多个领域实现了较高程度的合作。

2016 年 3 月，国家主席习近平在布拉格同捷克总统泽曼举行会谈，强调要探索经贸合作和商业模式创新，加强金融、互联网经济、新能源、旅游等领域合作，支持两国企业共建工业和科技园区，培育经贸发展新增长点。要发挥比较优势，开展国际产能合作，实现"中国制造 2025"同"捷克工业 4.0"有效对接。中捷关系将提升为战略伙伴关系。双方同意加强中国"一带一路"倡议同捷克发展战略对接，共同编制中捷合作规划纲要，作为指导今后一段时期两国务实合作的框架。加强机械、汽车、航空等制造业领域产能合作等。双方同意深化教育、旅游、地方、体育等合作，扩大互派留学生规模；会谈后，两国元首共同签署了《中华人民共和国和捷克共和国关于建立战略伙伴关系的联合声明》，并见证了电子商务、投资、科技、旅游、文化、航空等领域双边合作文件的签署。这次重大访问将增进中捷政治互信，将双边关系提升到战略高度，推动两国从战略高度、以长远眼光看待和把握双边关系发展大局，提升两国经贸合作的战略地位，为两国的产能合作和人文交流提供新的机遇，具有重大的历史和现实意义。

中捷双方在产能合作领域能取得如此成绩的主要原因在于，首先，中捷经济要素存在高度的互补性，捷克在机械、高端技术方面具有比较优势，中国在电子信息产品等消费品及铁路建设方面优势突出；其次，捷克具有较为完善、透明的营商环境；再者，在"一带一路"框架下，中捷有更多的合作模式，如研发合作、双向投资及参与第三国投资建设等；最后，中捷有着深厚的历史文化基础，友谊源远流长。目前，中捷两国的经济发展都处于重要时期，双方有着较为强烈的发展需求，而考虑到两国经济的高度互补性以及当下"一带一路"的驱动作用，未来中捷的产能合作将"大有可为"。加强经贸合作，惠及两国民众。中方愿同捷方一道，以制造业为基础推进产能合作，带动金融、通信、智能工业、纳米、环保等各领域务实合作，让两国民众分享更多互利合作成果。

三、合作领域和合作重点

2015 年捷克国际投资指数为 35.61，在 108 个样本经济体中排名第 70 位，处于中等偏下水平。可以看出捷克经济受金融危机影响较大，经济出现下滑，现在逐渐恢复中，有较大的市场潜力，但对外商投资的吸引力还需进一步提高。在 11 大板块贡献度排名中，前三位分别是金融稳定性板块、市场潜力板块和不可抗力板块。捷克外汇管理政策相对宽松。来源合法的外汇资金可自由进出。外资企业在捷克投资收益只要来源合法、汇出不受限制。但是，捷克政府对外汇资金流动实行严格监控。捷克银行对外汇流动有一套完整监管制度。银行对外汇流动有一套完整监管制度。在融资条件方面，外资企业与捷克本地企业享受同等待遇，融资形式取决于该企业资信情况。捷克银行对中国在捷克投资企业一般以抵押贷款为主。据商务部发布的《对外投资合作国别（地区）指南》2015 年版中数据统计，2013 年，捷克财政赤字占 GDP 的 1.4%，政府债务占 GDP 的 46%，均在合理控制范围。捷克国家银行采取审慎的监管措施，银行业健康发展，风险可控。可以看出捷克金融环境的稳定性，同时捷克的

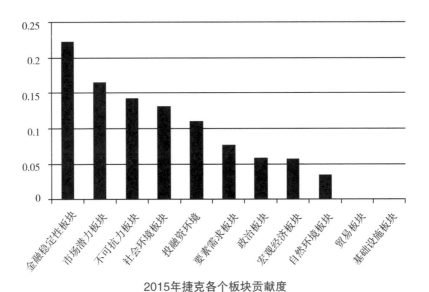

2015年捷克各个板块贡献度

资料来源：武汉大学国际投资研究中心。

市场潜力也很大。金融稳定性以及市场潜力是外商直接投资所考虑的重要方面。在其他方面,捷克在社会环境、投融资、要素需求等板块的贡献度排在中游,而贸易和基础设施板块相对较弱,说明捷克的对外开放需进一步加强,需要更快速地参与到经济全球化过程中来。同时也要加强基础设施建设。

进一步使用经济学模型测算各个板块 2015 年发生的概率,测算方法是衡量主要指标的变动是否超出了预定值,如果超过,说明发生概率较大,波动比较剧烈,反之发生概率较小,捷克结果见下图。从各个板块发生的概率来看,社会环境、不可抗力、市场潜力、要素需求、金融稳定性、政治等板块发生的概率显著超过了 0.5,说明这些领域不稳定性增强,同时也说明这些领域的投资机会较大。因此在未来的发展趋势中尤其需要密切关注。

2015 年捷克 GDP 为 2155 亿美元,同比增长 4.3%,人均 GDP 20434 美元,市场购买力较强。据世界卫生组织统计,2014 年捷克人均卫生总支出 2146 美元,卫生总支出占 GDP 的 7.4%。国际信用评级机构穆迪对捷克主权信用评级为 A1,长期展望稳定。虽然捷克本国的市场容量有限,但作为欧盟成员国,在捷克投资的企业可以进入 5 亿人口的欧盟统一大市场。捷克是中东欧地区吸引外资最成功的国家之一。捷克经济属于出口型经济,对出口依赖大,

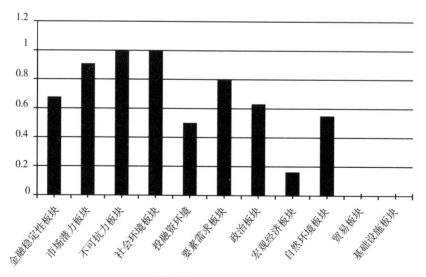

2015年捷克各个板块的发生概率

资料来源:武汉大学国际投资研究中心。

世界市场，特别是欧盟市场变化对捷克经济发展具有重大影响。

另外，我们可以测算出捷克各个国家不同产品的比较优势，通过优势互补、禀赋分配等方式进行合作。

中捷双方认真落实两国"一带一路"建设谅解备忘录，推动双方在重大发展战略、规划及政策的对接和融合，加强汽车、航空、机械等制造业领域的合作；加强纳米、激光、医药和生物技术等高科技领域合作；继续扩大双向贸易与投资合作，扩大自捷克进口技术装备和消费品，扩大对捷克投资和产能技术合作，吸引捷克优势企业来华投资，促进两国经贸平衡增长，同时开展金融、旅游合作，促进文化和学术交流，深化卫生、教育、地方等领域的交流与合作。

制造业应该是两国未来合作的重点。以航空制造为例，捷克在飞机发动机、部分零部件等方面水平较高，我国可以采取购买、研发合作以及建厂生产等多种方式进行合作，除了制造业、金融等，中捷还可以加强新一代信息技术方面的合作。

四、政策分析

（一）投资行业规定的分析

涉及化学武器和危险化学物质的行业为禁止行业。军用产品工业、核燃料（铀）开采工业、对环境危害严重的行业（如高耗能、高污染的焦炼和化工生产项目）、资源开采行业，对这些行业投资需经过有关政府职能部门严格审批，同时接受政府严格监管。目前，捷克经济发展重点是快速经济结构优化和调整，鼓励经济创新与发展。与此相适应，捷克政府确立了重点支持的投资领域和优先发展行业，并鼓励内外资进入这些产业。包括：信息与通信技术、工程机械、高技术制造业（电子、微电子、航空航天、高端设备制造、高技术汽车制造、生命科学、制药、生物技术和医疗设备等）；商业支持服务（软件开发中心、专家解决方案中心、地区总部、客户联系中心、高技术维修中心和共享服务中心等）；技术（设计）中心（创新活动、应用研发等）。

（二）优惠政策框架

国家补贴。捷克对外商投资和国内企业投资采取同等的鼓励政策，主要集中在鼓励企业技术升级和鼓励企业扩大就业等方面，具体包括制造业、技术中心和商务技术服务中心三大投资领域。但总的补贴金额不得超过企业投资适用成本的 25%，布拉格地区不适用投资鼓励措施。

按照欧盟政策框架实施的优惠政策。作为欧盟成员，在捷克投资的非欧盟投资者享受来自欧盟层面的优惠政策，即欧盟《企业经验与创新计划》，目前正在准备实施 2014~2020 年新计划，目的是增强欧盟和捷克经济竞争力、提高捷克工业及服务业的创新效率。

（三）行业优惠政策

2015 年 5 月 1 日，捷克政府出台新的《投资鼓励法》，新法案继续实行根据地区经济发展和就业情况区别对待的投资鼓励政策，调整了申请优惠的条件和可享受的具体优惠措施，加强了对制造业、商务支持服务中心、技术中心及战略投资者的支持。

（四）地区鼓励政策

捷克投资优惠政策除了有吸引外资的目的外，还服务于推动地区经济平衡发展的目标。捷克政府鼓励投资者在经济落后或者失业率高的地区投资。首先，对经济相对发达、就业充分的布拉格地区，不给予投资鼓励。对在其他地区投资并符合规定条件者，均给予税收减免。其次，只有高失业地区才享受就业及培训补贴。再次，制造业可享受投资优惠政策的最低投资额。在失业率高于平均失业率 50% 以上区域为 5000 万克朗，其他地区为 1 亿克朗。

（五）特殊经济区域的规定

对于特殊经济区域的规定，2005 年 1 月 1 日，捷克工贸部颁发《工业园区开发支持规划》，成为规范和指导工业园区发展的主要规定。随后又颁布了

《商业地产与基础设施建设支持规划》，旨在支持和推动国家战略工业园区的发展。截至 2012 年年底，捷克已建成 109 个工业园区，包括 6 个国家战略工业园。国家补贴额超过 100 亿克朗（约 5 亿美元），园区入驻率达 70%。工业园区共有 606 家企业入驻，投资总额达 2100 亿克朗（约 122 亿美元），解决就业约 10.3 万人。目前，捷克政府重点推广的国家战略工业园区主要有：豪乐秀夫工业园、奥斯特拉瓦 – 莫斯诺夫工业园、三角工业园、约瑟夫工业园及科林 – 奥夫卡里工业园、诺莎维采工业园（全部由韩国现代公司入驻）等 6 大园区。工业园区投资者除能享受《投资鼓励法》优惠政策和欧盟结构基金各项援助计划外，2015 年 5 月起，企业在特别工业园区还可免除 5 年不动产税并享受每个新增就业岗位 30 万克朗的补助。同时，企业还可获得工业园区及其所在地的地方政府提供的各种优惠措施，如基础设施配套、交通设施便利、全程跟踪式投资服务、土地优惠及特殊就业补贴等。另外，政府还对建立科技园区提供总金额 50% 的补贴，提供科技园区 50% 的建设经费。

对于想进入捷克市场的中资企业来说，在开展投资合作、贸易、承包工程、劳务合作的过程中，要特别注意事前调查、分析、评估相关风险，事中做好风险规避和管理工作，切实保障自身利益。同时关注汇率风险和捷克外国劳工政策可能的变化。近年来，受欧洲债务危机等影响，捷克克朗兑换美元、欧元等世界主要货币汇率波动较大，应予以重视。2011 年以来，捷克国内经济形势低迷。鉴于捷克经济和就业形势短期难有根本改观，未来有可能会进一步出台针对外国劳工的新的限制措施。企业也在对捷克开展经贸合作中，应对捷克外国劳工政策的变化予以充分关注。

（六）竞争力分析

根据世界经济论坛发布的《2015—2016 年全球竞争力报告》，捷克在全球最具竞争力的 140 个国家和地区中，排名第 31 位，与 2014—2015 年度 144 个国家和地区中排名第 37 位相比，竞争力有一定程度的减弱，但仍有较大的上升空间。在影响企业经营的要素中，政府低效、政策不稳定等是比较突出的因素。

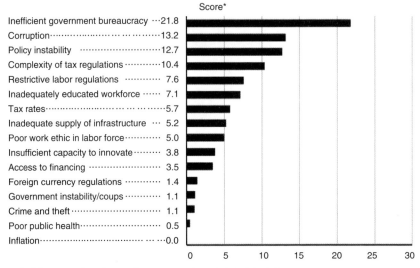

The most problematic factors for doing business

Score*

Inefficient government bureaucracy ···21.8	
Corruption···13.2	
Policy instability ···12.7	
Complexity of tax regulations ···10.4	
Restrictive labor regulations ··· 7.6	
Inadequately educated workforce ··· 7.1	
Tax rates···5.7	
Inadequate supply of infrastructure ··· 5.2	
Poor work ethic in labor force···5.0	
Insufficient capacity to innovate ········ 3.8	
Access to financing ··· 3.5	
Foreign currency regulations ··· 1.4	
Government instability/coups ··· 1.1	
Crime and theft··· 1.1	
Poor public health··· 0.5	
Inflation···0.0	

资料来源：世界经济论坛《2015—2016年全球竞争力报告》。

五、合作案例

近年来，中资企业通过直接或间接方式在捷克投资。中捷两国在"一带一路"框架下的合作优势互补、互利双赢。中国连续多年是捷克在欧盟外第一大贸易伙伴，捷克是中国在中东欧地区第二大贸易伙伴，目前在捷克投资的中资企业有20余家，主要包括长虹、华为、重庆轻纺、烟台万华等。

（一）家电行业合作

长虹作为中国优势产能，自2006年启动年产100万台彩电生产基地以来，长虹对捷克项目累计投资额已高达3816万美元。欧洲长虹已成为长虹在海外规模最大的品牌生产经营基地，2015年实现销售收入超过1亿美元。多年来，欧洲长虹的经营保持了持续增长，并进入快速发展阶段。

为提升长虹品牌在欧洲市场本地化运营的能力，更好地满足欧洲消费者的需求，长虹将研发工作前置到欧洲本土，利用捷克地理优势、深厚的工业制造基础与人力成本优势，2016年5月，长虹宣布在中捷克州宁布尔克市成立欧洲研发中心，这是长虹对2006年投资设立欧洲生产基地的捷克项目的

长虹捷克工厂生产线上的电视机

进一步投入，同时是中国家电业在捷克设立的首个研发中心。长虹方面表示，欧洲研发中心设立之后，将继续加大在捷克投资。此外，长虹还将参与捷克中国产业园建设。此前，捷克中捷克州已决定，在宁布尔克市长虹生产基地基础上划定200公顷土地，设立中国产业园。未来，长虹或将引入更多产品门类到捷克生产基地制造，供应欧洲市场。作为中企践行"一带一路"的欧洲典范，长虹是"捷克—中国产业园"里第一个中国企业，也正积极参与产业园区建设，带动更多的中企加入进来，共谋发展。长虹表示将持续整合"大欧洲供应链"，逐步探索丰富产品门类，做大做强，为我国对外贸易和国际交流做出更大的贡献。

（二）能源行业合作

中国华信能源有限公司是集体制民营企业，以拓展国际能源经济合作为战略，主营能源产业与金融服务。目前，中国华信能源有限公司已成为捷克投资金额最大的中国企业之一。第一阶段在捷克投资200亿克朗（约50亿人民币）已全部到位，在2016年3月底还有180亿克朗的项目投资，这样总额达380亿克朗，即超过人民币100亿元。中国华信表示，抓住国际能源产业投资的有利形势，重点以能源产业经营和能源产业投资两个带动，立足欧洲终端，拓展上游油气资源股权和权益，拥有国际化的战略平台和相对完备的战略体系。中国华信表示将积极践行服务国家"一带一路"建设，开展国际投行业务，推动国际产能合作。

捷克地处"欧洲心脏"，占据地缘政治优势，而且拥有深厚的工业基础和领先的装备技术。中国华信紧随国家"一带一路"战略，依托有利时机，加快"走出去"的步伐，率先在捷克进行产业投资和战略布局，成为中国企业在捷克及中东欧市场的先行者和领军者。

推动核电"出海"，带动全产业链。核电项目已成为世界诸多国家解决电力危机、缓解空气污染、拉动经济增长的重要选项，这对中国企业而言是建设绿色能源、推动产业升级、扩大对外合作的重大机遇。2013年10月，国家能源局公布《服务核电企业科学发展协调工作机制实施方案》，首次提出核电"走出去"国家战略：对核电企业"走出去"给予方向性指引，并将核电"走出去"作为我国与潜在核电输入国双边政治、经济交往的重要议题。近年来，中国核电企业一直致力于"走出去"，伴随着"一带一路"建设在海外寻找合作空间，提升国家的工业水平、制造业水平。依托捷克在核电行业拥有先进技术、丰富经验、雄厚实力和良好性价比，中国华信与中国广核集团有限公司、捷克Skoda Praha股份公司和捷克电力工业联盟签署战略协议，开展中捷两国在核电领域的四方战略合作，包括技术支持、联合投资等，这标志着中国核电挺进欧洲，产生巨大的协同效应，进一步开拓海外市场。此次中国华信充分利用自身在捷克的影响力和战略优势，协同中国核电三大巨头之一的中广核，实行混合走出去战略，充分整合国内外的优势资源，在世界范围内打响中国核电行业的招牌。

投资重工业，助力产业升级。近年来，重工业仍然是中国国家发展战略中不可或缺的重要支撑，一个国家重工业的发展规模和技术水平，是体现其国力的重要标志。众所周知，捷克是世界闻名的老牌工业强国，拥有国际先进的核心技术和丰富的运营经验。中方愿同捷克对接发展战略，推进互利合作，发挥工业互补优势，在钢铁、汽车等重工业领域开展合作，提升中捷产业水平，开展第三方市场合作。中国华信与恒丰银行股份有限公司、捷克ZDAS日嘉斯钢铁公司签订战略合作协议，由中国华信与恒丰银行合资成立上海恒丰－华信工业装备投资控股有限公司，用于投资工业项目。该基金规模已超过300亿克朗。并购ZDAS日嘉斯钢铁厂是该基金的第一个项目。ZDAS日嘉斯钢铁公司具有 50 年的发展历史，是欧洲一流的炼铁及相关领域的冶金工业和工程企业，年销售收入达 13 亿欧元。通过收购捷克一流重工企业，引入国内央企参股、入股投资重型装备、飞机制造等产业领域，实现"强强联合"的合作共赢，不仅能有效地整合技术优势，引入先进的管理经验，还可以用较低成本获取资产权益，协助中国传统重工企业优化产能，提升产业水平，助力国家产业结构升级，服务推动国内供给侧改革。

（三）航空行业合作

助力扩建机场，建设航空中心。捷克位于欧洲中部，是欧洲一体化的交通枢纽中心，也是亚欧大陆桥的重要枢纽。捷克的首都布拉格地理位置优越，距离德国、奥地利及波兰边界均不到 200 公里，交通十分便利，市内的鲁济涅机场是欧洲最现代化的机场之一。依托得天独厚的地理优势，捷克正着力建设成为中国—中东欧国家合作区域金融中心以及交通、物流枢纽，并将布拉格打造为欧洲地区的航空运输和交通物流中心。

中国华信 2015 年入股捷克第二大航空公司 Travel Service，并将进一步增资扩股。投资捷克的航空公司对华信而言是发展欧洲业务的巨大机遇，同时也将为捷克在亚洲地区带来利益，华信将与捷克的航空公司共同建设

中国华信入股公司Travel Service

航空中心，对机场进行扩建，同时依托有利的交通运输条件，联动旅游服务业，构建航空、运输、旅游及酒店等系列产业优势。未来将开通更多布拉格至中国国内的直航航线，捷克将有望成为中国及亚洲游客和投资商前往该地区的门户。便利的交通网络使得中国企业家能更方便地赴捷克洽谈经贸合作，带动中国企业在中东欧区域投资布局，进而服务国家"一带一路"政策的实施。

斯洛伐克

一、基本国情介绍

（一）地理环境

斯洛伐克位于欧洲中部，属内陆国，东邻乌克兰，南接匈牙利，西连捷克、奥地利，北毗波兰。国土面积 49037 平方公里。东西长 428 公里，南北宽 226 公里。斯洛伐克地势较高，领土大部分位于西喀尔巴阡山山区，西南和东南有小片平原。北部是西喀尔巴阡山脉较高的地带，大部分海拔 1000~1500 米，山地占据了国土的大部分地区。该国最高的山峰是塔特拉山，也是喀尔巴阡山脉最高峰，位于该国和波兰的边界。

（二）自然资源

斯洛伐克水资源丰富。全国水资源总量为 501 亿立方米，人均水资源量为 9279 立方米。斯洛伐克河网稠密，均属多瑙河支流。斯洛伐克油气资源并不丰富，拥有的多为小型油田。石油、天然气依赖进口。斯洛伐克有欧洲最大的用于电陶瓷和建筑陶瓷生产的矿床；膨润土开采主要集中于克雷姆尼察附近；菱镁矿位于鲁多霍里山脉南侧，主要用作耐火原料；黏土矿位于卢切涅茨以北地区；白云岩砂位于帕尔迪章县，被用以制造玻璃。

（三）人口民族

全国人口为 539.7 万人（2014 年）。斯洛伐克族占 85.8%，匈牙利族占 9.7%，罗姆（吉卜赛）人占 1.7%，其余为捷克族、乌克兰族、日耳曼族、波兰族和俄罗斯族。官方语言为斯洛伐克语。居民大多信奉罗马天主教。

（四）政治制度

1993 年 1 月 1 日，斯洛伐克独立，并实行多党议会民主和多元化的政治体制，立法权、司法权和行政权相互独立，相互制衡。本届议会于 2016 年 3 月 5 日大选产生，有 8 个党派进入议会：社会民主 – 方向党 49 席，自由与团结党 21 席，普通公民和独立个人组织 / 新党 19 席，斯洛伐克民族党 15 席，我们的斯洛伐克 – 人民党 14 席，我们是家庭党 8 席，桥党 10 席，网络党 7 席。现政府于 2016 年 3 月 23 日正式就职，主要成员有：总理罗伯尔特·菲佐(Robert FICO)、负责投资的副总理佩特尔·佩列格里尼（ Peter Pellegrini ）、副总理兼内务部长罗伯尔特·卡利尼亚克（Robert KALIŇÁK）、副总理兼司法部长卢齐亚·日特尼亚斯卡（Lucia ŽITŇANSKÁ）、财政部长佩特尔·卡日米尔（Peter KAŽIMÍR)、外交和欧洲事务部长米罗斯拉夫·莱恰克（Miroslav LAJČÁK）、经济部长佩特尔·日加（Peter ŽIGA）、交通、建设和地区发展部长罗曼·布雷采利 (Roman BRECELY) 等。

（五）外交关系

中国同原捷克斯洛伐克于 1949 年 10 月 6 日建交，1957 年 3 月 27 日双方签订了双边友好条约。1993 年 1 月 1 日，斯洛伐克共和国独立，中国政府予以承认并与之建立了大使级外交关系，中国同捷斯邦联签署的条约和协定对斯洛伐克继续有效。斯洛伐克独立以来，中斯关系发展顺利。中斯双方保持高层接触，各领域交流不断，在国际组织中合作良好。

2013 年 2 月，时任国务院副总理回良玉访问斯洛伐克；同年 9 月全国人大常委会委员长张德江应斯洛伐克国民议会长帕什卡邀请，对斯洛伐克进行友好访问；2014 年 12 月，斯洛伐克总理菲佐在贝尔格莱德出席了中国—中东欧国家领导人第三次会晤，并与李克强总理举行了双边会见，进一步加深了中斯友好合作关系。2014 年 12 月，全国政协副主席、中联部部长王家瑞访问斯洛伐克。期间，斯洛伐克总理、社会民主 - 方向党主席菲佐和议长佩列格里尼分别会见了王家瑞。2015 年 2 月，斯副总理兼外长莱恰克访华。

双边经贸关系方面：1993 年中斯草签了经贸协定。1994 年，双方签署《两国政府经济和贸易协定》，承认中国与前捷斯联邦签署的《避免双重征税协定》《投资保护协议》《关税合作协议》继续有效。2001 年两国签署了林业合同及《动、植物检疫协定》。2008 年 11 月，斯洛伐克经济部长亚赫纳特克随议长帕什卡访华。2008 年 12 月，商务部副部长姜增伟访斯。2011 年 7 月，商务部国际贸易谈判代表兼副部长高虎城访斯。2013 年 9 月，中斯经济联委会第 10 次例会在斯洛伐克召开。2015 年 5 月，中斯经济联委会第 11 次例会在斯洛伐克召开。11 月，国家质检总局和斯洛伐克农业和农村发展部签署《关于卫生与植物卫生领域合作的谅解备忘录》，国家原子能机构和斯洛伐克经济部签署《关于民用核工业燃料循环供应链领域合作的谅解备忘录》。

据中方统计，中斯贸易额 2010 年为 37.5 亿美元，2011 年为 59.69 亿美元，2012 年为 60.08 亿美元，2013 年为 65.4 亿美元。2014 年为 62.1 亿美元，同比下降 5.2%，其中中方出口 28.3 亿美元，同比下降 8.3%，进口 33.8 亿美元，同比下降 2.4%。2015 年双边贸易额 50.3 亿美元、同比下降 18.9%，其中中方出口 27.9 亿美元、同比下降 1.2%，进口 22.4 亿美元、同比下降 33.7%。2016 年第一季度，双边贸易额 11.4 亿美元，同比下降 1.9%。

（六）经济环境

年份	GDP（亿美元）	人均GDP（美元）	GDP增长率（%）
2008	1000.77	18604.319	5.653
2009	886.61	16460.221	−5.491
2010	892.54	16554.879	5.082
2011	979.2	18138.723	2.842
2012	930.5	17207.278	1.523

年份	GDP（亿美元）	人均GDP（美元）	GDP增长率（%）
2013	980.29	18108.522	1.428
2014	1002.53	18501.43	2.522
2015	865.82	15962.572	3.595

数据来源：世界银行。

斯洛伐克早年为农业区，基本无工业。1993 年独立后，推行市场经济、加强宏观调控，调整产业结构。斯洛伐克政府不断加强法制建设，改善企业经营环境，大力吸引外资，逐渐形成以汽车、电子产业为支柱，出口为导向的外向型市场经济。2009 年受国际金融危机影响经济下滑，2010 年实现恢复性增长。2011 年起增长速度有所放缓。

（七）法律

1992 年 7 月 17 日，斯洛伐克国民议会通过宪法，规定斯洛伐克实行多党议会民主制。9 月 1 日，捷克斯洛伐克联邦斯洛伐克民族委员会通过斯洛伐克共和国宪法。宪法于同年 10 月 1 日起生效。

（八）社会

斯洛伐克实行十年制义务教育，国家对食宿给予补贴。教育体制分为学前教育、初等教育、中等教育和高等教育。学前教育提供给 2~6 岁的儿童。初等教育面向 6~15 岁的少年儿童。小学分为 9 个年级。中等教育由中学、中专、绩效、实践教学中心、专门学校和基础艺术学校组成。

斯洛伐克公民可通过参加公共健康保险获取免费的医疗和保健服务。医疗保险制度规定，除无经济能力的公民（包括失业者、退休、学生、儿童、军人和残疾人）的医疗保险由国家支付外，其他人必须缴纳一定数量的医疗保险，保险范围包括牙科服务费、住院看护费、疗养费、药费、医疗费等。

二、产能合作现状分析

（一）引进外资情况分析

斯洛伐克 2004 年加入欧盟后，进行了包括税收、劳动力市场、社保、医疗、公共财政等一系列改革，投资环境得到全面改善，吸引了大批外商到斯洛伐克投资，利用外资项目数量和金额逐年增长。截至 2014 年年底，斯洛伐克累计吸引外资 376.19 亿欧元。

主要投资国是德国、意大利、奥地利、荷兰、韩国、捷克、匈牙利和日本等国家。外资主要投向金融、房地产和汽车、电子等制造业。主要跨国公司有西门子、大众、三星、起亚、索尼、戴尔、联想等。主要外资项目有大众汽车制造厂、标致雪铁龙汽车制造厂、起亚汽车制造厂、三星液晶显示器厂、索尼液晶电视机厂等。

据联合国贸发会议发布的 2016 年《世界投资报告》显示，2015 年斯洛伐克吸收外资流量 8.03 亿美元；截至 2015 年年底，斯洛伐克吸收外商直接投资存量为 481.63 亿美元。

（二）中斯产能合作现状分析

近年来，中斯两国经贸关系在"中国—中东欧国家合作"框架内不断向前发展，双方务实合作日益深化。双边经贸联委会第十次、第十一次会议成功举行，双方就加强多领域合作进行了深入探讨；两国商协会间签署合作协议并成立"企业家理事会"，搭建了新的合作平台；企业界的合作空前高涨，相互往来、洽谈频繁，双方在电力、交通、葡萄酒等领域项目取得积极进展。

据斯洛伐克统计局发布的数据，2015 年中斯贸易额为 64.5 亿欧元，同比增长 7.1%，其中斯洛伐克自华进口 54.3 亿欧元，增长 10.9%，出口 10.2 亿欧元，减少 25.8%，对华贸易逆差 44.1 亿欧元。2016 年 1~6 月，中斯贸易额达 32.4 亿欧元，同比增长 12%。其中斯洛伐克自华进口 26.5 亿欧元，增长 8.3%；出口 5.9 亿欧元，增长 23.6%，斯洛伐克对华贸易逆差 20.6 亿欧元，中国已成为斯洛伐克第一大贸易逆差来源国，两国发展态势良好。

斯洛伐克央行大楼

从产品结构看，目前我国对斯洛伐克出口的商品80%为电子、机械类产品，还包括无线电话、录放机、广播接收设备、光学器具、数据处理设备、镁及其制品等。中国从斯洛伐克主要进口的商品90%为汽车，主要车型为大众途锐、保时捷卡宴和奥迪Q7等SUV汽车，除此之外还有钢材、电动机和发电机、轮胎生产设备等。除了汽车、电子和冶金机械这些传统支柱产业外，高科技产业、基础建设、能源建设和银行业领域都有大的投资空间。

从投资领域看，2014年中国企业对斯洛伐克投资局面取得突破，结束了多年来中国在斯洛伐克缺少生产型投资项目的局面。中国南车集团和航天科工集团旗下公司分别通过收购西欧企业完成在斯洛伐克投资，成为中斯经贸合作的亮点。

从双边协议看，中斯两国签订了一系列有利于经贸合作的条约与协定，比如部门间合作协定、经济合作协定、避免双重征税协定，以及投资促进协定等，对双方的贸易往来进行了进一步的规范与促进。宁波天胜轴承集团对

ZVL 公司的收购，联想设立欧洲中东非洲技术支持中心等项目的成功都是中国在斯洛伐克投资很好的范例。

2015 年 11 月，在第四次中国—中东欧国家领导人会晤上，李克强总理就进一步发展中国—中东欧合作提出了四点看法，其中之一便是"发挥产能合作的引领作用"。具体来说，就是把中国的优势产能同中东欧国家的发展需求、西欧发达国家的关键技术结合起来，开展三方合作，不仅可以支持中东欧国家以低成本加快发展、扩大就业，促进中国产业转型升级，也有利于欧洲东西部平衡发展、加快一体化进程。譬如斯洛伐克的区域优势并不在大型基础设施和能源建设，但其制造业重视创新。汽车制造业是斯洛伐克的优势产业，拥有很好的配套政策及设施，中国企业可以利用好斯洛伐克这一比较优势，将其发展成为中国汽车制造行业进军欧洲的门户。

三、合作领域和合作重点

2012~2015年斯洛伐克宏观经济概况

年份 项目	2012	2013	2014	2015
失业率（%）	14.0	14.2	13.2	11.5
通胀率（%）	3.6	1.4	−0.1	−0.3
人均月工资（欧元）	805	824	858	883
人均月工资同比增长（%）	2.4	2.4	4.1	2.9
外国直接投资流入 （百万美元）	2982	604	331	803
外国直接投资流出 （百万美元）	8	313	123	183
财政赤字占比（%）	4.35	2.77	2.9	2.97

资料来源：斯洛伐克央行。

2016 年 10 月 24 日世界银行发布《2017 年营商环境报告》，在 190 个国家中斯洛伐克排名列第 33 位。其他相邻中东欧国家排名分别为波兰第 24 位、捷克第 27 位、匈牙利第 41 位。这说明斯洛伐克的营商环境水平较高，企业在开设和经营贸易活动方面成本低、阻碍少、条件便利，得到了各国企业家的认可。

标准普尔（Standard & Poor's）在 2016 年 1 月发布消息，确认斯洛伐克长期外币和本币主权信用评级保持 A+，长期评级展望为稳定。标准普尔预测未来几年斯洛伐克 GDP 增长将超过 3%，财政状况改善、赤字下降。此前，标准普尔于 2015 年 7 月将斯洛伐克信用评级从 A 上调至 A+，在欧元区 19 国中排名第 9 位。惠誉 2016 年发布消息，确认斯洛伐克 A+ 评级，评级前景稳定。表明斯洛伐克宏观经济、国家政局稳定。

根据世界经济论坛发布的《2015—2016 年全球竞争力报告》全球竞争力指数。我们可以看出近年来，斯洛伐克的全球竞争力排名稳定上升。在 12 个指数中，宏观经济环境、金融市场发展以及初等教育和医疗指数与发达国家接近。说明斯洛伐克的整体环境较优。

2015 年斯洛伐克经济继续呈较快发展势头，全年经济增长 3.6%，高于欧元区（1.6%）及欧盟（1.9%）的平均水平，在欧元区和欧盟国家中均排名第六，较 2014 年 2.5% 的增速明显加快。经济增长的主要推动力是投资和消费。近年来，大量外国企业到斯洛伐克投资，并形成了汽车、电子等

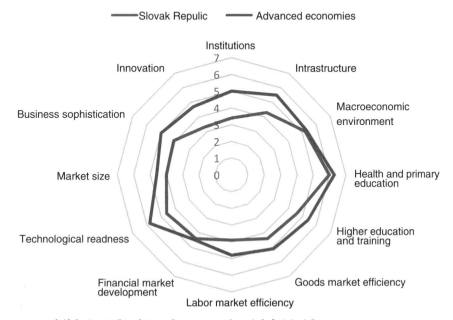

资料来源：世界经济论坛《2015—2016年全球竞争力报告》。

以外资企业为主的支柱产业，成为推动斯洛伐克经济和出口快速增长的主要动力之一。在外资、出口和内需的拉动下，斯洛伐克经济快速增长。斯洛伐克加入欧盟后，斯洛伐克金融环境得到很大改善，外汇管制逐渐放宽，为外国投资者创造了良好的金融环境。斯洛伐克央行主要职责是保持价格稳定，制定货币政策，发行货币；控制、协调和保证货币流通及银行支付系统的正常运转；保持金融市场稳定、金融市场监督等。斯洛伐克金融业开放度较高，主要商业银行已基本被国际大公司控股。斯洛伐克拥有优质的劳动力资源，其劳动生产率和劳动成本比在中欧和东欧国家中最高。劳动力中受过中高等教育的人数比例在所有欧洲国家中排名第一。据世界卫生组织统计，2014年人均卫生总支出为 2179 美元，卫生总支出占国内生产总值的 8.1%。

市场规模指数、商品市场效率指数与发达国家有一定差距，但差距不大。但创新指数、大规模机构指数以及基础设施建设指数与发达国家有较大差距。涉及该方面领域在未来的产能合作中可以重点考虑，密切关注，会有较大的市场潜力。

目前，斯洛伐克正在转变依靠廉价劳动力发展经济的传统模式，努力建设知识型经济。

2015 年斯洛伐克人均 GDP 超过 18000 美元，达到中等发达国家的上游水平，2009 年起就被国际货币基金组织（IMF）认定为发达经济体。斯洛伐克具有明显的区位优势和良好的投资环境，吸引外资金额逐年上升。斯洛伐克注重发展工业，尤其是在汽车、电子、冶金和机械制造等方面具有比较优势。其中，汽车工业是斯洛伐克主要支柱产业，占制造业产值和出口总额的比重均超过 40%。截至目前，大众、标致雪铁龙、起亚和捷豹路虎等 4 家世界著名汽车厂商均已在斯洛伐克投资设厂。据统计，2015 年斯洛伐克汽车产量超过 100 万辆，平均每千人生产汽车 190 辆，已连续 4 年位居世界第一。中方可利用斯洛伐克人力优势和良好的区位优势，在汽车、机械制造等工业方面进行投资。

中国与斯洛伐克经贸关系发展迅速，特别是 2012 年以来，在中国—中东欧国家"16+1"合作框架下，两国在贸易、投资、能源、基建等领域务实合作不断深化，双方政府和企业间往来日益密切，有力推动了双边关系的发展。近年来，两国贸易额稳定在 60 亿美元以上，在中东欧 16 个国家中排名第 4

位。两国投资领域合作也取得了新的进展，联想、华为、中兴等国内知名IT企业多年前就已在当地设立了分支机构；中国南车、中国航天科工集团等分别通过并购方式，间接控股斯洛伐克的两家工厂。2015年苏州会晤期间，中斯两国政府签署了共同推进"一带一路"建设谅解备忘录，开启了双边经贸合作的新篇章：互联互通日趋紧密，中斯之间开通了中国营口至斯洛伐克东部口岸的中欧国际班列，并在此基础上开展了海关监管便利化的有关合作；产能合作不断加强，中国江苏南通通机公司与斯洛伐克Matador集团以生产许可的方式在华合作生产轮胎机械，并以此为契机，筹备设立中斯产业园区；技术交流提档升级，中国核电企业与斯方积极探讨核能领域合作，两国主管部门和企业间分别签署在核燃料循环全产业链开展合作的谅解备忘录。因此，中方可以在航天、核电领域与其展开合作。

展望未来，"一带一路"战略为中斯两国合作提供了新的机遇。双方在互联互通、交通和基础设施建设、能源、物流等领域具有广阔的合作前景。

四、政策分析

（一）优惠政策框架

斯洛伐克是欧盟成员国，其吸引外资的优惠措施须满足欧盟相关法律法规的要求，斯洛伐克根据欧盟法律制定本国的投资资助法，其投资优惠标准不能高于欧盟规定的标准。《国家资助法》是斯洛伐克为缩小地区差异，吸引外资而制定的基本法律，所有相关配套措施以此为准。

（二）地区鼓励政策

斯洛伐克于2011年8月开始实施最新的《国家资助法》，其适用范围是特定地区，旨在解决地区间发展不均衡和扶持欠发达地区经济发展，向欠发达地区提供引资和创造新就业岗位支持。投资资助法根据项目内容和享受自助措施的条件，将投资项目分为四类：工业生产、技术中心、战略服务中心和旅游。国家提供投资自助包括：现金资助、所得税减免、对创造就业机会予以补贴、以低于市场价转让国有或地方政府所拥有的不动产、财政馈赠补贴和培训补贴等。

（三）特殊经济区域的规定

对于特殊经济区域的规定，2001 年 5 月，斯洛伐克国民议会在 180/1995Coll 号文件基础批准出台了《关于建设工业园区补贴和斯洛伐克国民议会关于解决土地所有制的有关措施及其修正案》，确定了向工业园区提供补贴的条件、规模、种类和审核办法等措施。主要资助条件包括：工业园区所在地需纳入市政府规划批准区域，市政府至少需拥有建设该工业园区所需资金的 15%，获得斯洛伐克土地基金的同意，与相关机构就商业计划和融资协议达成初步合同、获得能源供应商（水电供热）向该园区提供能源供给的有约束力的证明材料。斯洛伐克政府提供的补贴主要用于园区基础设施建设、土地开发，以及购置、转移、租赁或置换的相关费用。

据斯洛伐克投资贸易发展局统计，斯洛伐克全国共有 83 个工业园／工业区（含一个科技园）。斯洛伐克工业园区入驻企业大部分为斯洛伐克传统重点行业，主要集中在汽车及零部件制造、化工、电子电气、工程、钢铁及金属加工、木材加工、食品和物流等。据悉，目前尚无中国企业入驻上述工业园区。

斯洛伐克政府已于 2015 年 7 月通过其经济部长胡达克关于启动建设战略性工业园区的提议。新工业园区位于尼特拉州，占地 733 公顷，计划于 2019 年年底前完成，主要分为南北两处，其中北部工业园较大，整体面积 210 公顷，对外招商面积 120 公顷，重点面向生产制造大型企业，该园区目前已有索尼、富士康、DPD 等多家跨国企业入驻经营。南部园区可用面积相对较小，有面向中小企业招商的 1 块 3 公顷土地和面向高科技企业招商的 1 块 5 公顷土地。希望到斯洛伐克投资的中国企业可以考虑选择尼特拉工业园区落户。

胡达克部长指出，新工业园区的建设将有利于优化斯洛伐克投资环境和降低尼特拉州失业率。

（四）投资成本

2016 年 6 月 9 日，斯洛伐克《经济报》报道称斯洛伐克中央政府授权各州政府，自 2016 年 11 月起在审批投资企业建筑许可时可征收地方发展税，征收标准为每平方米 10~35 欧元。上述收费只涉及如新建厂房等大型建筑，不包括社会和科技设施以及小型建设等。最终是否征收和征收的具体标准将由各州政府决定，此笔收入将用于地方基础设施建设，该政策旨在平衡地区发展差异，支持落后地区和小城镇建设。

相关投资分析人士表示，斯洛伐克政府此举将增加投资企业成本，此项收费占投资总比重约 6%。他举例说，按上述标准测算，投资建设 2 万平方米的厂房需要缴纳 70 万欧元。目前斯洛伐克周边国家均没有类似政策，政府此举将使潜在投资者选择周边国家，从而影响国家吸引外资。同时他也表示，此举对于大型战略投资项目来讲影响有限，因为投资者可以与中央政府就投资补助等达成一揽子协议，包括减免相关税收。

（五）竞争力分析

根据世界经济论坛发布的《2015—2016 年全球竞争力报告》，斯洛伐克在全球最具竞争力的 140 个国家和地区中，排名第 67 位，与 2014—2015 年度 144 个国家和地区中排名第 75 位相比，竞争力有一定程度的增强，但还有很大大的上升空间。在影响企业经营的要素中，政府低效、不合理的税率等

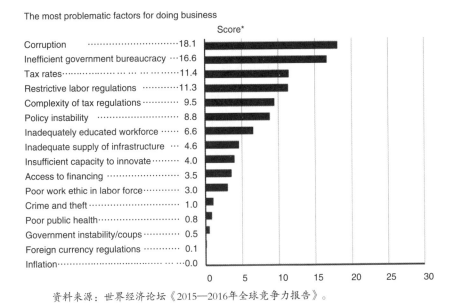

资料来源：世界经济论坛《2015—2016年全球竞争力报告》。

是比较突出的因素。

五、合作案例

（一）通信行业合作

2006 年 4 月 20 日联想公司宣布将在东欧国家斯洛伐克建立一个技术支持中心，为欧洲、中东和非洲的客户提供支持，该中心将为斯洛伐克提供 340 个就业岗位。联想公司 EMEA（欧洲、中东、非洲）业务总经理米尔科·凡·杜杰在斯洛伐克首都布拉迪斯拉发举行的一个新闻发布会上做出了上述宣布。

据斯洛伐克当地媒体报道，联想斯洛伐克技术支持中心将处理欧洲地区的供应链和客户订单，同时提供客户、金融和技术方面的支持。据悉，60% 的工作岗位要求大学学历。虽然该中心位于斯洛伐克首都，但联想技术中心将对员工的多语言能力提出要求，因为该中心将使用 28 种语言提供服务。

斯洛伐克财政部长伊万·米尔科表示："联想在斯洛伐克建立欧洲、中东和非洲的技术支持中心对于斯洛伐克的经济具有重大意义，首先，它说明联想认可斯洛伐克的商业环境，此外，斯洛伐克政府正在加紧执行创建知识型经济的战略。"

据悉，在成立斯洛伐克技术支持中心的同时，联想将对位于苏格兰的销售物流和服务中心裁减员工。该中心目前拥有近 400 名员工，原来隶属于 IBM 公司的 PC 业务。据业内人士分析，联想将技术支持中心设置在相对不太发达的斯洛伐克，不仅有考虑人力工资水平较低的因素，同时，目前，联想正在通过发布 Lenovo 品牌的电脑争夺此前遭到 IBM 忽略的中小企业市场，而东欧、中东和非洲正是中小企业的"沃土"。

根据国际数据公司（IDC）公布数据，联想公司在 2012/2013 财年第二季度（2013 年 7~9 月）超过惠普，首次成为斯洛伐克个人电脑市场销售冠军。数据显示，上述期间联想在斯洛伐克共销售个人电脑 18087 台，同比增长 45.7%，市场份额从 2012 年同期的 16.6% 上升至 25%。惠普、宏碁分列销售排行榜第二、三名，市场份额分别为 22.9% 和 11.3%。

（二）轴承行业合作

宁波天胜轴承集团有限公司是一家外贸型的轴承生产企业，凭借 2007 年收购斯洛伐克的 ZVL 公司，并以此为跳板，成功打开了欧洲的高端市场。

2007 年 4 月，宁波开发区天胜轴承集团有限公司出资 660 万欧元收购斯洛伐克 ZVL 公司并成立新的汽车轴承公司。这家海外企业对集团公司克服国际金融危机的影响，以及保持企业在国际市场上的稳定增长发挥了巨大作用。

斯洛伐克 ZVL 公司是当地数一数二的轴承企业，此前天胜为它配套生产过不少产品，双方形成了良好的合作关系。中美合资天胜轴承集团的产品广泛应用于电机、汽车、电动工具等制造行业，产品 80% 以上销往美国市场，并跻身美国进口轴承供货商前三位。2007 年年初，预见到美国轴承市场有可能在 2008 年后逐步萎缩，天胜集团下决心调整国际市场销售策略，果断出资，以 900 万美金收购了斯洛伐克唯一的一家国有汽车轴承生产企业 ZVL 公司55% 的股份，利用 ZVL 公司的销售渠道和品牌优势，开拓轴承行业全球最大的轴承主机市场——欧洲市场。

果不其然，从 2008 年下半年开始，美国轴承市场随着愈演愈烈的国际金融危机快速陷入低谷，天胜集团在美国市场的销售量平均下滑了 50% 左右。此时，天胜先行一步的欧洲市场战略显现出了功效。天胜集团总经理周伟丰表示，新组建的 ZVL 汽车轴承公司开始运营后，天胜集团将整个生产流程进行了改造，把全部的前道工序放在国内，而斯洛伐克 ZVL 公司主要承担后道工序和产品销售。

周伟丰表示，收购的过程并不顺利。两国的文化、市场经济程度等各方面差异很大，对于如何处理以前留下的劳资纠纷毫无经验。这其中，双方磨合了两年时间才最终走上了正轨。

周伟丰表示，原先 ZVL 公司的原材料轴承毛坯全部从欧洲采购，成本很高，而现在在中国完成前道工序，原料价格平均降低了 20%~30%，仅此就可以节省成本 30% 以上。而在国外完成后道工序和产品销售，可以最大限度地利用 ZVL 公司原有的精加工技术优势、销售渠道以及品牌影响。集多种优势于一身的天胜轴承产品很快在深受国际金融危机影响的欧洲市场上打开了局面，成为德国等国家的一些知名汽车生产厂家的主要供应商，并与世界最大的汽车轴承零配件供应商之一奥地利迈格纳公司建立了稳定的合作关系。ZVL 公司的运营也有效带动了天胜集团国内生产技术和检测手段的提升。就拿事关产品寿命的表面精细磨加工来说，以往国内生产普遍没有这道工序，而欧洲技术要求和检测已经相当成熟。采用 ZVL 公司的有关标准生产后，天胜集团产品的寿命明显提高，对国际市场的适应性大大增强。

在海外公司的大力帮助下，天胜集团应对国际金融危机的举措扎实而有效。2013 年，虽然以前最大的国际市场美国的销售额同比下降了 70%，但全公司的出口额反而增长了 20%，并成为向世界 500 强企业供应轴承批量最大的国内企业。

（三）合作亮点

2014 年中斯两国经贸合作领域出现了两大亮点。一个是中国南车集团和航天科工集团旗下海鹰公司分别通过收购德国 BOGE 公司及卢森堡 IEE 公司，完成在斯洛伐克的投资，结束了双边生产性投资项目较少的局面。另一个是中国华新集团与斯洛伐克 J&T 金融公司签署协议，计划通过增资约 7 亿欧元，获得该公司 20% 股权，为双边金融与股权投资合作填补了空白。

海鹰集团控股IEE公司在斯洛伐克举行新工厂开业庆典

中国南车集团下属株洲时代新材料公司于 2014 年 9 月收购了德国采埃孚集团（ZF Friedrichshafen AG）旗下的 BOGE 橡胶与塑料业务全部资产，包括其位于斯洛伐克特尔纳瓦州的汽车零配件厂。该工厂现有当地员工近 700 人，2013 年销售额 1 亿欧元。2014 年 9 月 24 日，中国南车集团董事长郑昌泓一行考察了工厂，并表示计划在未来若干年内陆续追加在斯洛伐克投资，实现产能和销售额翻番的目标，并为当地新提供 400 个就业岗位。

2014 年 11 月，驻斯洛伐克大使馆王劲松参赞陪同潘伟芳大使出席中国航天科工海鹰集团控股的 IEE 公司位于斯洛伐克科希策市的新工厂开业典礼。IEE 科希策工厂主要生产汽车电子领域传感器和安全技术相关产品，新工厂投资额约 1000 万欧元，厂房面积 1 万平方米。目前工厂雇佣当地员工 530 余人，年产汽车传感设备 1200 万套，系 IEE 公司在全球的最大工厂。

第八章
中东国家"1+2+3"合作格局推动务实合作

沙特阿拉伯

一、基本国情介绍

（一）地理环境

沙特阿拉伯王国通称沙特阿拉伯,简称沙特,位于阿拉伯半岛。东濒波斯湾,西临红海,同约旦、伊拉克、科威特、阿联酋、阿曼、也门等国接壤,并经法赫德国王大桥与巴林相接。海岸线长 2448 公里。地势西高东低。除西南高原和北方地区属亚热带地中海型气候外,其他地区均属热带沙漠气候。夏季炎热干燥,最高气温可达 50℃以上；冬季气候温和。年平均降雨不超过 200 毫米。

（二）自然资源

原油探明储量 367 亿吨,占世界储量的 15.9%,居世界第二位。天然气储量 8.2 万亿立方米,居世界第六位。此外,还拥有金、铜、铁、锡、铝、锌、磷酸盐等矿藏。沙特是世界上最大的淡化海水生产国,其海水淡化量占世界总量的 20% 左右。

（三）人口民族

沙特人口 3152 万（2015 年）,其中沙特公民约占 67%。伊斯兰教为国教,逊尼派占 85%，什叶派占 15%。

在沙特的华人华侨数量并无确切数据，估计在 3~5 万之间，主要居住在西部的塔伊夫、吉达、麦加等地。在沙特的华人华侨中，绝大多数为维吾尔族；其次为回族，约 1000~2000 人；汉族约 100 人，部分已入外籍。还有乌孜别克族、柯尔克孜族、哈萨克族等民族。除汉族外，其余均属穆斯林，信奉伊斯兰教。在沙特的华人华侨以从事小商业、旅店等服务业为主；少数人在沙特政府部门、学校、企业任职；个别台胞从事中餐业，营业规模较小。

（四）政治制度

沙特是君主制王国，禁止政党活动。无宪法，《古兰经》和先知穆罕默德的圣训是国家执法的依据。国王亦称"两个圣地（麦加和麦地那）的仆人"。国王行使最高行政权和司法权，有权任命、解散或改组内阁，有权立、废王储，解散协商会议，有权批准和否决内阁会议决议及与外国签订的条约、协议。1992年 3 月 1 日，法赫德国王颁布《治国基本法》，规定沙特阿拉伯王国由其缔造者阿卜杜勒阿齐兹·拉赫曼·费萨尔·阿勒沙特国王子孙中的优秀者出任国王。

本届政府于 2015 年 4 月组成，并于 2015 年 5 月和 2016 年 5 月两次改组，目前共有阁员 31 人，主要成员是：国王兼首相萨勒曼·本·阿卜杜勒阿齐兹·阿勒沙特（Salman bin Abdulaziz Al Saud），王储兼副首相、内政大臣穆罕默德·本·纳伊夫·本·阿卜杜勒阿齐兹·阿勒沙特（Mohammed bin Nayef bin Abdulaziz Al Saud），王储继承人兼第二副首相、国防大臣穆罕默德·本·萨勒曼·本·阿卜杜勒阿齐兹·阿勒沙特（Mohammed bin Salman bin Abdulaziz Al Saud），外交大臣阿迪勒·朱贝尔（Adel Al Jubeir），能源、工业和矿产大臣哈立德·本·阿卜杜勒阿齐兹·法利赫（Khalid Bin Abdul-Aziz Al-Falih），财政大臣易卜拉欣·本·阿卜杜勒阿齐兹·阿萨夫（Ibrahim Bin Abdul Aziz Al Asaf）。

沙特协商会议于 1993 年 12 月 29 日正式成立，是国家政治咨询机构，下设 12 个专门委员会。协商会议由主席和 150 名委员组成，由国王任命，任期 4 年，可连任。现任主席为阿卜杜拉·本·穆罕默德·阿勒谢赫（Abdullah Bin Mohammed Al Sheikh），2009 年 3 月就任，2013 年 1 月连任至今。

（五）外交关系

中国与沙特自1990年7月21日建立外交关系以来，双边关系得到两国领导人的高度重视，高层互访频繁，政治关系不断深化，经贸合作日益加强，各个领域的友好合作稳步发展。两国在议会、教育、文化、卫生和体育等方面签署有多项合作文件，交流与日俱增，呈现良好势头。2006年1月，沙特国王阿卜杜拉对中国进行国事访问。2006年4月、2009年2月，胡锦涛主席两次对沙特阿拉伯进行国事访问。2008年时任国家副主席习近平访问沙特期间，双方正式宣布建立战略性友好关系。2012年1月温家宝总理访问沙特，促进了两国各领域的合作。2012年2月，全国人大常委会副委员长韩启德出席在沙特举行的二十国集团议长会议并会见沙特协商会议主席阿卜杜拉。沙特国王阿卜杜拉高度评价沙特与中国的友好关系，强调沙方重视并愿意进一步深化同中国在各个领域的友好合作。2016年1月，习近平主席访问沙特，双方发表《中国和沙特关于建立全面战略伙伴关系的联合声明》，并决定建立两国高级别联合委员会，签署涉及共建"一带一路"及产能、能源、通信、环境、文化、航天、科技等领域14项合作文件。

（六）经济环境

年份	GDP（亿美元）	人均GDP（美元）	GDP增长率（%）
2008	5197.97	19436.857	8.427
2009	4290.98	15655.083	1.829
2010	5368.11	18753.981	4.762
2011	6995.07	23256.096	9.959
2012	7339.56	24883.19	5.384
2013	7443.36	24646.021	2.67
2014	7538.31	24406.468	3.639
2015	6460.02	20481.745	3.486

数据来源：世界银行。

沙特的经济主要支柱是石油工业，为世界最大石油输出国。沙特受益于国际油价攀升,石油出口收入丰厚,经济保持较快增长。政府大力建设和改造国内基础和生产设施,继续推进经济结构多元化、劳动力沙特化和经济私有化,努力扩大采矿和轻工业等非石油产业,鼓励发展农业、渔业和畜牧业,积极吸引外资,保护民族经济。2005 年 12 月,沙特正式加入世界贸易组织。约 39 万人从事游牧,放养骆驼、绵羊、山羊、马。约 39 万人从事农业,可耕地面积只占土地面积的 1.6%,散布在各绿洲中。农产品有椰枣、小麦、大麦、蔬菜、水果。工业有石油提炼、石油化工、钢铁、纺织、水泥等部门。国家政治、经济重心为利雅得与哈萨区。汉志为第二重心,有行政中心吉达与伊斯兰教圣地麦加、麦地那,正加速建设红海沿岸的石油化工业。两个重心区之间有公路以及长距离油管、液化气管相通。出口主要为石油及其制品,占出口额的 90%,是世界上最大的石油输出国,还出口有椰枣、畜产品;输入主要为粮食、糖、茶和纺织品等。从达兰至黎巴嫩的赛达,筑有中东最长的输油管,又修筑了从东岸石油区到西岸的油管与液化气管道。

(七)法律

以《古兰经》和《圣训》为执法依据。由司法部和最高司法委员会负责司法事务的管理。2007 年,阿卜杜拉国王颁布《司法制度及执行办法》和《申诉制度及执行办法》,建立新的司法体系。设立最高法院、上诉法院、普通法院等三级法院,并建立刑事、民事、商业、劳工等法庭。最高法院院长由国王任命。申诉制度规定设立直属于国王的三级行政诉讼机构,即最高行政法庭、行政上诉法庭和行政法庭。

(八)教育

政府重视教育和人才培养,实行免费教育。中、小学学制各为六年。全国共有各类学校 2.28 万所,其中综合性大学 8 所,学院 78 所,高等宗教大学 5 所,其中沙特麦地那大学在伊斯兰世界享有极高声誉。现有教师 33.96 万人,在校学生约 480 万,其中大学生 27.2 万人。每年约有 7000 名学生公费出国留学。在国内读书的大学生,除免费住宿外,还享受津贴。

二、产能合作现状分析

（一）沙特引进外资情况分析

根据联合国贸发会议发布的 2016 年《世界投资报告》显示，2015 年，沙特吸收外资流量为 81.41 亿美元；截至 2015 年年底，沙特吸收外资存量为 2240.5 亿美元。

从投资存量上看，约 40% 的外商直接投资集中在沙特的工业领域，如炼油、石化、矿业、建筑、食品、塑料和橡胶等行业。

在沙特投资的公司和主要项目有：

1）阿美石油公司分别与法国道达尔石油公司和美国康菲石油公司投资 124 亿美元建设的两座日炼化能力为 40 万桶的原油炼化厂。

2）阿美石油公司和美国道化公司计划共同在沙特东部海湾沿岸的拉斯坦努拉建设一个总投资 260 亿美元的化工产品综合体，可年产 800 万吨化工品和塑料制品。这将是沙特能源领域最大的外商投资石化企业。

3）韩国三星工程有限公司与沙特阿拉伯矿业公司共同投资建设合成氨生产厂，合同总价 36 亿里亚尔，日产 3300 吨合成氨，将成为世界上同类产品最大生产企业（化工业）。

4）阿联酋埃玛阿投资建设的吉达门项目，价值 16 亿美元（房地产业）。

5）法国阿尔斯通电力公司的 120 万千瓦发电厂项目，金额 28.8 亿美元（发电业）。

6）荷兰壳牌石油公司、托塔尔石油公司和沙特石油公司的天然气勘探和生产项目，预计总投资 200 亿美元（天然气行业）。

（二）中沙产能合作现状分析

近年来，在世界多极化、经济全球化不断向前推进的背景下，中国和沙特的关系越来越具有战略性和全局性，两国已成为彼此在全球的重要合作伙伴。当前，中国正在深入推进"一带一路"战略，积极开展国际产能合作。沙特也在加快推进经济转型，发布了《沙特阿拉伯王国 2030 年愿景》。

2015 年，沙特商品贸易额达 1.4 万亿里亚尔（1 美元合 3.75 里亚尔），与 2014 年的 1.9 万亿里亚尔相比，跌幅达 26.7%；其中，出口额达 7630 亿里亚尔，比 2014 年的 1.28 万亿里亚尔相比，跌幅为 40.6%；进口额达 6550 亿里亚尔，与 2014 年的 6520 亿里亚尔相比，涨幅达 0.5%。沙特统计总局数据显示，2015 年沙特贸易顺差达 1080 亿里亚尔，比 2014 年顺差额 6320 亿里亚尔相比，跌幅达 82.9%。据沙特《经济报》统计，过去 10 年，沙特对外贸易额达 15.6 万亿里亚尔，其中 2013 年最高，达 2.04 万亿里亚尔。

2015 年沙特石油出口占总商品出口比例从 83.1% 降至 75.1%，从而导致非石油产品出口占总商品出口比例从 16.9% 增至 24.9%。2015 年沙特石油出口额达 5730 亿里亚尔，比 2014 年的 1.07 万亿里亚尔，下降了 46.3%。非石油产品出口额达 1900 亿里亚尔，比 2014 年的 2170 亿里亚尔，下降了 12.5%。

中国跃居成为沙特最大的贸易伙伴，沙特向中国出口额达 925 亿里亚尔，从中国进口额达 924 亿里亚尔，出口、进口均位居第一。

中沙两国元首共同见证了《中华人民共和国政府与沙特阿拉伯王国政府关于共同推进丝绸之路经济带和 21 世纪海上丝绸之路以及开展产能合作的谅解备忘录》以及能源、通信、环境、文化、航天、科技等领域双边合作文件的签署，双方还建立全面战略伙伴关系。

中沙天然气公司（SSG）勘探工地现场图

目前，中沙关系有了新的发展。两国共建"一带一路"，构建以能源合作为主轴，以基础设施建设、贸易和投资便利化为两翼，以核能、航天卫星、新能源三大高新领域为突破口的"1+2+3"合作格局。合作不仅将扩大相互投资，进一步深化基础设施领域合作，重点做好铁路、道路桥梁、通信、港口等方面的互利项目，而且也会继续推动在航天、卫星发射、和平利用核能、新能源等领域的相关合作，充分体现了中沙两国的互利共赢。同时，沙特作为创始成员国积极参与"亚洲基础设施投资银行"。

中沙两国合作领域宽阔，是一个真正的全面战略伙伴关系。有政治领域的战略合作与战略互信，能源领域的互利合作，务实合作领域的互利项目，安全领域的加强合作，人文领域的交流与合作，地区和国际事务的沟通与协调等。其次，在务实合作领域中，互利项目突出了"一带一路"战略与沙特国家发展战略的对接。中沙两国将共同推进丝绸之路经济带和 21 世纪海上丝绸之路建设的框架内深入开展合作，不仅加强了产能政策协调与对接，还将推动技术转让、产业升级和经济多元化。

三、合作领域和合作重点

2015 年沙特国际投资指数为 57.26，在 108 个样本中排名第 12 位，这说明沙特的整体市场环境较优，市场潜力较强，对外商投资有一定的吸引力。沙特进口关税较低，平均关税为 5%。对投资领域和投资比例的限制逐步减少，利润可自由兑换和汇出。通信、交通、银行、保险及零售业陆续对外国开放。2011 年 7 月国际著名评级机构穆迪对沙特国家信用的评定等级为 Aa3 级，评级展望为稳定；大公国际则保持对沙特国家信用等级 AA 的评定标准。

在 11 大板块贡献度排名中，按数值大小进行降序排列。排名前三位的分别是宏观经济板块、基础设施板块和市场潜力板块。说明沙特的这三个板块在国际投资中的竞争性较强。沙特的阿美石油公司经营石油、天然气的勘探、开发、炼化、运输、存储、出口，是世界 500 强企业之一。沙特基础工业公司是世界 500 强企业，全球第十大石化公司，也是中东最大的石油化工企业公司和沙特最大的上市公司，固定资产 792 亿美元。SABIC 石化产量占全球的 3.8%，聚烯烃产量世界第四，聚乙烯产量居世界第三。沙特绝大多数生产资料和消费品依靠进口。近年来，由于国际石油价格的升高和欧佩克产油国的不断增产，沙特的人均收入一直保持在较高的水平。2015 年，人均 GDP 为 20482 美元。可以看出沙特市场潜力大，宏观经济形势也较好。其他方面，沙特在政治板块、金融稳定性板块、社会环境板块、要素需求板块等的贡献度排在中游。但贸易与投融资环境板块相对较弱。沙特出口以石油和石油产品为主，约占出口总额的 90%，出口产品较单一。进口主要是机械设备、食品纺织等消费品和化工产品。说明沙特的对外贸易现状不太乐观，以及政府

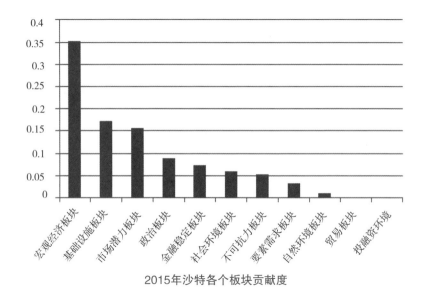

2015年沙特各个板块贡献度

资料来源：武汉大学国际投资中心。

应该积极改善投融资环境。

进一步使用经济学模型测算各个板块 2015 年发生的概率，测算方法是衡量主要指标的变动是否超出了预定值，如果超过，说明发生概率较大，波动比较剧烈，反之发生概率较小，沙特结果见下图。从各个板块发生的概率来看，宏观经济板块、市场潜力板块、政治板块、金融稳定板块和基础设施板块发生的概率显著超过了 0.5，说明这些领域不稳定性增强，同时也说明这些领域的投资机会较大。因此在未来的发展趋势中尤其需要密切关注。

沙特的发展战略包括扩大石油天然气生产能力，巩固石油在国民经济中的基础地位；鼓励非石油经济的发展，扩大非石油产品出口；促进私有经济发展，扩宽对私有经济的限制；加大开放力度，积极吸引外资；加速基础设施建设，夯实经济发展的基础。

沙特确立的经济发展目标是成为世界上前 10 位经济最具活力的国家，到 2020 年石化工业生产能力达到世界前 10 名。

另外，我们可以测算出沙特不同产品的比较优势，通过优势互补、禀赋

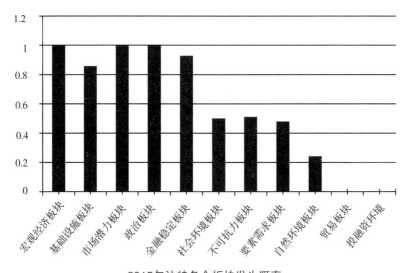

2015年沙特各个板块发生概率

资料来源：武汉大学国际投资中心。

分配等方式进行合作。

目前，双方在能源、化工、铁路、港口、矿业、产业园等领域合作潜力巨大。

两国在"一带一路"倡议和"沙特 2030 愿景"战略上的深入对接，将为双边经贸合作深入发展带来新的动力。沙特原油丰富，需要开采和进一步的开发，升级产品产业链，丰富产品结构。所以中方可以在能源领域与沙特加强合作。同时，中方可在铁路、港口、矿业等领域进行海外工程承包。

四、政策分析

（一）优惠政策框架

在沙特的外商直接投资，可享受沙特政府颁布的一系列优惠政策措施，而外商在沙特政府规划的六座经济城（拉比格阿卜杜拉国王经济城、麦地那经济城、吉赞经济城、哈伊勒经济城、塔布克经济城、阿赫萨经济城）、全国24座已建成的和在建的工业城以及朱拜勒、延布两个专属工业区内投资则可享受到沙特政府提供的更加优惠的地区性投资优惠待遇，尤其是能够获得包括廉价能源供应、廉价项目用土地、优惠劳工措施、减免企业所得税、免除原材料及器械进口关税等在内的一系列优惠措施。

（二）行业鼓励政策

沙特投资总局在其网站上公布的六大类鼓励性投资行业包括：①以能源为基础的产业：包括原油炼化、石化、化肥、淡化海水与发电业、冶金开矿行业等方面；②运输物流：包括航空、铁路、港口码头、道路、物流等；③信息通信技术产业；④医疗卫生；⑤生命科学；⑥教育。

（三）地区鼓励政策

近年来，沙特经济快速发展，同时也加快了经济开放的步伐。经济区建设已成为沙特对外开放的重要的组成部分。2002年10月沙特政府宣布对原有的朱拜勒和延布工业区实施扩建，两个工业区的二期建设计划正在实施中。延布工业城对于外国投资有更加优惠的政策支持，允许设立外商独资企业，所有企业不论何种资本类型均享受国民待遇；所有生产所必需的原材料免进口关税；建设项目可获得项目投资50%，最高1亿美元的无息贷款；租购房屋土地可享受较低的价格和长期固定的租金；政府采购将倾向于在本国制造的产品；回撤资金无严格限制等。

此外，沙特政府启动庞大的经济城建设计划，已对外公布在拉比格、麦地那、吉赞、哈伊勒、塔布克、阿赫萨建设六座经济城。经济城分布在全国各地，分工不同，重点推动沙特的能源、运输、科技、金融、贸易和旅游发展，吸引国内外投资，扩大就业。在经济城投资的投资者可以享受到"工业发展基金"50%的10年低息贷款。以年租金每平方米8哈拉拉（1沙特里亚尔为100哈拉拉）的象征性价格租用两块土地，分别用于厂房建设和住宅。租用土地的面积根据项目的需要核定，今后可以根据发展申请扩大。投资者可以根据项目的需要引进必要的劳务人员，项目需要而当地又无法解决的机械设备、原材料的进口免除关税，所生产的产品属于民族工业产品，受政府政策的保护，同类的外国进口产品将增加关税。经济城发展基金税每平方米每年0.5沙特里亚尔。

此外沙特政府对进入六个欠发达地区投资的外商企业给予更加优惠的税收优惠政策，六个地区分别为哈伊尔、杰赞、纳杰兰、巴哈、朱夫和北部边境省。在上述六个地区设立的外资企业可以减免50%年度培训沙特雇员费用，减免沙特雇员50%的工资，如果企业符合投资规模超过100万沙特里亚尔，且至少有5名沙特籍员工担任企业技术或管理职务(合同至少1年)，则会享受更多的税收优惠措施。

（四）特殊经济区域的规定

朱拜勒工业城和延布工业城是沙特政府为了发展多元化经济、摆脱单一石油出口对国民经济的影响，提高石油、天然气及石化领域的生产和研发能力，促进商业、轻工业、机械设备制造业、教育及科研领域等各行业快速发展而兴建的。从最初的概念提出、设计规划到后来的施工建设用了20多年的实践，是沙特未来经济发展的核心。目前工业城已初具规模，成为沙特工业发展的象征，并成为沙特非石油产品出口的重要产地。由于工业城的飞速发展，原有规划面积已经不能满足不断增长的投资需求，沙特国王阿卜杜拉2002年10月宣布实施"朱拜勒－延布2期"计划，继续对两个工业城进行扩建。

朱拜勒工业城位于沙特北部，毗邻阿拉伯湾，达曼市西北部100公里处。这里既是石油、天然气、矿石等天然原材料产地，又有着方便的海陆运输通道，该城占地1000多平方公里，城内设施完善，有一座大型的污水处理厂，日处理污水能力113700立方米；有直通King Fahd工业港的石油输送管道，King Fahd港总长12公里，有大规模的石油和石化产品储存设施，并能同时容纳20艘30万吨级的货轮和油轮停靠。

朱拜勒工业城主要开发沙特的矿产资源和原材料以满足国内生产和出口需要。

延布工业城位于沙特西部，红海岸边，吉达市西北350公里处。延布是沙特石油和天然气管道的最西端终点，由东部油田开采出的石油和天然气通过管道横贯沙特进入红海。延布地区矿产丰富，铜矿、铁矿、磷酸盐、石膏等种类齐全。延布工业城与朱拜勒工业城一样，有着充足的能源供应和完善的基础设施。城内工业区、商业区、生活区齐备，交通运输网络发达。

延布工业城对于外国投资有更加优惠的政策支持，允许设立外商独资企业，所有企业不论何种资本类型均享受国民待遇；所有生产所必须的原材料免进口关税；建设项目可获得项目成本50%、最高1亿美元的无息贷款；组购房屋土地可享受较低的价格和长期固定的租金；政府采购将倾向于本国制造的产品；回撤资金无严格限制等。

（五）竞争力分析

根据世界经济论坛发布的《2015—2016年全球竞争力报告》，沙特在全球最具竞争力的140个国家和地区中，排名第25位，与2014—2015年度144

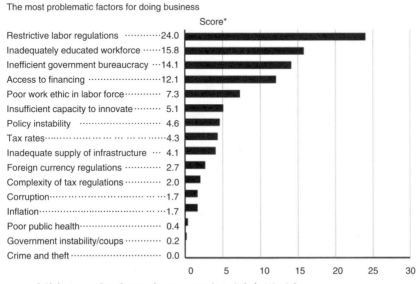

资料来源：世界经济论坛《2015—2016年全球竞争力报告》。

个国家和地区中排名第 24 位相比，竞争力有一定程度的减弱。在影响企业经营的要素中，严苛的劳动法规、未受过教育的劳动力、政府低效等是比较突出的因素。

五、合作案例

（一）电力行业合作

国际产能合作成为当今经济新常态下的热词，"鼓励企业参与境外基础设施建设和产能合作"被写进政府工作报告。2015 年 9 月，山东电建三公司表示，中国工程企业将独立承建沙特电力公司（SEC）的首个大型电站——PP14 联合循环电站，这是山东电建三公司参与"一带一路"建设，积极开展产能合作取得的新成果。

2015 年 9 月，山东电建三公司与沙特电力公司签订利雅得 PP14 联合循环电站合同。沙特电力公司（SEC）发电工程技术部经理阿卜杜拉兹·穆艾杰与山东电建三公司总经理助理兼中东区域总裁刘方江代表双方签字。PP14 项目合同的签订，标志山东电建三公司的项目执行能力和管理能力得到了沙特电力公司的肯定，对中国电力工程企业顺利迈入中高端市场具有十分重要

中国承建沙特大型电站

的意义。

据介绍，沙特利雅得 PP14 电站项目位于利雅得东南约 45 公里，山东电建三公司承包范围为设备安装和部分钢结构 EPC 工程，项目总工期 18 个月，合同额约 14.6 亿人民币。合同范围包括 6 台 GE MS7001FA.05 型燃机、2 台 D600 型汽轮发电机、6 台余热锅炉（三压锅炉），总装机容量 1900 兆瓦。业主方为沙特电力公司（Saudi Electricity Company），监理方为澳大利亚 Worley Persons。

沙特电力公司是沙特及中东地区最大的电力供应商和投资商，对项目建设标准高、要求严。山东电建三公司于 2014 年 7 月顺利通过其资格预审，是首个进入沙特电力公司合格 EPC 总承包商名单的中国企业。

山东电建三公司于 2009 年成功打破欧美日韩企业对沙特电建市场的垄断，成为沙特市场第一家中国 EPC 总承包商，先后承建了拉比格 2×660 兆瓦燃油电站和扎瓦尔 2400 兆瓦联合循环燃机电站，引领了中国国产设备、国内银行融资首次进入沙特市场。公司的 EPCO 管理能力得到各项目业主的高度评价，在沙特和中东市场打响了"SEPCO Ⅲ"品牌，形成了区域化发展态势。

利雅得 PP14 电站项目是山东电建三公司与沙特国家电力公司（SEC）合作的首个项目，是集团公司开拓、站稳沙特电力市场的又一里程碑项目，是中国承包商在沙特展现管理、施工实力的重要项目。项目全体人员将坚持"安全为先、质量为重"的原则，确保各里程碑节点务期必成，高起点、严要求，全面推进工程建设各项管理工作。PP14 项目合同的签订，标志山东电建三公司的项目执行能力和管理能力得到了沙特电力公司的肯定，对于中国电力施工企业迈入中高端市场具有十分重要的意义。

（二）石化行业合作

沙特基础工业公司（SABIC，萨比克）2016 年 5 月 30 日发布声明，宣布已与神华集团旗下的神华宁夏煤业集团（SNCG）签署项目开发协议（PDA），协议已于当日生效。

根据协议，SABIC 在声明中称，合资企业将位于宁夏回族自治区内，是一个"未开发的石化工业区"，该工厂将使 SABIC 利用神华宁夏煤业集团提供的当地煤炭原料实现原料来源多元化。声明称，双方将在未来 3 年共同开展项目可行性研究，视结果报国家发展改革委审批。双方将在最终决定投资并取得所有必要的政府批准文件的情况下采取进一步行动，实施项目。

萨比克方面对这一协议反应积极。沙特朱拜勒和延布皇家委员会主席兼萨比克主席阿勒沙特亲王表示，该协议彰显了萨比克拓展全球业务及靠近客户的决心，萨比克坚持实施运营地点多元化策略，寻求更多投资机会，以拓展新的战略性市场。萨比克副主席兼首席执行官阿勒本延表示，该项目展示萨比克积极实现原材料来源多元化，为更多依靠非传统原材料的投资机会铺路，以应对国际市场原料价格的周期性波动，以确保其实现盈利发展战略。

（三）建筑行业合作

2015 年，经过前期积极调研筹备，中国铁建旗下国际集团国际贸易公司与中铁十一局集团汉江重工公司依托国际集团沙特第五期军营项目建设，在沙特当地组建钢结构加工联合项目部，以国际工程承包＋国际贸易＋制造业"抱团出海"模式，开展推动中国铁建优势产能"走出去"的探索和实践。

沙特是中国铁建国际集团重点开发的三大支柱市场之一，具有巨大的基础设施建设市场。国际集团承揽的沙特第五期军营项目合同总金额 19.79 亿美元，合同工期 1440 天，主要工程包括办公楼、宿舍楼、活动中心、餐厅、库房、车库、加油站等，含结构、装饰装修、家具、家电、机电系统安装、室外配套及绿化等专业，是中国铁建有史以来最大的房建项目。中国铁建国际集团为该项目的设计施工总承包单位，中国铁建旗下中铁十四局、十九局、中铁建设、城建集团等单位负责具体施工。

该项目特点是地块多、分布广、跨度大，钢结构和金属制品需求量大、种类繁多、生产周期长，地块分散，服务点多，运输安装控件跨度大。国际集团国际贸易有限公司与中铁十一局集团汉江重工有限公司为此拟共同出资在沙特组建联合钢结构加工项目部，投入项目启动资金，以联合项目部的名义与国际集团沙特第五期军营项目公司签订购销合同。

沙特是海湾地区最大的工程承包市场，建筑业是沙特继石油之后的第二大产业，其建筑业占据海湾地区市场总额的39%。据统计，未来五年沙特建筑市场预计投资额约 5000 亿美元。目前，中资企业在沙特建筑市场的市场份额约为 16%，利雅得、吉达、达曼等城市地铁也将相继开工，钢结构产品在沙特的市场前景比较乐观。双方将以此次合作为基础，逐步站稳沙特巨大基建市场，大力拓展中东、非洲、东南亚区域的钢结构业务，为切实推动中国铁建工业制造版块的新发展提供有力支持。

沙特作为"一带一路"沿线国家，当前，"一带一路"战略为发展国际产能合作带来了机遇。国家的政策支持与鼓励，基础设施互联互通、产业合作的持续深入，高层对话机制、经贸合作机制的日趋健全，都将为企业推进相关合作提供更加有力的支持和保障。

在中国铁建走出海外的大趋势下，通过此次成立沙特联合钢结构项目部探索出一条行之有效、互利共赢的合作模式，并在今后的海外工程中加以推广，实现优势产能、工业制造"走出去"的战略要求。同时，进一步探索"组合拳"出海模式，将中国铁建优势装备、技术、管理、标准和资本尽可能多地"打包"，与合作对象深度融合，形成规模优势，全面推进"走出去"的速度和质量。

土耳其

一、基本国情介绍

（一）地理位置

土耳其是一个横跨欧亚两洲的国家，北临黑海，南临地中海，东南与叙利亚、伊拉克接壤，西临爱琴海，并与希腊以及保加利亚接壤，东部与格鲁吉亚、亚美尼亚、阿塞拜疆和伊朗接壤。土耳其地理位置和地缘政治战略意义极为重要，是连接欧亚的十字路口。

土耳其是北约成员国，又为经济合作与发展组织创始会员国及二十国集团的成员。拥有雄厚的工业基础，为世界新兴经济体之一，亦是全球发展最快的国家之一。

土耳其中心城市——伊斯坦布尔

（二）人口

土耳其现有人口 7981 万，土耳其族占 80% 以上，库尔德族约占 15%。土耳其语为国语。99% 的居民信奉伊斯兰教，其中 85% 属逊尼派，其余为什叶派（阿拉维派）；少数人信仰基督教和犹太教。

（三）自然资源

土耳其矿产资源丰富，主要有天然石、大理石、硼矿、铬、钍和煤等，总值超过 2 万亿美元。其中，天然石和大理石储量占世界 40%，品种数量均居世界第一。三氧化二硼储量 7000 万吨，价值 3560 亿美元；钍储量占全球总储量的 22%；铬矿储量 1 亿吨，居世界前列。此外，黄金、白银、煤储量分别为 516 吨、1100 吨和 155 亿吨。石油、天然气资源匮乏，需大量进口。水资源短缺，人均拥水量只有 1430 立方米。

（四）政府机构及政治制度

2002 年 11 月至 2015 年 6 月，正义与发展党（以下简称"正发党"）在土耳其连续单独执政，政绩较为突出，执政地位相对稳固。2015 年 6 月，土耳其举行议会选举，正发党赢得 40.8% 的选票，连续第四次成为议会第一大党，但因议席未过半数，失去单独执政地位，该党主席达乌特奥卢组建跨党派联合政府失败。11 月，土耳其再次举行议会选举，正发党以 49.5% 的得票率成功获得过半议席，重新获得单独执政权。该党主席达乌特奥卢组建新内阁并于 11 月 30 日顺利通过议会信任投票。2016 年 5 月 22 日，正发党召开特别大会，选举产生新任党主席耶尔德勒姆，总统埃尔多安授权耶尔德勒姆组阁。5 月 29 日，新内阁通过议会信任投票正式就任。

议会全称为土耳其大国民议会，是土耳其最高立法机构。共设 550 个议席，议员根据各省人口比例经选举产生，任期 4 年。实行普遍直接选举制，18 岁以上公民享有选举权。只有超过全国选票 10% 的政党才可拥有议会席位。本届议会成立于 2015 年 11 月，是土耳其第 26 届议会。目前议会席位分布情况是，正义与发展党 317 席，共和人民党 133 席，人民民主党 59 席，民族行动党 39 席，独立议员 2 席。

（五）外交关系

土耳其外交重心在西方和中亚地区，在与美国保持传统战略伙伴关系的同时加强与欧洲国家的关系。土耳其 1987 年申请加入欧盟，直至 1999 年才获得候选国资格。加入欧盟是土耳其既定战略目标，已与欧盟实现关税同盟。注重经济外交，维护自身利益。主张以和平方式解决国家间争端。在人权、民主、塞浦路斯等问题上与西方国家分歧较大。重视建立和维护同邻国的友好关系，推行与周边邻国"零问题"政策，强调发展同世界及地区大国的关系。在中东、黑海和巴尔干地区，积极开展多边和双边外交，突出其地区大国的重要性。在中亚，利用与突厥语国家在民族、宗教、历史、文化和地缘方面的联系，密切与地区国家关系。注重发展同阿拉伯和伊斯兰国家的关系，承认阿拉伯、以色列的合法权益，支持中东和平进程。在伊拉克问题上，主张维护伊统一和领土完整，希望伊保持和平与稳定。

1971 年 8 月 4 日，中国和土耳其建交。20 世纪 80 年代以来，两国高层互访增多，双边关系发展较快。近几年，双边关系发展良好。

2015 年，中土双边贸易额 215.65 亿美元，较 2014 年下降 6.3%，其中中国出口 186.17 亿美元，同比下降 3.6%，进口 29.48 亿美元，同比下降

20.6%。两国经贸合作稳步开展，交通、电力、冶金、电信是双方合作的重点。2015年，中国工商银行完成土耳其纺织银行（Testilbank）75.5%股权交割，成为首家在土耳其设立营业性机构的中资银行；中国企业联合体成功收购土耳其第三大集装箱码头康普特码头。

2015年7月，土耳其总统埃尔多安对华进行国事访问。其间，习近平主席同埃尔多安会谈，李克强总理和张德江委员长分别同埃尔多安会见，双方就双边关系及共同关心的国际和地区问题深入交换意见并达成广泛共识。双方签署《中华人民共和国政府和土耳其共和国政府关于建立副总理级合作委员会的谅解备忘录》。

2015年11月，习近平主席赴土耳其出席二十国集团领导人安塔利亚峰会。其间，习近平主席同土耳其总统埃尔多安会谈，就双边关系、国际和地区问题交换意见，并宣布建立两国外长磋商机制。

（六）经济经济环境

土耳其为世界第16大国内生产总值（购买力平价）的经济体，在人均国内生产总值（购买力平价）方面则位居第65位。土耳其为经济合作与发展组织创始会员国及二十国集团的成员（于1999年加入）；自1995年12月31日起，土耳其已成为欧盟海关同盟的一员。

世界银行就土耳其2007年的人均国内生产总值将其分类为中高所得国家。美国中央情报局将土耳其分类为发达国家，但经济学家及政治学家常将土耳其认定为新兴工业化国家，然而美林证券、世界银行及《经济学人》杂志则将其归类为新兴市场。

年份	GDP（万亿本币）	人均GNI（美元）	人均GDP增长率（%）
2015	1.95	9950	2.48
2014	1.75	1.08万	1.62
2013	1.56	1.09万	2.75
2012	1.42	1.08万	0.94
2011	1.29	1.04万	7.18

数据来源：世界银行。

二、产能合作现状分析

（一）引进外资情况

从地理位置上看，土耳其是"一带一路"很重要的节点。土耳其地跨欧亚，扼守古丝绸之路西端，基础设施完善，联通欧亚非三大市场。以伊斯坦布尔为圆点，3小时飞行圈内覆盖9亿多人口。因为青年人口比例高，土耳其的消费能力强。综合来看，土耳其产能消化和转移能力突出。

据土耳其统计局统计，2016年1~6月，土耳其货物进出口额为1714.4亿美元，比2015年同期（下同）下降4.8%。其中，出口717.0亿美元，下降2.4%；进口997.4亿美元，下降6.4%。贸易逆差280.4亿美元，下降15.3%。

（二）与中国产能合作现状

2016年1~6月，中土双边货物进出口额为137.3亿美元，增长1.0%。其中，土耳其对中国出口9.9亿美元，下降17.4%，占土耳其出口总额的1.4%，降低0.2个百分点；土耳其自中国进口127.4亿美元，增长2.8%，占土耳其进口总额的12.6%，提高1.2个百分点。土耳其与中国的贸易逆差117.5亿美元，增长5.0%。

截至2016年6月，中国为土耳其第十九大出口市场和第一大进口来源地。

以塑料为例，土耳其塑料工业基金会(PAGEV)最新的市场报告显示，在2016年的前6个月，土耳其塑料的产量与2015年同期相比增长了8%，至460万吨。该报告称，该行业在这段时间的总产出估值为178亿美元，与2015年上半年相比，增长了8.5%。根据协会表示，土耳其在2016年前6个月的塑料产量中，包装产品占主要地位，总计达185万吨。另外，102万吨塑料用于建筑行业。为了扩大土耳其当地输出的产能并使机械更加现代化，当地塑料业在2016年前6个月内共计投资了4.43亿美元。据预测，到2016年年底该行业的公司将总投资8.86亿美元来提高其产能。

三、合作领域和合作重点

2015年土耳其国际投资指数为36.81,在108个样本经济体中排名第65位,这说明土耳其的整体市场环境一般,对外商投资吸引力一般。在11大板块贡献度排名中,前三位分别是宏观经济板块、金融稳定性板块和基础设施板块,尤其是宏观经济,非常乐观。

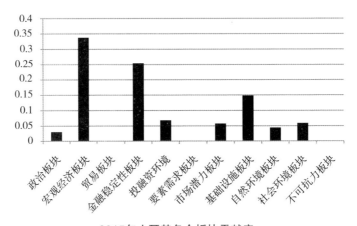

2015年土耳其各个板块贡献度

资料来源:武汉大学国际投资研究中心。

进一步使用经济学模型测算各个板块2015年发生的概率,测算方法是衡量主要指标的变动是否超出了预定值,如果超过,说明发生概率较大,反之发生概率较小,土耳其计算结果见下图。从各板块发生的概率来看,宏观经济、金融稳定性、自然环境等板块发生的概率显著超过了0.5,这些领域在未来的发展趋势尤其需要密切关注。

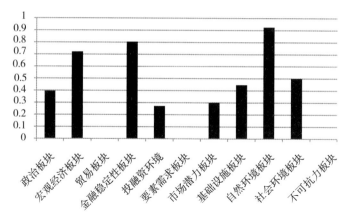

2015年土耳其各个板块的发生概率

资料来源：武汉大学国际投资研究中心。

四、政策分析

在世界银行发布的《2015 营商环境报告》中，土耳其在 189 个国家和地区中排名第 55 位，比 2014 年的第 69 位上升了 14 位。

根据土耳其央行公布的数据，土耳其外国直接投资（FDI）在 2015 年达到 165 亿美元，同比增长 32%。制造业在 2015 年成为土耳其外资比例最高的行业，其次是金融服务和交通运输业。西班牙在 2015 年成为土耳其 FDI 的最大来源国，美国和卢森堡紧随其后，中国排在德国之前，位居第九。

中国对土耳其直接投融资存在较高的经济成本和汇率风险。土耳其享受欧盟市场资格，不存在类似对中国反倾销出口限制，吸引中国优势企业转移生产。但是土耳其对外商投资设置高门槛，外企需要按 1∶5 比例招收国际和本地雇员，为本地雇员缴纳高额社保，并且征收高额营业税，执行欧洲环保标准，因此中企投资的经济成本会比较高。

土耳其长期存在经常性账户赤字和汇率不稳的问题。土耳其是欧洲共同市场成员，长期依赖欧盟工业技术和标准，选举政治压力下，土耳其政府往往追求短期经济效益，更加不愿意重视工业研发投入，因此土耳其出口创汇能力较差。

土耳其青年比例较高，全国平均年龄只有 30.4 岁，信贷消费旺盛，储蓄率很低，另一方面，正义与发展党政府一直热衷投资基建，对国际信贷依赖程度很高。美国退出量化宽松后，国际热钱流出，土耳其 CPI 指数和通胀率不断走高，土耳其对中国直接投资尤其抱有很高期待。

2016 年 7 月 15 日夜至 16 日晨，土耳其爆发了一场未遂军事政变，爆发未遂政变以来，Borsa Istanbul 100 指数累计跌幅约为 12%。与此同时，土耳其里拉兑美元汇率跌幅也达到 6% 左右。眼下土耳其国内的政经环境都很糟糕，而且很难说这已经是最坏的局面。土耳其总统埃尔多安在未遂政变爆发后宣布国家进入紧急状态。

土耳其投资和贸易法规不完善，尽管在贸易法规方面加强了立法，但投资和贸易法规体系仍不健全，许多问题无章可循。其次，政府部门机构臃肿，办事效率低下，加大了投资者的经营成本和投资风险。另外，也存在技术性贸易壁垒，土耳其要求进口的医疗器械、机械等产品必须加盖欧洲标准标志（CE 认证）。但同样是符合欧洲标准的产品，来自欧盟的便可直接进入，来自其他国家和地区的还需进行额外检测，不公平的竞争环境影响贸易。

五、合作案例

截至 2014 年，中国在土耳其完成承包工程营业额 19.43 亿美元，有超过 30 家中国工程承建企业和机械、融资配套服务商在当地设立代表处，如中国铁建、机械进出口公司、东方电气、国家开发银行等。

安伊高铁二期项目是中国高铁海外第一单，于 2014 年 1 月竣工，合同总金额 12.7 亿美元，由中国承建并提供融资。

2015 年 5 月，中国工商银行完成对土耳其纺织银行 75% 股权收购，创下中企对土耳其单笔最大投资纪录，被认为是两国深化金融合作的里程碑。

截至 2014 年，中国企业在土耳其直接投资存量达到 6.42 亿美元，领域从传统的能源、矿业向农业、交通、新能源、金融和电信等扩展。在土耳其投资设厂比较知名的中企有华为和中电光伏两家。

（一）华为

华为于 2002 年在安卡拉注册，现已成为当地知名通信设备和服务供应商，招聘本地员工超过 700 人。

华为土耳其研究所

（二）中电光伏

中电光伏 2012 年进入土耳其，利用土耳其欧盟市场国家地位，规避惩罚性关税，产品主要销往欧洲和北美。2014 年 10 月，中电光伏宣布其土耳其子公司 CSunu Turkey 与土耳其德尼兹银行签署战略合作协议，该银行旗下企业德尼兹租赁股份有限公司将为土耳其境内使用中电光伏公司组件的项目提供资金支持，融资额度为 100 兆瓦，约 3 亿元人民币。

德尼兹银行是土耳其最大的金融服务集团之一，基于协议，德尼兹金融租赁股份有限公司将在土耳其境内，以融资租赁方式为使用中电光伏系统设备的太阳能项目提供融资。德尼兹金融租赁股份有限公司人士说，战略合作不仅仅局限于融资，这次合作相当于"联姻"，双方将联手进行市场推广，提高中电光伏在土耳其当地市场的占有率。在该银行的穿针引线下，昨天土耳其马尔斯能源公司和中电电气签署了组建采购意向协议。

中电光伏是南京市首家在纳斯达克上市的企业。在欧美相继对中国光伏产品发起"双反"的背景下，中电光伏选择了"走出去"，2013年5月，其在土耳其伊斯坦布尔投资建设100兆瓦光伏电池和300兆瓦光伏组建生产基地投产，成为国内第一家成功海外建厂、投产并实现盈利和当地融资的光伏企业。

中电光伏在土耳其设立公司

伊　朗

一、基本国情介绍

（一）地理位置

伊朗伊斯兰共和国，简称伊朗。位于亚洲西南部，属中东国家，古时称之为"波斯"。伊朗中北部紧靠里海、南靠波斯湾和阿曼湾。伊朗东邻巴基斯坦和阿富汗，东北部与土库曼斯坦接壤，西北与阿塞拜疆和亚美尼亚为邻，

伊朗首都德黑兰

西界土耳其和伊拉克。国土面积为 164.5 万平方公里。

伊朗是亚洲主要经济体之一,经济实力较强。伊朗经济以石油开采业为主,为世界石油天然气大国,地处世界石油天然气最丰富的中东地区,石油出口是经济命脉,石油生产能力和石油出口量分别位于世界第四位和第二位,是石油输出国组织成员。伊朗的石油化工、钢铁、汽车制造业发达,还有电子工业、核工业、计算机软硬件业。

(二)人口民族

伊朗是一个多民族的伊斯兰国家,总人口 8000 万。人口比较集中的省份有德黑兰、伊斯法罕、法尔斯、呼罗珊拉扎维和东阿塞拜疆。全国人口中波斯人占 66%,阿塞拜疆人占 25%,库尔德人占 5%,其余为阿拉伯人、土库曼人等少数民族。官方语言为波斯语。伊斯兰教为国教,98.8% 的居民信奉伊斯兰教,其中 91% 为什叶派,7.8% 为逊尼派。

1990 年,伊朗正式开始实施名为“安排家庭计划”的计划生育政策,提倡只生两胎,每个家庭最多 3 个孩子。同年,伊朗专门成立了“生育率调节委员会”,负责国家计划生育政策的实施和各部门的协调。

2006 年 10 月,内贾德总统发表了一次讲话,说伊朗人口应该从 7000 万增加到 1.2 亿，并主张妇女应该减少工作时间，把更多时间花在养育孩子上面。

2012 年 7 月 25 日，伊朗最高宗教领袖哈梅内伊正式表态，控制人口计划废除。

（三）自然资源

石油、天然气和煤炭蕴藏丰富。截至 2013 年年底，已探明石油储量 216 亿吨，居世界第四位，石油年产量 1.75 亿吨，居世界第五位。天然气储量 33.8 万亿立方米，居世界第一位。天然气年产量 1666 亿立方米，居世界第三位。

其他矿物资源也十分丰富，可采量巨大。目前，已探明矿山 3800 处，矿藏储量 270 亿吨；其中，铁矿储量 47 亿吨；铜矿储量 30 亿吨（矿石平均品位 0.8%），约占世界总储量的 5%，居世界第三位；锌矿储量 2.3 亿吨（平均品位 20%），居世界第一位；铬矿储量 2000 万吨；金矿储量 150 吨。此外，还有大量的锰、锑、铅、硼、重晶石、大理石等矿产资源。目前，已开采矿种 56 个，年矿产量 1.5 亿吨，占总储量的 0.55%，占全球矿产品总产量的 1.2%。

（四）政府机构及政治制度

伊斯兰革命后于 1979 年 12 月颁布第一部宪法，规定伊朗实行政教合一制度。1989 年 4 月伊朗对宪法进行部分修改，突出伊斯兰信仰、体制、教规、共和制及最高领袖的绝对权力不容更改。同年 7 月，哈梅内伊正式批准经全民投票通过的新宪法。

伊斯兰议会是伊朗最高国家立法机构，实行一院制。议会通过的法律须经宪法监护委员会批准方可生效。议员共 290 名，由选民直接选举产生，任期 4 年。议会设有主席团和 12 个专门委员会。主席团由议长、2 名副议长、3 名干事、6 名秘书共 12 人组成，主要负责制订会议议程、起草会议文件等工作，任期 1 年，任满后由议员投票改选，可连选连任。第 10 届议会于 2016 年 5 月经选举成立，议长为阿里·拉里贾尼（Ali Larijani）。

政府实行总统内阁制。总统是国家元首，也是政府首脑，可授权第一副总统掌管内阁日常工作，并有权任命数名副总统，协助主管其他专门事务。现任第一副总统为埃斯哈格·贾汉吉里（Eshaq Jahangiri）。本届内阁于 2013

年 8 月成立。

（五）外交关系

奉行独立、不结盟的对外政策，反对霸权主义、强权政治和单极世界，愿同除以色列以外的所有国家在相互尊重、平等互利的基础上发展关系。倡导不同文明进行对话及建立公正、合理的国际政治、经济新秩序。认为国家的主权和领土完整应得到尊重，各国有权根据自己的历史、文化和宗教传统选择社会发展道路，反对西方国家以民主、自由、人权、裁军等为借口干涉别国内政或把自己的价值观强加给他国。认为以色列是中东地区局势紧张的主要根源，支持巴勒斯坦人民为解放被占领土而进行的正义斗争，反对阿以和谈，但表示不采取干扰和阻碍中东和平进程的行动。主张波斯湾地区的和平与安全应由沿岸各国通过谅解与合作来实现，反对外来干涉，反对外国驻军，表示愿成为波斯湾地区的一个稳定因素。2014 年 6 月，鲁哈尼在当选伊朗总统后表示，愿同国际社会进行"建设性互动"，改善伊朗同国际社会的关系。2015 年 7 月，伊朗核问题六国（中国、美国、俄罗斯、英国、法国、德国）同伊朗就伊核问题达成全面协议。2016 年 1 月 16 日，全面协议正式付诸执行。

（六）经济环境

伊朗是亚洲主要经济体之一。伊朗的经济实力位居亚洲第七位（次于中国、日本、印度、韩国、印尼、沙特）。

伊朗盛产石油，是世界第四大石油生产国、欧佩克第二大石油输出国。石油是伊朗经济命脉和外汇收入的主要来源之一，石油收入占伊朗外汇总收入的一半以上。伊朗经济保持稳步增长。2016 年，伊朗国内生产总值 4123 亿美元，人均国内生产总值 5124 美元。

农业在国民经济中占有重要地位。伊朗农耕资源丰富，全国可耕地面积超过 5200 万公顷，占其国土面积的 30% 以上，已耕面积 1800 万公顷，其中可灌溉耕地 830 万公顷，旱田 940 万公顷。农业人口占总人口的 43%，农民人均耕地 5.1 公顷。农业机械化程度较低，其综合收割机与拖拉机保有量分别为 1.3 万台和 36 万台。伊朗政府高度重视、大力发展农业，粮食生产已实现

90% 自给自足。

年份	GDP（伊朗里亚尔）	人均GNI(现价美元)	人均GDP年增长率（%）
2015	—	—	—
2014	10774.57万亿	—	0.17
2013	6793.17亿	5780	−7.04
2012	—	—	—
2011	—	—	—

数据来源：世界银行。

二、产能合作现状分析

（一）引进外资情况

早在 2014 年，伊朗就对其钢铁工业制订了战略发展计划，以下简称为"2025 计划"。该战略发展计划确定到 2025 年，其钢铁产能要达到 5500 万吨。而 2015 年，其国内粗钢产量为 1611 万吨，产能为 2300 万吨左右。即伊朗在未来 10 年，计划将钢铁产能扩大一倍以上。不过，伊朗在此时大力发展本国钢铁业一方面遭受着全球钢铁产能严重过剩的压力，另一方面又迎来后制裁时代的发展机遇期，因此，伊朗钢铁业发展任重而道远。

2016 年是伊朗钢铁"2025 计划"发布的第 3 年。据伊朗国家钢铁公司和其顾问公司 Foolad（Foolad Technic Engineering）发布的报告，目前，伊朗的粗钢产能为 2370 万吨，钢材年产能为 3410 万吨（实际产量为 1530 万吨）。这表明，伊朗的粗钢产能利用率为 70% 左右，略高于世界平均水平，但钢材产能利用率仅为 44.8%。

尽管伊朗经济以石油开采为主，但钢铁工业也比较发达，2015 年，伊朗粗钢产量达到 1610 万吨，在世界粗钢产量排名中排在墨西哥之后，列第 14 名。伊朗钢铁产量自 2008 年开始大幅提升，产量几乎每年上一个台阶，年增速平均达到 6%~10%。2008 年粗钢产量仅为 996 万吨，7 年后的 2014 年产量几乎翻了 1 倍，达到 1633 万吨。不得不强调的是，其产量实现翻番还是在经济制裁的环境下实现的。

从伊朗钢材表观消费量来看，自 2001 年起，其钢材表观消费量总体呈现波动走势，并在 2011 年达到最高值 2110 万吨。但从人均钢材表观消费量来看，伊朗总体来说高于世界均值，但仍远低于日本、中国等国家。与此同时，伊朗也积极推进国家钢材出口。据伊朗发布的截至 2016 年 3 月 20 日的数据显示，伊朗已向国际市场出口 410 万吨钢铁，创下新的钢铁出口纪录。其中，伊朗最大的钢生产厂家穆巴拉克钢铁公司（MSC）出口扁平材 150 万吨，主要发往欧洲、中东、非洲和波斯湾地区。伊朗贸易副部长 Mehdi Karbasian 表示，伊朗钢铁出口总量超出同期达到了 100 亿美元。该国计划到 2025 年，钢材出口量达到每年 1300 万吨的水平。

目前，伊朗一批钢铁项目等待完工，政府已为 7 个钢铁项目划拨了 20 亿欧元。为保护本国的钢铁工业，2015 年 3 月，伊朗工矿贸易部副部长迈赫迪·卡巴山（Mehdi Karbasian）宣布决定对进口钢铁制品征收 10%~20% 的关税。

（二）与中国产能合作现状

截至 2015 年 11 月底，中国对伊朗非金融类直接投资存量为 38.9 亿美元，双边经贸务实合作取得平稳发展，"一直以来伊朗是中国在中东地区重要的经贸合作伙伴，中伊两国在政治上的友好关系和经济上的互补性为双边经贸关系的发展奠定了坚实基础，特别是近年来中伊双方通过共同努力，克服国际政治经济方面不利因素的影响，实现双边经贸务实合作平稳发展。"

2015 年 9 月，国务院总理李克强会见伊朗外长扎里夫，谈中伊国际产能合作。

李克强表示，伊核问题达成全面协议，对中东地区和平稳定，以及其他国际地区热点问题的解决都具有积极意义，希望各方共同努力落实好这一协议。中国作为负责任大国，愿为伊核问题最终全面妥善解决发挥建设性作用。

李克强指出，中国高度重视伊朗和中伊关系，愿同伊方继续坚持从战略高度把握两国关系发展的大方向，推动中伊关系向更高水平、更深层次发展，共同维护、促进地区和两国周边的和平稳定。当前，伊朗正处在扩大基础设施建设和工业化的重要时期。中方有性价比好的装备和先进技术，中伊开展国际产能合作可以实现互利共赢。中方也愿在能源领域同伊方开展全面、长期、稳定的合作。

扎里夫表示，伊方赞赏和感谢中国在伊核问题谈判进程中所发挥的积极和建设性作用，期待中方为全面落实伊核协议继续积极发挥作用。中伊政治关系良好，在地区和国际事务中保持密切协调，能源、交通、经贸等领域合作潜力很大。伊方高度重视对华关系，愿抓住双边关系发展新机遇，推动两国各领域合作进一步发展。

在国际社会解除对伊朗制裁后，伊朗全力恢复原油出口，以期达到制裁前水平。在 2012 年制裁前伊朗一直都是 OPEC 的第二大石油出口国。

三、合作领域和合作重点

2015 年伊朗国际投资指数为 43.88，在 108 个样本经济体中排名第 39 位，这说明伊朗的整体市场环境较好，有潜力，对外商投资具有一定的吸引力。在 11 大板块贡献度排名中，金融稳定性板块和基础设施板块的竞争力很强。

进一步使用经济学模型测算各个板块 2015 年发生的概率，测算方法是衡

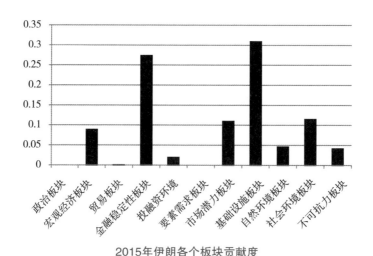

2015年伊朗各个板块贡献度

资料来源：武汉大学国际投资研究中心。

量主要指标的变动是否超出了预定值，如果超过，说明发生概率较大，反之发生概率较小，伊朗计算结果见下图。从各板块发生的概率来看，金融稳定性、市场潜力、基础设施、社会环境和自然环境等板块发生的概率显著超过了 0.5，这些领域在未来的发展趋势尤其需要密切关注。

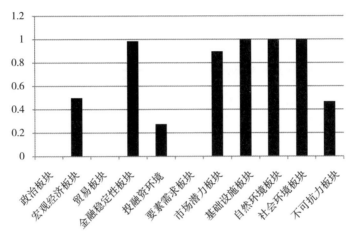

2015年伊朗各个板块的发生概率

资料来源：武汉大学国际投资研究中心。

四、政策分析

伊朗解除制裁后，多国深挖伊朗市场商机。2016 年 2 月，伊朗文化与伊斯兰指导部组织部分外国记者，参观伊朗最大的港口阿巴斯港以及伊朗雅兹德省一座露天铁矿和一座大型钢厂。

伊朗投资部门的官员表示，伊朗推进了四大沿海、跨境发展战略。一是南北发展战略，伊朗计划打通从波斯湾到里海的战略通道（陆路），即从阿巴斯港开始一直推进到里海的安扎利港口，这个陆路大动脉贯通伊朗的主要大城市设拉子、伊斯法罕、库姆和德黑兰；二是南南发展战略，就是把伊朗最东部的恰巴哈尔港与最西部的阿巴丹—霍拉姆沙赫尔港连在一起，并将伊朗南部东、西两边所有港口的陆路交通和海上交通连成一体；三是南西发展战略，即将波斯湾与土耳其连接在一起；最后一个是东西发展战略，这是伊朗国内议论最少、但战略意义最大的发展战略，这个战略包括与土库曼斯坦、哈萨克斯坦和中国之间的战略对接。此外，伊朗对中巴经济走廊能否与伊朗的东部经济走廊对接也很感兴趣。

就农村和矿山而言，伊朗对外资在本国的老（伊斯兰革命的圣地和革命领袖人物的家乡）、少（少数民族地区）、边（沿边沿海地区）、穷（经济长期不发达地区）的投资给予更多的青睐政策，例如在这些地区的矿山投资，如果能带动就业，并在本地推进相关配套产业的发展，则可享受50年甚至100年的免税政策。就农、渔业技术而言，伊朗亟待中国干果业、食品加工、海产加工业等优势行业涉足伊朗，带动伊朗农、渔的产业市场化和技术现代化。

"伊朗不仅拥有丰富的能源和矿产资源、年轻且受过教育的劳动力，还具有扼守欧亚非三洲交界的地理位置优势。更重要的是，伊朗是中东最安全的国家。"伊朗驻华大使哈吉指出，基于这样的禀赋，能源交易、商品贸易和对外合作是伊朗经济发展过程中的首要任务。

哈吉称，为鼓励外资进入伊朗，伊朗政府允许外资企业100%持股，对投资行业和投资额也没有限制。"每一个注册成立的外国企业，都可以享受伊朗企业拥有的一切权利。"他说，"现在，已经有数十个中国公司在伊朗有投资项目，并已经得到伊朗外资管委会的批准。我们期待未来几个月规模会迅速扩大。"

在被制裁期间，伊朗经济却有可圈可点之处。自伊朗总统鲁哈尼2013年上任以来，伊朗的通货膨胀从40.4%降到2016年的9.2%，这是25年来首次实现个位数通胀率。石油贸易收入占GDP的比例从40%减少到20%，伊朗的商业环境排名从全球的第152位上升到第118位。

"伊朗经济在2016年可以走出衰退，达到高于4%的增长，未来五年将实现年均8%的增长目标。"伊朗驻华大使哈吉说。伊朗官方数据显示，伊朗在2016年第一季度（伊朗历从3月20日开始）达到了4.4%的增长。

2015年，中伊贸易遭遇重挫。据伊朗官方数据，2015年，中国对伊朗出口178亿美元，比2014年下降26.7%；伊朗对华出口161亿美元，下降41.5%。2016年前7个月，中国对伊朗出口87亿美元，伊朗对中国出口80亿美元。尽管中伊贸易受国际油价大跌影响而缩水，但两国非能源贸易却保持增长的势头。据伊朗官方数据，两国非能源贸易在2005年仅有29亿美元，却在 2015 年年底达到了 186 亿美元。

伊朗驻华大使馆商务参赞阿格扎戴表示，伊朗重点支持出口导向型的投资，在全国设立了七个自由贸易区和四个经济开发区。入园企业可以享受税费减免、签证便利化、一站式通关等方面的政策。

五、合作案例

2016 年 1 月，国家主席习近平成为伊朗核问题全面协议正式生效后首位访伊的外国元首。几个月后，伊朗副总统索尔坦尼法尔、财经部长塔伊布尼亚先后访华。在全面战略伙伴关系框架下，中伊经济合作正步入快车道。

如今，越来越多的中国企业对伊朗市场兴趣浓厚。目前在伊朗的中国汽车品牌超过了 20 个，包括奇瑞、力帆、江淮、吉利等。

（一）奇瑞汽车

在中伊经贸合作中，汽车产业合作一直占据着重要的位置。早在 2002 年，奇瑞汽车就开始涉足伊朗市场，奇瑞汽车董事长尹同跃介绍说，伊朗是奇瑞海外第一重要的市场，在累计出口的 120 万台中，伊朗约占 20%，目前奇瑞在伊朗市场中排名第三，"我们有完整的生产体系，完整的零部件体系，完整的销售网络和服务体系，我们把最好的产品逐步引入伊朗，可以和其他外国企业竞争。中国车质量提升是非常快的，汽车造型、性能，包括选装件水平特别符合年轻人的口味，伊朗又是一个年轻人占主体的市场。"

引入产品的同时，奇瑞也加快了与当地企业的合作，前后与伊朗汽车集团霍德罗、伊朗汽车制造商科尔曼合资建厂，实现本地化生产。尹同跃表示，与伊朗企业合作，一方面有利于奇瑞进一步融入当地的产业体系，同时也拉动了当地就业，提升伊朗汽车产业水平，增进两国间的合作，"我们有几个工厂主要是汽车生产，我们也带过去一部分零部件，因为伊朗零部件工业水平比较差，我们把中国一些零部件企业带过去，我们不要把中国东西全部拿去卖，或者成套散件拿去组装，这样对当地意义不大，我们真正在当地进行零部件制造，制造率提高，带过去的是技术、是图纸、是管理，对当地整个的制造

奇瑞瑞虎5在伊朗上市

工人队伍提高很有帮助。"

　　随着奇瑞不断深耕伊朗市场，包括一汽、东风、华晨、力帆、江淮等一大批中国汽车品牌也纷纷与伊朗开展不同形式的产能合作。

（二）昆仑银行

　　谈到对伊朗投资，就一定要提到昆仑银行。昆仑银行是一家新兴特色银行，定位于产融结合领域的发展，目标市场和客户群在能源和金融领域。

　　"昆仑银行更广为人知的原因是为中伊商贸往来提供坚强金融服务。"昆仑银行负责人指出，多年来，昆仑银行一直是中伊贸易最重要甚至是唯一的渠道。目前，该行对伊业务领域在中国有近4000家企业客户。

　　在伊朗遭受西方制裁期间，昆仑银行一直负责处理中伊石油还贷款和基础设施协议。它的前身为成立于2006年6月的克拉玛依市商业银行。该行在2009年4月被中国石油天然气集团公司增资控股，在2010年4月正式更名为昆仑银行。2014年10月，该行在北京设立国际业务结算中心。

　　自2015年冬季以来，有很多中资企业打算进入和开拓伊朗市场，随之而来的新需求也在增加。比如，有的寻求商务谈判、风险规避方面的建议，有的寻求一揽子金融服务方案，有的希望实现国际国内的联动，还有的寻找产业交流与合作的平台。为满足新的需求，昆仑银行在巩固传统跨国支付结算业务的同时，还新增了信贷融资业务板块，增加的产品包括打包贷款、出口押汇、人民币贷款、产业链融资和跨国担保等系列产品，实行国内国际联动。

另外，围绕结算链和产业链，昆仑银行还在打造全流程的金融服务体系，为客户拓展伊朗市场从备货备料、生产组织、储运、进出口、施工作业等流程提供融资和收付汇业务。

制裁被解除后的伊朗，正在抓住一切机会重振经济。而中国，作为伊朗最主要的经济伙伴，不论是在伊朗遭制裁期间，还是在新形势下，都发挥着重要作用。这是 2016 年 9 月 14 日由中国伊朗商会主办的伊朗经贸投资论坛传出的信号。

2016 年 9 月 14 日，昆仑银行与中国伊朗商会（北京）签署中伊企业国际产能合作母基金（有限合伙）合作备忘录，总规模为 50 亿元（人民币），首期 25 亿元。该基金将提供平台，为投资人创造价值，通过引导社会资本投向，推动并加速中国和伊朗双边国际产能合作。昆仑银行、中国伊朗商会（北京）还与中国民营经济国际合作商会签署了一项合作文件。

除昆仑银行外，另有两家中资银行将为中伊经贸项目提供融资。2016 年 8 月 16 日，伊朗财经部与中国进出口银行、国家开发银行在北京分别签署了一项谅解备忘录。前者提供的贷款额度没有上限，后者的贷款额度为 150 亿欧元。

（三）高铁

伊朗《财经论坛报》2016 年 2 月 7 日消息称，伊朗总统鲁哈尼出席了德黑兰—马什哈德铁路电气化改造项目的开工仪式。伊朗道路和城市发展部部长阿洪迪（Abbas Akhoundi）和伊朗伊斯兰共和国铁路公司总经理奥高耶（Mohsen Pourseyyed-Aqaei）参加开工仪式。鲁哈尼总统说，扩展铁路网络是其政府的重要目标之一，因其能创造安全的环境，并确保交通的便捷。

到鲁哈尼政府届满，铁路交通将占伊朗交通方式的 20%。据奥高耶说，德黑兰—马什哈德公路的死亡率每年在 2500 人左右，而这段铁路的电气化改造工程每年将拯救 1800 个伊朗人的生命。项目预计将在 42 个月后竣工，随后还有 5 年的维护期。该项目将由伊朗基础设施工程集团 MAPNA 和中国中

机公司及苏电集团承建。项目全部竣工后，将有 70 辆中国机车以 250 公里 /
小时的速度在该段铁路上行驶。随着铁轨和信号的改进，该项目预计能将德
黑兰至马什哈德段的行程从现有的 12 小时缩减为 6 小时，并将年货运能力增
加至 1000 万吨。

2015 年 6 月，伊朗和中国公司就该段线路的电气化改造达成协议，其中
21 亿美元造价的 85% 由中国提供贷款融资。

埃　及

一、基本国情介绍

（一）地理位置

阿拉伯埃及共和国，简称埃及。国土面积 100.1 万平方公里。大部分位
于非洲东北部，领土还包括苏伊士运河以东、亚洲西南端的西奈半岛。埃及
既是亚、非之间的陆地交通要冲，也是大西洋与印度洋之间海上航线的捷径，
战略位置十分重要。埃及是中东人口最多的国家，也是非洲人口第二大国，

埃及的象征——金字塔

在经济、科技领域长期处于非洲领先态势。也是一个非洲的强国，是非洲大陆第三大经济体。

埃及地处欧亚非三大洲的交通要冲，北部经地中海与欧洲相通，东部经阿里什直通巴勒斯坦。西连利比亚，南接苏丹，东临红海并与巴勒斯坦、以色列接壤，东南与约旦、沙特相望，海岸线长约2900公里。苏伊士运河沟通了大西洋与印度洋，战略位置和经济意义都十分重要。

（二）人口

截至2017年1月，埃及人口达到9240万人。

目前，在埃及华人总数1万多人，主要集中于开罗、亚历山大港、塞德港和艾因苏赫纳。

（三）自然资源

主要资源是石油、天然气、磷酸盐、铁等。截至2015年年末，已探明的储量为石油35亿桶，天然气1.846万亿立方米，磷酸盐约70亿吨，铁矿6000万吨。此外还有锰、煤、金、锌、铬、银、钼、铜和滑石等。

（四）政府机构及政治制度

埃及原宪法于1971年9月经全民投票通过，1980年、2005年和2007年三次修订，2011年穆巴拉克下台后被废止。2012年12月，埃及全民公投以63.8%的支持率通过新宪法（2012年宪法）。2013年7月3日，埃及军方宣布中止2012年宪法。2014年1月，新宪法草案以98.1%的支持率（投票率38.6%）通过全民公投。

（五）外交关系

中埃自1956年5月30日建交以来，两国关系一直发展顺利。中埃两国于1956年正式签署文化合作协定，此后双方共签署10个文化合作执行计划。

1995年12月，中埃签署了两国教育合作谅解备忘录。

2007年，开罗大学与北京大学合作成立北非地区第一家孔子学院。

2015 年，双边贸易额 128.8 亿美元，同比增长 10.8%，其中我国出口额 119.6 亿美元，同比增长 14.3%，进口额为 9.2 亿美元，同比下降 20.9%。我国向埃及主要出口机电产品和纺织服装等，自埃及主要进口原油、液化石油气和大理石等。

中埃文教、新闻、科技等领域交流合作活跃。近年来，双方举办了文化周、电影节、文物展、图片展等丰富多彩的活动，深受两国人民欢迎。

2014 年 12 月 22 日至 25 日应国家主席习近平的邀请，埃及总统阿卜杜勒法塔赫·塞西对中国进行国事访问。2014 年 12 月，两国建立全面战略伙伴关系。2016 年 1 月 20 日，国家主席习近平在开罗阿比丁宫会见埃及总统塞西。

（六）经济环境

埃及经济的多元化程度在中东地区名列前茅。各项重要产业如旅游业、农业、工业和服务业有着几乎同等的发展比重。埃及也被认为是一个中等强国，在地中海、中东和伊斯兰信仰地区尤其有广泛的影响力。虽然埃及在非洲和中东具有强大的影响力，但埃及的经济却不乐观，全国大部分人比较贫穷。尤其是 2011 年年初以来的动荡局势对国民经济造成严重冲击。埃及的官方语言是阿拉伯语。由于历史的原因，英语、法语在埃及也被广泛使用。

埃及是非洲第三大经济体，属开放型市场经济，拥有相对完整的工业、农业和服务业体系。服务业约占国内生产总值的 50%。工业以纺织、食品加工等轻工业为主。农村人口占总人口的 55%，农业占国内生产总值的 14%。石油天然气、旅游、侨汇和苏伊士运河是四大外汇收入来源。

年份	GDP（万亿本币）	人均GNI(现价美元)	人均GDP年增长率（%）
2015	2.43	3340	2
2014	2.00	3050	−0.04
2013	1.75	3160	0.44
2012	1.54	3000	0.53
2011	1.37	2600	0.05

数据来源：世界银行。

二、产能合作现状分析

（一）引进外资情况

2011 年埃及政局持续动荡，经济陷入困境，外国投资下滑超过 70%，投资环境恶化。2014 年 6 月塞西当选总统，结束了埃及的政治动荡，政局趋于稳定，在经济上推出了雄心勃勃的发展蓝图，并得到海湾阿拉伯国家大量财政支持，经济状况明显好转。

2015 年 3 月埃及政府出台《新投资法》，推出"一站式服务"等多项措施，努力改善投资环境，吸引更多外国投资。3 月埃及政府在西奈半岛南部城市沙姆沙伊赫举办埃及经济发展大会，旨在吸引外资、助力经济复苏。大会吸引了来自 50 多个国家和地区的 2000 多人参与，共签订总额约 360 亿美元的直接投资协议及 186 亿美元的工程、采购和建设等项目协议，此外，埃及还获得 52 亿美元的金融机构贷款。众多投资者认为埃及政局走向稳定、市场经济环境逐步改善，对埃及市场抱有期待。

（二）与中国产能合作现状

作为世界上两个重要的文明古国，中埃两国友谊源远流长。自新中国成立以来，尤其是自 2014 年中埃建立全面战略伙伴关系以来，两国关系不断呈现新特点。在"一带一路"倡议带动下，中埃两国正在掀开合作共赢的新篇章。

在"一带一路"倡议的引导下，2015 年 9 月，中埃两国签署了《中埃产能合作框架协议》。在工业、交通、基础设施建设等方面，中埃可以找到合作共赢的机遇。据统计，2014 年中埃双边贸易额达 116 亿美元，中国已成为埃及第一大贸易伙伴。埃及也是亚投行的创始成员国。2015 年中埃开展文化交流活动约 80 场，埃方参与人数近 3.5 万。

埃及前外交部长助理艾哈迈德·瓦利说，中国无论在对待中东地区各类问题还是在处理国际问题方面，总是以和平、中立和不干涉内政为原则。尤其在埃及所处的西亚北非地区，中国的姿态是平衡和友好的。中国与埃及的合作不附带任何政治条件，这有利于中埃两国关系进一步深化和拓展。

2015年6月23日，国家发展改革委外资司副司长王建军在外交部"国际产能合作"专题会上表示，埃及是目前中国推进产能合作的重点国家之一。目前中埃专门成立了产能合作的指导委员会，双方初步确定了第一批15个中埃产能合作的项目清单，其中包括6个交通领域的项目(5个铁路项目，1个港口项目)，5个电力领域合作项目。为摆脱经济困境，埃及首要发展的是基础设施，其中包括苏伊士运河拓宽及周边区域的开发、埃及国内及周边公路的建设，以及为克服电力短缺而进行的水电站、火电站建设和天然气新能源的开发。其中不少领域中国企业在国际市场都具有竞争优势和发展经验。

"中国推进产能合作具有国别针对性。"外交部国际经济司副司长刘劲松在上述专题会上表示，"将根据不同国家的国力、意愿、市场前景等，选择重点国家，与之建立合作机制、签署合作文件、形成产能合作示范区。"

2014年12月埃及总统塞西访华，会见中国企业家时特意强调，埃及欢迎中国基建、能源和制造业企业前来投资。

埃及金字塔战略研究中心国际关系专家艾哈迈德认为，埃中关系当前处于关键阶段，两国应加强沟通，增进相互了解，进而在协商基础上逐渐消除阻碍经贸关系发展的一些法律制度障碍，破除瓶颈，进一步提升两国经济合作。

埃及企业家协会秘书长尤瑟夫说，埃及目前外汇储备较少，且基础设施落后，因而对中国投资有着迫切需求。中国企业应抓住这一机会，增加对埃及的投资，特别是农业、航运、公路等领域，以帮助埃及发展，创造就业，进一步加深两国经济关系。

中国驻埃及大使宋爱国说，中国制造业规模占全球总量三分之一，处于全球产业链中端，拥有大量优势产业和富余产能，开展国际产能合作是中国经济发展的必经阶段。就目前情况看，多数发展中国家处于工业化初期，其基础设施建设需要大量先进装备，而多数发达国家的高端技术装备又需要拓展出口途径。中国积极推进国际产能合作，既可把自身富余产能和先进装备用来满足其他发展中国家的需求，支持其工业发展，又可购买发达国家的核心技术和关键零部件，带动发达国家出口，同时促进南北和南南合作，实现"三赢"。

三、合作领域和合作重点

2015 年埃及国际投资指数为 63.85，在 108 个样本经济体中排名第 8 位，这说明埃及的整体市场环境较好，对外商投资具有吸引力。在 11 大板块贡献

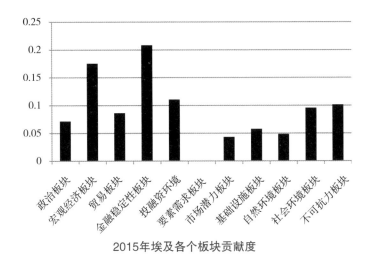

2015年埃及各个板块贡献度

资料来源：武汉大学国际投资研究中心。

度排名中，前三位分别是金融稳定性板块、宏观经济板块和投融资板块。而要素需求板块非常弱，说明埃及要素需求方面不乐观。

进一步使用经济学模型测算各个板块 2015 年发生的概率，测算方法是衡量主要指标的变动是否超出了预定值，如果超过，说明发生概率较大，反之发生概率较小，埃及计算结果见下图。从各板块发生的概率来看，政治、宏观经济、金融稳定性、投融资环境、自然环境、社会环境、不可抗力等板块，发生的概率显著超过了 0.5，这些领域在未来的发展趋势尤其需要密切关注。

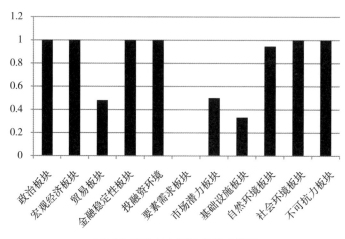

2015年埃及各个板块的发生概率

资料来源：武汉大学国际投资研究中心。

四、政策分析

据《埃及公报》2014年9月16日报道，埃及投资部长表示，政府正在寻求立法改革，改善投资环境，吸引本土和外国投资。他介绍了通信部正在实施的160个项目，将为投资者提供现代化、数字化服务，同时使得公众能进一步享受IT服务，实现经济增长，减少失业和贫困人口。埃及投资部长称，到2017年，埃及经济增长将达到5.7%。

埃及投资部长阿什拉夫·萨勒曼表示，埃及政府即将出台多项举措改善投资环境，其中十分重要的一项就是简化行政审批流程。过去外国投资者要获得多达42个政府机构的批准，未来所有这些审批将被埃及投资部统领，将给外国投资者带来很大便利。

来自沙特的投资顾问哈姆扎·阿翁在接受采访时说，埃及拥有地理优势和充足的廉价劳动力，未来发展潜力巨大。沙特、阿联酋等海湾国家过去一年多来为埃及提供的经济援助和贷款也能加速其经济复苏。

他认为，随着政治形势的好转，之前撤离埃及的投资者会重新回到这里。事实上，许多外国投资者已经陆续启动在埃及的投资项目，埃及经济正在重回正常轨道，未来一定能再次成为中东地区吸引外资的中心之一。哈姆扎·阿翁同时指出，为进一步吸引外国投资，埃及还需修改和完善相关法律法规，提高政府经济治理能力，大力发展公路、铁路、电力、水利等基础设施。

沙特经济委员会成员莫萨·哈穆德说，许多投资者都对埃及的工业、房地产业和旅游业感兴趣，大家都在期待埃及政府出台涉及投资的改革措施，并希望这些改革措施能创造更好的投资环境。

一家来自沙特的投资服务公司总裁阿卜杜拉·萨比特告诉记者，他即将在埃及建立分支机构，为外国投资者提供法律、行政、信息等方面的服务。他说，尽管埃及局势还面临着恐怖主义等威胁，但日益好转已是大势所趋，外国投资者应该对埃及充满信心。来自阿联酋的迪拜投资发展公司首席执行官法赫德·杰尔贾维说，他的公司已经决定扩大在埃及的业务规模，并对业务发展前景很有信心。

除阿拉伯国家外，埃及不断改善的投资环境还吸引了欧洲投资者。德国GATCON贸易和咨询公司代表亚历山大·措德尔说，他的公司刚与埃及合作伙伴合资建立了分公司，主要投资房地产和汽车制造业。他表示自己在埃及已经生活了一段时间，感觉这里不会有大的投资风险，未来如果利润达到预期，还会考虑继续扩大业务规模。

2015年9月，中埃两国签署了《中埃产能合作框架协议》。2016年1月21日，两国领导人会面并就电力、基础设施建设、经贸、能源、金融、航空航天等领域达成多项双边的合作文件。随着埃及不断推出一系列国家战略大项目，不但与中国"一带一路"倡议形成有效对接，也吸引着越来越多的有实力的中国企业走出国门，参与到埃及的国家级大型工程项目中。

阿联酋《联合报》2016年7月3日报道，目前，埃及在世界银行发布的"营商便利化指数"中位列189个国家中的第131位，在新设企业时间和程序、获得信贷便利度、能源供应、投资者权益保护等方面仍有较大的改进空间，埃及政府正就更新和完善与外国投资相关的法律法规进行深入研究，争取尽早出台。

五、合作案例

（一）华夏幸福

华夏幸福 2016 年 10 月公告，称公司全资子公司华夏幸福新加坡与埃及住房部、投资部于 10 月 3 日签署《在埃及新行政首都落实潜在投资、规划、设计、建设并运营综合城市项目的框架协议》，拟在开罗打造产业新城。

在此前的会见中，埃及总统阿卜杜勒·法塔赫·塞西，对于华夏幸福加入埃及新行政首都区域的开发与建设中表示了热烈欢迎，希望华夏幸福能够更深入的参与到埃及其他潜力区域的开发中，发挥更积极的作用。

华夏幸福国际业务总裁赵鸿靖与埃及住房、公用事业和城市发展部部长穆斯塔法·马德布利，埃及投资部部长达莉娅胡尔希德在开罗签署《谅解备忘录》，宣布在埃及新行政首都区域打造产业新城

（二）中国国家电网公司

在埃及首都开罗以南 120 公里的贝尼苏韦夫市，由中国国家电网公司承建的埃及 EETC 500 千伏主干网升级改造项目一期工程第一阶段 3 条共约 60 千米线路顺利竣工。910 米的跨距，174.8 米的塔高，刷新了埃及尼罗河跨越输电铁塔最高、跨距最长的纪录。跨越尼罗河的电塔让中国的输电建设方案和技术标

准成功在埃及这一文明古国的土地上落地，中埃产能合作之花绚丽绽放。

2016年1月21日，国家电网公司与埃及电力与新能源部签署埃及EETC 500千伏输电线路项目合同，成为中埃产能合作首个成功签约项目。当天，中国国家电网公司副总经理杨庆、埃及电力与新能源部部长谢克尔在项目总承包合同上签字。

埃及电力与新能源部官员在合同签署后，对中方团队说："这是我们和中国企业的首次合作，你们不仅代表国家电网，也代表全部中国企业。"埃及方面对工期要求很急，要求在夏季用电高峰前完成包括121座电塔建设在内的3条线路。

在埃及施工最大的困难就是当地的高温天气。通常，正午时的温度可以达到40℃，而地表温度更是在50℃以上，加上阳光暴晒，高塔作业更是辛苦。但是中国的建设者们没有被困难吓倒，利用清晨气温稍低的优势，他们凌晨三四点就起床施工，从进场施工到完成组塔、放线，大干3个月，一举创下埃及电网建设中塔高最高、塔重最重、跨河宽度最大和组塔施工速度最快这4项纪录。看到在这么短的时间内，中国公司就取得了如此大的工程进展，埃及同行纷纷竖起大拇指，中国电力企业凭借真本事得到了更多认可。

随着埃及国内政局趋稳，经济发展潜力逐渐显现。目前埃及全国电力总装机容量约3300万千瓦，虽然在北非及中东地区居于首位，但用电高峰时期仍然存在300万千瓦的电力缺口，能源短缺成为制约经济发展的重要瓶颈。

500千伏主干网升级改造项目是目前埃及规模最大的输电线路工程，总投资金额达7.8亿美元。工程位于埃及尼罗河三角洲及以南地区，包括新建1210千米500千伏同塔双回交流线路，项目建成后将大幅提升尼罗河三角洲地区燃气电站电力输出能力，全面增强埃及国家电网整体网架结构的安全性，对促进电力能源合理利用意义重大。

国家电网公司表示，该项目的意义并不局限在电力领域，而是会对整个产业链产生积极影响。电网升级改造之后将推动埃及乃至中东地区能源、电工装备、原材料等上下游产业发展，为埃及当地创造约7000个就业岗位。按照埃及国家电网规划，未来还将推动与沙特、约旦、利比亚等周边国家联网，实现埃及国内剩余电能输出，这将成为埃及增加外汇收入的重要方式，真正为埃及经济复苏提供动力，助力经济发展。

埃及EETC 500千伏输电项目开工典礼

埃及 500 千伏输电项目的落地，是中国电力企业"走出去"的又一重要硕果，对深化中埃产能合作，促进全球能源互联网建设具有重要意义。

（三）巨石集团

据新华社电，中国企业在海外投资建设的首条大型玻璃纤维生产线——巨石集团在埃及年产 8 万吨池窑拉丝生产线已经全线投产，为中埃工业合作开辟了新领域。

从古运河到尼罗河，中国巨石筑梦埃及。早在 2014 年 5 月 18 日，历时 22 个月，投资 2.23 亿美元，中国巨石埃及公司一期项目年产 8 万吨池窑拉丝生产线建成投产，迄今仍是中国在埃及投资金额最大、技术装备最先进、建设速度最快的工业项目。这是我国在海外建设的首条大型玻璃纤维生产线，填补了北非地区玻璃纤维生产的空白。

当前，一期项目实现了 8 万吨产能的满产，主要服务于欧盟市场，以及周边的土耳其、中东和北非市场，产销率超过 100%，毛利率超过 30%，完全供不应求。正因为此，中国巨石加快二期、三期项目建设，其中二期项目在 2016 年 5 月投产，三期项目正在紧张筹备中，全部在 2017 年 6 月完成。届时，中国巨石埃及 20 万吨玻纤生产基地全部建成。

坚持产品高端化，将是中国巨石应对产能富余的重要举措。未来，中国巨石着力高端产品，主要瞄准风电、热塑产品、交通轻量化、环境保护等应用方向。同时，已着手准备地下管网、通信管网、高压管道等基础设施领域的新产品研制。

以色列

一、基本国情介绍

（一）地理位置

以色列位于亚洲最西端。毗邻巴勒斯坦。东接约旦，东北部与叙利亚为邻，南连亚喀巴湾，西南部与埃及为邻，西濒地中海，北与黎巴嫩接壤。海岸线长度 198 公里。

根据 1947 年联合国关于巴勒斯坦分治决议的规定，以色列的面积为 1.52 万平方公里。1948~1973 年间，以色列在四次阿以战争中占领了大片阿拉伯国家领土，20 世纪 80 年代以后陆续部分撤出。目前以色列实际控制面积约 2.5 万平方公里。

以色列首都建国时在特拉维夫（Tel Aviv），1950 年迁往耶路撒冷（Jerusalem）。1980 年 7 月 30 日，以色列议会通过法案，宣布耶路撒冷是以色列"永恒的与不可分割的首都"。对于耶路撒冷的地位和归属，阿拉伯国家同以色列一直存有争议。目前，绝大多数同以有外交关系的国家将使馆设在特拉维夫及其周边城市。

（二）人口

以色列人口为 846.2 万（2016 年 1 月），其中犹太人约占 74.9%，其余为阿拉伯人、德鲁兹人等。

以色列超过 20 万人的城市还有里雄莱锡安市、阿什杜德市、佩塔提克瓦市、贝尔谢巴市、内坦亚市、霍隆市。

（三）自然资源

以色列属于夏季干热的地中海型气候，从海拔 2810 米的黑门山，一直到降至水平线以下 392 米的地球最低处——死海，气候区域性明显，状况各不相同。海岸平原夏季湿热，冬季略冷有雨，在山丘区域偶有小雪。在约旦山谷区域夏季干燥炎热，南方区域则属半干燥型气候，白天暖热，夜晚凉爽。

尽管以色列北部濒临地中海，境内有死海、红海，但境内的两条河流平时没水，只有冬季降雨时才能收集到雨水。加利利湖是唯一的淡水湖，所以淡水资源极其匮乏，降雨量也很小：南部年均降雨量为 25~250 毫米，北部年均降雨量为 250~1000 毫米（很多年份只有年均降雨量的 70%~75%）。降雨主要在冬季（11 月至次年 3 月），夏季（4~10 月）干旱，土壤非常贫瘠。但如此恶劣的自然条件，农业却高度发达，效率也非常高：只有 1.5%~2% 的人口从事农业生产，奶牛年均产奶量达 10000 多斤（1 斤等于 500 克），土壤栽培西红柿亩产（1 亩 =0.067 公顷）达 5 吨，先进温室达 25 吨，柑橘亩产达 6~7 吨，农产品除自给外，还有 1/3 出口。

截至 2016 年 1 月，以色列已探明原油储量为 1400 万桶。但事实上以色列基本上没有进行原油和凝析油的生产，直到 2015 年 2 月，以色列才在戈兰高地南部开始进行石油勘探的钻井作业。此外，以色列也计划在 2017 年 11 月开始在死海附近某区位进行钻井。该区位于 1995 年发现，之前一直闲置，据估计该区拥有 700 万~1100 万桶原油储量。戈兰高地和死海附近石油资源的发现，将对以色列能源自给产生积极的影响。2015 年，以色列每天消费原油 24 万桶，而这些原油全部依靠进口。以色列进口的石油产品主要为原油，同时出口少量精炼石油产品。此外，以色列计划通过大力发展天然气产业以减少进口石油的依赖。以色列国内有两家精炼厂，总产能接近 30 万桶 / 天。Haifa 精炼厂的产能为 19.7 万桶 / 天，而 Ashdod 精炼厂在 2013 年升级后，产能大约为 10 万桶 / 天。

以色列曾一度是天然气的进口国，其天然气主要是由埃及的 Arish-Ashkelon 管道输送而来，另外一少部分以液化天然气 (LNG) 形式进口，并通过 2013 年修建的浮式再气化终端气化后投入使用。最近发现的天然气田有望提供足够能源，不仅能够满足以色列日益增长的国内需求，而且多余的天然气资源可供出口。2015 年，以色列消费了 2970 亿立方英尺（1 立方英尺 =0.0283168 立方米）天然气，几乎全部都来自国内生产。在 2015 年年末，以色列已探明天然气储量为 7 万亿立方英尺 (Tcf)。近几年的能源勘探中陆续发现以色列境内存在大量的天然气资源，这些天然气资源主要位于该国的海上领域。

（四）政府机构及政治制度

以色列没有正式的成文宪法，仅有《议会法》《国家土地法》《总统法》《政府法》《国家经济法》《国防军法》《耶路撒冷法》《司法制度法》《国家审计长法》《人的尊严与自由法》《职业自由法》等 11 部基本法。

以色列议会是一院制，设有 120 个席位，是国家最高权力机构，拥有立法权，负责制定和修改国家法律，对重大政治问题表决，批准内阁成员并监督政府工作，选举总统、议长。议员由普选产生，选举采用比例代表制，候选人以政党为单位参加竞选，选民只需将选票投给各自支持的政党。获得 3.25% 以上选票的各政党根据得票多少按比例分配议席。

本届议会（第 20 届）于 2015 年 5 月成立。由 10 个政党（联盟）组成，其中利库德集团 30 席，犹太复国主义联盟 24 席，阿拉伯联合名单党 13 席，未来党 11 席，"我们大家党" 10 席，"犹太家园"党 8 席，沙斯党 7 席，圣经犹太联盟 6 席，"我们的家园以色列"党 6 席，梅雷茨党 5 席。

议长是尤利·埃德尔斯坦（YULI EDELSTEIN），2013 年 3 月 18 日就职，2015 年 5 月连任，来自利库德集团。

（五）外交关系

1992 年 1 月 24 日，以色列副总理兼外长利维访华，两国签署了建交公报，以色列与中国正式建立大使级外交关系。双方已签署《中华人民共和国政府与以色列国政府在工业技术研究及开发领域合作框架协议》《中华人民共和国政府和以色列政府关于加强经济贸易合作的备忘录》《中国旅游团队赴以色列旅游实施方案的谅解备忘录》《中华人民共和国商务部与以色列国工业、贸易和劳动部关于进一步推动中以高技术领域合作的谅解备忘录》《中华人民共和国政府与以色列国政府关于促进产业研究和开发的技术创新合作协定》《中华人民共和国科技部与以色列农业与农村发展部关于农业研究发展创新合作的协定》《中华人民共和国政府和以色列国政府关于成立中以创新合作联合委员会的备忘录》《中华人民共和国科学技术部与以色列国经济部关于共建中以创新合作中心的联合声明》《中华人民共和国科学技术部与以色列国科技与空间部关于深化科技合作的谅解备忘录》《中国国家留学基金管理委员会与以色列高等教育委员会合作协议》《中华人民共和国政府和以色列国政府文化合作协定 2015 年至 2019 年执行计划》等。以色列在北京设立驻华大使馆，在上海、香港、广州、成都设立总领馆。

（六）经济环境

以色列在经常账户上时常保持庞大的赤字，这些赤字主要来源于与国外的资金往来以及外国借债，虽然一些经济学家也认为这些赤字表现出了以色列的成熟市场经济特征。以色列有着广泛的炼油、钻石开采、半导体制造产业。依据世界银行的资料，以色列有着中东地区管理最良善、对财产权利保护最佳的经济体制。

大约有一半的以色列政府外部借债是由美国所有，通常是来自经济和军事的支援。另外还有一大部分是由个别的投资者所拥有，通常是经由以色列公债计划。美国购买的债款加上个别投资者购买的公债，使以色列政府获得借款，有时候还能获得低于市场利率的利息。以色列是中东地区最为强大、现代化、经济发展最高的国家，属于发达国家。拥有该地区管理最良善、对财产权利保护最佳的经济体制。以色列对于科学和科技的发展贡献也相当突出。以色列的高新技术产业举世闻名，其在军事科技、电子、通信、计算机软件、医疗器械、生物技术工程、农业、航空等领域具有先进的技术水平。其电子监控系统和无人飞机十分先进，在世界范围内拥有很高的口碑。以色列在纳斯达克上市的公司逾 80 家，仅次于美国和加拿大居世界第三位，其中包括全球最大非专利药制药企业 TEVA，以色列最大企业、全球网络安全产品巨头 CheckPoint 软件科技公司和著名国防承包商 Elbit 系统。

以色列是中东地区最为工业化、经济发展程度最高的国家。以色列有着发展成熟的市场经济，但政府也作一定的管理。以色列属于混合型经济，工业化程度较高，以知识密集型产业为主，高附加值农业、生化、电子、军工等部门技术水平较高。以色列总体经济实力较强，竞争力居世界前列。

年份	GDP（亿本币）	人均GNI(万美元)	人均GDP年增长率（%）
2015	1.15万	3.54	0.47
2014	1.09万	3.5	0.82
2013	1.05万	3.41	1.4
2012	9933.65	—	1.5
2011	8691.99	2.89	2.79

数据来源：世界银行。

二、产能合作现状分析

（一）引进外资情况

2012 年以色列外商直接投资总值 744 亿美元，同比增长 4.3%，比 2010 年增长 6.8%，北美地区国家占比 34%，欧洲占比 17%，中南美洲占比 13%。其中，美国仍是以色列最大的海外投资者，投资 197 亿美元，占比 26.5%；开曼群岛位居第二，投资 86.38 亿美元，占比 11.6%；加拿大投资 40 亿美元，占比 5.4%；荷兰投资 38.65 亿美元，占比 5.2%。

2012 年以色列外商直接投资中商贸服务业投资 357.99 亿美元，约占外商投资总额的 48.1%；工业制造业投资 283.5 亿美元，约占外商投资总额的 38.1%。其中，电子计算机、光学产业投资 126.67 亿美元，占外商投资总额的 17%；科研投资 121.61 亿美元，占外商投资总额的 16%；通信信息服务领域投资 112.97 亿美元，占外商投资总额的 15%。

根据以色列经济与工业部的数据，以色列在 2015 年诞生了 1400 家初创企业，373 家融资额达到 35.8 亿美元，出售的金额达到 54.1 亿美元，这当中，中国风险投资的投资额将近 5 亿美元。

（二）与中国产能合作现状

中国海关最新统计数据显示，2015年中以双边贸易总额达到114.2亿美元，同比增长了 5%。中国已经是以色列在亚洲的第一大贸易伙伴、全球第三大贸易伙伴，仅次于美国和欧盟。

概述根据 BP 公司最新的《世界能源统计评论》，2015 年以色列的能源结构主要为石油和其他液态能源 (43%)、天然气 (30%)、煤 (26%)。在 2005~2015 年的 10 年间，以色列的煤炭消费下降了 15%。与此同时，对天然气的消费却增长了四倍以上。

随着天然气行业的快速发展，以色列逐渐成为了能源净出口国，并且已经与多个国家拟定了出口合同。

以色列政府对于引入中国资金和天然气勘探开发技术很有兴趣，也和中国相关石油公司有过接触，但是中国相关石油公司对于投资以色列却有着种种顾虑。中国石油企业之前"走出去"，尽管成功的案例不少，不过付出的代价同样可观。环顾当前的全球油气市场，除了北美以外，政治环境稳定、法律制度完备，同时拥有大量尚未开发资源的市场少之又少，以色列是为数不多的几个选择之一。

当前以色列还有很多区域尚未勘探。事实上，以色列已经停止发放新的海洋勘探许可，要等到现有的 40 个区块勘探许可完全发出，才会重新发放。对于中国的国有和民营公司而言，无论参与上游勘探还是 LNG 的贸易，参与以色列的天然气开发都将是一个不小的机会。

三、合作领域和合作重点

2015 年以色列国际投资指数为 41.69，在 108 个样本经济体中排名第 48 位，这说明以色列的整体市场环境中等偏上，对外商投资吸引力一般。在 11 大板块贡献度排名中，前两位是基础设施、宏观经济板块，说明以色列整体环境有保障。其他方面，表现平平。

进一步使用经济学模型测算各个板块 2015 年发生的概率，测算方法是衡

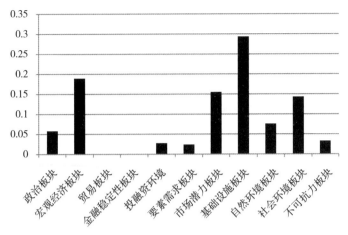

2015年以色列各个板块贡献度

资料来源：武汉大学国际投资研究中心。

量主要指标的变动是否超出了预定值，如果超过，说明发生概率较大，反之发生概率较小，以色列计算结果见下图。从各板块发生的概率来看，基础设施、宏观经济、市场潜力、政治、社会环境和自然环境等板块发生的概率显著超过了0.5，这些领域在未来的发展趋势尤其需要密切关注。

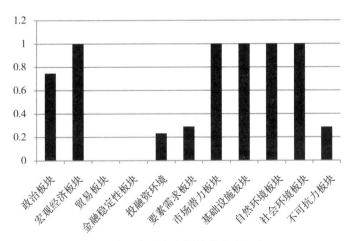

2015年以色列各个板块的发生概率

资料来源：武汉大学国际投资研究中心。

四、政策分析

中国与以色列已经签署了《贸易协定》《双边投资保护协定》等协议，中以自贸协议的可行性研究目前已经完成，将开启正式谈判。可以预见，未来中以之间的贸易壁垒会越来越少，"只要你的产品好，有竞争优势，就能进来"。

中国企业在以色列面临诸多商机，中国驻以色列大使馆商务参赞吴彬认为，以色列以技术立国，以高科技闻名于世，在信息技术、现代农业、新能源、水技术等领域名列世界前茅。这些产业与中国经济结构转型升级、提倡创新驱动的战略方针契合度高，中国国内企业可以通过绿地投资、股权并购、设立研发中心等方式与以色列进行技术方面的交流与合作，寻找能为我所用的先进技术。现在在化工、食品、医药、信息技术等领域已经有些成功的例子，中国一些民营企业也开始在以色列设立孵化器。同时，以色列方面也清楚地看到自身的优势，主动跟中国的资本市场对接。吴彬认为，以色列有先进的科学技术，中国则有巨大的资本市场和消费市场，两者之间合作空间广阔。

截至目前，中国对以色列各类投资的存量已超过60亿美元，以色列对中国的投资存量已经超过10亿。以色列基础设施改造升级将带动中国工程承包企业和优势装备走出去。以2015年开工建设的特拉维夫红线地铁工程为例，基础设施建设项目基本上都是中国企业与当地的承包商合作承揽的，该工程的机车也是由中国企业负责提供。下一步，以色列还将对整个国家铁路进行电气化改造，这为中国工程承包商和大型成套设备生产商提供非常好的机会。

以色列被称为第二个硅谷，当地有大量工业园区和高科技孵化区。早年的以色列资源匮乏，决心发展高科技，该国政府人员在走访了美国硅谷后，立志打造自己的科创生态。首席科学家办公室 (The Office of the Chief Scientist) 即是一个支持这些孵化器的国家机构。它鼓励风险共担，收益不共享。以色列85%的新公司创业的资金来源于政府的贷款支持，如果创业成功了，公司只需按很低的利息把钱还给政府即可；而如果创业失败，这笔贷款就不用还了。就是这样一个"允许失败"的无偿支持，使得以色列的孵化器和风险投资快速发展。

五、合作案例

（一）房地产业

中国房地产行业面临着严峻的库存压力，但世界上又有不少国家受制于建筑产能而难以满足国家居民的住房需求，这为国内相对过剩的房地产产能提供了输出机会。

以色列就是一个正在寻求国际化房地产发展商和建筑商合作解决国内产能不足的国家。2016 年，以色列住房与建设部部长 Haggai Reznik 在中国北京和上海两地频繁考察会晤房地产公司与建筑公司，计划引入中国企业到以色列投资，帮助缓解当地因为房地产产能不足而难以充分满足的住房需求。

"现在以色列有着超过 1 万套住宅的居住需求，未来的时间里，以色列的住房需求预计会达到 100 万套。"以色列住房与建设部部长 Haggai Reznik 表示，但是限于以色列国内房地产行业的建筑效率，以色列为满足这些增长的住房需求必须要吸引世界上包括欧洲、美国和中国的房地产商与建筑商到当地投资。

以色列住建部代表团访问中国

Haggai Reznik 描述以色列的房地产市场越来越国际化。Haggai Reznik 一行在中国重点考察房地产企业、建筑公司以及房地产项目的快建实力与水平，比如国内相对成熟的房地产建筑预制技术。

以色列迫切希望引入中国的房地产商与建筑商到当地投资开发房地产项目，但要求这些中国企业首先必须要建设符合建筑标准的房屋，拥有快速开发与建设的实力与水平，"开发建筑速度要快，有着较高的建筑效率。"

以色列产生的这些居住需求来自这个国家的中产阶层，Haggai Reznik 介绍说，以色列希望能够加大力度、充分保障中产阶层的居住需求，这包括值得信赖符合建筑标准的房屋、中产阶层负担得起的销售价格，所以，以色列也会对住房价格予以市场指导。

相比中国房地产业目前严峻的库存压力与产能富余，以色列现在面临的问题是房地产行业的产能不足。Haggai Reznik 解释称，以色列当地有限的建筑能力，政府的工作效率，让以色列居民的住房需求难以被充分满足。

"所以接下来以色列政府会通过价格和增加市场供应两个方面的调整，满足中产阶层的住房需求，尤其是增加中产阶层居住的市场供应量。"Haggai Reznik 说，而这仰赖于以色列能够从国际房地产市场引入各国优秀的房地产企业与建筑公司到当地投资。

"引入中国房地产企业与建筑商到以色列投资是一个过程，要做甄选，这个阶段在国内会晤中国企业与考察房地产项目是为了充分了解建筑效率与水平，为接下来的招商引资做铺垫。"Haggai Reznik 说，现在中国在推进"一带一路"建设，这对中国企业投资以色列，以及引入中国企业先进的建筑技术解决以色列房地产产能不足的问题大有裨益，以中合作会进一步深入。

（二）东莞国际产能项目：中以产业园

中以产业园坐落于东莞松山湖高新区内，背靠松湖花海，与华为终端总部相邻。中以产业园共占地 380 亩（1 亩 =0.067 公顷），建筑面积 45 万余平方米，计划分两期建设完成，其中首期工程 190 亩，投资总额约 15 亿元，建筑面积约 28 万平方米，已于 2013 年 9 月动工兴建，将在 2016 年建成；二期将于 2018 年建成。目前，中以产业园首期的一期工程已顺利封顶。

据中以国际科技合作产业园有限公司董事长潘华耿介绍，目前，中以产业园正积极整合政策、市场、资本、技术等各方面资源，有序推进"四个平台、两个中心、五个产业化基地"的搭建工作，通过构建良好的产业生态系统，以期实现"国际水谷"的目标。

2015 年以来，除了加速基础项目等硬件建设，中以产业园公司还与国内多个城市均签订了战略合作协议，并介入当地的城市水处理市场，承接下多个基于 PPP 模式的水处理项目，分别为中以产业园的"技术池""项目池""资金池"注入新鲜内容。

潘华耿称，在中以产业园这一重大平台的基础上搭建了众多战略支平台，将为今后以色列先进水处理企业落地东莞对接中国打下良好的市场资源基础。庞大的"项目池"，能使即将进驻的以色列企业更好对接国内市场，同时入园的小微型企业可以借助中以产业园的品牌和资源打出自己的名气；逐渐扩大的"技术池"可针对各类水处理难题给出最优的综合解决方案。

在国际合作领域，中以产业园已积极与以色列企业合作，运用以色列先进水处理技术，针对"尾水提标""农村污水处理""垃圾渗滤液""生态修复"等类型在松山湖、桥头、中堂等地建设了多个示范性项目，形成"技术合作与项目推进同时进行"，为中以产业园积累了丰富的国际合作经验。值得关注

中以产业园规划图

的是，中以产业园除了聚焦以色列水处理技术外，还不断吸纳其他国家先进的水处理技术。据了解，为了打造"国际水谷"，中以产业园已与美国、澳大利亚、日本、俄罗斯等国家水处理企业建立了广泛联系，目前签订入园协议的国外企业已经有 40 多家。

"'中以'是第一条渠道，但我们并不排除有更好的渠道。"谈及中以产业园国际合作的变化，潘华耿说，集聚全球最高端水处理技术、人才、企业和资本，帮助中国解决环境问题，才是中以产业园即"国际水谷"的最终目标。

第三篇

拉美国家——「3×3」新模式快步开展「东翼」合作

第九章
拉美国家打造中拉合作命运共同体

巴 西

一、基本国情介绍

（一）地理环境

巴西位于南美洲东部。北邻法属圭亚那、苏里南、圭亚那、委内瑞拉和哥伦比亚，西界秘鲁、玻利维亚，南接巴拉圭、阿根廷和乌拉圭，东濒大西洋。国土面积851.49万平方公里，海岸线长约7400公里。领海宽度为12海里，领海外专属经济区188海里。巴西国土面积大，横跨4个时区。

首都巴西利亚位于中西部，是巴西的政治中心。1960年设为联邦区，旨在开发巴西广大内陆。该区由一个中心城市和十多个卫星城组成，行政划分上该区相当于州。巴西利亚共有人口279万。

圣保罗是巴西最大城市，是全国工商、金融、交通中心，东南100公里有南美最大的海港桑托斯港。目前市区常驻人口1189万人（2014年），由圣保罗市及其周围38个卫星城组成的大圣保罗面积8051平方公里，人口约2010万人（2013年），为南美第一大城市和世界第四大城市。里约热内卢是巴西第二大城市，人口645.4万人（2014年），是世界著名的旅游胜地和巴西第二大港口。

（二）自然资源

巴西矿产、森林、土地和水资源丰富。铌、锰、钛、铝矾土、铅、锡、铁、铀等 29 种矿物储量位居世界前列。已探明铁矿储量 333 亿吨，占世界总储量 9.8%，居世界第五位，年产量 3.7 亿吨，居世界第二位，出口量也位居世界前列。铌矿储量已探明 455.9 万吨。镍储量为 1000 万吨，占全球储量的 98%。锰、铝矾土、铅、锡等多种金属储量占世界总储量的 10% 以上。此外还有较丰富的铬矿、黄金矿和石棉矿。煤矿探明储量 101 亿吨，但品位很低。2007 年以来，巴西在东南沿海相继发现大油气田，预计石油储量将超过 500 亿桶，有望进入世界十大储油国之列。2013 年生产原油 7.04 亿桶。森林覆盖率为 62%，木材储量 658 亿立方米。水资源丰富，拥有世界 18% 的淡水，人均淡水拥有量 29000 立方米，水力蕴藏量达 1.43 亿千瓦 / 年。

据巴西国家石油、天然气及生物燃料管理局（ANP）披露，巴西天然气分布广泛，开发潜力巨大。据 ANP 估算，巴西五大地质盆地天然气储量不少于 500 万亿立方英尺（约折合 14 万亿立方米），高于盐下层储量。其中帕奈伊巴、帕雷西斯、雷孔卡沃、圣弗朗西斯科、帕拉纳等五大盆地天然气储量分别达到 64 万亿、124 万亿、20 万亿、8 万亿和 226 万亿立方英尺（1 立方英尺 =0.0283168 立方米）。

（三）人口

2015 年 8 月 28 日，巴西国家官方公报发布了 2015 年 7 月 1 日进行的人口普查结果，总人口为 2.04 亿人（具体数字为 204450649 人）。65 岁以上老人占 7.4%，育龄妇女人均生 1.77 个孩子。如果继续保持低生育率，2043 年人口将开始减少，2060 年 65 岁以上老人占比达 25%，老龄化严重。

全国主要人口大州分别是：圣保罗 4360 万、米纳斯吉拉斯 2050 万、里约热内卢 1630 万、巴伊亚 1500 万、南大河 1110 万、帕拉纳 1090 万、人口最少的是罗赖马州，只有 44.8 万人。

圣保罗是全国人口最多的市，为 1189 万人，超过全国 26 个州以及联邦区人口，人口最少的城镇是米纳斯吉拉斯州的渴望山市（Serra daSaudade)，人口仅 834 人。

（四）政治制度

巴西实行代议制民主政治体制。1988 年 10 月 5 日颁布的新宪法规定，总统由直接选举产生，取消总统直接颁布法令的权力。总统是国家元首和政府首脑兼武装部队总司令。1994 年和 1997 年议会通过宪法修正案，规定将总统任期缩短为四年，总统和各州、市长均可连选连任一次。

经过 20 多年发展，巴西代议制民主政治体制基本稳固。民主运动党、自由阵线党、社会民主党组成的中右政党联盟曾长期执政。20 世纪 90 年代末以来，中右政党联盟内部逐渐分化，左翼政治力量不断成熟壮大。2002 年 10 月 26 日，最大的左翼政党劳工党人卢拉赢得大选，于 2003 年 1 月 1 日宣誓就任巴西第四十任总统。卢拉是巴西历史上首位直选左派总统。2006 年 10 月，卢拉战胜社会民主党候选人阿尔克敏，获得连任。2010 年 10 月迪尔玛·罗塞芙作为劳工党候选人赢得大选，2011 年 1 月 1 日就任。2014 年 10 月，迪尔玛·罗塞芙赢得大选，获得连任。2016 年 5 月 12 日，罗塞芙总统因弹劾案暂时离职，副总统特梅尔出任代总统并组建临时政府。2016 年 8 月 31 日，罗塞芙总统遭国会弹劾，特梅尔正式接任总统。

国会是国家最高权力机构。其主要职能是：制定一切联邦法律；确定和平时期武装力量编制及兵力；制定全国和地区性的发展计划；宣布大赦令；授权总统宣布战争或和平；批准总统和副总统出访；批准或撤销总统签署的临时性法令、联邦干预或戒严令；审查总统及政府行政开支；批准总统签署国际条约；决定临时迁都等。

国会由参、众两院组成。两院议长、副议长每两年改选一次，可连选连任。参议长兼任国会主席。参议员 81 人，每州 3 人，任期 8 年，每 4 年改选 1/3 或 2/3。众议员 513 人，任期 4 年，名额按各州人口比例确定，但最多不得超过 70 名，最少不低于 8 名。现任参议长雷南·卡列罗斯（Renan Calheiros，巴西民主运动党），2013 年 2 月当选，2015 年 2 月连任，任期至 2017 年 2 月。现任众议长罗德里戈·马亚（Rodrigo Maia，民主党）2016 年 7 月当选，任期至 2017 年 2 月。

（五）外交关系

巴西奉行国家独立、民族自决、主权平等、不干涉内政、尊重主权和领土完整、和平解决争端的外交政策，主张世界多极化和国际关系民主化。主张加强联合国作用，积极推动联合国安理会改革，全力争当安理会常任理事国。

巴西同 192 个国家建有外交关系。是联合国、世界贸易组织、美洲国家组织、拉美和加勒比国家共同体、南美国家联盟、南方共同市场等国际和地区组织以及金砖国家、二十国集团、七十七国集团等多边机制成员国，不结盟运动观察员。

同拉美国家的关系：将发展同南美国家关系置于外交政策优先位置。推动南方共同市场提高自贸水平，密切同拉美"太平洋联盟"的经贸合作。主张拉美国家自主解决地区事务。

同美国的关系：巴西独立后，美国是第一个承认巴西的国家。巴西同美国保持着传统、密切的政治和经贸关系，主张在平等和相互尊重的基础上，同美建立"平等、成熟的伙伴关系"。美国是巴西第二大贸易伙伴和最大投资来源国。2015 年巴美贸易总额为 505.5 亿美元。2011 年 3 月，美国总统奥巴马访问巴西，建立"全球伙伴关系"。2012 年 4 月，罗塞芙总统访问美国，双方提出建设 21 世纪伙伴关系，双方建立外长和国防部长定期磋商机制。2013 年 5 月，美国副总统拜登访巴。2015 年 1 月，美国副总统拜登出席罗塞芙总统连任就职仪式。2015 年 6 月，罗塞芙总统对美国进行工作访问。

同欧盟国家的关系：同欧盟政治、经济、文化关系密切，认为欧盟是巴西全球外交格局中"不可替代的组成部分"，保持同欧盟的政治对话对巩固多边国际体系具有重大意义，同欧盟建有峰会、政治磋商机制和战略伙伴关系。积极推动南方共同市场同欧盟的自贸谈判，希望在不损害巴西合理利益的前提下促进双方贸易和投资增长。

同亚洲国家的关系：认为东亚和东南亚是当今世界最具经济活力的地区，重视发展同亚洲国家，尤其是中国、日本、印度、韩国和东盟国家的政治和经贸关系，希望密切同亚洲地区性组织之间的联系。积极参与"东亚—拉美合作论坛"，2011 年，与东盟签署《东南亚友好合作条约》，成为拉美第一个东盟对话伙伴国。是拉美唯一一个亚洲基础设施投资银行创始成员国。特梅尔政府继续将加强巴西同亚洲伙伴的关系作为优先方向，2016 年 10 月，特梅尔访问印度和日本。

同俄罗斯和独联体国家的关系：重视俄罗斯大国地位和对国际事务的影响。2000 年，巴西和俄罗斯正式启动两国副总统—总理级高级合作委员会，确立了面向 21 世纪的两国关系框架。同独联体各国都建立了外交关系，主动发展双边经贸和科技合作，其中较为突出的是同乌克兰的空间技术合作。

同非洲国家的关系：同非洲有种族、文化和历史渊源，高度重视发展同非洲国家，特别是非洲葡语国家的关系。积极参加联合国在非洲的维和行动，并免除部分非洲国家债务。推动提高对非合作水平，增强合作实质内容，加强双方在经济、技术和投资领域合作。

同中东和阿拉伯国家的关系：重视同中东国家的对话和贸易交流，希望通过在巴西的黎巴嫩、叙利亚和犹太人移民加强同中东国家的联系。谴责中东地区各种暴力和恐怖行为，支持巴勒斯坦同以色列的和谈进程。支持伊拉克战后重建。反对武力解决叙利亚问题。

同中国的关系：1974 年 8 月 15 日与中国建交。建交以来，中巴在政治、经贸、科技、文化等领域的友好合作关系全面发展。两国已互为对方在各自地区最大的贸易伙伴，中巴联合研制地球资源卫星项目成为南南高科技合作的典范。1993 年两国建立战略伙伴关系。近年来，两国高层互访频繁，为双边战略伙伴关系增添新动力：2009 年 4 月，胡锦涛主席和卢拉总统在出席二十国集团领导人伦敦金融峰会期间举行双边会晤。2009 年 5 月，卢拉总统对华进行第二次国事访问。2009 年 11 月全国政协主席贾庆林对巴西进行正式友好访问。2010 年 4 月胡锦涛主席出席"金砖四国"领导人第二次正式会晤并访问巴西，与卢拉总统签署了两国政府 2010 年至 2014 年共同行动计划。2011 年 4 月，巴西总统罗塞芙对中国进行国事访问，并出席金砖国家领导人第三次会晤及博鳌亚洲论坛 2011 年年会开幕式，两国元首签署并发表《中巴联合公报》。2012 年 2 月，中巴高委会中方主席、国务院副总理王岐山访问巴西，与中巴高委会巴方主席、巴西副总统特梅尔共同主持了中国 - 巴西高层协调与合作委员会第二次会议。2012 年 6 月，温家宝总理访问巴西，两国签署了《中华人民共和国政府和巴西联邦共和国政府十年合作规划》，宣布将中巴关系提升为全面战略伙伴关系。2013 年 11 月，巴西副总统特梅尔访华。国务院副总理汪洋与巴西副总统特梅尔共同主持中国 – 巴西高层协调与合作委员会第三次会议，会后双方签署了《中国 – 巴西高层协调与合作委员会第三次会议纪要》。2014 年 7 月，习近平主席对巴西进行国事访问，双方签署了 60 余项政府协议和企业间协议。2015 年 5 月，李克强总理对巴西进行正式访问，与罗塞芙总统签署了《中华人民共和国政府和巴西联邦共和国政府 2015 年至 2021 年共同行动计划》；此外，双方签署了 35 项政府协议和企业间协议。2015 年 6 月，国务院副总理汪洋访问巴西，与巴西副总统特梅尔共同主持中国 – 巴西高层协调与合作委员会第四次会议，会后双方签署了《中国 – 巴西高层协调与合作委员会第四次会议纪要》。巴西在上海、广州和香港设有总领馆。

（六）经济环境

年份	GDP（万亿美元）	人均GDP（美元）	GDP增长率（%）
2008	1.696	8706.819	5.094
2009	1.667	8474.881	−0.126
2010	2.209	11121.421	7.529
2011	2.615	13039.122	3.91
2012	2.461	12157.308	1.915
2013	2.466	12071.778	3.015
2014	2.417	11728.799	0.103
2015	1.775	8538.59	−3.847

数据来源：世界银行。

自 2011 年以来，国际环境发生变化，美国和欧元区经济低迷，国际原材料价格下跌，贸易需求量下降，加之巴西国内经济存在高利率、高税收、投资不足等问题，制约了巴西经济的增长速度。为保持经济能够持续发展，巴西政府采取了一系列减税降息、鼓励投资、加快基建、拉动消费等刺激性措施。

经济增长率：2014 年巴西 GDP（国内生产总值）达 2.3 万亿美元，同比增长 0.1%，人均 GDP 达到 1.16 万美元。

GDP 构成：2014 年，巴西农业、工业和服务业占 GDP 的比重分别是 5.6%、23.4% 和 71%。

财政赤字：2014 年巴西初级财政赤字达 325.36 亿雷亚尔（约合 137.6 亿美元），占巴西当年国内生产总值（GDP）的 0.60%。

外汇储备：2014 年外汇储备总额达 3746 亿美元，较 2013 年减少 11.9 亿美元，同比减少 0.32%。

（七）法律

第一部帝国宪法于 1882 年产生。1988 年 10 月 5 日颁布巴西历史上第八部宪法，规定总统由直接选举产生，任期五年，取消总统直接颁布法令的权力。在公民权利方面，宪法保障人身自由，废除刑罚，取消新闻检查，规定罢工合法，16 岁以上公民有选举权等。1994 年和 1997 年议会通过宪法修正案，将总统任期缩短为四年，总统和各州、市长均可连选连任一次。

（八）社会

巴西实行社会养老保险的福利政策。2016 年政府设定的最低月工资为 880 雷亚尔。中产阶层人口达 1.08 亿，占总人口的 54%。近 10 年来贫困人口减少 3600 万，全国赤贫人口 1600 万。2013 年人均预期寿命 74.23 岁，新生儿死亡率 19.6‰。据统计，全国共有医院 5864 所，平均每千人拥有病床 3.11 张。还有 63662 个卫生站等卫生服务机构，平均每千人拥有 2.08 名医生。

教育体系分基础教育和高等教育两级，基础教育又分初级教育和中等教育。初级教育相当于中国的小学和初中，中等教育相当于我国的高中。高等教育指各类大学，学制一般为四年。目前有高等教育机构 2199 所，其中公立大学 252 所，私立大学 1947 所，在校生共计 640.8 万。著名高等学府有圣保罗大学、坎皮纳斯大学、巴西利亚大学、里约热内卢天主教大学等。巴西实行九年义务教育制（6~14 岁），对贫困生入学实行国家助学金制度。

二、产能合作现状分析

（一）巴西外资引进情况

根据巴西央行统计，2014 年巴西吸收外国直接投资 625 亿美元，同比减少 2.3%。2014 年外国直接投资主要来源地有荷兰（87.91 亿美元）、美国（85.37 亿美元）、卢森堡（66.59 亿美元）、西班牙（59.58 亿美元）、日本（37.8 亿美元）、葡萄牙（31.6 亿美元）、法国（29.46 亿美元）、瑞士（19.73 亿美元）。

巴西政府欢迎外资进入本国市场，并实行国民待遇。根据宪法规定，所有在巴西的外国独资或者合资生产企业均被视作"巴西民族工业"。由于得天独厚的农业、矿产资源和两亿人口的市场容量，巴西在南美各国之中一直是国际投资者的首选。从 20 世纪 50 年代发展汽车工业开始引进外资以来，巴西对外资开放的领域越来越广泛，并取得了较好的成绩。

根据联合国贸发会议发布的 2015 年《世界投资报告》显示，2014 年，巴西吸收外资流量为 625.0 亿美元；截至 2014 年年底，巴西吸收外资存量为 7547.7 亿美元。

（二）巴西与中国产能合作现状

2015 年中国国务院总理李克强在巴西利亚总统府同巴西总统罗塞夫举行会谈。会谈后，中国与巴西共同签署了《中华人民共和国政府与巴西联邦共和国政府 2015 年至 2021 年共同行动计划》，并见证了双边产能、基础设施建设、金融、航空、农业、新能源、通信、科技等各领域 35 项合作文件的落地。

电力行业：中国长江三峡集团竞标巴西 TAPAJOS 大坝水电站项目。该投资至少要达 180 亿巴西雷亚尔，TAPAJOS 建成后将成为巴西第四大坝，年发电能力在 8040 兆瓦。

能源：巴西石油公司与中国国开行达成 50 亿美元融资协议。巴西石油还与中国的出口信用融资机构达成了 20 亿美元的项目融资协议。巴西石油公司是全球负债最重的石油生产企业。淡水河谷和中远签署 25 年货运协议，每年运输 640 万吨铜矿石。比亚迪将在巴西投资 5000 万美元建太阳能面板厂。

交通业：中国与巴西正进行两洋铁路项目可行性研究。两洋铁路拟从大西洋边的巴西马托格罗索州卢卡斯进入秘鲁，穿越安第斯山后，到达太平洋边的巴约瓦尔港，需要新建约 3000 公里线路。两洋铁路一旦成为现实，巴西人的生活方式将被大幅改写——除了出行便利之外，两洋铁路还将减少巴西物流运输的成本和时间，并打破地理壁垒，加速拉美地区经济一体化进程。巴西的铁路网络建设也将因此获得契机。

农业：巴西农业生产条件得天独厚，但农业基础设施、物流落后，农产品运输成本过高、出口价格缺乏竞争力。巴西政府希望中资企业直接投资、承包或以合资形式投资其农业生产链的各个环节。中巴双方正在共同开展《中国－巴西农业投资合作规划》，将为中国企业投资巴西农业领域提供指引，进一步推动和深化两国在农业领域的投资合作。

近年来，两国经贸合作关系不断发展，中国连续六年保持巴西最大贸易伙伴地位，是巴西第一大出口市场和第一大进口来源地。巴西则是中国第十大贸易伙伴，也是我国在拉美最大的贸易伙伴。双方的投资合作稳步发展，非金融直接投资和金融合作同步增长。两国在"贸易、投资、金融"三大引擎带动下合作前景广阔。

中巴合作有以下特点：

1.中巴经济互补性强，贸易往来与日俱增

巴西国土面积辽阔，自然资源丰富，是中国在拉美地区最重要的铁矿石、大豆、蔗糖、棉花等进口来源国，也是最有潜力的石油进口来源国。而巴西工业生产能力不足，对中国生产的电器和电子产品、机械设备、计算机等需求量大且逐年增加。巴西从中国进口占其进口总额的比例自 2003 年的 4.4% 跃升至 2014 年的 16.3%。两国的贸易额从 1974 年建交时的 1742 万美元增加到 2014 年的 865.8 亿美元。未来，基于两国经济的互补性和两国巨大的消费市场，双边贸易基本面将保持稳定，贸易额将稳步增长。

2.投资合作起步晚发展快，合作机遇多潜力大

相对于两国贸易而言，中巴投资合作起步较晚，但成果丰硕，特别是中

国对巴西投资发展迅速。截至 2014 年年底，中国企业通过兼并、收购、独资、合资等多种形式对巴西能源、矿产、基础设施、制造业、农业和服务业等多个领域的投资额累计达到 28.33 亿美元。目前在巴西中资企业超过 100 家。巴西对华投资也逐年增长，截至 2014 年年末实际投资额近 6 亿美元，主要包括支线飞机制造、客车零部件生产、压缩机、无烟煤以及房地产、水力发电等项目。两国在投资领域的合作预计潜力更大、机遇更多。

3.基础设施领域合作成为新契机

巴西的基础设施薄弱，成为制约经济发展的瓶颈。巴西政府意识到这一点，连续推出三期"经济加速发展计划"和两期"物流投资计划"，将包括铁路、港口、公路、机场等 1000 多个基础设施项目建设放到议事日程。巴西政府优先欢迎中国在巴西基础设施和物流领域投资，希望中国企业参与联邦政府公布的相关项目的投标，帮助巴西提高基础设施和物流的现代化程度和效率。中国在基础设施建设领域有丰富经验、成熟技术和资金优势，与巴西在这一领域的合作将为两国经贸合作催生新的增长点。

4.金融引擎作用突出合作方兴未艾

金融在支持中资企业开拓巴西市场、保障国家资源供给、带动富余产能转移和大型成套设备出口方面发挥很大作用，融资模式也多种多样。主要业务包括中石化利用国家开发银行贷款承建了卡塞内天然气管道项目，收购西班牙雷普索公司 40% 股权及葡萄牙石油和天然气公司 30% 的资产；国家电网通过国际银团贷款融资与巴西公司合作中标美丽山水电站项目；烟台来福士利用工行的融资租赁为巴西沙茵集团建造两座石油钻井平台。

此外，巴西的桑托斯银行和巴西国家银行在上海设立了代表处，巴西期货交易所也在上海设立了代表处。巴西国家经济社会发展银行与中国国家开发银行和中国银行均签署了《合作谅解备忘录》，中国银行与巴西 COMEXPORT 签署了《建立中巴投资贸易平台的谅解备忘录》，中信保将与巴西 ITAU 银行建立战略合作关系。

因此，中巴两国无论从经济互补看，还是从各自发展需求和在国际事务上相互借重考虑，两国都有强烈的合作意愿和巨大的合作空间。2014 年和

2015 年习近平主席和李克强总理先后成功访问巴西，进一步深化了两国政治互信，扩大了共识，为两国经贸合作注入了新的活力。中巴经贸关系正处于历史最好时期。相信在两国政府的积极推动下，在社会各界的共同努力下，中巴务实合作一定会不断向更高水平迈进。

三、合作领域和合作重点

2015 年巴西国际投资指数为 56.32，在 108 个样本经济体中排名第 14 位，这说明巴西的整体市场环境较好，潜力较强，对外商投资具有一定的吸引力。在 11 大板块贡献度排名中，前三位分别是宏观经济板块、基础设施板块、市场潜力板块。巴西在全球经济不景气的情况下保持相对的宏观经济数据依然是亮点，同时较为广阔的市场潜力也是投资的亮点，而作为金砖国家之一，贸易板块和金融稳定性板块贡献值较低实属不应该，同时也说明了巴西在这两个方面稳定性较差，提出了风险警示，所以为了稳定国内经济，在基建板块或出现投资机会。

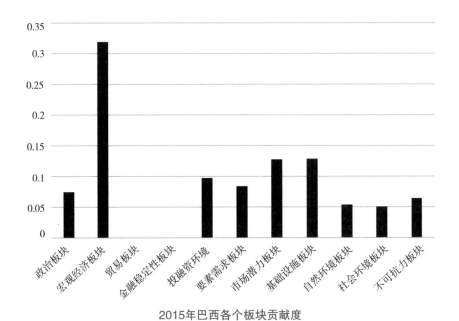

2015年巴西各个板块贡献度

资料来源：武汉大学国际投资研究中心。

进一步使用经济学模型测算各个板块 2015 年发生的概率,测算方法是衡量主要指标的变动是否超出了预定值,如果超过,说明发生概率较大,反之发生概率较小,巴西计算结果见下图。从各板块发生的概率来看,不可抗力、要素需求、市场潜力、政治、自然环境、宏观经济、投融资环境、基础设施等板块,发生的概率显著超过了 0.5,这些领域在未来的发展趋势尤其需要密切关注。

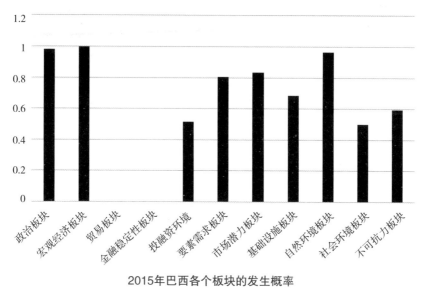

2015年巴西各个板块的发生概率

资料来源:武汉大学国际投资研究中心。

从以上可见,巴西的宏观经济状态健康良好,并且市场潜力、基建板块投资合作机会较为明显,除去贸易板块,其他方面都比较有活力,在双方积极发展友好合作的同时,要注意板块异动。

中巴企业在工业、能源、基础设施、互联网等多领域的合作签约

四、政策分析

（一）投资规定

巴西管理外国投资的主要法律是《外国资本法》，其实施细则是 1965 年第 55762 号法令。巴西与投资有关的法律主要有《外资管理法施行细则》《劳工法》《公司法》《证券法》《工业产权法》《反垄断法》和《环境法》等。

禁止投资领域：巴西禁止或限制外国资本进入的领域包括：核能开发、医疗卫生、养老基金、海洋捕捞、邮政、报纸、电视、无线电通信网络、国内特许航空服务以及航天工业等。

限制投资领域：近年来，为吸引外资、促进发展，巴西政府实施了一系列产业开放政策，但是有限制的开放。

（二）政策支持

行业鼓励政策：免征部分资本产品以及软件产品等的工业产品税。具体的产品涉及农用拖拉机、蒸汽锅炉零件、汽轮机零件、泵类零件、非电热的工业或实验室用炉、皮革制品的制作机器、冶金、炼焦、铸造机械等 14 种资本产品；信息处理机器用的软件 CD 或 DVD 母片（不包括音像制品和其他软件）；用于制作发票的机器。

2013 年 5 月巴西政府对汽车新政（Inovar-Auto）的规章做了调整。该规章从 2013 年 1 月 1 日起生效，对汽车行业的税率做出了特殊规定。根据鼓励计划，履行了相关规定的汽车组装厂，可以免纳额外的 30% 工业产品税。

法令的附件罗列了汽车能效具体指数。要获得汽车新规鼓励计划资格，车企必须在 2017 年 10 月 1 日前执行相关能耗要求。

地区鼓励政策：为鼓励开发巴西北部和东北部地区，巴西联邦政府和地方政府对外国投资（必须是合资形式，而且巴西方面投资要占大股）实行免征 10 年企业所得税，从第 11 年起的 5 年内减征 50%；免征或减征进口税及工业制成品税；免征或减征商品流通服务税等地方税。

（三）优惠措施

为了鼓励中小企业，巴西联邦政府提供三种税收优惠：

简易税率：要求企业年营业额在 120 万雷亚尔以内，且所有外国股东必须都有巴西永久居留证。实行简易税率的征收标准具体如下：

公司种类	资本额（万雷亚尔）	税率（%）
微型公司	6以内	3.5
	6~9	4.5
	9~12	5.5
	24以内	5.9
	24~36	6.3
	36~48	6.7
	48~60	7.1
	60~72	7.5
	72~84	7.9
	84~96	8.3
	96~108	8.7
小型公司	9~12	5.5
	24以内	5.9
	24~36	6.3
	36~48	6.7
	48~60	7.1
	60~72	7.5
	72~84	7.9
	84~96	8.3
	96~108	8.7

假设利润（Lucro Presumido）：要求企业年营业额在 4800 万雷亚尔以内，且不限制所有股东必须都有巴西永久居留证。征收标准是以公司营业额为准，每月按税率征收，征收金额依以下税率计算：社会一体化税，0.65%；社会安全费，3.00%；企业所得税，1.20%；法人盈利捐（税），1.08%。在计算企业所得税时，如当月营业额超过 25 万雷亚尔，该月企业所得税将加征 10% 税金。

实际利润（Lucro Real）：年营业额在 4800 万雷亚尔以上的公司可自行选择是否适用本优惠税率，不限制所有股东必须都有巴西永久居留证。

社会一体化税及社会安全费是以公司每月营业额为计算基准，企业所得税及法人盈利捐（税）是以每一季（3 个月）的净利润为计算基准，算出每个月应征收的金额。征收税率如下：社会一体化税，1.65%；社会安全费，7.60%；企业所得税，15.00%；法人盈利捐（税），9.00%。在计算企业所得税时，如果当月的净利超过 2 万雷亚尔，该月企业所得税将加征 10% 税金。

五、合作案例

（一）电器行业

格力空调组装项目：格力电器（巴西）有限公司是珠海格力电器股份有限公司在巴西马瑙斯自由贸易区内投资 2000 万美元建设的空调生产基地，于 2001 年 6 月顺利竣工并投产，是在巴西投资设厂的第一家中国家电企业，也是巴西首家分体空调生产企业。格力空调 1998 年开始进入巴西市场。经过多年努力，已成为当地市场占有率第二的空调品牌。2002 年格力电器在巴西圣保罗成立销售公司，专门负责巴西市场的销售和服务工作，目前在巴西的销售网点已遍及 24 个州，共有 200 多家经销商以及 300 多个服务网点。

（二）交通制造业

CR ZONGSHEN 巴西有限公司：2008 年 8 月，中国重庆宗申集团与巴西 CLAUDIO ROSA 家族共同投资成立 CR ZONGSHEN DO BRASIL S/A 公司，主要生产销售摩托车、电动车、通用引擎、船用引擎等产品。公司计划总投资规模 8000 万美元左右，主要在马瑙斯工业区买地建厂进口生产流水线以形成每年 10 万台摩托车的生产规模。目前公司已购买了马瑙斯工业区的土地，正在进行勘测平整等建设准备工作。

亚马逊 TRAXX 摩托车股份有限公司：巴西亚马逊 TRAXX 摩托车股份有限公司是由中国嘉陵工业股份有限公司投资设立的国有独资企业，成立于 2000 年，总部设在 CEARA 州的 FORTALEZA 市，在圣保罗市设立销售分公司。2007 年，公司在马瑙斯设立摩托车生产基地。

比亚迪和奇瑞：预计与巴西开展汽车制造业的合作。经济发展带来巴西中产阶层人群的逐步扩大，汽车消费需求随之增长，性价比高的中国品牌顺应了这一潮流。虽然在当地有"水土不服"的问题，但中国车企发展的步伐稳健，目前有 12 个品牌进入巴西市场。

（三）水电站

美丽山项目是巴西第二大水电站——美丽山水电站（装机容量 1100 万千瓦）的 ±800 千伏特高压直流送出工程，是美洲第一条特高压直流输电线路，可以将巴西北部的电力资源直接输送到东南部的电力负荷中心。美丽山水电站特高压直流输电项目线路全长超过 2000 公里，自北向南穿越巴西大部分国土。2014 年 2 月，国家电网公司以 51% 的占股比与巴西国家电力公司组成的联营体成功中标。这是中国特高压技术首次走出国门，也是中巴产能合作的"最

巴西正在建设中的美丽山水电站

新样板"。

2015年5月19日,亚马逊雨林,贝卢蒙蒂水电站特高压直流输电项目开工。

(四)其他行业

巴西开发银行、巴西航空工业、中国进出口银行和海航集团签署融资购买 40 架 EMBRAER 飞机的协议,将出口至天津渤海租赁有限公司;巴西中央电力公司、ELETRONUCLEAR 和中核集团签署核技术合作备忘录;CAIXA ECONOMIC FEDERAL 与工商银行签署融资项目备忘录,促进中巴之间的投资、创造商业机会。

巴西是拉美经济规模最大的国家,资源体量和市场容量大,承接能力强,两国开展产能合作潜力大,为中国产业转移提供了很好机会。巴西政府新一轮"经济加速发展计划"和中国政府鼓励企业"走出去"为两国产能合作带来契机。中国企业抓住巴西大力开发清洁能源、发展工业园和完善农业产业链计划提供的机会,用自身成熟的加工制造技术和巴西丰富的资源为基础,在巴西开展产能合作,既能支持中国企业走出去,又有利于巴西工业升级,互利双赢。

哥伦比亚

一、基本国情介绍

(一)地理环境

哥伦比亚位于南美洲西北部,东邻委内瑞拉、巴西,南接厄瓜多尔、秘鲁,西北与巴拿马相连,北临加勒比海,西濒太平洋。国土面积约 1141748 平方公里,居拉美第五位。全国地形大致分为西部安第斯山区和东部亚诺斯平原两个部分。哥伦比亚是南美洲唯一拥有北太平洋海岸线和加勒比海海岸线的国家。

哥伦比亚全国共设 32 个省和波哥大首都区。首都波哥大是全国政治、经济、文化和教育中心，人口 736 万，年平均气温 14℃。其他主要的经济中心城市包括：麦德林、卡利、巴兰基亚、卡塔赫纳。

（二）自然资源

哥伦比亚自然资源丰富，森林面积约 4923 万公顷。主要矿藏有煤炭、石油、绿宝石。绿宝石储量世界第一，每年向世界各地市场出口数以千万美元计的祖母绿，占全球祖母绿市场的一半。据哥伦比亚矿业和能源部宣布，截至 2013 年年底，该国原油储量为 24.45 亿桶，同比增长 2.86%，为近 15 年以来最高水平，原油储采比提高到 6.6 年；天然气储量为 187 亿立方米，储采比为 15.5 年；已探明煤炭储量约 70.64 亿吨，居拉美首位；铝矾土储量 1 亿吨，铀储量 4 万吨；此外还有金、银、镍、铂、铁等矿藏。哥伦比亚历史上是以生产咖啡为主的农业国，咖啡出口量目前排名世界第三位。

（三）人口民族

哥伦比亚人口总量为 4910 万，居拉美第三位。波哥大、麦德林、卡利、巴兰基亚和卡塔赫纳这五座城市是哥伦比亚人口主要集中地，占总人口的 32%。

目前，哥伦比亚共有 80 多个民族。其中，少数民族人口约为 50 万，主要分布于亚马逊南部、亚马逊北部、安第斯南部、太平洋沿岸、安第斯北部和加勒比地区以及东部平原地区。全国多数居民信奉天主教，还有少数人信奉基督教。

（四）政治制度

哥伦比亚实行总统制。总统为国家元首、政府首脑和武装部队统帅，由直接选举产生，任期 4 年，最多可连任一届。现任总统胡安·曼努埃尔·桑托斯·卡尔德龙，民族团结社会党人士，于 2010 年 8 月开始上台执政。2014 年 5 月，哥伦比亚举行了新一轮总统大选，桑托斯在 6 月 15 日的大选第二轮中胜出，于 2014 年 8 月 7 日开始其第 2 任期，任期 4 年。

哥伦比亚国会由参、众两院组成，行使国家立法权，审批国家财政预算，监督政府工作。参议院由 102 个席位组成。众议院由 166 个席位组成。所有议员都由直接选举产生，任期 4 年，可连选连任。参议长和众议长任期 1 年，也可连选连任。本届国会于 2015 年 7 月 20 日成立。

哥伦比亚主要政府部门包括：内政部，劳动部，司法部，外交部，财政与公共信贷部，国防部，农业和农村发展部，卫生和社会保障部，矿产和能源部，贸易、工业和旅游部，教育部，环境和可持续发展部，住房、城市和国土部，信息技术和通信部，交通部，文化部等。

（五）外交关系

哥伦比亚奉行独立自主、不结盟和多元化的外交政策。实施外交为国内和平进程和经济发展服务的战略，努力提高哥伦比亚的国际地位，创造有利的国际环境。加强同拉美地区特别是周边国家的合作，巩固同美欧的传统联系，增进与亚太国家的交流合作。2011—2012 年度曾任联合国非常任理事国。现与 170 多个国家保持外交关系。

同美国的关系：哥伦比亚同美国于 1822 年 6 月 17 日建交。哥伦比亚将对美国关系视为外交关系中的重中之重，两国传统关系密切。哥伦比亚经济上对美国依赖较深，美国是哥伦比亚第一大投资国和贸易伙伴，2012 年 5 月哥美两国自由贸易协定生效。

同欧洲国家的关系：哥伦比亚一贯重视和发展与欧盟国家的传统关系。哥伦比亚积极谋求欧盟对哥伦比亚实行"民主安全政策"的理解和支持。欧盟是哥伦比亚重要的贸易伙伴和出口市场。2013 年 8 月，哥欧自贸协定生效。

同拉美国家的关系：哥伦比亚与拉美国家保持密切的传统关系，在国际和地区事务中相互支持，与各国高层互访不断。哥伦比亚同厄瓜多尔、秘鲁、玻利维亚同属安第斯国家共同体；同委内瑞拉、智利签有双边自由贸易协定；同墨西哥、委内瑞拉签有三国自由贸易协定；同中美洲的危地马拉、洪都拉斯、尼加拉瓜三国签有自由贸易协定。此外，2011 年哥伦比亚与智利、墨西哥和秘鲁组建了旨在推进地区一体化的"太平洋联盟"。2014 年 2 月该联盟 4

个成员国签署了盟内贸易协定。

同中国的关系：中哥两国于1980年2月7日正式建立外交关系。建交以来，两国关系稳步发展，在政治、经贸、文化、教育和军事领域的交流与合作不断扩大。哥伦比亚政府坚持奉行一个中国原则。在国际事务中，双方相互支持，密切配合。目前中国是哥伦比亚第二大贸易伙伴和第二大出口市场。

2014年7月，习近平主席在访问巴西并出席中国同拉美和加勒比国家领导人会晤期间，同哥伦比亚总统桑托斯进行交谈。8月，教育部部长袁贵仁作为习近平主席特使出席桑托斯总统连任就职仪式。11月，全国人大常委会委员长张德江对哥伦比亚进行正式友好访问，期间会见哥伦比亚总统桑托斯，并与国会主席兼参议长纳梅、众议长阿明分别举行会谈。2015年1月，哥伦比亚外长奥尔古因来华出席中国 – 拉共体论坛首届部长级会议。2015年5月，李克强总理访问哥伦比亚，受到桑托斯总统夫妇的热情欢迎，桑托斯用"两国关系发展的里程碑"形容李克强此行的意义。这是中国总理30年来首次访问哥伦比亚。

（六）经济环境

年份	GDP（亿美元）	人均GDP（美元）	GDP增长率（%）
2008	2439.82	5433.706	2.331
2009	2388.22	5148.411	0.5
2010	2870.18	6250.654	2.836
2011	3354.15	7227.771	5.468
2012	3696.6	7885.061	2.991
2013	3801.92	8030.691	3.852
2014	3784.16	7918.079	3.405
2015	2920.8	6056.148	2.147

数据来源：世界银行。

哥伦比亚是拉美第四大经济体，是近年来在全球范围内对经商环境改革最多的国家之一。

经济增长率：哥伦比亚经济发展水平在拉美处于中等位置。近年来，哥伦比亚经济总体保持平稳增长态势，平均经济增长率高于大多数拉美国家。

2015 年，哥伦比亚 GDP 增长 3.1%。主要增长行业为：服装业 4.4%，饮料业 4.5%，金融服务业 4.3%，贸易行业 4.1%，酒店业 4.1%，建筑业 3.9%，农业 3.3%。

财政收支：哥伦比亚国家财政长期处于赤字状态，近年来哥伦比亚财政状况不断好转，2015 年中央政府赤字规模约占 GDP 的 3%。

外汇储备：截至 2016 年 5 月底，哥伦比亚外汇储备总额为 478 亿美元。

外债余额：据哥伦比亚央行统计，截至 2015 年年底，哥伦比亚外债余额为 1112 亿美元，约占 GDP 的 30.1%。其中，公共部门外债 669 亿美元，私人部门外债 443 亿美元。除在国际金融市场上发行债券外，哥伦比亚政府也接受多国组织和外国开发性金融机构的贷款，主要包括美洲开发银行、世界银行、日本国际合作署、法国开发署等的贷款。

哥伦比亚举借外债并不受国际货币基金组织等的限制，但该国历届政府一直坚守严格的财政纪律，在举债方面非常谨慎，是拉美唯一从未进行过外债重组谈判的国家。

通货膨胀：2015 年，哥伦比亚通货膨胀率为 6.77%。

根据世界银行发布的《2015 年营商环境报告》，哥伦比亚营商环境在全球 189 个国家和地区中位列第 34 位，较 2014 年上升 19 位，一跃超过秘鲁、墨西哥和智利 3 国成为拉美营商环境最好的国家。世界经济论坛《2014—2015 年全球竞争力报告》显示，哥伦比亚在全球最具竞争力的 144 个国家和地区中，排名第 66 位。

（七）法律

现行宪法于 1991 年颁布。该宪法扩大民主参与范围，并加强司法权力。宪法规定哥伦比亚实行代议制民主，立法、司法和行政三权分立，互相独立，互相制衡。总统为国家元首兼政府首脑，亦是武装部队统帅，由直接选举产生，不能连任；恢复设立副总统；省市长改为直接选举产生；保障人身安全、人权以及信仰、结社、劳动、思想和教育自由。2004 年 11 月，哥伦比亚议会通过了总统连选连任法案；2005 年 10 月，宪法法院批准了该法案。

哥伦比亚司法体系由最高法院、行政法院、宪法法院、高级司法委员会和总检察院组成。最高法院是最高司法机关，由 23 名大法官组成。国家行政法院和宪法法院分别由 26 名和 9 名大法官组成。高级司法委员会由 13 名大法官组成。各法院院长均由大法官选举产生，任期 1 年。总检察院是哥伦比亚司法系统的组成部分，但享有行政和预算自治权。

（八）社会

哥伦比亚的现代科学技术不甚发达，科研力量比较薄弱，主要从事基础研究和一些应用研究。2015 年，哥伦比亚的科技预算占政府预算比例仅为 0.17%。

哥伦比亚基础教育水平一般，著名高等学府有：哥伦比亚国立大学、哈维利亚那大学、安第斯大学、国立师范大学等。

近年来，哥伦比亚政府推行"民主安全政策"，大力打击反政府武装和贩毒组织，取得积极成效，整体安全形势有所好转。但社会治安仍然较差，在首都波哥大等大中城市依旧存在抢劫、偷窃、绑架等犯罪行为。内部武装冲突、游击队组织、贩毒集团等问题一直困扰着哥伦比亚政府，当地经济和社会发展因此受到影响。

二、产能合作现状分析

（一）哥伦比亚外资引进情况

近 10 年来，哥伦比亚吸收外资成绩显著，是拉美地区重要的外国直接投资目的地。根据联合国贸发会议发布的 2015 年《世界投资报告》显示，2014 年，哥伦比亚吸收外资流量为 160.5 亿美元；截至 2014 年年底，哥伦比亚吸收外资存量为 1416.7 亿美元。

主要外资来源国有美国、巴拿马、瑞士、英国和西班牙等。主要投资领域有石油业、矿业、制造业、金融业和酒店餐饮业等。近年来主要外国直接投资项目见下表。

投资企业名称	国别	年度	金额（亿美元）	项目
Gloria	秘鲁	2014	0.86	并购5家哥伦比亚乳品企业
APEX TOOL GROUP	美国	2014	0.012	扩大在考卡山谷省的仓储中心
SUN CHEMICAL GROUP	荷兰	2014	0.45	并购2家哥伦比亚油墨生产企业
Holcim	瑞士	2010	1	扩大Nobsa水泥厂产能
Volvo	瑞典	2010	2	在巴兰基亚市设产品展示中心

哥伦比亚的投资吸引力包括宏观经济平稳，政治稳定，外贸政策灵活透明，市场开放程度较高，国际市场广阔，劳动力质高价廉，给予投资者相对较高的保护程度，地理位置优越，投资优惠政策多样。

（二）哥伦比亚与中国产能合作现状

中国与哥伦比亚于1980年2月7日建立外交关系，于1981年7月17日签署政府贸易协定。中哥双边贸易额近几年增幅较大，目前，中国为哥伦比亚全球第二大贸易伙伴，而哥伦比亚是中国在拉美第八大贸易伙伴。根据中国海关的统计，2014年中哥双边贸易额总计155.07亿美元，同比增长48.36%，首次突破150亿大关。根据中国海关统计，中国对哥伦比亚出口商品主要有机电产品、高新技术产品、钢铁、纺织品等。中国从哥伦比亚进口商品主要有原油、铁合金、废铜和煤炭等。

根据中国商务部统计，2014年当年中国对哥伦比亚直接投资流量为1.83亿美元。截至2014年年末，中国对哥伦比亚直接投资存量为5.47亿美元。

中国与哥伦比亚经济互补性强，合作前景广阔。中方与哥方可以扩大相互投资，推进产业对接。重点开拓产能和装备制造业合作，积极拓展发达国家企业第三方合作，帮助哥伦比亚推进工业化进程。中国政府鼓励中国企业积极参与哥伦比亚公路、地铁、港口等基础设施建设。在中拉产业和装备合作融资安排的基础上，探讨双边融资合作模式，为两国产能、装备合作和基础设施建设提供融资支持。2015年两国领导人共同见证了双边经贸、产能、基础设施建设、文化、教育、科技、农业、金融等领域12项合作文件的签署。

创新合作：中拉产能合作的"3×3"新模式：一是契合拉美国家需求，共同建设物流、电力、信息三大通道；二是遵循市场经济规律，实行企业、社会、政府三者良性互动的合作方式；三是围绕中拉合作项目，拓展基金、信贷、保险三条融资渠道。

能源产业：石油和天然气是哥伦比亚的主要能源，从 2007 年到 2012 年，哥伦比亚的原油产量增长了 77%。石油日产量目前位列世界第五。中国在当地投资的重要项目包括：中印合资圣湖能源项目、中石化收购美国 HUPECOL 公司石油区块项目、中化 Emerald 哥伦比亚公司石油开发项目等。

基建行业：哥伦比亚从 2014 年开始推进"第二个国家发展四年规划（2014—2018）"，预算规模达到 3500 亿美元，其中 30% 多投入到基础设施建筑。2015 年李克强访问哥伦比亚，与哥伦比亚签署制造业、农业等领域的一系列合作协议。中资企业将参与哥伦比亚巨额基础设施投资计划。目前重大项目包括中国水电参与的马格达莱纳河（Magdalena）工程规划以及首都机场集团公司参与的哥伦比亚中北部麦德林等 6 家机场运营管理项目。

双边友好关系和经济互利合作得到了长足发展。在贸易方面，中国已经成为哥伦比亚的第二大贸易伙伴，2015 年中哥双边贸易额总计 111.29 亿美元，同比下降 28.86%，其中中方出口 75.82 亿美元，同比下降 5.75%，进口 35.47 亿美元，同比下降 53.32%。此外，中方企业在哥伦比亚能源、电信等领域开展的投资项目也在不断取得积极进展。

发展经济一直是近几届哥伦比亚政府工作重点之一。桑托斯总统第一任期（2010~2014 年）的经济政策围绕"民主繁荣"的主题展开，即争取实现让每个哥伦比亚人都受益的社会繁荣，使每个哥伦比亚家庭都有体面的住所、稳定和有合理报酬的工作，能接受教育和医疗服务，有基本的福利和令人心安的经济状况。农业、基础设施、住房、矿业和创新被列为重点，为拉动哥伦比亚经济增长和繁荣的五大火车头。在投资方面，将延续对投资者的友善政策，并制定较为清晰和稳定的规定，使投资者保持对哥伦比亚的信心，吸引更多外国投资。在 2014 年连选连任后，桑托斯承诺以"和平、教育、公平"为三大执政支柱，积极推动政治、司法、医疗、财税等领域的改革。目前哥伦比亚政府 2015~2018 年国家发展规划正在哥伦比亚国会审议中。

总体来看，中国和哥伦比亚在产能合作方面有较强的互补性，这也为中国企业赴哥伦比亚开展投资合作提供了广阔的空间。

三、合作领域和合作重点

2015 年哥伦比亚国际投资指数为 36.45，在 108 个样本经济体中排名第 68 位，这说明哥伦比亚的整体市场环境中等偏下，潜力较差，对外商投资的吸引力一般。在 11 大板块贡献度排名中，前三位分别是宏观经济板块、政治板块和自然环境板块。宏观经济是吸引外商直接投资的大环境保障性因素，而政治板块和自然环境板块则是衡量一个国家是否有产能合作潜力的一个重要指标。其他方面，哥伦比亚在市场潜力、要素需求、不可抗力等板块的贡献度排在中游，而贸易板块，金融稳定行相对较弱，说明哥伦比亚贸易环境不太乐观，金融环境方面不太稳定。

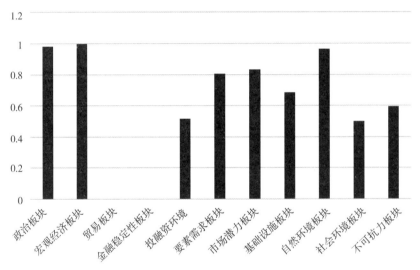

2015年哥伦比亚各个板块贡献度

资料来源：武汉大学国际投资研究中心。

进一步使用经济学模型测算各个板块 2015 年发生的概率，测算方法是衡量主要指标的变动是否超出了预定值，如果超过，说明发生概率较大，反之发生概率较小，哥伦比亚计算结果见下图。从各板块发生的概率来看，不可抗力、宏观经济、社会环境、投融资环境、基础设施等板块发生的概率显著

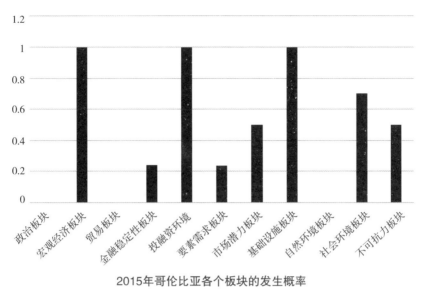

2015年哥伦比亚各个板块的发生概率

资料来源：武汉大学国际投资研究中心。

超过了 0.5，这些领域在未来的发展趋势尤其需要密切关注。

由以上可见，哥伦比亚的投融资环境、宏观经济和基础设施等板块对国家经济贡献度较大，正是投资合作的好机会，借助哥伦比亚国家发展经济的势头，加大相关方面的合作。不仅如此，这三个板块的表现也较为活跃，所以在合作时要注意宏观经济变化、投融资环境改变和基础设施板块变化所带来的影响。

中国—拉美企业家高峰会在唐山举办

四、政策分析

哥伦比亚涉及外来投资的主要法律有：《宪法》《民法典》《外国投资法》《外汇条例》《可再生资源和环境保护法》《公共采购法》《劳动法》《社会保险法》《对于外国资本、商标、专利、许可证和特许权的共同制度》《外贸商标法》《免税区法》《关于外资在金融和能源部门投资的特别条例》等。

（一）政策支持

哥伦比亚对外资实行国民待遇，外国投资不受任何限制，可以与本国投资一样进入各个经济部门，但若要对金融、保险、石油、天然气、矿业和电视领域进行投资，需要申请和审批，在其他部门则不需要申请和审批。对投资金额没有限制。不允许外国投资的方面包括国防、安全以及有毒、危险品和辐射废弃物加工方面。

投资方式：允许外国投资者通过直接投入外汇、实物、无形资产或本币利润再投资等方式对哥伦比亚进行直接投资，也允许外国投资者通过本地融资投资证券等方式对哥伦比亚进行投资。哥伦比亚法律对自然人在哥伦比亚投资或并购当地企业无特殊限制规定。

并购企业：哥伦比亚关于企业并购的主要法律框架包括《商法》《反垄断法》（2008 年第 1258 号法）和 1995 年第 222 号法，另外在哥伦比亚股票市场上市企业的并购行为还必须符合哥伦比亚股票交易所的相关规定。

在符合有关法律法规的前提下，政府允许外资并购当地企业，但如拟发生或已发生的并购涉及公共行业或涉嫌垄断时，并购行为需经有关政府部门的审批并接受监管。对在电视业等特殊行业发生的企业并购行为，政府对外资收购比例、企业组织形式等亦有明确要求。

哥伦比亚政府负责管理企业并购、增资减资的行政管理部门为企业总监署和工商总监署，建议中国企业在作出并购决策前拜访上述机构并咨询当地专业律师。截至目前，未发生哥伦比亚政府因国家安全原因否决外资并购当地企业的案例，中资企业在哥伦比亚开展并购也未曾遭遇阻碍。

股票上市：外国企业可以在哥伦比亚收购企业上市。上市的程序是：企业向哥伦比亚交易所提出上市申请，由证券交易所组织专家对申请企业进行评估后方可正式挂牌上市交易。证券交易所对企业挂牌上市的主要条件有：上市公司至少拥有 100 名股东；净资产至少达到 70 亿比索（约合 350 万美元）；已有 3 年以上经营历史，经解体或合并的公司除外；前 3 个会计年度中至少有 1 个会计年度盈利；定期向交易所和公众提供企业报表。

（二）优惠措施

优惠政策框架：哥伦比亚的法律对外资实行与内资相同的待遇。除法律法规的某些特殊规定外，不得对外资采取歧视性态度，也不得对外资超国民待遇。

行业鼓励政策：投资建筑和旅店翻新领域可享受 30 年免征所得税的优惠政策；投资生态旅游领域可享受 20 年的所得税减免；投资棕榈油、橡胶、可可等晚熟作物可免 10 年的税负；对能源领域利用可再生资源生产投资以及对河道运输的投资可享受 15 年免征所得税待遇；对林业投资可终身免征所得税。此外，投资软件和医药领域也可以享受免征所得税待遇。

地区鼓励政策：哥伦比亚中央政府未出台鼓励在某一特定行政区域投资的政策。由于地方政府在税收体系中可自主设立和调整的税种十分有限，投资者在考虑地方投资时主要参考当地的政治、医疗、就业、收入水平、基础设施、教育、治安等一系列经济和社会指标，可享受投资优惠主要源自中央政府的政策。一般情况下，为吸引投资，地方政府也可以自主在工商税、地产税等给予投资者一定的减免。

特区规定：哥伦比亚 2005 年第 1004 号法和 2007 年第 4051 号政府法令构成了哥伦比亚免税区建设和管理的法律框架。自 2005 年出台第 1004 号法以来，哥伦比亚政府已批准设立各类免税区（ZONAS FRANCAS）100 多个，分布在大西洋、玻利瓦尔、瓜希拉、马格达莱纳、北桑坦德、桑坦德、博亚卡、昆迪纳马尔卡、安提奥基亚、金提奥、卡尔达斯、里萨拉尔达、维拉、考卡、考卡山谷，以及波哥大等 15 个省和首都区，总面积约 400 万平方米，预计将吸引投资 14 万亿比索（约合 75 亿美元），创造 47163 个就业岗位。

免税区内投资多重优惠政策主要包括：所得税税率降低为 15%（普通所得税税率为 33%）；从国外向免税区进口的原材料、机械等免征关税、增值税及其他海关税负；从哥伦比亚关境进口商品可免缴增值税。

另外，哥伦比亚政府在投资者满足一定条件的前提下，还允许单一公司成立自己的免税区，并享受免税区的一切优惠政策。目前，尚无中资企业落户哥伦比亚免税区。

中国与哥伦比亚政府于 2008 年 11 月签订了《中华人民共和国政府和哥伦比亚共和国政府关于促进和保护投资的双边协定》，并已经正式生效；中国与哥伦比亚签署的其他规定主要有：《中华人民共和国政府和哥伦比亚共和国政府贸易协定》《中华人民共和国政府和哥伦比亚共和国政府科学技术合作协定》《中华人民共和国政府和哥伦比亚共和国政府经济合作协定》等。

五、合作案例

外资在哥伦比亚的油气产业中扮演着越来越重要的角色，从 2005 年到 2013 年，投资在哥伦比亚油气产业的外资增长了 35%。

（一）能源产业

MANSAROVAR 哥伦比亚能源公司是中石化和印度 ONGC 公司的合资公司，目前占哥伦比亚国内石油市场的 4%。2012 年，MANSAROVAR 购买了道达尔在哥伦比亚价值 10 万美元的资产。

2012 年 10 月，中石油与哥伦比亚的国家石油公司 Ecopetrol 签订协议，共同开采和储备哥伦比亚和双方感兴趣的第三国的石油资源。

（二）交通基建

葛洲坝集团总经理和建生与国家开发银行董事长胡怀邦、哥伦比亚 BENTON 公司总裁奥马尔·费雷伊拉在哥伦比亚首都波哥大签署了城市东部有轨电车项目合作备忘录。

哥伦比亚波哥大城市东部轨道电车项目签约仪式

（三）电力产业

2010 年 5 月 31 日，哥伦比亚的"母亲河"马格达莱纳河开发项目在上海世博会哥伦比亚馆举行签字授权仪式，正式授权中国水电工程顾问集团公司对马格达莱纳河进行总体规划。哥伦比亚马格达莱纳河区域自治集团（Cormagdalen）规划，仅初步恢复马格达莱纳河通航能力，所需资金大约 10 亿美元，后期则牵涉到发电、渔业、灌溉、农业和休闲娱乐等多个开发项目。

国机集团所属中国联合工程公司签订了金额为 2.4 亿美元的哥伦比亚 GECELCA3 燃煤电站总承包项目。这是中国公司在哥伦比亚承建的第一个火电项目。

哥伦比亚 GECELCA3 燃煤电站位于哥伦比亚科尔多瓦省普埃尔托利贝尔塔多市，占地面积 68.5 公顷，装机容量 1×185 兆瓦。电站建成后将实现电站净出力 164 兆瓦，有力缓解当地电力紧张局面。该项目是中国公司在哥伦比亚的第一个电站项目，其设备全部采用中国制造，将有效带动中国机电设备出口南美。

（四）饮食业及其他

哥伦比亚在华投资项目约有 10 个，其中较重要的是 1995 年哥伦比亚咖啡生产者协会与中国珠海市捷荣食品有限公司合资建立的咖啡加工厂。

大型工程承包项目包括华为技术有限公司承建哥伦比亚电信，上海振华重工（集团）股份有限公司承建 ZP2117/8 哥伦比亚岸桥场桥。

智　利

一、基本国情介绍

（一）地理环境

智利国土面积 756715 平方公里，在南美国家中居第七位。位于南美洲西南部，安第斯山脉西麓，海岸线总长约 1 万公里，是全世界最狭长的国家。东邻玻利维亚和阿根廷，北界秘鲁，西濒太平洋，南面与南极洲隔海相望。

智利本土使用 UTC-4 时间，夏季则使用夏时制 UTC-3 时间；复活节岛使用 UTC-6 时间，夏季则使用夏时制 UTC-5 时间。与北京时差 12 小时，夏时制则时差为 13 小时（UTC 为协调世界时）。

全国行政区划分为 16 个大区，下设 54 个省和 346 个市。大区主席和省长由总统任命，市长由直接选举产生，任期 4 年，可连任。

首都圣地亚哥(Santiago)是南美洲第四大城市，始建于 1541 年 2 月 12 日，是智利政治、经济、文化和交通中心。圣地亚哥位于智利中部，临马波乔河，东依安第斯山，人口 715.46 万（2014 年，智利国家统计局），面积 1020 平方公里，海拔 556 米，夏季干燥温和，冬季凉爽多雨雾，年均气温 23℃。奥希金斯大街横穿东西，泛美公路纵贯南北。该市集中了全国 71% 的大型企业以及一半以上的食品、服装、机械和冶金等加工企业，全国 47 个财团中有 46 个将总部设在该市。智利近一半国内生产总值（GDP）、80% 的银行存款、97% 的证券交易及 75% 的科技项目出自该市。圣地亚哥郊区土地肥沃，物产丰富，盛产葡萄、苹果等，也是智利重要的葡萄酒产区。

主要的经济中心城市有圣地亚哥、瓦尔帕莱索、康塞普西翁、安托法卡斯塔、拉塞雷纳、伊基克、特木科、蒙特港和蓬塔阿雷纳斯等。

（二）自然资源

智利是世界上铜储量最多的国家，根据美国地质调查局（USGS）的资料，智利已探明铜储量为 2 亿吨以上，约占世界储藏量的 1/3，居世界第一位；铜储量、产量和出口量均为世界第一。智利是世界最大碳酸锂生产国，也是世界唯一的天然硝石生产国，世界上主要钼生产国。铁蕴藏量约 12 亿吨。此外，还有金、银、碘等。盛产温带林木，以再生林为主，三文鱼养殖业居世界前列。

（三）人口

截至 2014 年，智利总人口达 1782 万，其中城市人口占 87%。人口较多的城市有圣地亚哥、瓦尔帕莱索、康塞普西翁、安托法加斯塔、雷纳、伊基克、特木科、蒙特港和蓬塔阿雷纳斯等。白人和印欧混血种人占 88.92%，印第安人占 11.08%。南部阿劳卡尼亚大区印第安人较集中。

目前在智利华侨人数约 2 万人，其中旅居圣地亚哥的约占 70%，北部第一、第二、第十五大区约 1200 人。

（四）政治制度

现行宪法于 1981 年 3 月 11 日生效，后经过 1989 年、1991 年、1993 年、2005 年四次修改。宪法规定，总统是国家元首和政府首脑。2005 年修改宪法，将总统任期改为 4 年，并取消了终身参议员和指定参议员。

国会（Congreso Nacional）实行参、众两院制。议会由 120 名众议员、38 名参议员组成。参议员任期 8 年，每 4 年改选其中一半；众议员任期 4 年。本届议会于 2014 年 3 月 11 日成立，执政的"新多数派联盟"在参、众两院均占多数。

司法独立。全国设最高法院、17 个上诉法院和 1 个军事法庭。最高法院院长多尔梅奇，2016 年 1 月就职。1999 年成立检察院，国家检察长为萨瓦斯·查安·萨拉斯，2007 年 11 月就职。

总统既是国家元首，又是政府首脑和武装力量最高统帅，任期 4 年。现任总统米歇尔·巴切莱特·赫里亚，社会党人，2014年3月11日就职，任期4年。本届政府于2014年3月11日组成，共设24个部委。

智利武装部队分为陆、海、空三个军种。总统为武装力量最高统帅，通过国防部对全军和武警实施行政领导和作战指挥。国家安全委员会是国家安全问题的最高决策机构。国防部长由文人担任。下辖的国防参谋部是国防咨询机构，负责协调和制定三军的作战、训练、情报、军事预算和军购等事宜。国防部长和国防参谋长均无权调动和指挥军队，由各军种司令直接领导和指挥部队。实行志愿兵与义务兵相结合的兵役制，陆、空军士兵服役期为12个月，海军士兵服役期为18个月。

（五）外交关系

智利奉行独立自主的多元化务实外交政策。主张尊重国际法，和平解决争端，捍卫民主和人权。大力推行全方位的外交战略，经济外交色彩浓厚，对外交往十分活跃。优先巩固和发展同拉美邻国和南方共同市场国家的关系，积极推动拉美一体化，重视与美、欧的传统关系，积极拓展同亚太国家的关系，努力实现出口市场多元化。同世界上172个国家建立了外交关系。重视双边自由贸易谈判，目前智利已同绝大多数拉美国家及美国、加拿大、欧盟、中国、日本、韩国等64个国家签署了25个自由贸易协定。

积极参与国际和地区事务，是南美国家联盟、美洲国家组织、拉美和加勒比国家共同体、里约集团、亚太经合组织、太平洋经济合作理事会、太平洋盆地经济理事会、不结盟运动、十五国集团等国际和地区组织的成员国和南方共同市场的联系国。同新加坡一起倡议并推动成立了"东亚－拉美合作论坛"，并成功主办了论坛第二届、第三届高官会和首届外长会。近年来，智利成功主办第六届和第十七届伊比利亚美洲首脑会议、第二届美洲国家首脑会议、第108届各国议会联盟大会、第33届美洲国家组织大会、2004年亚太经合组织会议、2008年南美国家联盟首脑特别峰会和2009年进步峰会等。

同拉美和加勒比国家关系：智利政府强调立足拉美，优先巩固和加强同拉美国家，特别是周边邻国的关系。重视地区国家间的政治磋商与协调以及经贸技术合作，积极推动地区一体化，维护地区民主与和平。2011年4月，智利同秘鲁、哥伦比亚、墨西哥宣布成立"拉美太平洋联盟",以推动实现沿太平洋国家经贸合作和一体化。2011 年 12 月,拉美和加勒比国家共同体成立,智利担任首任轮值主席国,任期 1 年。2012 年 6 月和 9 月,智利先后成功举办拉美太平洋联盟第四届峰会和拉美和加勒比国家共同体外长会。2016 年 7 月,智利举办第 11 届拉美太平洋联盟首脑峰会,并接任轮值主席国。

同美国的关系:智美 1823 年建交。美国一直是智利最主要的经贸伙伴和投资国之一。智利民选政府执政后同美关系实现正常化,把对美关系视为外交重点,美国亦把智利视为在拉美优先考虑的国家之一,恢复给予智利"普惠制"待遇,允许智利重新加入美国海外投资保险体系,取消了禁止向智利出口武器和提供军援的"肯尼迪修正案"。智美建有政治、国防等磋商机制。2003 年 6 月 6 日,智美签署双边自由贸易协定。2011 年 3 月,美国总统奥巴马访智,并在圣地亚哥发表美对拉政策讲话,两国签署包括核能合作在内的多项合作协议。2012 年,美国防部长帕内塔(4 月)、副国务卿奥特洛(1 月)等访智,智利外长莫雷诺(5 月)等访美。2014 年 3 月,美副总统拜登赴智利出席智利总统权力交接仪式。6 月,巴切莱特总统访美。

同欧盟的关系:巩固和加强同欧盟的传统关系是智利的既定方针。智欧高层互访频繁。1999 年,智欧开始商谈自由贸易协定。2002 年,双方签署政治、经济伙伴与合作协议,智利成为同欧盟签署自贸协定的第二个拉美国家。欧盟是智利重要的贸易伙伴和出口市场。2013 年 1 月,智利成功举办拉美和加勒比国家共同体和欧盟国家第一次首脑会议。2015 年 6 月,巴切莱特总统访问意大利、梵蒂冈和法国,并出席于比利时布鲁塞尔举行的欧盟 – 拉共体领导人峰会。

同亚太国家的关系:智利政府把加强同亚太地区的关系放在其外交的重要位置,认为加强同亚太国家的经贸关系符合其外交多元化和多样化的总目标,对智利当前和长远经济发展都具有重要战略意义。智利同 29 个亚洲国家中的 27 个建有外交关系。亚太地区国家是智利最大的贸易伙伴。1994 年 11 月,智利正式加入亚太经合组织。2004 年,智利成功举办亚太经合组织会议。2012 年 3 月,皮涅拉总统先后访问越南和日本,并出席首尔核安全峰会。2014 年 7 月,日本首相安倍晋三访智。

积极参与亚太区域经济安排。近年来，智利分别同韩国、日本、澳大利亚、马来西亚和越南签署自贸协定。2012 年 9 月，皮涅拉总统访问澳大利亚。2015 年 10 月，智利同新加坡、文莱、新西兰共同发起的跨太平洋战略经济伙伴关系协议在美国达成。

同俄罗斯和东欧国家的关系：智利同前苏联、东欧地区各国均建有外交关系。近年来，双边政治交往有所增加，经贸领域的互惠合作有所发展。智利将东欧地区视为进一步开拓出口产品市场的重点地区之一。智利同匈牙利签有鼓励和相互保护投资协定，同乌克兰、俄罗斯分别签有空间技术合作协定。2005 年，保加利亚总统访智。2010 年，智利同俄罗斯建立战略合作伙伴关系。

同中国的关系：智利于 1970 年 12 月 15 日同中国建交，是第一个同中国建交的南美洲国家。建交以来两国关系发展顺利，近年来双方高层接触频繁，经贸合作日益扩大，在国际多边领域保持良好合作。双方已举行多次外交部间政治磋商、经贸混委会会议和科技混委会会议。2005 年 11 月，中智两国签署《中华人民共和国政府和智利共和国政府自由贸易协定》，该协定是中国与拉美国家的第一个自由贸易协定，2015 年 5 月，中智两国继续签署了《中华人民共和国商务部与智利共和国外交部关于中国—智利自由贸易协定升级的谅解备忘录》。2013 年 10 月 6 日，国家主席习近平在印度尼西亚巴厘岛会见智利总统皮涅拉。2014 年 3 月 10 日至 13 日，交通运输部部长杨传堂作为国家主席习近平特使出访智利，出席智利总统权力交接仪式。其间，杨传堂会见了智利卸任总统皮涅拉、新任总统巴切莱特。2014 年 7 月 16 日，国家主席习近平在出席金砖国家同南美国家领导人对话会期间，在巴西利亚会见了智利总统巴切莱特。2014 年 11 月亚太经合组织领导人非正式会议在北京举行期间，国家主席习近平和国务院总理李克强分别会见来华出席本届会议的智利总统巴切莱特。2015 年 5 月，国务院总理李克强对智利进行了正式访问。2016 年 11 月，习近平主席对智利进行国事访问。

（六）经济环境

智利政治环境稳定，经济持续稳定发展，市场经济机制较完善，为投资者提供长期稳定可预期的良好环境；智利是拉美地区经济发展水平较高国家，按照购买力平价计算，2012年人均国内生产总值超过15000美元。智利的投资吸引力主要表现在：

开放程度高。智利是全球最自由的经济体之一，市场准入方面限制较少，对外资实行国民待遇，外资企业在当地注册后，即可享受与本国企业同样待遇。除渔业捕捞、近海航运、电台、媒体印刷等领域，外资在智利投资不受任何限制。

法制健全。智利法制化水平较高，商业和金融等领域诚信体系较完善，商业信用环境较好，企业和个人普遍重合同、守信用，相关法规对违法商业行为处罚较重，为守法经营者创造了较为公平的竞争环境。

廉政程度较高。智利的廉政程度在拉美居首位，2013年在全球排名第22位。政府部门管理较为公开、透明。政府部门主要职责在于制定和不断完善相关法规，银行、证券、保险、卫生、养老保险、公用水电气、劳工等领域设有监管局，专门负责对行业内企业进行监管，对违法行为进行经济处罚。政府部门不介入企业经营行为。

投资环境总体良好。据美国传统基金会2016年1月公布178个国家经济自由度评估报告，智利经济自由度得分77.7。智利总得分排名拉美第一，连续六年保持世界第七，超过美国(75.4)、英国(76.4)、德国(73.8)、日本(73.3)等发达网家，在拉美地区排名最高。

美国福布斯杂志2014年10月发布的经商环境排行榜上，智利在146个参评国家中列第29位，超过日本、韩国和西班牙，在拉美地区领先，成为拉美地区的最佳投资目的地。智利的突出优势是高水平的对外贸易和稳定的金融体系。

世界经济论坛《2014—2015年全球竞争力报告》显示，智利在全球最具竞争力的144个国家和地区中，排名第33位。

世界银行《2015年营商环境报告》显示，在全球189个经济体的营商便利度排名中，智利综合排名第41位。

近年来智利经济保持平稳增长，2009年受全球金融危机影响略有下降，2010年开始稳步恢复。

年份	GDP（亿美元）	人均GDP（美元）	人均GDP增长率（%）
2008	1796.27	10791.02	2.155
2009	1719.57	10217.314	−2.118
2010	2175.38	12785.052	4.603
2011	2508.32	14582.171	4.694
2012	2652.32	15253.331	4.322
2013	2770.79	15764.755	2.868
2014	2587.33	14566.149	0.805
2015	2407.96	13416.23	1.248

数据来源：世界银行。

二、产能合作现状分析

（一）引进外资情况分析

智利积极对外商签署自贸协定，是世界上最开放的经济体之一，已与全球 63 个国家和地区签署了 25 个优惠贸易安排协定。智利拥有覆盖范围广阔的自由 / 优惠贸易协定网络，交通和通信等基础设施较发达，与巴西、阿根廷、秘鲁和玻利维亚等周边国家联系便利，北部伊基克自由区辐射玻利维亚、秘鲁及巴西、阿根廷内陆地区。

根据智利外国投资委员会统计，2014 年智利吸收外资 233.02 亿美元，超过巴西成为拉美吸收外资最多的国家。智利吸引外资较集中的领域主要包括：矿业、服务业、电力、天然气和水务、制造业、交通和电信、建设以及农业和渔业等。

根据智利央行统计，2009~2013 年智利吸收外资主要来源国（按实际投资额）如下：美国 168.34 亿美元，荷兰 145.04 亿美元，西班牙 104.83 亿美元，加拿大 51.41 亿美元，英国 43.34 亿美元。

据联合国贸发会议发布的 2015 年《世界投资报告》显示，2014 年，智利吸收外资流量为 229.5 亿美元；截至 2014 年年底，智利吸收外资存量为

2076.8亿美元。

（二）中智产能合作分析

智利是第一个就中国加入世界贸易组织与中国签署双边协议、承认中国完全市场经济地位、同中国签署双边自由贸易协定的拉美国家。两国建有政府间经贸混委会，迄今已举行20次会议。近年来，双边经贸关系保持快速增长势头。据中国海关统计，2016年双边贸易额318.59亿美元，其中中方出口129.37亿美元，进口189.22亿美元，同比分别增长-1.4%、-3.7%和0.3%。目前，中国是智利全球第一大贸易伙伴、第一大出口目的地国和第一大进口来源国，智利是中国在拉美第三大贸易伙伴和进口铜的最大供应国。

中方对智利主要出口机电产品、纺织品、钢材、家电等，从智利主要进口铜、铁矿砂、纸浆、鱼粉、水果、葡萄酒等。

智利是中国市场进口瓶装葡萄酒的第三大来源地。目前，中国进口水果中98%的蓝莓、80%的樱桃、一半的苹果和食用葡萄都来自智利。2015年上半年，7000多头智利奶牛和近千头羊驼出口到中国。

2015年，上海自贸区智利国家馆正式落成，这是自贸区首个南美洲国家馆，为智利中小企业进入中国、为中国百姓近距离了解智利商品和文化提供了一个新的平台和窗口。

上海自贸区智利国家馆

此外，中智投资合作也在不断扩大，投资领域已扩展到可再生能源、基础设施建设、矿业、农业、通信等产业。中国建设银行正在筹备在智利设立分行，相信分行开业后将为中智投资合作提供更多金融支持和便利。北控集团在流域全方位治理系统工程方面有丰富经验，正积极探索国际化发展道路，争取实现与智利合作的新突破。

　　相较于贸易的蓬勃发展，中国在智利的投资合作和工程承包成为短板。这主要是因为智利较具规模的矿产资源已被智利当地和外资企业所有，而基础设施项目基本为特许经营形式，中国企业目前比较感兴趣和有经验的矿产投资和 EPC 承包项目难以找到发展空间。

　　智利北部太阳能和风能自然资源丰富，政府大力鼓励新能源投资，要求供电企业的购电合同中必须包含一定比例的新能源产品。中部和南部的葡萄酒生产、蓝莓和樱桃等鲜食水果种植在全球均占有重要地位，并在中国进口产品市场中大放异彩。近年来，中国企业在智利投资规模不断扩大，领域不断拓宽，从事矿产资源勘探开发的企业数量增长较快，投资额不断增加，在葡萄酒生产和水果种植等农业领域开展较大规模的投资。中国企业在智利投资的太阳能光伏发电项目已经动工。包括电站建设在内的基础设施项目参与

中智太阳能光伏发电项目开工仪式

程度不断加深。一些有实力的企业开始探讨在智利通过特许经营方式参与投资基础设施建设项目。

中国在智利投资企业数量明显增加，但总体数量仍不多。据中国商务部统计，2014 年当年中国对智利直接投资流量 1629 万美元。截至 2014 年年末，中国对智利直接投资存量 1.96 亿美元。

三、合作领域和合作重点

2015 年智利国际投资指数为 49.90，在 108 个样本经济体中排名第 27 位，排名靠前，这说明智利的整体市场环境较好，潜力较强，对外商投资具有一定的吸引力。在 11 大板块贡献度排名中，前三位分别是基础设施板块、金融稳定性板块和贸易板块。稳定的金融投资环境是吸引外商直接投资的先导因素，可以很好地吸引长期资本的进入，而贸易是显示一国对外开放和参与经济全球化进程的重要窗口，同时基础设施的高指数决定了智利的产能的潜力巨大。其他方面，智利在投融资环境、不可抗力、市场潜力、政治等板块的贡献度排在中游，而自然环境板块、宏观经济板块相对较弱，说明智利自然

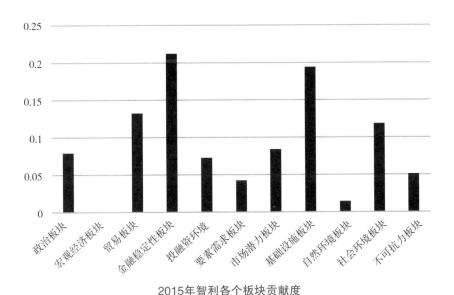

2015年智利各个板块贡献度

资料来源：武汉大学国际投资研究中心。

环境和大的宏观经济方面不太乐观。

进一步使用经济学模型测算各个板块 2015 年发生的概率,测算方法是衡量主要指标的变动是否超出了预定值,如果超过,说明发生概率较大,反之发生概率较小,智利计算结果见下图。从各板块发生的概率来看,要素需求、市场潜力、政治、社会环境、贸易、投融资环境、基础设施和金融稳定性等板块发生的概率显著超过了 0.5,这些领域在未来的发展趋势尤其需要密切关注。

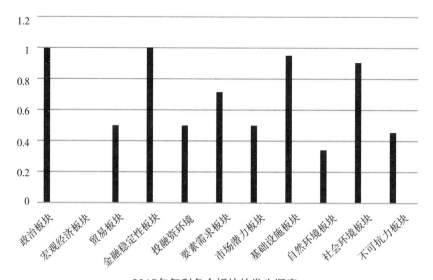

2015年智利各个板块的发生概率

资料来源:武汉大学国际投资研究中心。

以上表明,智利的基础设施板块较强,故我国应加强同智利在基础设施建设方面的合作,例如,高铁、高速公路、通信等方面的合作,不仅有利于我国优势产业走出去,实现全球产业布局,而且有利于树立我国的品牌形象。而宏观经济板块较弱,则表明该国的经济状况较为恶劣,在智利投资前需深度调查企业资质情况。

四、政策分析

智利是一个对外资高度开放的国家。随着 20 世纪 80 年代电信和电力行业的私有化，外资可进入的投资行业范围已非常广泛。目前外资已广泛进入矿业、电力、天然气、供水、通信、金融、化工、食品、饮料、烟草业等领域。

目前限制的行业主要在国际陆路运输、渔业捕捞、近海航运、电台、媒体印刷等领域。此外，边境线内 10 公里以内土地原则不得向外国人出售。

投资方式：智利对外资进入金额及方式没有限制，外资投资可以为外国货币、设备、技术或信贷。根据第 600 号法，可以与外资委员会签订合同方式提供保障的重大项目，现汇投资须超过 500 万美元，以货物或技术等其他方式投资额须不低于 250 万美元，信贷方式投资不得超过总投资额的 75%。

依据《中央银行涉国际资本法》第 14 章进入智利的外资不受此额度限制，但额度须不低于 10000 美元，投资方式可为外汇和信贷，无须签订投资合同。

智利对外国自然人在当地开展投资合作无特别规定。任何外国自然人或法人，以及定居国外的智利自然人或法人，均可以通过第 600 号法以外国投资者的身份向智利投资，与智利外国投资委员会签署外国投资合同。

外资并购：智利没有关于对外资并购实施安全审查的法律法规，对并购行为无强制性和预防性管控。投资者可购买或兼并企业，也可通过购置资产成立企业。如购买或兼并上市公司，需符合《资本市场法》规定，进行公开股份交易。一切资产购置、兼并、并购行为均需签订合同并经公证，个别情况还需进行媒体公开和公开登记。

反垄断法规：智利有关反垄断和经营者集中的法律主要包括 1973 年第 211 号反垄断法。2003 年 11 月公布的 19.911 号法针对第 211 号法进行了部分修订。根据以上法律，智利反垄断机构为保护自由竞争法庭，该委员会可通过其检察机关对旨在妨碍自由竞争的行为进行调查，包括涉及兼并或收购的谈判以及兼并或收购行为本身。兼并或收购各方可就有关行为是否符合第 211 号法规定的条款提前征询智利保护自由竞争法庭，获得授权后可免除法律责任。

智利对外资开放程度较高，对外资在允许进入的领域开展并购没有特别限制。需要注意的是南部部分地区存在少数民族问题。由于智利市场化程度较高，企业并购行为应做好前期评估，以减少商业风险。

（一）行业鼓励政策

为鼓励科技研发和新能源项目开发，智利政府出台了税收优惠和资金支持措施。

1.税收优惠

根据 20241 号法律，智利对科技研发领域企业给予税收优惠。企业需与在经济部生产促进局登记的大学或者研究机构进行联合研发，项目金额超过 1000 UTM（月度纳税单位，1UTM 约合 80 美元），政府将贷款支持并返还所得税。

2.资金补助

对高科技投资企业或研发中心的资金补助，主要形式如下：

1）可研阶段：智利生产促进局提供最多 60%、总额不超过 3 万美元的资金支持。

2）项目启动阶段：智利生产促进局提供最多 3 万美元的资金支持。

3）在职人员培训：智利生产促进局为新员工提供培训提供最多 50%、不超过 25000 美元的年工资。

4）设备和技术平台：智利生产促进局提供最多 40%、不超过 200 万美元的资金用于购买设备和技术平台。

5）长期财产租用：智利生产促进局为最初 5 年投资相关租赁提供最多 40%、不超过 50 万美元资金。

6）专业培训和招聘：智利生产促进局提供最高比例 50%、总额不超过 10 万美元的资金。

（二）开发新能源鼓励政策

为鼓励新能源的发展，智利政府推出了财政资金支持措施。

1.贷款便利

含增值税年销售额 4000 万美元以上的企业投资非常规能源发电、传输分送项目，可通过指定银行向智利生产促进局申请贷款。

2.对项目研究提供资金补助

对估计投资额高于 40 万美元的投资非常规可再生能源发电项目，补贴启动阶段工程研究费用的 50%，最高比例为预计投资总额的 5%，上限为 16 万美元。

首都大区年销售额达 4000 万美元以上的企业，投资约 48 万美元以上可再生能源发电项目或者其他获得能源委员会为认定的发电量小于 2 万千瓦的发电项目，可申请补贴前期研究咨询费用的 50%，上限为 3300 万比索（约合 7 万美元）。其他地区补助参照地区鼓励政策。

地区鼓励政策：

（1）阿里卡和巴里纳克塔计划

根据 19.420 号法，在第十五大区阿里卡省投资额不少于 500UTM 的企业，可返还 30% 的企业所得税。在巴里纳克塔省投资额不少于 500UTM 的企业，可返还 40% 的企业所得税。企业享受该税收优惠的期限至 2025 年 12 月 31 日。

（2）特戈皮亚计划

根据 19.709 号法，在第二大区特戈皮亚港从事生产、维修矿山设备或矿山材料的企业可享受免交所得税、增值税和进口税优惠。企业享受该税收优惠的期限至 2027 年 1 月 1 日。

（3）奥斯特拉尔计划

根据 19.606 号法，在第十一大区、第十二大区和第十大区的帕莱纳省投资运输、农业、水产、制造业、能源、房地产、旅游和研发等领域的企业，对于不低于 500UTM 的投资返还 10%、15% 或最高 32% 的所得税，具体标准根据投资地点而定，返还所得税的最高额度不超过 80000UTM。企业享受该税收优惠的期限至 2025 年 12 月 31 日。

（4）纳瓦利诺计划

根据第 18.392 号法，在第十二大区麦哲伦大区投资矿业、制造业、运输业、渔业、旅游业等行业的企业，免交所得税、增值税和进口税。企业享受该税收优惠的期限至 2035 年 1 月 14 日。

（5）19.149 号法

根据 19.149 号法，在火地岛省和第十二大区麦哲伦大区投资工业、农产品加工、农业、家畜、矿业、海产品开发、运输和旅游业的企业，且在以上地区建有设施并合理利用资源，保护自然和环境，可免交所得税、增值税和进口税以及土地税。企业享受该税收优惠的期限至 2036 年 7 月 6 日。

（6）19.853 号法

在智利第一大区、第十大区、第十一大区和第十二大区以及奇洛埃省（Chiloe）、巴莱纳省（Palena）投资的企业，用工补贴每月不超过 182000 比索（约合 387 美元，根据消费者物价指数变化情况于 2013 年新做调整）的应税工资额的 17%。该项优惠期限至 2025 年 12 月 31 日。

（三）特区优惠政策

智利首个自由贸易园区——伊基克保税区依据 1975 年 6 月 341 号法建立，进口商品在区内期间无需向智方缴纳任何关税。区内实体在自由区制度框架内进行的经营活动免缴第一类税（ 20% ）和增值税（19%），区内用户间相互提供服务免缴增值税。

伊基克保税区位于北部第一大区塔拉帕卡的首府伊基克，总面积约 240 公顷。经过近 40 年的发展，现已成为智利乃至南美最大的商品集散地，不仅销售至智利本国，重点辐射玻利维亚、秘鲁、巴西、阿根廷、巴拉圭、厄瓜多尔等多个周边国家。

区内各类场馆设施十分齐全，包括规模庞大的物流中心、批零中心、工商中心、工业区、汽配区、金融区、服务区、会议中心、展馆等，超过 1700 家企业在区内从事商品展览、包装、去包装、再包装、灌装、贴牌、销售等多种工贸活动，为当地提供大量就业岗位。

智利本国人及外国一切自然人和法人均可在通过保税区管委会审批后，同后者签署特许经营合同进入园区，根据自身需要开展工贸业务，管委会通过先进的电脑系统向所有用户提供包括商品仓储、房地产、信息等在内的一系列综合服务。外国企业入园前只需依法在智利办理注册手续即可。

目前一些旅智华侨华人在保税区内创办企业，利用优惠税收政策开展商品贸易业务。据初步统计，上述中国企业总数约 360 家，其中大陆企业约 300 家，港台企业约 60 家。

五、合作案例

（一）农业方面的合作

在北京，28 家智利食品企业（鲜果，海产品，葡萄酒，橄榄油等）和大约 600 家中国食品领域的进口商进行了商务会谈。在广州，33 家智利企业进行了涉及产品销售、技术访问、旅游、财产和服务等行业的将近 490 场洽谈。

佳沃鑫荣懋集团是隶属于联想集团的农业企业，2011 年与他们的智利合伙人一起在智利创立了多家生产樱桃、蓝莓和猕猴桃的农场。选择智利作为当地产品种植基地，是由于中国农业企业在智利的土地所有权方面占据优势。

（二）矿业方面的合作

中国天齐锂业已同意收购全球锂业巨头智利化工矿业公司（SQM）略高于 2% 的股权。按照智利相关法律和 SQM 公司章程，交易完成后天齐锂业将享有投票表决权。购买尚需股东大会通过和中国国家发展改革委、商务部、外管部门等有关机构许可或备案。天齐锂业和 SQM 是两家全球最大的锂生产商。2015 年，SQM 碳酸锂产量为 3.87 万吨。SQM 是全球领先的碘、锂、钾以及专用化肥生产商，其位于阿塔卡玛的盐湖资产是全球范围内发现的含锂浓度最高、储量最大、开采条件最成熟的锂盐湖。而天齐锂业的氢氧化锂和碳酸锂产量也一直是业界翘楚，对于国内市场报价具有指导性作用。若此次天齐锂业收购成功，预计将拥有超过全球 40% 的碳酸锂供应量决定权，其领导地位会得到进一步的加强。锂是可充电电池的关键成分之一，近年来，受电动汽车有望繁荣的信息带动，各方对该矿物的兴趣愈发浓厚。不过，SQM 的业务在南美，天齐锂业生产电池并在中国和加拿大拥有资源资产。根据公告，天齐锂业将以每股 38 美元收购 550 万股 SQM 的 B 类股，交易总金额约为 2.1 亿美元，并保留收购更多股权的权利。

编 后 语

　　为了加强对"引进来"和"走出去"双向投资工作的宏观指导和服务，更好地为中国企业"走出去"、跨国公司"进入中国"提供政策和资讯等方面的信息，在国家发展和改革委员会领导的关怀和指导下，国际合作中心组织编辑了"一带一路双向投资丛书"（以下简称"丛书"）。

　　"丛书"以促进"一带一路"建设和中国的双向投资为宗旨，由《2016中国双向投资发展报告》《中国双向投资政策指南2016》《"一带一路"与国际产能合作——行业布局研究》《"一带一路"与国际产能合作——地方发展破局》《"一带一路"与国际产能合作——企业生存之道》和《"一带一路"与国际产能合作——国别合作指南》等6本书组成，以达到务实指导和服务社会各界开展交流合作的目的。

　　"丛书"编辑团队，经过走访、调研、征稿、网上搜集、分析等多种方式，历时8个月完成了"丛书"编辑工作。在"丛书"编辑过程中，编辑组得到了国家发展和改革委员会办公厅、利用外资和境外投资司、西部开发司、国际合作司等有关司局的支持，有关省区市发展改革委为"丛书"提供了大量丰富的信息资料；得到了商务部办公厅、外国投资管理司、对外投资和经济合作司的支持与帮助；同时，"丛书"也得到了有关外国驻华大使馆的大力协助与支持。最后，机械工业出版社对"丛书"的出版也给予了大力协助，在此一并致以最诚挚的谢意。

曹文炼

国家发展和改革委员会国际合作中心主任

"一带一路双向投资丛书"执行主编